MINHA IMAGEM

Minha imagem

Pelo espírito
SCHELLIDA

Psicografia de
ELIANA MACHADO COELHO

LÚMEN
EDITORIAL

Minha imagem
pelo espírito Schellida
psicografia de Eliana Machado Coelho
Copyright © 2022 by
Boa Nova Editora.

6ª edição – Abril de 2023

Coordenação editorial: *Ronaldo A. Sperdutti*
Revisão: *Profª Valquíria Rofrano*
Correção digitalizada da revisão: *Eliana Machado Coelho*
Projeto gráfico e arte da capa: *Ricardo Brito | Estúdio Design do Livro*
Imagem da capa: *Zurijeta | Shutterstock*
Impressão e acabamento: *Bartira gráfica*

Dados Internacionais de Catalogação na Publicação (CIP)
(Câmara Brasileira do Livro, SP, Brasil)

Schellida (Espírito).
    Minha imagem / pelo espírito Schellida ; psicografia de Eliana Machado Coelho. – São Paulo : Lúmen Editorial, 2013.

    ISBN 978-85-7813-126-5

    1. Espiritismo 2. Psicografia 3. Romance espírita
I. Coelho, Eliana Machado. II. Título.

13-02124   CDD-133.93

Índice para catálogo sistemático:
1. Romances espíritas psicografados : Espiritismo   133.93

LÚMEN
EDITORIAL

Av. Porto Ferreira, 1031 - Parque Iracema
CEP 15809-020 - Catanduva-SP
17 3531.4444

www.boanova.net | boanova@boanova.net
www.lumeneditorial.com.br | atendimento@lumeneditorial.com.br

Proibida a reprodução total ou parcial desta obra
sem prévia autorização da editora

Impresso no Brasil - *Printed in Brazil*
6-4-23-2.000-46.240

Índice

    Convite para ser feliz   9

capítulo 1
    Do interior para a cidade grande   13

capítulo 2
    A vida universitária de Vanessa   25

capítulo 3
    O romance com Diogo   41

capítulo 4
    Grande desilusão   57

capítulo 5
    Desistindo de tudo   69

capítulo 6
    Felipe   93

CAPÍTULO 7
    Planos de viagem   112

CAPÍTULO 8
    Montanhas sombreadas   128

CAPÍTULO 9
    A doença de Rafael   146

CAPÍTULO 10
    Planos do destino   164

CAPÍTULO 11
    Em busca de um doador   192

CAPÍTULO 12
    O romance com Felipe   214

CAPÍTULO 13
    Reencontrando o irmão   237

CAPÍTULO 14
    Frente a frente com Diogo   272

CAPÍTULO 15
    De volta à fazenda   296

CAPÍTULO 16
    Pedra do Baú   314

CAPÍTULO 17
    Moral da história   335

CAPÍTULO 18
    A arma mais poderosa   367

CAPÍTULO 19
 REFLEXO SEM ESPELHO   392

CAPÍTULO 20
 DE TODO O CORAÇÃO   417

CAPÍTULO 21
 UMA CONVERSA PRODUTIVA   438

CAPÍTULO 22
 TUDO RESULTOU DE UM DUELO   461

CAPÍTULO 23
 PENSAR NO AMANHÃ   484

CAPÍTULO 24
 ALERGIA QUASE FATAL   518

CAPÍTULO 25
 COMÉRCIO DE ÓRGÃOS   541

CAPÍTULO 26
 LAMENTÁVEL PERDA   563

CAPÍTULO 27
 UM TRISTE ADEUS   583

CAPÍTULO 28
 CADA UM TEM SEU DESTINO   605

Convite para ser feliz

HOJE VOU TER esperança de um mundo melhor.

Hoje não vou ficar irritado no trânsito, entendendo que os outros têm problemas piores do que os meus.

Hoje vou cumprimentar e sorrir com generosidade para o meu vizinho.

Vou ouvir, em silêncio e sem dar palpites, aquela pessoa queixosa, da qual sempre fujo.

Vou fazer uma caridade.

Vou dar preferência ao pedestre, mesmo se eu estiver com pressa.

Vou ouvir meu som em volume baixo, pois sei que o barulho alheio incomoda os outros e os deixam irritados, e ninguém precisa ficar mais irritado do que já está.

Vou dar lugar à pessoa de idade ou à pessoa mais necessitada do que eu, mesmo que ela não aparente isso... ...talvez esteja precisando.

Hoje vou sorrir de modo simples, ao pedir licença, quando precisar de passagem.

Vou dizer obrigado, com satisfação, todas as vezes em que me vir favorecido em alguma situação, mesmo que seja para um desconhecido.

Não vou perder a paciência quando as coisas não saírem como eu quero, porque, às vezes, quando algo dá errado... é o mais certo.

Vou apertar, com firmeza, a mão das pessoas ao cumprimentá-las e olhar em suas almas através de seus olhos.

Hoje vou fazer de tudo para chegar mais cedo em minha casa e conversar, por pelo menos uma hora, prazerosamente, com alguém com quem divido o mesmo teto.

Ah! Se eu morar sozinho, vou ligar para um familiar ou amigo e conversar, se ele quiser.

Hoje vou tomar um banho bem gostoso, e cantar no chuveiro, e rir de mim mesmo, se eu nunca tiver feito isso antes, e depois vou dormir.

Vou relaxar, ouvir uma música bem suave, procurar não pensar em nada e... quando um pensamento inconveniente surgir insistente, não vou lutar com ele, vou lembrar de uma imagem bonita da praia, de um pôr do sol, de uma montanha, do céu ou de uma flor.

Hoje vou pensar em Deus, agradecer pela vida, por eu ter consciência, por ler essa página, por ser capaz.

Hoje vou pensar no perdão daquela pessoa e, se possível, perdoar.

Hoje vou me perdoar por aquela atitude, por não ter sido perfeito...

...e entender que estou em processo evolutivo, como muitos outros.

Minha Imagem

Vou me entender, entender aquela pessoa...

Hoje vou desejar muito o bem de alguém e, por que não, desejar muito o bem a muitos!

Hoje vou querer o melhor da vida...

Vou dar o melhor de mim para a vida!

Vou cuidar da saúde, beber muita água, andar descalço...

Hoje vou me amar,

...amar o mundo,

...amar a Deus.

Pelo espírito ERICK BERNSTEIN
Mensagem psicografada por ELIANA MACHADO COELHO
Primavera de 2012.

CAPÍTULO 1
Do interior para a cidade grande

ERA UMA MANHÃ FRIA.

O sol ainda não conseguia dissipar a névoa que deixava lindamente esmaecida a visão de uma vegetação gotejada de orvalho.

Vanessa, de pijama azul-claro, com florzinhas do mesmo tom na blusa branca, vestindo, como sobretudo, uma blusa de lã de cor creme, com meias de lã e cachecol da mesma cor, tecidos a mão por sua querida avó, olhava através do vidro da janela, enquanto sentava com as pernas cruzadas e, com a mão gélida, passava, para trás da orelha, uma mecha de cabelo que teimava ficar na frente do olho.

Seus pensamentos estavam vagando sem se fixarem exatamente em algo. Não tinha planejado nada diferente para aquele dia e, após longo suspiro, puxou novamente a mantilha que teimava escorregar do sofá e voltou a pegar os livros de historinhas infantis separados para ler naquela tarde.

Aos dezenove anos, Vanessa era uma linda jovem de cabelos castanho-claros e lisos, pele alva, traços finos e delicados.

Seus olhos castanhos traziam um brilho especial, uma doçura que transmitia generosidade.

Corpo esguio e bem torneado, cerca de um metro e setenta de altura. Uma moça chamativa, que atraia olhares dos rapazes. Porém, o que mais cativava as pessoas era sua educação, seus modos simples e sua atenção compreensiva.

Ela nasceu e viveu, até os três anos de idade, na cidade de São José dos Campos. Depois, passou a ser criada pelos avós maternos em uma pequena cidade onde todos se conheciam e cuidavam amigavelmente da vida uns dos outros.

Não viajou muito nem conheceu muitos lugares.

Tinha dois irmãos mais velhos que gostavam muito dela, mas residiam longe desde a faculdade, morando em outra cidade.

Como verdadeira paixão, Vanessa apreciava muito o Dia da Leitura, assim era conhecido o trabalho que realizava voluntariamente no centro espírita, toda quarta-feira à tarde.

Nesse dia, por cerca de uma hora, as crianças que participavam da evangelização infantil se reuniam em uma sala atapetada onde, sentada no chão e no centro, normalmente rodeada pelos pequenos barulhentos de várias idades, lia um livro infantil e, enquanto enfatizava a história, dramatizando-a em tons diversos com sua bela voz, fazendo os olhos arregalados e alguns barulhos, cujos sons davam vida aos acontecimentos e personagens, chegava a se deitar ou rolar no chão, arrancando "ohs!..." e "ahs!...", inclusive risos gostosos, gargalhadas.

Isso auxiliava os pequeninos a aprender boas lições morais desde cedo, além de se distraírem e tomarem gosto pela leitura.

Seu trabalho era tão bom e elogiado que crianças de outras religiões, cujos pais não seguiam a filosofia Espírita, também iam até aquela casa para participarem daquele encontro tão especial e alegre.

Vanessa não se importava com as crianças que corriam para os cantos, atraídas por brinquedos, e lá ficavam sem atentar para sua leitura. A jovem queria que elas se divertissem. Sabia que, ao longo do tempo, com o costume de ouvir as histórias, mesmo enquanto brincavam, em determinado momento, iriam descobrir o prazer de ouvir mais atentamente e, no futuro, o prazer de ler.

Foi assim com ela e com todos aqueles que adquiriram o prazer de ler.

Primeiro era preciso ouvir as histórias. Depois, querer lê-las por si mesmo.

Para ela, o quanto uma criança demorasse a ter esse prazer, não importava. Desde que continuasse a vir no Dia da Leitura.

Por isso aquela sala era toda especial. Só para as crianças. Ela mesma decorava com enfeites, cartazes e brinquedos.

Tudo muito colorido e divertido.

Tão bonitos que até os adultos gostavam de parar e ficar ali como que aproveitando as energias boas do lugar.

Alguns dos diretores daquela casa de oração, que por hora não haviam evoluído ainda, por vezes, rabugentos e ranzinzas, reclamavam da felicidade, ou melhor, do barulho que crianças saudáveis e alegres fazem quando juntas. Mas isso não incomodava a jovem que tinha o dom especial do amor e da compreensão para com todos.

Vanessa, às vezes, repreendida por esses companheiros, que pareciam se considerar donos da casa de oração, ouvia-os e dizia educadamente:

— Vou procurar fazer com que eles fiquem mais silenciosos da próxima vez.

Apesar de saber que isso seria algo impossível de conseguir, até porque ela era a primeira a gritar: "Boa tarde, turma feliz!!!", assim que se sentava no chão, antes de começar as atividades com as crianças, que gritavam, no volume máximo, para responderem: "Boa tarrrdeeee!!!". Só depois disso, todos se achavam prontos para começar, inclusive ela.

Quando não estava atrás de um bom livro infantil ou de alguma atividade para as crianças, a jovem ajudava seus avós nas tarefas da fazenda, agora um hotel, cujos chalés eram bem acolhedores.

Todos com lareiras de pedras, tetos de madeira envernizada, bem como os adornos e camas antigas. Tapetes grossos e macios. Cortinas graciosas presas com laços nas laterais das largas janelas de vidro que davam para uma linda vista do lago onde, nas manhãs mais frias, podia ser visto encoberto pelo vapor esbranquiçado, como uma fumaça subindo lentamente acima da água plácida e bem gelada.

Mesmo tendo crescido ali, ela adorava apreciar aquela visão magnífica, o quanto podia.

Tudo ali parecia lindo e adoravelmente mágico.

A fazenda, agora uma pousada ou hotel fazenda, era muito especial. Localizava-se em um vale abraçado por uma cadeia de montanhas gigantescas e imponentes que limitavam a região das típicas cidadezinhas vizinhas do interior, entre o sul do estado de Minas Gerais e o estado de São Paulo.

Embora ficasse no estado de São Paulo, na cidade de São Bento do Sapucaí, a pousada invadia a cidade de Gonçalves, sul de Minas.

Apesar de turística, como muitas outras ao arredor, era comum encontrar os aventureiros apaixonados por trilhas, escaladas, caminhadas e bicicletas apreciando a indescritível beleza do lugar e tirando fotos. Aliás, pedalar na região valia muito a pena, além de ser uma delícia.

Era possível transitar de carro por praticamente todos os lugares sem asfalto em dias secos, mas, na temporada de chuva, os passeios reduziam-se a veículos com tração nas quatro rodas ou outros conhecidos como gaiolas e quadriciclos, o que consistia em outro tipo de aventura, maravilhosa, para outros tipos de aventureiros.

Os caminhos longos e sinuosos das rodovias de asfalto liso, serpenteavam entre as araucárias, os pinheiros imponentes e a abundante vegetação que ladeavam a estrada e ajudavam a fechar a floresta que levava às montanhas alterosas, belas, encantadoras.

Um simples passeio por essas estradas tinha o poder de lavar e saciar de paz uma alma.

Ao chegar ao vale que dava acesso à fazenda, o asfalto terminava e a estrada era toda cascalhada, o que produzia um ruído típico quando se andava por ela, fosse de carro, a pé ou a cavalo.

O céu, de um azul puro, tinha uma luz límpida e especial na maior parte do ano.

O ar puro, às vezes frio, era bem agradável e salutar, sempre trazendo aromas de pinho, relva molhada ou simplesmente de terra, o que era uma delícia.

A temperatura amena deixava um clima gostoso e extremamente convidativo ao sossego e ao relaxamento sob adorável melodia de pássaros silvestres.

Os casais românticos apreciavam muito o lugar que parecia ter um toque especial de Deus para deixá-los cada vez mais unidos, juntos e apaixonados, pois o friozinho gostoso os atraía para um aconchegante abraço que, geralmente, resultava em um beijo de amor.

A fazenda estava muito bem localizada e isso oferecia diversas atrações para quem se hospedasse ali.

Embora fosse possível nadar nos belos lagos, por causa da baixa temperatura as pessoas gostavam mais de pegar o barco a remo e passear, deslizando nas águas límpidas que sempre espelhavam o céu.

Fora isso, a tirolesa, as cavalgadas com cavalos mangalarga, os passeios com charretes e quadriciclos também eram muito requisitados.

Mesmo sabendo serem muito bem recomendados os diversos restaurantes típicos espalhados pela região, dona Henriette, avó de Vanessa, fazia questão de servir bem seus hóspedes com os melhores atrativos culinários em que muitas das receitas pertenciam a sua avó, passadas à sua mãe através de um caderno antigo, bem trabalhado artesanalmente.

Dava trabalho cuidar de tudo. Às vezes, Henriette e o marido Dionísio sentiam vontade de não lidar mais com aquilo. Mas como viver e sobreviver os dois mais a neta com o baixo valor das aposentadorias?

Fazia só poucos anos que os dois netos mais velhos, irmãos de Vanessa, estavam trabalhando e se sustentando sozinhos.

Os estudos dos rapazes e da neta sempre foram pagos com os lucros da fazenda.

Agora, após completar dezenove anos, a jovem também queria fazer um curso superior. De onde tirar dinheiro senão dali, daquele hotel?

Nas temporadas de férias escolares, Henriette e o marido contratavam mais funcionários, porém, quando não e, porventura, tinham um número de hóspedes acima do previsto, eles mesmos se desdobravam para cuidar da limpeza dos chalés, das rouparias, das refeições e de tudo o mais.

O serviço não era pouco e era bastante exaustivo.

Muitas vezes sentia pena da neta. Tão jovem, varria, lavava, passava a ferro e ajudava na cozinha, além de servir como guia aos visitantes.

Henriette queria, de verdade, que Vanessa fizesse uma boa faculdade a fim de aquela pousada ser para ela somente um lugar para passear e descansar, como os hóspedes que ali ficavam. Se a jovem quisesse continuar com aquele tipo de negócio que fosse tão somente para administrá-lo e não para transformá-la em uma empregada, como naquele momento o era.

Ao erguer o olhar, que trazia um brilho singelo e um tanto opaco, Vanessa deparou com a avó, em pé, em outro ponto da sala que, enquanto secava um utensílio de cozinha, parecia olhar para ela havia longos minutos.

Seu rosto angelical iluminou-se com um sorriso e, nesse momento, perguntou:

— Faz tempo que a senhora está aí?

— Faz. Onde é que estavam seus pensamentos?

— No vestibular. Estou tão ansiosa, vovó. Quando penso... Sinto um bolo no estômago, um frio na barriga... — riu, um riso simples e gostoso de ser ouvido. — Será que vou conseguir?

— Claro, minha filha. Só acho que...

A avó calou-se e baixou o olhar para o canto, pensando cuidadosamente no que falar.

— O que, vovó? Está triste porque vou ter de morar longe enquanto estudar? — Sem esperar por uma resposta, disse: — Virei para cá todo fim de semana. Prometo!

— Seus irmãos prometeram a mesma coisa. Mas, com o tempo, não puderam cumprir. O Luís, assim que começou a faculdade, arrumou um emprego e depois precisou dos fins de semana para estudar. Com o Vítor não foi diferente. Só que eles são homens e... — Henriette deixou o vasilhame e o pano de prato sobre a mesa central, aproximou-se da neta, que lhe sorriu com doçura, e falou com a voz quase embargada ao afagar-lhe suavemente os cabelos — ...mas você é minha menina, Vanessa. É minha princesinha. — Seus olhos ficaram marejados. Ela curvou-se, beijou a cabeça da jovem e ainda disse: — Não consigo me ver longe de você, minha filha. Tenho medo que o mundo lá fora seja rude e a maltrate. Não quero que se machuque. Nas cidades grandes as pessoas quase não se importam umas com as outras. Elas são frias. Tudo é muito diferente daqui. As pessoas não sabem como os seus vizinhos se chamam. Não fazem um caldo ou uma sopa para levar ao amigo quando ele está doente e, muito menos, emprestam dinheiro, sabia? — sorriu para disfarçar a angústia.

A jovem pegou suas mãos enrugadas, calejadas pelo trabalho difícil, juntou-as, beijou-as e colocou entre as suas.

Encarando com suave e lindo sorriso, disse em tom agradável e confiante:

— Vovó, sou crescida. Sou esperta. Não vou me machucar por causa desse tipo de gente fria que a senhora está falando. Quero me concentrar nos meus estudos e... Prometo ligar sempre que me sentir sozinha ou quando tiver qualquer dúvida sobre a vida.

Os doces olhos cansados de Henriette pareciam refletir a sombra de um pressentimento indefinido.

Algo apertava seu coração amoroso. Não sabia o que era. Talvez por ter criado a neta desde tão pequena na falta da filha e do genro, sentia-se na obrigação de nunca falhar com ela.

Henriette suspirou fundo. Abraçou a cabeça da jovem de modo forte contra o próprio peito e a beijou novamente.

Depois se afastou um pouco, forçou-se a um sorriso e perguntou:

— E então? Vai ficar de pijama o dia inteiro?

— Só são oito horas ainda! — sorriu ao enfatizar. — Tá gostoso assim.

— Já escolheu a historinha de hoje?

— Já, sim. Tenho certeza de que as crianças vão adorar.

Continuaram conversando amistosamente.

෩෬

No tempo que se seguiu, como há muito já vinha fazendo, Vanessa se preparava rigorosamente para o tão temido vestibular.

Horas e horas de estudo e dedicação chegavam a roubar-lhe o sono.

Quantas vezes adormeceu em cima de livros, cadernos e apostilas.

Tudo isso a fim de sentir-se bem preparada e conseguir a melhor colocação possível.

Havia escolhido uma universidade pública. A mais renomada. Longe de casa, por isso não queria falhar. Sabia que, mesmo não tendo de pagar, eram seus avós quem iriam custear suas despesas, em todos os sentidos, até que se formasse.

Se tivesse de pagar para estudar em um curso superior, seria ainda pior, bem mais caro.

෩෬

Um belo dia, bem cedinho, o telefone tocou.

Henriette se assustou, mas riu ao olhar a neta dar um pulo do sofá para correr e pegar o aparelho que ficava no canto ao lado da janela.

Quando Vanessa atendeu e ficou ouvindo em silêncio, a avó só conseguia ver, em volta da neta, um brilho dourado do sol que atravessava as vidraças.

Um grito e...

— Passei!!! Eu passei!!! — Olhando para a avó, rindo e chorando, gritou de felicidade, como se a senhora não tivesse ouvido:
— Vovó, eu passei!!! Vou fazer Farmácia!!! Passei!!!

Largando o aparelho, ela foi na direção da senhora e a abraçou, beijou, apertou-a em meio a risos e lágrimas.

Havia valido a pena tanto esforço, tanto estudo, tantas horas de dedicação, tantas noites em claro.

No momento seguinte, ela parou e se deu conta:

— E agora, vovó? O que é que eu preciso fazer? O Luís não falou...

— Você não terminou de conversar com ele, terminou?

A jovem correu para o telefone, mas o irmão já havia desligado.

— E agora? O que faço?

— Liga pra ele, filha!

Aquele era o início de uma grande movimentação na vida de Vanessa e ela, como todos os jovens, não desejava perder nada, nenhuma chance, nenhuma oportunidade, nenhuma emoção.

Queria viver na cidade grande, sentir-se, pela primeira vez, independente. Sem estar sob a observação dos avós, ou pior, dos conhecidos da pequena cidade que sabiam muito mais relatar por onde havia andado do que ela mesma.

Queria sentir o sabor da liberdade, fazer amigos novos, ficar acordada até tarde, conhecer lugares novos, passear...

Minha Imagem

E foi com a ajuda de Luís, seu irmão mais velho, que morava na capital, que Vanessa alugou um apartamento com outras três jovens que, como ela, eram do interior e precisavam encontrar um lugar simples, que não custasse tanto e perto da Cidade Universitária.

Não poderia ficar com o irmão, pois, apesar de ele residir na cidade de São Paulo, por ser uma cidade muito grande, era longe de onde ela estudaria, ficava em outra região.

Muita coisa nova, muita emoção, muita descarga de adrenalina na corrente sanguínea a cada novidade repentina na nova vida.

No pequeno apartamento de dois quartos, Vanessa e Leda dividiriam um, enquanto Cléia e Maria ficariam com o outro.

O imóvel era mobiliado e, embora conservados, os móveis sempre tinham alguma imperfeição, mas dava para serem usados perfeitamente. O locador estava acostumado a alugá-lo para alunos universitários, pois tinha ótima localização para os estudantes.

Enquanto se instalavam, arrumando as coisas e fazendo regras a fim de terem uma boa convivência, as jovens se apresentavam e comentavam um pouco de sua vida e suas expectativas na cidade grande.

Leda descobriu que morava em cidade próxima a de Vanessa ou, pelo menos, na mesma região: Pindamonhangaba.

Já, Cléia era da cidade de Bauru e Maria, de Araraquara.

Após o combinado em dividir as despesas, as tarefas e criação das primeiras regras, as jovens decidiram sair para passear, pois não conheciam a grande metrópole de São Paulo.

Andaram de metrô pela primeira vez, e por isso os outros usuários do transporte não entenderam o motivo de vê-las rir e até gargalhar ao saírem do trem rapidamente, imaginando que se não descessem tão depressa as portas se fechariam com elas lá dentro ou com a possibilidade de as prensarem.

Na Avenida Paulista, caminharam encantadas com os modernos e imponentes edifícios que refletiam as luzes de iluminação pública.

— Eu só havia passado aqui de carro com meu irmão — disse Vanessa, olhando para cima.

— Eu também. Só de carro e uma vez... — confessou Leda também olhando para o alto.

— Gente! Tô com medo da gente se perder e não conseguir mais voltar pra casa — comentou Cléia receosa.

— Que nada! Pelo menos daqui eu sei voltar — disse Maria confiante.

— Bem... Eu trouxe o endereço de onde moramos, um pequeno mapa e algumas dicas como as linhas de ônibus, metrô... Meu irmão que fez — anunciou Vanessa.

— Olha, ali. Que tal irmos àquele barzinho? Podemos tomar uns *refris* pra comemorarmos nossa nova vida e as aulas que começam amanhã — propôs Leda.

— Vamos!
— Vamos, sim!

Todas concordaram.

— Mas só refrigerante. Se eu tomar qualquer coisa que tenha álcool minha avó me mata — riu Vanessa. — Ela recomendou tanto.

— Isso mesmo. Nada de bebida alcoólica — concordou Maria.

Enquanto Cléia fez um olhar de reprovação, mas não disse nada.

CAPÍTULO 2
A vida universitária de Vanessa

NO DIA SEGUINTE, bem cedo, ao deparar com a imensidão da Cidade Universitária, observando-a melhor, Vanessa estancou. Ficou parada por alguns instantes, diante do prédio da Prefeitura da Cidade Universitária, percebendo como o lugar era gigante. Parecia bem maior do que quando esteve ali dias antes.

O vaivém de alunos, professores e funcionários foi algo que a impressionou.

Sentiu-se perdida. Não sabia para onde ir.

— O bloco da Farmácia fica daquele lado. Vamos! — intimou Leda com pressa, referindo-se ao prédio aonde iriam estudar, ao ver a colega paralisada.

— Nossa! Não pensei que fosse assim. Acho que tudo está maior do que a primeira vez em que vim aqui — admirou-se a outra.

— Ainda bem que estamos juntas. Quero dizer, no mesmo curso. Tá me dando um frio na barriga — riu Leda ao fazer o comentário. — Apesar de tanta gente, tô me sentindo sozinha.

— Minha avó me falou sobre isso.
— Sobre o quê?
— Sobre as pessoas da cidade grande serem muito frias e não se preocuparem umas com as outras.
— É... Acho que a gente vai ter de se acostumar com isso. — Breve instante e chamou novamente: — Vamos logo. *Tamo* em cima da hora.

Caminharam pelo campus universitário até alcançarem o outro lado e, após driblarem vários alunos, chegaram à sala de aula.

Muita conversa, muita movimentação. Vários alunos se apresentando, conhecendo um ao outro.

Os rapazes, carecas ou com cabelos cortados bem rentes, devido ao trote já aplicado.

As moças, alegres e simpáticas, procuravam se enturmar o quanto antes.

Com olhos grandes, que passaram por toda a sala de aula, Vanessa e Leda sentaram.

Leda virou-se para trás e riu ao comentar baixinho:
— Meu coração vai sair pela boca.

A outra somente devolveu o riso, achando engraçada a ansiedade da amiga. Pensou que só ela estivesse daquele jeito.

୨୦୶

Com os dias, todos se conheciam um pouco melhor.

Vanessa ficava bem atenta às aulas e era muito dedicada aos estudos. Nunca acumulava tarefas.

Às vezes achava-se um pouco retraída, caipira, como ela dizia. Não era capaz de ser tão atirada como as outras garotas. Não sabia se vestir como as colegas nem falar da mesma forma.

Minha Imagem

O jeito das amigas chamava a atenção dos rapazes, o dela não. Era como pensava.

Em todo caso, entendia que não estava ali para isso e sim para estudar.

O que não percebia é que também atraía olhares.

Não demorou muito e um rapaz de nome Diogo pediu para fazer parte de seu grupo de trabalhos.

— Olha... Estou sobrando. Vocês não querem me adotar? — sorriu lindamente, lançando um olhar intenso.

— Bem... Nosso grupo sou eu e a Leda. Mais ninguém e...

Nesse momento, a amiga fez Vanessa perder as palavras, quando, discretamente, beliscou-a, depois interrompeu, completando:

— ...e por ser um grupo tão pequeno, estamos procurando mais gente, lógico!

Vanessa a olhou de modo surpreso, em seguida se virou para o rapaz e sorriu sem graça.

— Então... Está certo. Estamos juntos e... Posso trazer mais um amigo? — pediu ele com jeito simpático.

— Sim, claro — tornou Leda. — Quanto mais gente, melhor para dividirmos as tarefas, não é mesmo?

— Lógico. Vou falar com o Fabiano e já volto.

Ao vê-lo virar as costas, Vanessa se voltou para a amiga e reclamou:

— Não combinamos de ficar só nós duas porque percebemos que muitos aqui só querem se encostar e estudar, que é bom, nada?

— Não tem como não adotar um gato desses! Se ele bobear vou levá-lo pra minha casa — riu gostoso após sussurrar.

— Ora, Leda!...

— Falando sério, pelo que tenho visto no Diogo, ele é estudioso. Até pensei que fosse se bandear pra turma daquelas ali — apontou ao erguer as sobrancelhas, com um inclinar rápido da cabeça, para um grupo de moças que estavam sentadas sobre a mesa do outro lado da sala. — Se ele procurou a gente é porque não tá a fim de fazer hora, certo? Além do que, é bom nós duas nos enturmarmos mais. Não sei até quando os trabalhos poderão ser feitos só por duas no grupo.

— Verdade. Assim também não fica tão pesado. Podemos dividir as tarefas.

— Mas que ele é lindo!... Ah! Isso ele é!

Vanessa olhou-o ao longe novamente e sorriu, admitindo:

— Lindo mesmo!

ೞಞ

A partir de então, por conta de trabalhos, estudos e outras atividades, Vanessa e Diogo começaram a ficar bem próximos.

Fossem as aulas nos laboratórios ou mesmo nos intervalos para o almoço ou lanche, Diogo sentia-se atraído e sempre procurava pela jovem alta e esguia, de cabelos castanhos cujos reflexos naturais dourados brilhavam à luz do sol.

Ela era uma jovem simples. Vestia-se com modéstia, sempre usando calças jeans nada apertadas, como a moda exigia. Na maioria das vezes, uma camiseta básica bastava e, em dias mais frios, uma blusa de lã simples. Sempre o mesmo tênis, assim como o mesmo corte de cabelo, que, para dizer a verdade, caía-lhe muito bem.

Naquele dia, ao mesmo tempo em que lia um panfleto sobre uma palestra a ser realizada no Centro Acadêmico de Farmácia e

Bioquímica, abraçada a alguns livros, Vanessa caminhava distraída e ainda comia um pedaço de chocolate.

Diogo, furtivamente, andou atrás dela pela larga calçada do Bloco 13 e, num segundo, puxou-lhe a bolsa do braço, gritando:

— Peguei!!!

Um grito horrorizado e ela deixou tudo o que segurava cair ao chão, para segurar firme a bolsa que estava sendo puxada.

Ao ver quem era e que, de verdade, não corria nenhum risco, ficou brava e mais indignada ainda pela gargalhada do rapaz. Não economizou forças nos tapas que deu em Diogo que, por ser alto e forte, virou quase de costas, como quem oferece os ombros largos para apanhar, fazendo enrijecer o braço musculoso para que ela batesse.

— Ai! Não seja cruel comigo! — exclamou rindo gostoso.

— Idiota! — reclamou irritada, falando de boca cheia. — Seu imbecil! Tomei um susto! Quase me engasguei!

Vendo-a se deter e ficar à sua frente com a respiração alterada, ele parou e, com largo sorriso no belo rosto, pediu, sem sinal de arrependimento, erguendo as mãos num gesto de rendição:

— Desculpa. Só quis brincar.

— Essas brincadeiras não são engraçadas — falou séria. Algo raro de se ver. — Pensei que estivesse sendo assaltada, furtada... Ouvi tantas histórias sobre esse tipo de coisa aqui dentro.

— É lamentável, mas isso pode acontecer, não só aqui dentro, mas também em outros lugares.

Ele se abaixou e a ajudou a pegar o material.

— Para onde você está indo? — o rapaz quis saber.

— Fiquei de encontrar com a Cléia, a menina com quem divido o apartamento, lá na Praça do Relógio.

Depois de se erguer e entregar-lhe os livros, o rapaz a olhou e disse:

— Estou matando o tempo e vou pra aqueles lados.

Ajeitando novamente o seu material, ela não se importou e começou a caminhar.

Não demorou muito e quis saber curiosa:

— Nunca perguntei de onde você é, Diogo.

— Sou daqui, da capital mesmo. E você?

— De São Bento do Sapucaí.

— Nunca ouvi falar. Essa cidade fica em São Paulo?

— Sim. Fica próximo a Campos do Jordão, divisa com o sul de Minhas Gerais.

— Sei. Já me localizei. Não é muito distante, mas... É necessário se mudar para perto da universidade. Não daria para ir e voltar todo dia — argumentou o rapaz, olhando-a com o canto dos olhos.

— Ir e voltar todo dia, não. De jeito nenhum. São Bento é uma cidade pequena, todo mundo conhece todo mundo. São Paulo é grande e muito diferente. Não conheci nada aqui ainda. Sempre me sinto perdida. Se eu bobear, me perco até aqui dentro do campus — riu gostoso, de modo melodioso.

— O campus da USP é um complexo situado em uma área de antiga fazenda, sabia?

— Ouvi dizer.

— Já foi ao Museu da Farmácia?

— Não.

— Ah... Deve conhecer. O que acha de irmos lá?

— Pode ser.

— Pode ser não é resposta, Vanessa.

— Quero dizer que aceito o convite, mas não sei quando poderei ir. Nem vou pra minha cidade no próximo fim de semana de tão sobrecarregada que estou.

— Eu também estou com muita coisa pra fazer e... — comentou ele em tom de lamentação. — Fiquei preocupado com as horas de crédito. Será que vai dar pra cumprir?

— Tem que dar. Você ouviu o que o Clóvis disse, né? — perguntou referindo-se ao professor.

— Se não vai para o interior, você vai ficar aqui e... Não vai ficar debruçada em livro o fim de semana todo, vai? — o rapaz quis saber com outras intenções.

— Pretendo.

— É pena. Eu ia te convidar para um lanche ou uma balada... quem sabe. Sempre aparece uma.

— Nunca fui à balada.

— O quê?!!! Tá brincando?!!! — Ela olhou-o com o canto dos olhos e não respondeu. Pensou que Diogo estivesse zombando por ela ser do interior. E ele prosseguiu: — Pois então quero ser o primeiro a te levar a uma.

— Não. Obrigada.

— Por quê? Você é crente? — riu quase irônico.

— Não. Sou Espírita — respondeu com simplicidade, sem entender a ironia do rapaz.

— Sei — disse, continuando a caminhar ao seu lado, enquanto pensava em um jeito de fazê-la aceitar o convite. — Poderia ir à balada só pra saber como é. Se não gostar, eu a levo de volta pra casa.

— Não. Obrigada.

— Pode levar suas amigas. Sempre vou a lugares legais. Garanto.

— Obrigada, mas não estou interessada.

— Por quê? A mamãe não deixa? — perguntou novamente em tom irônico, porém modesto, só para desafiá-la.

— Minha mãe já faleceu. Eu era tão pequena que posso dizer que não me lembro dela. Nem dela nem do meu pai. As imagens deles parecem um vulto para mim. As muitas fotos e algumas poucas filmagens são tudo o que tenho deles para saber como eram.

O rapaz parou e, quando não o percebeu ao lado, Vanessa parou também e se virou.

Dando um passo à frente, Diogo tocou em seu braço, afagando-o e pediu sério, com um tom solene na voz:

— Desculpe-me. Não quis magoar você. Desculpe mesmo. Eu não sabia.

— Posso entender. Não tem problema.

— Então me perdoa? — sorriu de modo meigo e simpático.

— Perdoo — disse, devolvendo o sorriso que iluminou seu belo rosto.

— Então, pra mostrar que me perdoa, vai a uma festa comigo.

— Você está me pressionando.

— Sim, estou.

— Não quero ir à festa alguma.

— Por quê? Se me der uma explicação justa, posso entender.

— Serei bem sincera. É que recebi tantas, mas tantas recomendações da minha avó para tomar cuidado com festas, principalmente por causa de drogas, álcool e sexo que... Estou traumatizada sem nunca ter ido a uma.

— Posso entender a preocupação da sua avó. Mesmo assim eu diria que drogas, álcool e sexo você vai encontrar fácil, fácil em muitos lugares, não só na balada. Tudo depende de você ceder ou não à tentação.

— Prefiro não ir. É mais garantido.

— Certo. Está bem — disse ele, mas não estava satisfeito por dentro.

Minha Imagem

Continuaram caminhando quando Diogo perguntou:

— Bom... Pelo menos você pode aceitar comer uma pizza comigo no sábado à noite, não é? — Antes que ela respondesse, ele prometeu de um jeito engraçado: — Eu juro! Juro que vou levá-la a um lugar grande, com ambiente familiar... Sou um bom menino e vou me comportar bem.

A jovem parou, olhou-o longamente e reparou o quanto Diogo era bonito.

Já havia notado isso antes, mas agora, com o cabelo aloirado mais crescido e a barba bem feita, seu rosto era lindo. Um rapaz bem alto, embora tivesse uma estrutura física forte, ele ainda tinha músculos, resultado de muitos exercícios na academia, provavelmente. Seus olhos verdes e chamativos ficavam ainda mais realçados pelas sobrancelhas loiras. Quando sorria, em seu rosto, só do lado direito, uma covinha graciosa chamava a atenção. Os dentes alvos e perfeitos exibiam fino trato.

Vanessa, parada, remexeu-se, colocando o peso de uma perna para outra. Olhou para os lados, depois o encarou, dizendo com a linda voz suave:

— Em uma pizzaria?

— Sim. Vamos comer pizza e tomar refrigerantes! Só! — exclamou em tom de promessa. — E... Se você quiser, lógico, somente se você quiser, podemos tomar um sorvete depois. Eu adoro sorvetes — falou de um jeito cativante para ela rir.

A jovem deu longa piscada, apertando os dois olhos, enquanto virou graciosamente o rosto sorridente e, num gesto rápido, ao encará-lo, argumentou:

— Você, hein!... Está certo. Eu vou.

— Sábado, às nove horas passo onde você mora e...

Interrompendo-o reclamou de imediato:

— As nove é muito tarde. Às sete horas. E não quero voltar depois das onze.

— Como assim?! Menina! Nós estamos em *Sampa*! Esta cidade não dorme e não para nunca! Aqui não existe *muito tarde*. Vamos aproveitar e...

— Diogo, é a primeira vez que saio com alguém e... Se quiser será do meu jeito. Se não...

— Tudo bem! Tudo bem!... Às sete horas e antes das onze eu te levo de volta. — Colocando a mão direita aberta no peito, ficou ereto e disse, tentando parecer sério: — Eu juro! Palavra de escoteiro!

A jovem riu alto e se virou para continuar andando.

— Vanessa! — chamou. Ao vê-la virar, Diogo aproximou dois passos e explicou: — Vou pro outro lado pegar meu carro. Vejo você amanhã.

— Tudo bem. Até amanhã.

Ao trocar beijinhos, Diogo segurou levemente seu rosto delicado, beijando-o demoradamente. Em seguida, bem próximo ainda, olhando-a nos olhos, falou baixinho, entonando a voz de modo romântico:

— Tchau... Te vejo amanhã.

Por um momento, ele ficou parado, com os lábios entreabertos a poucos centímetros dos dela...

Vanessa se afastou lentamente ao sentir o coração bater forte. Quase nervosa, suspirou fundo, remexeu-se um pouco ao responder num sussurro:

— Até amanhã.

Apertando os livros junto ao peito, virou-se e se foi, sentindo o olhar dele nas suas costas, apesar de não ter se virado para conferir.

Diogo sorriu ao observar seu jeito tímido e simples. Ficou contemplando-a por longo tempo, até vê-la sumir na calçada, cujo raio dava para a Praça do Relógio.

Definitivamente tratava-se de uma jovem bem diferente das que ele conhecia.

Sua simplicidade e seu jeito natural de ser chamavam a atenção. Possuía graça e beleza cativante.

Sem exageros, ela podia rir alto e gostoso, melodicamente, onde quer que estivesse, contagiando aqueles à sua volta. Nunca ninguém a notou preocupada com a moda ou criticando a maneira dos outros se vestirem, como ele via outras colegas fazerem.

Vanessa era daquelas pessoas raras que aceitava os desafios com animação, sem perder o humor e se empenhava para resolvê-los enquanto muitos, em seu lugar, só reclamariam.

Uma ponta de preocupação apertou o coração de Diogo ao começar a perceber que não tinha ideia do que poderia acontecer com seus sentimentos em relação a ela. Mas essa preocupação sumiu tão rápido quanto surgiu, e ele se foi.

Enquanto isso, a jovem se sentia estranhamente nervosa.

Nunca, nenhum rapaz a deixou daquele jeito, com aquela ansiedade inquietante que a fazia estremecer por dentro.

Inevitavelmente, lembrou-se das recomendações de sua avó para não se deixar levar por rapazes conquistadores e aventureiros que, provavelmente, só a queriam para uma aventura. Mas sua avó era uma pessoa que, apesar de acompanhar os tempos modernos, vivia à moda antiga.

ஐൔ

Era um princípio de noite quente, bem agradável. Tudo o que todos desejam para um sábado.

Vestindo um tênis de boa marca, uma calça de jeans lavado e camisa tipo polo de cor azul-claro, exalando o aroma gostoso de uma colônia pós barba, Diogo pareceu sem fôlego ao bater à porta do apartamento onde Vanessa e as amigas moravam.

— Oi! É você? — disse Leda, que abriu a porta e o cumprimentou com um beijinho no rosto.

— É... Acho que cheguei um pouco cedo. A Vanessa está?

— Entra. Ela está no quarto. Vou chamar.

Já na sala, o rapaz correu os olhos por todo o ambiente e cumprimentou, a distância, Cléia e Maria, que estavam sentadas num canto sobre algumas almofadas.

As jovens se levantaram, abaixaram o volume do som, que tocava uma música de sucesso, e foram para perto de Diogo, repetindo o gesto de Leda ao beijá-lo no rosto.

— Então você é o Diogo? — perguntou Cléia.

— Parece que sim — brincou e sorriu ele sem jeito.

— Senta aí. A Vanessa já vem — disse Maria de modo simples.

Aproximando-se do sofá, que contornou, o rapaz se sentou sentindo-se apreensivo, quase nervoso. Para disfarçar, procurou conversar um pouco.

— Então vocês dividem esse *AP*, né?

— Foi o jeito. No começo ninguém se importou por não ter elevador, mas agora... Descobrimos que essas escadas nos matam — comentou Maria de modo simpático.

— Devemos pensar que exercícios fazem bem a saúde — ele contrapôs.

Nesse instante, Vanessa chegou à sala usando o tênis de sempre, calça jeans comum e uma camiseta branca de malha, os cabelos compridos, soltos.

Minha Imagem

As colegas a olharam de cima a baixo, enquanto o rapaz sorriu, fixando-se em seu olhar brilhante e alegre.

— Oi, Diogo. Tudo bem? — disse ao beijar-lhe a face, sentindo o coração palpitar forte e a respiração alterada.

— Tudo. E você?

— Estou bem.

— E então?... Vamos?

— Ah... — murmurou Leda que, de imediato interrompeu: — Vanessa... Eu queria te pedir uma coisa e...

— O quê? — quis saber a amiga com simplicidade.

— Pode ir lá dentro um instantinho? — pediu, seguindo em direção ao corredor.

A outra foi atrás depois de pedir ao rapaz que a esperasse por um minuto.

Cléia e Maria se entreolharam e a primeira segurou o riso e abaixou a cabeça, contorcendo o rosto.

Já no quarto...

— Você vai sair desse jeito?! — perguntou Leda quase irritada.

— O que tem? — respondeu a amiga encostando o queixo no próprio peito para se ver melhor.

— Parece que está arrumada para ir à feira ou... Sei lá! Você não tem uma calça mais justa, uma blusa ou camiseta mais apertadinha, tipo... *baby look*? Um sapato ou sapatilha... Pode prender o cabelo nas laterais... Isso deixa o rosto mais comprido e... Um pouco de maquiagem e uma colônia cairá bem também.

— Você quer dizer que eu estou malvestida?

— Eu diria que está simples demais. Puxa, Van!... O cara é bonitão. Está bem-arrumado, cheiroso... Acho que você tem que acompanhar o nível dele.

— Não vou forçar ser uma coisa que não sou.

— Não se trata disso, Van. É questão de bom senso.

— Sinto muito. Minhas roupas são estas. Não tenho camisetas ou blusas diferentes e não tenho sapatilhas.

Leda foi até a sapateira no canto, pegou sua sapatilha preta e ofereceu:

— Toma. Vê se serve. — Enquanto a amiga tirava o tênis para calçar as sapatilhas, ela foi até o armário, procurou por uma camiseta regata bem bonita, com detalhes em rendas brancas na frente e deu para a outra, dizendo: — Acho que vai ficar bem em você. Quanto a calça... Acho que nenhuma das minhas vai te servir. Você é bem mais alta, mas... — Revirando os cabides, encontrou: — Esta saia vai ficar ótima. É longa e o tecido mole e pesado deixa o corpo ótimo. Em mim ela arrasta no chão. Eu ia até mandar fazer barra, mas pra você ficará ideal.

A colega vestiu. Foi para a frente do espelho e se viu mais bonita, de fato.

— Agora... Vem cá. Senta aí. — Assim que Vanessa se sentou na cama, Leda pegou sua bolsinha de maquiagem e maquiou-a levemente, realçando seus olhos, principalmente. Depois, escovou-lhe os cabelos e prendeu um dos lados na lateral da cabeça, com delicada presilha. — Olha lá. Veja como ficou diferente.

Frente ao espelho, Vanessa se surpreendeu.

— De fato eu... — deteve as palavras. — Mas... Você não acha que estou muito diferente? Normalmente eu não sou assim.

— Você não está diferente. Está mais bonita e... pra completar, use um pouquinho desta colônia aqui. — Depois de passar um pouco do perfume atrás das orelhas da colega, Leda disse sorrindo: — Agora está perfeito, amiga! Vai lá! Vamos! Você vai arrasar!

— Estou me sentindo diferente.

— Você está ótima! Vai logo. Ele está te esperando. Ah! Quando chegar lá na sala, diga com simplicidade: "Agora estou pronta. Desculpe a demora". Entendeu?

Vanessa sorriu, sinalizou positivamente com a cabeça e a amiga ainda lembrou:

— Toma. Leva essa bolsinha pra dar um charme. — Ao ver a amiga com o acessório na mão, completou: — Põe aí dentro este batom, este pente, este lápis... Não esquece de levar um documento.

— Ei! Não vou viajar não. Nem vou pra tão longe.

— Só que vai ter de continuar bonita. Depois da pizza, dá uma passada no banheiro e retoca tudo, tá?

Vanessa concordou e ofereceu um sorriso angelical ao se ver com uma apresentação melhor.

Alçando a bolsa no ombro, respirou fundo e sorriu novamente ao se sentir pronta.

Chegando à sala, percebeu que Diogo a olhou de cima a baixo antes de encontrar seu olhar e sorrir ao vê-la arrumada.

— Desculpe pela demora — ela pediu.

Embora simples, Vanessa estava linda.

— Vamos, então, né? — ele propôs. Virando-se para as outras, despediu-se de forma geral, com um aceno de mão: — Tchau! Até mais, meninas.

Todas responderam.

Após vê-los sair, Cléia virou-se e comentou:

— Você fez milagre com ela, Leda.

— Não fiz milagre não. Só dei umas dicas nas roupas. Ela é muito simples e não liga pra essas coisas. Mas não foi a roupa que deixou a Van bonita. Ela é naturalmente daquele jeito, só não tem coisa boa pra usar.

— Não sei o que um cara como esse viu nela — sorriu Cléia. — Se ela não mudar e não se tocar que o nível do Diogo é outro...

— Não tem nada a ver. Talvez ele goste de alguém simples — opinou Maria.

— Ser simples é uma coisa, ser sem graça é outra — contrapôs Cléia. — Depois que a Leda deu um tapa no visual dela a beleza apareceu. Ficou bem diferente do jeito brega de antes. Mas... Até quando vai ser assim? A Vanessa não se toca. O carinha tava todo alinhado, usando roupa de grife, é bonitão... Tem até carro! E ela...

— Devemos parar de criticar e ajudar nossa amiga, não acha? — disse Leda em tom firme. — Eu vi a sua cara quando a Van entrou aqui na sala e acho que o Diogo também percebeu. Isso não ficou bem. Você sabe.

— A Leda tem razão. Devemos ser amigas de verdade e dar uns toques umas para as outras — concordou Maria.

Cléia nada disse e foi para perto do som, aumentar um pouco mais o volume.

CAPÍTULO 3
O romance com Diogo

ENQUANTO DIRIGIA, Diogo sustentava o esboço de um sorriso agradável. Parecia satisfeito por ter Vanessa ao seu lado.

Ela, por sua vez, estava um tanto retraída, embora transmitisse a impressão de serenidade.

Chegaram a um charmoso restaurante, cuja decoração em madeira envernizada combinava perfeitamente com as luzes fracas vindas das arandelas suspensas nas laterais das paredes. As toalhas, vermelho-vinho, sobrepostas nas brancas, davam um toque todo especial com o arranjo de flores naturais, brancas, que ficavam no centro.

O lugar era aconchegante e romântico, com suave música muito agradável.

O garçom cumprimentou Diogo como se o conhecesse e indicou a melhor mesa, em um canto discreto por causa da divisória clássica de um lado, ao mesmo tempo em que do outro podia-se contemplar a larga vidraça com floreiras altas, com plantas elegantes e floridas pela estação do ano.

Bem cavalheiro, sabendo como se portar, o rapaz acomodou Vanessa em uma cadeira, ajeitando-a antes de ir para o outro lado e se sentar à sua frente.

O garçom, atencioso, postando-se quase ao lado do rapaz, aguardava os pedidos das bebidas. Diogo, sobrepondo sua mão à mão alva da jovem, perguntou:

— O que você quer beber?

— Um guaraná. Gelado, por favor.

— Com rodelas de laranja e gelo? — indagou o garçom que fazia anotação.

— Sim. Obrigada — confirmou ela.

— Pra mim... O de sempre, Osvaldo. Obrigado — pediu Diogo e agradeceu.

Ao vê-lo se afastar, a moça perguntou:

— Costuma vir sempre aqui?

— Digamos que sim — sorriu de modo agradável. Um instante e disse: — Não sei muito sobre você. O que pode me dizer a seu respeito? — inquiriu como se brincasse.

— Tenho dezenove anos. Nasci e morei, até os três anos de idade, em São José dos Campos. Tenho dois irmãos: o Luís, de vinte e sete e o Vítor, de vinte e cinco anos. O Luís trabalha e mora aqui em São Paulo. O Vítor já é casado. Trabalha e mora em São José dos Campos.

— O Luís, o mais velho, não é casado?

— Não.

— Então por que não mora com ele?

— Meu irmão mora na zona leste da capital. Se eu morasse com ele, seria difícil ir e voltar todos os dias da universidade.

— Sei. Trânsito, condução... É longe mesmo. Em dias de chuva, a cidade para.

— Verdade. Estou descobrindo isso — disse a jovem em tom simpático.

Diogo penetrou em seus olhos e se encantou novamente com seu jeito gracioso. Percebeu que Vanessa tinha uma expressão suave, doce, inocente.

Um momento e ele respirou fundo, depois perguntou:

— Você foi criada por seus avós?

— Sim, fui. Meus avós, pais da minha mãe. Foram eles quem nos criaram. Eles tinham uma fazenda linda, com vista privilegiada. Um lugar divinamente maravilhoso, onde queriam descansar pelo resto da vida. Meu avô adora aquele lugar. Mas, depois que meus pais morreram, precisaram transformar tudo aquilo em pousada para melhorar a renda, pois três crianças pequenas dão muitas despesas. Então, em vez de lugar de descanso, a fazenda virou lugar de trabalho. Foi graças a isso que eu e meus irmãos estudamos. — Breve pausa e contou: — Bem, a história é assim: depois de casados os meus pais foram morar em São José dos Campos. Minha mãe abriu um bazar de materiais escolares, perto de uma escola pública e o negócio ia bem. Meu pai era mecânico de automóveis. Vivíamos bem. Apesar de simples, tínhamos casa própria, mas... Eles não contribuíam para a Previdência Social ou qualquer tipo de aposentadoria ou seguro de vida. Por isso, depois que se foram, eu e meus irmãos não tivemos qualquer pensão. Meus avós venderam as coisas da oficina e do bazar e entregaram os pontos. Ficamos com a casa, mas ela gerava imposto predial todos os anos, o que se tornou mais uma despesa para meus avós.

Diante do intervalo que ela fez, o rapaz perguntou:

— Como eles morreram? Foi acidente?

— Sim, foi. Eram férias escolares. Meus irmãos decidiram passar uns dias lá com meus avós. O Luís estava com onze, o Vítor com nove anos. Minha avó conta que eu era bem pequena, tinha três anos e por isso minha mãe não me deixou ficar lá com eles. Meus irmãos adoravam brincar, correr, nadar nos lagos... E tinham outros garotos para fazer companhia para brincar. Eles gostavam muito de lá. — Breve pausa e prosseguiu: — Depois de dez dias sem os filhos, meus pais foram para São Bento do Sapucaí buscar meus irmãos. Era fim de semana. No caminho, sofreram um acidente na Rodovia Presidente Dutra. Um caminhão fez uma manobra perigosa e tirou o carro do meu pai da estrada.

Uma sombra de tristeza anuviou o semblante de Vanessa que silenciou.

Surpreso e admirado, Diogo perguntou:

— Você estava junto com eles?

— Eu estava, sim. Estava sentada em uma cadeirinha de bebê no banco de trás. O carro do meu pai capotou várias vezes e eles morreram na hora. Ninguém sabe explicar como eu sobrevivi e sem qualquer arranhão. — Vanessa parou de falar e deixou seu olhar perdido em um canto. Em seguida, piscou com ambos os olhos mais demoradamente, ergueu o rosto, encarou-o e sorriu.

— Você se lembra do acidente?

— Não. Não me lembro de absolutamente nada.

O garçom chegou e os serviu. O silêncio imperou por longos minutos. Até que o rapaz quis saber:

— Não sente falta dos seus pais?

— É difícil explicar isso. Muitos já me fizeram essa pergunta. Eu não tenho uma recordação muito viva deles. Sei como eram por causa das fotos e algumas filmagens. — Um momento e explicou melhor: — Embora meus avós sempre foram atenciosos, carinhosos, eu sinto falta de ter pais. Quando era pequena, via as outras crianças com suas mães, de mãos dadas com os pais... Apresentando suas mães onde quer que estivessem, e eu nunca tive essa chance. Comigo tudo era diferente. Nunca tinha mãe ou pai para apresentar. Era triste, mas... suportei bem — sorriu levemente, com simplicidade.

— Você chama ou chamou sua avó de mãe?

— Não. Nunca. Sempre soube que ela era minha avó. Talvez por causa dos meus irmãos que são mais velhos e só a chamavam de vovó. Ela também nunca me incentivou a isso.

— Acho que ela fez o certo.

— Também acho — ela concordou com suavidade na voz e nas expressões.

Diogo chamou o garçom novamente. Fizeram o pedido e, ao ver o homem se afastar, ele perguntou:

— Você se dá bem com seus irmãos?

— Sim. Nós nos damos muito bem. Apesar de que, depois que se mudaram e saíram de São Bento, a distância nos têm afastado um pouco. — No momento seguinte, sorriu largamente e quis saber: — E você? Não sei muito sobre você.

Remexendo-se lentamente na cadeira, Diogo se ajeitou um pouco e contou:

— Tenho vinte e cinco anos. Moro com meus pais. Tenho uma irmã mais velha, a Cláudia. Ela é noiva e está deixando todo mundo maluco por causa do casamento que se aproxima — riu ao contar de um jeito engraçado. Em seguida, seu sorriso se fechou. Ficou sério e pensativo por um instante, depois continuou: — Tenho mais um irmão, o Felipe. Ele foi para a Europa. Está morando na Inglaterra e... e... — titubeou como se um incômodo o fizesse perder as palavras e não soubesse o que contar. Disfarçou bem e prosseguiu: — E tem a Priscila, minha irmã mais nova. Ela também está fazendo faculdade. Aliás, não sei se você sabe, essa é minha segunda faculdade.

— Sério?! — admirou-se. Mas não o deixou responder e perguntou: — O que fez antes?

— Eu e meu irmão fizemos Administração de Empresa no Mackenzie — referiu-se a uma das universidades particulares mais conceituadas nessa graduação. — Meu pai tem sociedade com meus tios em concessionárias de veículos e achei que fazendo ADM eu iria me dar bem. Então, junto com meu irmão, mesmo antes do término do curso, começamos trabalhar com nosso pai.

— Nenhum dos dois está com ele hoje?

— Não. Hoje não dá mais. O curso de Farmácia é período integral e o Felipe...

— ...foi para a Inglaterra — completou ela.

— Isso mesmo — confirmou, abaixando o olhar.

— Nossa, Diogo, você decidiu por um novo curso bem diferente do primeiro, não acha?

— É verdade.

— Por quê? O que ou quem o influenciou a fazer Farmácia?

Diogo sentiu-se confuso. Não sabia como responder. Foi salvo pelo garçom que chegou para servi-los.

Em seguida, o assunto foi esquecido e começaram a conversar sobre algumas coisas da universidade.

Junto a isso, apreciaram a comida. Riram, distraíram-se bastante e tiveram uma noite bem agradável.

Conforme as exigências de Vanessa, Diogo a deixou em casa onze horas da noite.

Encantada com o rapaz, ao chegar, ela contou tudo para a melhor amiga.

Entusiasmada, Leda ouvia com atenção, empolgando-se também.

— Pensei que fôssemos a uma pizzaria, mas não. Ele me levou a um restaurante tão bonito, fino... Assim que saímos daqui, ele mudou de ideia no meio do caminho. Perguntou se eu não me importava e... Ai! Foi uma noite tão... Tão!... — não completou, olhando para cima e estampando um sorriso no rosto, parecendo sonhar ainda.

— E aí?! Conta! — interessou-se Leda.

— Aí... Quando ele me deixou aqui na porta, rolou um beijo! Aquele beijo!... — suspirou ao contar.

— Um beijo?!

— Só um, não... — riu, jogando-se para trás sobre a cama onde estava sentada.

— E aí?! — tornou a amiga curiosa.

— Aí... Foi isso. A gente se beijou. Ele não queria ir embora. Eu não queria que ele fosse... — falou de modo gracioso. — Ele é tão... carinhoso... cavalheiro...

— Já vi que está apaixonada — opinou Leda sorrindo.

— Será?! Será que isso é paixão? — perguntou Vanessa ao mesmo tempo em que respirou profundamente.

— Se isso não for paixão, não sei o que é.

— Ah!... Amanhã, no fim da tarde, ele disse que vai passar aqui pra gente dar uma volta, passear um pouco. Ele quer me levar para conhecer outros lugares da cidade.

— Uauh! Ele também está apaixonado!

— Será, Leda? Será que ele gosta de mim?

— Parece que sim. — Alguns minutos, em que observou a amiga, Leda falou: — Van... Não me leve a mal, mas...

— O quê? — interessou-se se sentando novamente e ficando frente a outra.

— Sou sua amiga, por isso me sinto no dever de te falar.
— Então fala logo. Não gosto de suspense. O que é?
— Dá pra perceber que o Diogo é de família que tem grana.
— Como assim?
— É de família rica. O cara é burguesinho. Tem carro, anda bem vestido, frequenta lugares chiques...
— E o que tem isso? — perguntou Vanessa, mesmo entendendo o que a outra queria dizer.
— Acho que você deveria andar mais na moda, mais bem vestida. Entende? — perguntou com jeitinho.

Vanessa pareceu se entristecer. Baixou o olhar e fechou o sorriso estampado no rosto alvo, agora, com leve sombra de preocupação. Logo comentou:

— Se eu tivesse dinheiro para comprar umas roupas legais, maquiagem, sapatos, eu compraria, mas... não tenho grana, Leda. O que meus avós me dão, não dá pra isso. Não posso pedir mais nada. Coitadinhos! Sei que a situação não está nada fácil pra eles. Preciso me virar com as roupas que tenho.

— É que você... Bem... Você é bonita. Tem um corpo ótimo. Um cabelo invejável, uma pele... Mas o jeito como se veste, não é tão legal. Parece que essas roupas nem são suas. O tamanho...

— E não são mesmo — revelou interrompendo-a.
— Como assim?
— Quero dizer... As roupas são minhas porque minha avó comprou. Só que ela comprou em um bazar beneficente. São mais baratas por serem usadas. Por isso não têm as minhas medidas e... Sabe, onde moramos não temos que nos preocupar com isso. No campo, lá na fazenda, trabalhamos com serviço pesado. Mexemos com carros atolados, trator, gado, galinha, porcos, tudo quanto é tipo de criação. Ainda tem a plantação, a jardinagem... Fogão a lenha, lareira... As roupas, geralmente, estragam muito,

desfiam nos arames farpados, sujam de barro. Fora isso, tem o serviço na pousada. Carregamos lenha, varremos, limpamos, lavamos, passamos... Não paramos nunca. Quando estamos trabalhando nos chalés, usamos um avental e... Não precisamos nem podemos usar roupas boas e caras. Sem contar que minha avó não entende muito de moda. Não tem ideia do que é usado aqui na capital. Quando sobra algum dinheiro, ele é usado para investir mais na fazenda, para termos um retorno melhor. Não gastamos com roupas.

A amiga se surpreendeu.

Era difícil encontrar alguém tão jovem, na flor da idade, que aceitasse tamanha simplicidade.

Leda não criticou, sabia entender e disse:

— Tudo bem que as roupas são de bazar e já foram usadas, só acho que era você quem deveria ir lá escolher e experimentar. Não acha?

— É que... Quando eu vejo, minha avó já trouxe pra mim e... Não quero parecer rude ou ingrata. Vai ser essa a impressão que vou dar se reclamar. Ela faz tudo com tanta boa vontade. Minha avó sempre foi tão boa pra mim!

— Entendo.

Num impulso, Vanessa falou:

— Olha! Se o Diogo gostar de mim, terá de me aceitar do jeito que sou. Não posso mudar de uma hora pra outra sem ter condições. Não é mesmo?

— Tudo bem.

Um minuto e Vanessa quis saber:

— Mudando de assunto... Onde estão aquelas duas?

— A Maria estava morrendo de dor de cabeça, tomou um remédio e foi deitar cedo. A Cléia saiu com a turma dela — respondeu Leda, parecendo insatisfeita com a última.

— Você não acha que a Cléia está um pouco estranha?

— Acho. E não gosto disso. Ela está fumando, bebendo, chegando tarde... Tá com um comportamento tão diferente. Fala alto. Usa muita gíria, muito palavrão... Não tenho nada com isso, mas... O jeito dela me incomoda. Tomara que não se meta em encrenca nem dê trabalho pra gente.

— Bom... Vamos deixar como está por enquanto. Se piorar, conversamos com ela. Certo? — Sem esperar que a outra respondesse, Vanessa concluiu: — Agora vou tomar um banho e dormir. Tenho de levantar cedo para preparar aquela apresentação de Bioquímica pra segunda-feira...

— ...porque, de tarde, vou passear com o Diogo — interrompeu Leda, completando de um jeito engraçado, arremedando-a.

Vanessa jogou-lhe um travesseiro e riu gostoso, levantando-se em seguida.

ଌଔ

A mudança brusca do clima obrigou Diogo a retornar para sua casa após ter pegado Vanessa.

Apenas alguns minutos com a jovem em seu carro e decidiu:

— Vou ter de dar uma passadinha em casa pra pegar uma jaqueta.

— É... O tempo virou mesmo. Ontem aquele calor infernal e hoje... — disse ela.

— Acho que a temperatura caiu uns dez graus desde que saí de casa e fui te pegar.

— Acho que sim.

Não demorou muito e o rapaz estacionou o carro em frente a uma linda residência.

Minha Imagem

Os muros altos com colunas salientes, bem pintados de branco, eram embelezados por estreito jardim com arbustos graciosos formando cerca viva onde luzes refletoras, colocadas no chão, ofereciam uma beleza e um toque todo especial.

Os portões deixavam a grande casa alva como cenário de fundo, depois do largo jardim interno.

Refletores também iluminavam a residência e Diogo observou:

— Acho que vai cair uma tempestade. Escureceu tanto que as luzes já se acenderam. — Ela nada disse. Parecia surpresa com tanto luxo. E ele prosseguiu: — Vou lá dentro e volto em um minutinho. Você se importa em esperar aqui?

— Não. Pode ir. Vou ficar bem.

O rapaz sorriu, desceu do carro e entrou.

Vanessa aproveitou aqueles minutos para olhar melhor a imponente residência. Não imaginava que ele pudesse morar em um lugar como aquele.

Leda, sua amiga, tinha razão.

Ela precisava se arrumar melhor, ser mais elegante. Afinal, não gostaria que o rapaz se sentisse constrangido para levá-la a algum lugar ou apresentá-la para alguém.

Esses pensamentos passaram a preocupá-la.

Não era certo ficar usando roupas de sua amiga. Aquela era a segunda vez que isso acontecia.

Mas como arrumar dinheiro?

Não gostava da ideia de pedir mais aos seus avós e não se sentia à vontade para comentar isso com seus irmãos que, aliás, pareciam meio distantes dela.

Nesse momento, sentiu-se diminuída, envergonhada e sem saber o que fazer.

Não demorou e Diogo retornou sorridente, vestindo uma bela jaqueta de grife.

Ao entrar no carro, ele deu-lhe um beijinho rápido e perguntou:

— Demorei?

— Não. De jeito nenhum — sorriu ao responder.

— Então, vamos.

— Onde?

— Surpresa! — riu gostoso ao levantar as sobrancelhas para exclamar.

ಲ಼ಐ

Com os dias corridos, o romance entre Vanessa e Diogo não era mais segredo na universidade.

Os dois viviam sempre juntos. Fosse estudando, nos intervalos para almoço ou lanche, passeando... Até nas baladas ele começou a levá-la.

Vanessa só não esperava pela reclamação da amiga:

— Ai, Van... Tudo bem de você pegar uma roupa minha uma vez ou outra, mas...

— Eu sei. Já estou abusando muito, não é?

Leda, sincera e insatisfeita, respondeu antes de sair:

— Pensa em alguma coisa. Sei lá... Pede uma grana para o seu irmão.

Dizendo isso, a amiga saiu, fechando a porta atrás de si.

— Tá precisando de grana? — perguntou Cléia que chegava à sala.

— Tô — respondeu Vanessa com ar de desânimo.

— Pra mim, grana não é problema.

— Seus pais devem estar bem de vida. Não é meu caso.

— Que nada. Se eu for depender das migalhas que vêm deles... Eu tava perdida!

— Então... Como você se veste tão bem?

Cléia a olhou de cima a baixo, observando-a bem. Sorriu de um jeito malicioso, com o canto da boca, antes de dizer:

— Você é bem bonitinha, Vanessa. Se tiver a fim de ganhar uma grana... Posso indicar um trabalho.

— Trabalho?! — falou de modo ingênuo ao perguntar. — Que trabalho? Não sei fazer muita coisa e estudo o dia todo, esqueceu?

— Uma ou duas horinhas por dia... No dia em que você quiser... Isso dá uma graninha legal, sabia? E você, praticamente, não precisa fazer nada.

— Que trabalho é esse? — quis saber, agora desconfiada.

— Garota de programa. Se tiver a fim, posso te indicar.

— Cléia!... Você está brincando, não está?!

— Acha que estou brincando? Mesmo? — riu e sentou-se no sofá ao seu lado, pegando o controle remoto da TV.

Vanessa sentiu-se atordoada. Incrédula, perguntou franzindo o rosto, parecendo repugnar a ideia:

— Você está fazendo isso?

— Quando preciso de dinheiro, faço sim! Graças a esse trabalho, tenho roupas, ando na moda... Sempre tenho grana. Se quiser, posso te apresentar.

— Como?! Como assim?! — tornou assustada, experimentando um sentimento ruim.

— Trabalho em uma casa de programas. Os clientes chegam, ficam numa sala. Nós passamos por essa sala e nos apresentamos. O cara chega e diz o que quer. Se topamos, vamos pra um quarto e ficamos lá por uma hora. Às vezes, alguns caras querem mais, entende? Então você cobra mais. Outros, podem querer a gente como companhia, chamam para almoçar, sair, viajar... Claro que você precisa ser esperta e pedir pagamento antecipado, além de tomar cuidado para não dar mole pra algum psicopata.

Vanessa se levantou, juntou as mãos como se estivesse em prece e levou-as unidas junto à boca.

Seus olhos arregalados exibiam o tamanho de seu assombro.

— Cléia... Pelo amor de Deus! Você está se prostituindo! Correndo o risco de se contaminar com doenças incuráveis e... Não só isso. Existe todo um lado espiritual extremamente inferior que não conseguimos enxergar, mas que vai se manifestar negativamente em sua vida em algum momento.

— Não vou fazer isso pelo resto da vida. O que você pensa? Vou ficar nessa só enquanto estiver precisando de dinheiro.

— E sua consciência? Duvido que consiga dormir calmamente, em paz, depois de... Cléia! — Sentando-se junto à colega, tocou-lhe o braço para lhe chamar a atenção e fazê-la olhar. — As dificuldades que enfrentamos com dignidade, com respeito a nós mesmos, nos fazem evoluir, nos fazem fortes. Não pense que o dinheiro ganho através desse meio é honesto, porque não é! Você está traindo a si mesma porque está desrespeitando a sua natureza, a sua consciência.

— Para, Vanessa! Não me venha com sermões, tá?! Estou convencida. Não vou fazer isso pelo resto da vida e... Ai! Qual é?! — levantou-se abruptamente. — É o seguinte, se precisar de grana, posso te levar lá. Até ganho *um* se te aceitarem — riu. — Mas se não quiser, fica de bico fechado. Se uma delas souber, eu te estouro. Entendeu?!

Virando-se, Cléia a deixou só e foi para o quarto.

Ainda sob o efeito do choque, Vanessa ficou ali sentada, pensando em tudo aquilo que ouviu.

Ela sabia que a colega atraía, inevitavelmente, severo sofrimento, impiedoso e cruel, além de intensa culpa à consciência perturbada. Também sabia que espíritos trevosos de práticas hediondas, agora, permaneciam como companheiros de erros e amarguras, levando Cléia a tenebroso oceano de infelicidade.

Enquanto Cléia tentava convencer Vanessa sobre aquele tipo de meio para conseguir dinheiro, espíritos desequilibrados, que a acompanhavam, aproximaram-se da colega para inspirá-la, convencê-la à prostituição. Insuflavam pensamentos de que aquela vida desregrada não lhe causaria qualquer problema e que tudo aquilo poderia ser visto como diversão, brincadeira, experiência e histórias para contar.

Mas não era bem assim.

Vanessa estava preparada. Desde cedo recebeu orientação e base fundamentada em bons princípios morais e cristãos que, naquele momento, direcionavam-na, não a deixavam inclinar-se, sequer, a qualquer ideia de desequilíbrio.

A queda nas práticas levianas não encontra apoio ou piso de sustentação em mente saudável. Aqueles que não estão preparados e que não se desviam delas, esses sim, encontram, mais cedo ou mais tarde, os mais terríveis transtornos e o mais profundo desespero psicológico, espiritual, difícil de ser trabalhado novamente no bem, mas possível.

Com a alma totalmente entregue à inevitável obsessão espiritual, principalmente, e ao sentimento imperdoável de culpa, a criatura que adultera ou faz do sexo um meio de comércio, uma prática promíscua, irresponsável, procura fuga da realidade em que vive, não admitindo as próprias falhas. Distancia-se do equilíbrio, da harmonia e de Deus.

O mal-estar que é gerado na criatura com práticas levianas advém da própria intuição. O inconsciente informa, de modo não claro, por meio do mal-estar, por exemplo, que tais ações não são corretas, uma vez que o perispírito, corpo fluídico do espírito, molda-se e se assimila aos pensamentos da alma ou espírito.

A plasticidade perispiritual permite a moldagem ou a construção de acordo com as ideias, as práticas, os pensamentos e desejos particulares de cada um.

Por essa razão, na espiritualidade, encontramos criaturas deformadas, alteradas, criaturas que se apresentam de acordo com seus atos perniciosos e seus desejos mais secretos.

E é à custa de duras penas que pessoas com essas práticas vão aprender.

CAPÍTULO 4
Grande desilusão

O FIM DE ANO ESTAVA próximo e a sobrecarga das tarefas universitárias deixava todos exaustos.

Naquele início de manhã, a claridade forte rasgou o quarto deixando a luz do sol ir diretamente sobre as pálpebras fechadas de Vanessa, que se remexeu. Incomodada, virou-se para o lado da parede e tentou cobrir a cabeça com a ponta do lençol.

Agitada, Leda, que havia aberto a janela, sentou-se ao seu lado e pediu sem qualquer delicadeza:

— Van!... Acorda! — vendo a amiga resmungar, insistiu: — Vai, acorda aí!

Com gestos preguiçosos, a amiga se virou espremendo os olhos para tentar encarar a outra e murmurou com voz rouca:

— O que foi? É tão cedo... Que horas são? — perguntou desorientada.

— Oito. Mas isso não importa. Você precisa saber o que está acontecendo. Senta e vê se acorda pra prestar bem atenção.

Esfregando o rosto para despertar, Vanessa se sentou, cruzou as pernas e disse:

— Tomara que seja bem importante. Fui dormir tão tarde e...

— Faz dois fins de semana que o Diogo não sai com você, não é mesmo?

— Como assim? Do que é que você está falando?

— Hoje é sábado. Vocês combinaram de sair e ir para algum lugar?

— Não. Ele disse alguma coisa sobre o irmão e... Não sei direito o que ele disse, mas... Puxa, Leda. Eu e o Diogo nos vemos a semana toda e...

— E já é o terceiro fim de semana que vocês não estão juntos, não é mesmo?

— Por que está preocupada com isso?

— Hoje é o casamento da irmã dele. Você sabia? Ele te contou? Foi convidada?

— Hoje?! — perguntou exclamando e parecendo bem desperta naquele momento.

— Sim. Hoje. A Cláudia, irmã mais velha do Diogo, vai se casar hoje.

Vanessa não queria, mas precisava admitir que havia algo bem estranho.

Nos últimos tempos, no último mês, para ser mais exata, percebeu um comportamento estranho no namorado.

Diogo parecia mais sério, mais pensativo, compenetrado. Pouco conversava e, de fato, não estavam saindo como antes. Ele não a levava mais para conhecer novos lugares. Se bem que estavam sobrecarregados com as atividades do curso.

Dias antes, por um momento, até pensou que o rapaz estivesse envergonhado em apresentá-la ou levá-la para locais mais sofisticados, tendo em vista sua apresentação com roupas tão simples.

Lembrou-se de que, da última vez em que foram a uma balada, estava no boxe do banheiro feminino, quando duas conhecidas dele, que ela havia acabado de conhecer perto da pista de dança, entraram no toalete rindo e comentando a respeito do jeito que ela estava vestida. Embora não fossem roupas feias, eram muito simples para aquele ambiente.

Vanessa, envergonhada, ficou quieta no boxe do banheiro até as moças se retirarem. Só então saiu e voltou para junto do namorado. Porém sua noite estava acabada. Não conseguiu mais ser espontânea nem se divertir, envergonhando-se totalmente. Quando pôde, disse para Diogo que queria ir embora e, meio a contragosto, ele aceitou.

Naquele instante, pensou também que já estavam juntos havia alguns meses. Tempo suficiente para conhecer alguém da família dele.

— Então é isso — Vanessa comentou. — O Diogo tem vergonha de mim. Tem vergonha do meu jeito simples, das minhas roupas pobres, do...

— Não é vergonha não, Van. Acho que é algo bem mais sério — disse Leda em tom solene.

— Do que mais você está sabendo? — perguntou a outra sentindo o coração apertado e batendo forte, descompassado. Naqueles segundos de silêncio, Vanessa refez mentalmente seus passeios e encontros com Diogo. No início do namoro, para conquistá-la, o rapaz era bem diferente.

Leda, por sua vez, sentia-se temerosa. Porém, por mais que aquilo fosse doer, precisava contar.

Afinal de contas, era sua melhor amiga e, sem muitos rodeios, revelou:

— Ontem eu estava com o Almir fazendo os últimos artigos para aquele trabalho de Farmacologia e o Fabiano, que era pra chegar lá junto comigo, apareceu quando a gente estava terminando. Pois bem, o Fabiano, você sabe, amigão do Diogo há tempos e, conversa vai, conversa vem... ele acabou falando com o Almir que o Diogo tava meio encrencado porque hoje era o casamento da irmã dele, a Cláudia e...

— E? O quê?! Fala de uma vez!

— Disse que o Diogo vai ser padrinho junto com a noiva que chegou da Alemanha já faz três semanas.

— O quê?! — perguntou, exclamando com voz fraca, que quase não saiu.

— Você ouviu bem. O Diogo, junto com a noiva, vai ser padrinho da Cláudia hoje.

— Não pode ser! Isso não é verdade! — a jovem quase se desesperou. Remexeu-se e levantou da cama, caminhando em seguida pelo quarto, meio que sem rumo.

Vanessa elevou as mãos passando-as lentamente pelo rosto pálido e depois pelos cabelos longos, torcendo-os e jogando-os para trás da cabeça.

Incrédula, experimentando na alma uma dor sem igual, olhou para a amiga que ainda estava sentada em sua cama fitando-a com piedade. Logo, pendeu com a cabeça negativamente, como se quisesse negar o que estava acontecendo.

— O Fabiano pode não estar falando a verdade, Leda. Ele está enganado. Ele...

— O Fabiano tinha bebido sim. Deu pra eu perceber isso por causa do cheiro, mas... Depois que eu ouvi tudo, cheguei junto dele e o pressionei. Ele acabou me contando tudo. Em resumo, o que me contou foi que a noiva do Diogo trabalha na Alemanha em uma grande indústria farmacêutica. Ela é brasileira e se chama Ceres. A ideia é o Diogo fazer Farmácia e, depois de formado, ir trabalhar com ela lá na Alemanha. Eles estão juntos parece que há mais de três anos e têm planos de se casarem, por isso a Cláudia convidou, não só ele, mas também a noiva dele, para serem os padrinhos. — Breve pausa e refletiu: — Agora, pensa comigo: se o compromisso deles não fosse sério, a Ceres não seria chamada para ser madrinha, concorda? Foi por isso que o Diogo não te falou nada sobre o casamento da irmã ser hoje. Além disso, vocês não saem juntos há três fins de semana porque a noiva chegou da Alemanha. Que desculpa ele daria pra ela se saísse com você? — Nova pausa e concluiu: — Ele não a leva pra conhecer ninguém da família, porque tem compromisso sério com a outra e não pelo fato de você se arrumar bem ou mal.

Vanessa procurou a cama novamente e se sentou de modo mecânico.

Incrédula, machucada, sentindo muita dor na alma por tudo o que Diogo havia feito, murmurou enquanto lágrimas mornas desciam lentamente em sua face pálida:

— Estamos namorando há oito meses... Tínhamos planos de, agora, nas férias do fim de ano, irmos lá pra ele conhecer meus avós... meus irmãos...

— Eu sei onde vai ser o casamento. Quer ir lá hoje? — propôs Leda.

— Na igreja?!

— Sim. Na igreja. O Diogo foi muito cafajeste com você. Ele precisa passar um pouco de apuro por causa do que aprontou. Podemos ir à igreja e você se deixa ver e... Se quiser, ainda podemos chegar junto dele e da noiva e você fala algumas coisas que ele precisa ouvir.

— Não sou de fazer barraco, Leda. Você me conhece.

— Não estou falando pra você fazer barraco. Não! Mantendo a classe pode chegar perto dele e dizer algo do tipo... "Nunca pensei que você fosse tão cafajeste a ponto de trair e enganar duas pessoas". Só isso e vire as costas. Se a tal Ceres for esperta, vai entender ou, então, vai prensar o cara à parede... Não acho que isso tudo deveria passar em branco.

Vanessa estava atordoada. Não conseguia organizar os pensamentos. Era angustiante aquela sensação de nervosismo e decepção.

Gostaria de se esconder, fugir do mundo, mas não podia.

Leda, compreensiva, pegou em suas mãos frias e afirmou:

— Sou sua amiga. Pode contar comigo para o que der e vier.

— Você acha que devo fazer alguma coisa? Não seria melhor eu virar as costas e não conversar mais com ele sem dar explicações?

— E ficar eternamente com essa raiva toda atravessada na garganta? Deixar o sujeito livre, sem qualquer punição pela cafajestagem que fez, sem mostrar pra ele que você sabe o quanto ele é safado, cretino?... Isso só vai deixar você mais contrariada no futuro, e ele mais safado e pronto pra aprontar de novo. Também não acho legal fazer barraco, mas penso que vai te fazer bem dar uma liçãozinha no sujeito.

— Como ele pôde me enganar assim?! Que coragem!

— Que covardia, você quer dizer. Ele não foi homem para se decidir. Ainda bem que descobriu tudo a tempo, não é mesmo? — sem esperar que a outra respondesse, Leda animou: — Agora, vamos lá! Tire esse pijama. Tome um banho e vamos encontrar uma roupa muito legal para irmos a esse casamento. Será às seis horas da noite e precisamos chegar cedo para garantir um bom lugar pra ver tudo bem de perto.

Minha Imagem

Vanessa sentia-se mal com toda a revelação. Não conseguia acompanhar, mentalmente, os planos da amiga deixando-se levar.

Ela continuou paralisada. Testa franzida, pensando em tudo aquilo, lembrando os momentos que passou ao lado de Diogo que a enganava, traía-a sem qualquer remorso.

Agora sabia quem foi que o incentivou a fazer o curso de Farmácia e por quê.

De certo, a noiva era do mesmo nível social que ele. Deveria saber se comportar, vestir-se, apresentar-se.

Ela, por sua vez, não passava de uma menina boba, ingênua, inocente, caipira do interior e fácil de ser enganada.

Sua avó tinha razão. Aliás, tinha total razão. As pessoas da cidade grande eram frias e insensíveis.

Vanessa, desanimada, abandonou-se.

Apenas a energia da amiga Leda a movia para que não ficasse deitada na cama, entregue à tristeza, à solidão, à dor da traição.

ಸಾಡಿ

Arrumadas de acordo com a ocasião, Leda e Vanessa chegaram de táxi à bela igreja de um bairro nobre da capital e se misturaram em meio a alguns convidados.

Vanessa, visivelmente nervosa, trêmula e com as mãos gélidas, segurava com força no braço da amiga, quase o apertando.

Ainda não era capaz de acreditar em tudo o que estava acontecendo.

Aquilo parecia mais um sonho, ou melhor, um pesadelo.

A espera dava a impressão de ser eterna.

Convidados bem vestidos, de forma elegante, acomodavam-se nos bancos cuja lateral central estava lindamente decorada com flores arranjadas e abraçadas por belos laços de fitas brancas, acetinadas, o que fazia a decoração leve e alegre.

A espera foi longa, embora todos já contassem com o clássico atraso da noiva, até que o tapete vermelho, aveludado, começou a ser pisado logo após o início de uma bela melodia clássica.

Todos se levantaram quando casais bem trajados, de braços dados, sorridentes, entraram lentamente pelo corredor central.

Tratava-se dos padrinhos, logicamente.

Não demorou e elas puderam ver Diogo muito bem vestido, meio fraque, camisa branca e flor na lapela, ao lado de uma bela moça alta, loira, olhos claros, sorriso simples, bem vestida em um longo azul-marinho de um ombro só, segurando na mão uma pequena bolsa.

Caminhavam devagar e sorrindo com leveza enquanto cumprimentavam, vez e outra, algum conhecido que estava em pé entre os bancos. Até que, inesperadamente, o rosto de Vanessa surgiu entre os convidados, para a surpresa de Diogo, que fechou o sorriso e parou por um instante.

Sentindo-se gelar, ele olhou em seus olhos e ela retribuiu com postura firme, séria.

A jovem, ao lado do rapaz, que entrelaçava seu braço ao dele, sentiu-o parar e estranhou.

Naquele instante, Vanessa desviou o olhar para a mão de ambos e conseguiu ver as alianças de noivado e voltou a fitar os olhos de Diogo.

Ceres ofereceu um sorriso a ele quando, discretamente, puxou-o pelo braço para que continuassem.

Ao mesmo tempo, seguiu seu olhar e localizou Vanessa olhando-o duramente.

Minha Imagem

Diogo disfarçou. Fitou a noiva, sorriu sem jeito e continuou caminhando ao seu lado, procurando não se demonstrar alterado pelo mal-estar.

A cena ligeira quase não foi percebida e quem reparou, esqueceu-se tão rapidamente quanto ocorreu.

Exceto por um rapaz alto, loiro, olhos verdes, barba da mesma cor dos cabelos. Ele se encontrava no fundo da igreja, ocupando o lugar no último banco da fileira do lado oposto de Vanessa e Leda. Era a imagem de Diogo, com exceção da barba bem aparada e recortada, e dos cabelos, bem compridos, presos como um rabo de cavalo na altura do pescoço, lisos, escorrendo alinhados até o meio das costas.

Tratava-se de Felipe, que não queria ser notado.

Ele reparou o nervosismo da jovem alta e bonita cuja amiga afagou o braço enquanto murmurava alguma coisa.

Observou também quando ela olhou para cima, como se tentasse deter alguma lágrima teimosa. Só que, não suportando, pediu licença e caminhou por entre os bancos e os outros convidados. Foi para a lateral da igreja, depois para o fundo e após a entrada da noiva, saiu discretamente sem ser percebida.

Vanessa não se deu ao trabalho de esperar o fim da cerimônia para falar qualquer coisa a Diogo. Achou que o que fez foi suficiente.

Chegando ao apartamento que dividia com as colegas, atirou-se sobre o sofá, abraçou-se a uma almofada e chorou muito.

Leda, interrogada por Cléia e Maria, contou o que tinha acontecido.

Quando Vanessa ofereceu uma trégua ao choro compulsivo, as amigas a consolaram com palavras de incentivo, condenando a atitude de Diogo, mas era difícil não sentir tamanha dor por toda aquela desilusão.

Na manhã de domingo, ao acordar, Vanessa tinha a cabeça pesada e dolorida.

Não acreditou imediatamente nas lembranças do dia anterior que lhe assaltavam a mente. Tudo foi muito cruel.

Decepcionada, levantou sentindo o corpo dolorido. Era como se precisasse se arrastar para fazer qualquer coisa.

Na sala, encontrou Cléia que lhe deu bom-dia e perguntou:

— Tá melhor?

— Estou me sentindo um lixo — respondeu, sentando-se no sofá. Estava de pijama, descalça, com os cabelos totalmente desalinhados. Olhos vermelhos e pálpebras inchadas de tanto que chorou. A voz rouca, rosto pálido e cabisbaixa.

Curvou-se, esfregou o rosto, colocou os cotovelos sobre os joelhos e segurou a cabeça com as palmas das mãos, deixando os cabelos caírem e esconderem sua face descorada.

Vendo-a desanimada, Cléia argumentou:

— Não fique assim não. Homem não presta mesmo. São todos iguais: cafajestes e imbecis.

— Não pensei que o Diogo fosse desse tipo — Vanessa falou com voz fraca.

— Ele te usou, né? Você me critica, me condena, mas... pelo menos eu sou esperta e cobro pelo que faço, cobro pra ser usada. O que fez você se sentir mal é que o cara nem te pagou pra te usar.

— Ora, Cléia... Por favor — tornou sem energia.

A colega não se importou e continuou:

— Sabe, talvez, ele até tenha gostado de você. Percebi isso nele. Mas você não é do nível do cara. Não é rica. Não tem roupas ou comportamento igual ao que as garotas ricas têm...

Vanessa sentiu seu coração encolher mais ainda diante daquelas palavras.

Embora aquelas observações de Cléia já tivessem passado por suas ideias, ouvir aquilo a machucava mais ainda. E tudo piorava por conta dos companheiros espirituais infelizes de Cléia que castigavam os pensamentos de Vanessa que precisaria, naquele instante, elevar-se a Deus e pedir proteção e força, sentindo-se amparada para, aí sim, ter em torno de si algo como que um escudo energético, em forma de pensamento, para repelir tais espíritos.

E a outra continuou:

— Rapazes, como ele, gostam de garotas com os mesmos valores a respeito de todas as coisas. Se quisesse segurar mesmo o cara, deveria ter investido mais em você. Deveria ter se empenhado mais.

Por ter certeza de que a colega não era boa conselheira, num momento como aquele, Vanessa entendeu, por inspiração de seu mentor, que não era obrigada a continuar a ouvir aquilo tudo e reagiu:

— Chega, Cléia!!! Já chega!!! Não pedi sua opinião. O que quer é me ver como você, mas eu não vou me prostituir. Não sou vagabunda! Quando se está no erro, no lodo, na lama, gente fraca, como você, só quer que os outros entrem na mesma fria. Em vez disso, por que não reúne forças para sair dessa droga de vida que leva?! — gritou. — Duvido muito que alguém tão leviana, tão baixa, tão pobre espiritualmente quanto você durma tranquila depois de se sentir usada, depois de se vender para homens tão imundos, tão cafajestes, nojentos quanto você! Duvido não ter nojo de si mesma! Duvido não ter nojo daqueles caras com quem se deita! Eles devem ser uns monstros para procurarem mulheres tão baixas assim e você também deve se sentir monstruosa depois que eles terminam. Não queira me confundir! Sou pobre, mas sou honesta! Sou decente! Tenho consciência tranquila! Se eu dormi com o Diogo, foi por ter um grande sentimento por ele, não foi por dinheiro nem por ambição de me unir a um cara rico. Você está nessa vida porca, imunda, leviana porque quer. Jamais uma mulher pode se dizer coitada e sem oportunidades quando se prostitui, pois ela sabe que poderia ter uma vida digna e decente, com a própria consciência, se se determinar a trabalhar e viver honestamente! Eu preferiria não ter um curso universitário se dependesse de me vender para me sustentar. Seria mais digno, mais honesto, mais elevado eu ser faxineira, coletora de lixo e analfabeta a ter de me vender! — Levantando-se, Vanessa não esperou o revide e foi para seu quarto, batendo a porta ao entrar.

Em menos de uma hora, estava de volta à sala com uma mochila nas costas, pronta para sair.

Ela olhou para Cléia, sentada no chão, esmaltando as unhas dos pés e que não lhe deu atenção. Sem dizer nada, saiu, fechando a porta atrás de si.

CAPÍTULO 5
Desistindo de tudo

DEPOIS DE MUITO ESPERAR na rodoviária, Vanessa conseguiu embarcar em um ônibus para sua cidade.

Sentando-se em um lugar ao lado da janela, não inclinou a poltrona. Ficou com olhar perdido, parecendo não enxergar a mudança da paisagem urbana para a rural à medida que o ônibus se afastava da metrópole.

Saindo da cidade, primeiro vieram as planícies onde se podiam contemplar as casas distantes de algum sítio ou fazenda, mas parecia não ver nada disso.

Aliás, ela nem percebeu quando os ruídos barulhentos da cidade, carregados de buzinas, roncos de motores, sirenes, falatórios e sinais de advertências constantes na rodoviária foram se distanciando e, aos poucos, substituídos tão somente pelo som do motor do ônibus em movimento e a vibração leve dos pneus em contato com a rodovia bem conservada. Nem tampouco notou a subida da serra onde o transporte parecia se arrastar em meio à estrada estreita que serpenteava as montanhas de densos bosques em ambos os lados.

Mesmo nas eventuais paradas, ela não desceu nem para tomar um café. Permaneceu ali, quieta, sentada em sua poltrona, olhando para o nada, perdendo-se em pensamentos tristes, ainda incrédula com tudo o que lhe aconteceu.

Estava magoada, ferida. Nunca imaginou que algo assim pudesse lhe acontecer.

A única coisa que desejava era nunca ter saído da sua cidade, da casa de seus avós.

Não deveria ter se metido a fazer faculdade, nem se afastado da proteção do seu lar.

À medida que se aproximava de São Bento do Sapucaí, uma neblina sonolenta caía, deixando a paisagem montanhosa bem opaca.

Um pouco mais e chegou.

Ali a serração cedeu um pouco.

Ao descer do ônibus, olhou ao redor sentindo a cabeça dolorida e o coração encolhido.

Não sabia muito bem o que fazer. Não havia se planejado para voltar, por isso não conseguia nem pensar direito.

Saiu caminhando sem saber para onde ir. Nem olhava para os lados.

Calcando, compassadamente, a rua de pedras, parecia não notar a irregularidade. Só via o chão.

Havia um vazio em seus pensamentos, mas, mesmo assim, devido sua postura moral e sua elevação, foi fácil seu mentor guiá-la para lugar seguro, onde encontrasse a paz profunda e organizasse as ideias.

Caminhando sem perceber, subiu a longa ladeira e chegou à Praça da Matriz.

Minha Imagem

Lentamente, subiu os três degraus que a levaram ao pátio da Igreja da Matriz, caiada de branco e de graciosa arquitetura.

Entrou.

Em cada antessala que antecedia o corredor principal só viu, de cada lado, o altar com a imagem dos santos lindamente ornamentados e floridos.

Percorreu, vagarosamente, o corredor principal e, a cada passo, o silêncio abençoado se traduzia em paz.

Logo adiante, no terceiro banco, frente ao altar principal, acomodou-se do lado direito, pôs a mochila no chão e ali ficou.

Fechando os olhos, permaneceu em prece sentida no âmago de seu ser.

Em pensamento, pediu ao Pai orientação para saber o melhor a fazer.

A princípio, foi difícil não deixar que a dor da decepção se intercalasse naquele momento, mas procurou se harmonizar.

Era capaz de ouvir a voz de Leda contando-lhe sobre Ceres e Diogo, sobre o casamento.

Via, na memória, a cena do rapaz e sua noiva, entrando na igreja, desfilando sorridentes pelo tapete vermelho.

Lembrava, novamente, o momento em que olhou para a mão direita de cada um e notou a aliança de ouro, confirmando o compromisso de noivado.

Apesar de tanta angústia, aos poucos, foi buscando a paz e pedindo bênçãos a Deus para iluminar sua consciência, acalmar os pensamentos confusos, envolver seu coração tão apertado para, com clareza, ter discernimento e saber o que fazer com prudência.

Fechou os olhos e lá permaneceu quieta, em silêncio.

Não sabia precisar quanto tempo ficou ali meditando.

Em certo momento, abriu os olhos e respirou fundo.

Olhou novamente para o altar e sentiu-se mais serena, fortalecida, segura e decidida.

Levantou-se e caminhou pelo corredor principal rumo à saída.

Ao se encontrar novamente no pátio, frente à igreja, olhou para os lados, para as casas antigas cujas portas e janelas abriam diretamente nas calçadas estreitas. Não viu ninguém.

Observou a rua que se iniciava exatamente na frente da Praça da Matriz como se desse continuidade ao corredor central da igreja, que se alongava e, distante, descia diretamente a uma colina verde-esmeralda que a natureza pareceu colocar especialmente ali, a fim de embelezar ainda mais a arquitetura da graciosa cidade interiorana.

Vanessa desceu os poucos degraus. Caminhou pelo centro da praça e seguiu ladeira abaixo.

Entrou em uma rua, depois em outra. Ambas de pedras e calçadas estreitas.

Já era tarde e não sabia. Não tinha pensado em como chegar à fazenda.

Precisaria de ajuda.

Foi quando uma senhora, muito amiga de sua avó, acompanhada pelo marido, um homem aposentado que ainda trabalhava no armazém da cidade e fazia entregas pela região, viu-a.

— Vanessa! Você por aqui! Quanto tempo, menina! — Sem oferecer uma trégua, a mulher comentou: — Sua avó me disse que está fazendo faculdade de Farmácia lá em São Paulo. Ela está muito orgulhosa de você. Veio a passeio?

— Vim, dona Florinda. Estou com saudade e... Nem avisei minha avó que estou aqui.

— Quis fazer uma surpresa, né? — perguntou o homem que acompanhava a mulher.

— Quis sim, senhor Geraldo. Só que o ônibus atrasou a saída lá na capital e cheguei bem tarde aqui. Já está escurecendo e...

— Aaaaah!... Mas o Geraldo pode levar você até a fazenda. Não pode, Geraldo?

— Se o senhor puder, eu agradeço muito.

— Então vamos lá, menina! — animou-se o senhor bem simpático. — A caminhonete está logo ali. Tenho mesmo de ir para aquelas bandas. Tô com um monte de saco de ração pra entregar lá no rancho do José Cunha.

Caminharam até o veículo já bem usado, embora em boas condições e, após dona Florinda se acomodar, espremendo-se para junto do marido, que se sentou atrás do volante, Vanessa sentou ao lado dela e fechou a porta, depois que ajeitou a mochila no colo.

A jovem sentia o coração bem opresso e procurava disfarçar a tensão que experimentava, ficando atenta às conversas do casal bem falante.

O caminho para o hotel fazenda de Henriette e do senhor Dionísio parecia ter dobrado de tamanho.

À medida que se aproximava, a velocidade do veículo caía devido às curvas e os aclives.

— E então, já está de férias, Vanessinha? — indagou dona Florinda.

— Não. Ainda não. Tenho, aproximadamente, mais um mês de aula pela frente.

— E veio pra cá no fim do domingo? Não tem aula amanhã?

— Tenho, sim. Só que... Estou precisando de uns documentos, sabe — inventou. — E essa semana não terá aulas muito importantes. Por isso vim.

A mulher, de rosto rechonchudo e expressão alegre, pareceu se contentar com a explicação.

Logo o homem perguntou:
— Tá gostando da faculdade?
— Estou. Apesar de... — a jovem calou-se. Não sabia direito o que responder. Nem sabia por que havia começado uma frase que não conseguiria completar.
— Apesar do quê? — interessou-se a mulher, olhando-a por cima do ombro.
— Estou em dúvida se estou fazendo o curso certo.
— Depois de quase um ano você quer desistir?!
— Ora, Florinda. Melhor agora do que se formar em uma profissão que não gosta. Não é mesmo, menina?
— Acho que sim — respondeu confusa.
Nesse ponto do caminho, o asfalto ficou mais estreito enquanto as araucárias se assemelhavam a imensas sombras gigantes à luz de um grande luar.
Iniciou-se a estrada de cascalho, em que ziguezaguearam por quilômetros antes de chegarem à primeira porteira, onde grande arco encoberto por graciosa primavera, carregada de flores de cor maravilha, embelezava a entrada da fazenda.
Escondendo a explosão de emoções que sentiu ao chegar ali, Vanessa pediu em tom moderado:
— Aqui está muito bom, senhor Geraldo. Pode me deixar aqui mesmo. Já estou em casa.
— Tem certeza? — perguntou ele, parando o veículo e deixando o motor ligado.
— Tenho sim. A neblina não está tão densa hoje e a lua está enorme, iluminando tudo. Obrigada por me trazer. Obrigada mesmo! — enfatizou ao agradecer, abrindo a porta e saltando da caminhonete.
— Dê lembranças minhas à Henriette. Na semana, eu venho aí pra gente ver como vai ser a oficina de lã para o próximo

inverno. Estou com umas ideias novas e também tenho em vista a compra de novas máquinas industriais para as roupas de lã. Apesar de que as roupas feitas à mão, nas agulhas — riu gostoso, fazendo um gesto como se estivesse tricotando —, são mais bonitas e o povo gosta mais. E também...

— Deixa disso, mulher! Para de falar. A menina precisa ir. Não é mesmo, Vanessinha? — riu o senhor que sabia que, se sua esposa começasse a conversar, demorariam muito por ali e ele tinha planos de ainda passar em outro sítio.

— Obrigada, novamente e... Até a semana, dona Florinda. Boa noite, senhor Geraldo.

O casal se despediu.

O homem manobrou a caminhonete e a jovem ficou parada, olhando os faróis de o veículo invadirem a escuridão ao ser manobrado. Depois viu as lanternas traseiras sumirem na estrada, onde o ruído dos pneus rodando sobre os cascalhos iam diminuindo à medida que se afastavam.

A lua, imensa e radiante, era a única fonte de luz.

Vanessa observou que as lâmpadas da porteira estavam queimadas ou desligadas por algum motivo.

Passando pelo portão pequeno que ficava ao lado da porteira, ela entrou nos limites da fazenda.

Sentia-se trêmula dos pés à cabeça e uma angústia avassaladora dominava sua alma.

Enquanto calcava o chão de cascalho, ouvindo seus passos soarem compassadamente, ficou pensando no que diria para seus avós.

Uma brisa fresca agitou seus cabelos. Uma coruja, pousada sobre um moerão no caminho, piava alto, pouco se importando com a passagem da jovem a cerca de poucos metros de onde pousara.

A caminhada foi longa, mas estava acostumada.

Cruzou a outra porteira e a casa de Henriette e Dionísio crescia conforme ela se aproximava.

As luzes da varanda se encontravam acesas e, da chaminé do fogão a lenha, Vanessa observou a fumaça subindo, dançando acima da casa.

Olhou em direção ao vale onde, perto do lago, ficavam os chalés. Viu dois com as lâmpadas acesas. Assim foi que soube terem duas hospedagens.

Frente a casa, ela parou e só pôde ouvir o coaxar das rãs e dos sapos que vinham do lago e o piado da coruja bem ao longe.

Nas escadas da varanda, segurou no corrimão e subiu cada um dos degraus, lentamente, sentindo o coração bater forte a cada lance.

Caminhou pela varanda de assoalho de madeira, provocando inevitável barulho com as pisadas.

Nesse momento, a porta de tela foi movida para fora e, pela brecha, Henriette enfiou a cabeça. O olhar preocupado deu lugar a um largo sorriso que se abriu ao ver quem estava ali.

Demonstrando alegria, embora uma ponta de preocupação machucasse seu coração por ter a neta, ali, tão inesperadamente, a avó carinhosa saiu e a envolveu em caloroso abraço apertado.

— Vanessa! Que surpresa, filha!

— Oi, vovó... — correspondeu ao carinho, deixando-se agasalhar naqueles braços mornos que sempre a protegeram.

Após longos minutos em que a embalou de um lado para outro com carinho, a senhora se afastou, segurou seu rosto com ambas as mãos e beijou-lhe a testa demoradamente.

Sobrepondo o braço em seu ombro e sentindo-se abraçada pela cintura, Henriette conduziu a neta para dentro de casa.

Ao vê-la sem ânimo, colocando a mochila sobre uma poltrona, a mulher perguntou em tom tranquilo, disfarçando as preocupações:

— Deve estar cansada, não está?

— Estou sim, vovó.

— Então vá tomar um banho, ponha uma roupa mais larga e vem jantar. Está com fome, não está?

— Não comi nada o dia todo. Mesmo assim... Quero só tomar um banho e dormir — comentou desalentada.

— Não senhora! — tornou a avó. — Sei que deve ter acontecido alguma coisa pra você estar por aqui num domingo à noite, sem se preocupar que amanhã é segunda-feira. Mas... Depois você vai me contar tudo, não é? — Aproximando-se, tocou em seus cabelos como a fazer um carinho, olhou-a com piedade e dor no coração ao orientar: — Vá tomar um banho. Está com uma carinha cansada... Depois tomamos uma sopa bem quentinha com queijo e pão. Certo?

Vanessa a encarou por alguns instantes com olhos nublados pelas lágrimas que não caíram e virou-se dizendo baixinho:

— Vou lá... Já volto.

Ao vê-la se afastar para o fim do corredor, a avó murmurou baixinho:

— Alguma coisa séria aconteceu. Oh, meu Deus...

A jovem tomou um banho demorado. Deixou a água morna do chuveiro cair sobre a cabeça e escorregar pelas costas enquanto apoiou a testa no braço encostado na parede.

Durante esse tempo todo, pensava no que dizer para os avós.

Sentia-se angustiada e sabia ter de enfrentar a situação.

Mas o que sua avó diria? Justo ela que fez tantas recomendações.

Forçando-se, terminou o banho e foi para o quarto.

Vestiu um pijama e colocou um robe. Passou a toalha pelos cabelos, mas não foi o suficiente para secá-los. A contragosto, motivado pelo desânimo, pegou um secador e secou ligeiramente os longos fios, escovando-os para trás.

Saiu do quarto e foi para a cozinha onde Henriette a aguardava.

— Venha, sente aqui — pediu apontando para a cadeira de madeira grossa frente à pesada mesa de madeira nobre, bem reforçada, que ficava no centro da cozinha.

Sobre a toalha já estendida havia colheres de um lado e guardanapos do outro, e os lugares vazios onde seriam colocados os pratos.

O silêncio reinava absoluto.

Henriette pensou em perguntar o que estava acontecendo, mas, entendendo tratar-se de algo bem sério, acreditou que, se fizesse alguma pergunta naquele momento, a neta ficaria ainda mais triste e perderia completamente o apetite.

Melhor seria se Vanessa primeiro se alimentasse, mesmo que pouco, para depois conversar. Ela havia dito que não tinha comido nada o dia inteiro.

Após colocar os pratos fumegantes sobre a mesa, a mulher pegou a cestinha de pães e um recipiente com queijo tipo muçarela e colocou entre elas.

Contornando a mesa, sentou-se frente à neta e falou de um jeito amoroso:

— Toma a sopa, filha. Põe uns cubinhos de queijo enquanto está quente pra eles derreterem. Fica tão bom!

Já sentada, a jovem ergueu o tronco, obedecendo mecanicamente. Bem devagar, começou assoprar o caldo na colher, antes de levá-lo à boca.

Estava tão quieta e reflexiva que parecia nem sentir o sabor agradável da comida.

Aliás, tudo, toda a sua vida, estava sem sabor.

Muito tempo depois, não sabendo o que dizer, perguntou:

— E o vovô? Já está dormindo? — sabia que o avô se deitava bem cedo.

— Não. Não sei. Ele foi para Minas Gerais fazer a compra de alguns cavalos bons para pôr aqui na pousada. Foi ele e o Januário — referiu-se a um empregado. Aproveitando a oportunidade, Henriette quis saber: — Já estava escuro quando chegou. Não tinha mais ônibus que corre no asfalto — falou sobre o transporte que chegava perto da fazenda que não circulava após às dezoito horas. — Como chegou aqui?

— Encontrei com a dona Florinda e o marido. Ela pediu para o senhor Geraldo me trazer. Ele disse que estava com alguns sacos de ração para entregar no rancho do senhor José Cunha. Então, aproveitou a viagem.

— Que bom. Se você tivesse telefonado para pedir pro seu avô ou pro Januário ir te buscar... — não completou.

— É... Ainda bem que encontrei com eles.

Henriette aproveitou a pausa para observar melhor a neta e viu que Vanessa não erguia o olhar, alimentava-se pouco e lentamente.

Aquele, certamente, também não era o momento para perguntas.

Foi por isso que, para distrai-la, começou a contar:

— O José Cunha, nosso vizinho, pôs um preço absurdo nos cavalos que o seu avô se interessou. Então, o Januário viu os cavalos da fazenda do Aristides — falou do outro vizinho. — São cavalos mangalarga, fortes, bonitos e que o Aristides comprou lá em Minas pela metade do preço que o José Cunha oferecia. Tínhamos de ser espertos para investir o dinheiro que economizamos, por tanto tempo, para comprar esses cavalos; afinal, os hóspedes gastam bem para passear neles. Então, seu avô não pensou duas vezes. Ele e o Januário foram pra lá depois de pegar o endereço e telefonar pra ver se ainda tinham animais pra vender. Ontem seu avô ligou pra cá e disse que, mesmo pagando o caminhão apropriado para trazer dez cavalos, a compra e o transporte saíram por um preço bem menor do que o avarento do José Cunha pediu. Além disso, seu avô disse que a qualidade dos animais é bem melhor.

— Quando ele chega?

— Acho que depois de amanhã. O transporte tem que ser um pouco devagar para não machucar os bichinhos, mesmo sendo em caminhão apropriado para isso.

— Sei... — respondeu sem se estender. Parando de comer, empurrou o prato e continuou cabisbaixa.

— Está sem fome, filha? Você nem terminou a sopa — falou de modo doce, maternal.

— Não quero mais não. Obrigada.

— Aconteceu alguma coisa, Vanessa?

A jovem fez uma pausa, depois respondeu:

— Aconteceu, vovó. Lembra que eu contei pra senhora que estava namorando?

— Lembro. Lembro sim.

— Descobri que o Diogo é o maior cafajeste do mundo. — A avó nada disse e aguardou a neta continuar. — Não quero mais vê-lo... Não quero mais continuar a faculdade...

Nesse momento, Henriette se manifestou:

— E vai deixar uma briguinha de namorado parar sua vida? Ora, Vanessa! Seja sensata.

— A senhora não sabe o que aconteceu. Não foi uma briguinha. Nós nem conversamos! — Um momento e contou: — Depois de dois fins de semana que a gente não saiu, apesar de termos nos visto na faculdade, a Leda me acordou ontem e disse que...

Vanessa contou exatamente tudo sobre o ocorrido.

A avó contornou a mesa, puxou uma cadeira e sentou-se junto a ela. Ouviu-a atentamente e a afagou nos momentos em que a neta se emocionou.

No fim, a senhora opinou:

— Filha, você não pode parar sua vida por causa desse rapaz. Já estamos no fim do ano e, se não voltar, não completar o curso, não estiver lá nos dias de prova, vai perder tudo pelo que lutou até agora.

— Não me importo. Não quero saber. Se eu voltar, vou encontrar aquele canalha.

— Vanessinha, é sua primeira desilusão. É natural se sentir ferida, magoada, machucada. O Diogo errou. E errou feio. Mas não pode deixar que isso interfira na sua vida, no seu futuro. Você queria tanto fazer esse curso. Estudou muito para entrar nessa tal de USP, pra agora, na primeira dificuldade, desanimar desse jeito. Ora, menina! Isso vai passar. Tudo na vida passa. Aproveite a oportunidade para enfrentar a situação, encarar o Diogo e... Se não quiser falar com ele, não fale. Seja firme! Mas continue com os seus propósitos. Não desista de seus planos. Vai encontrar alguém que goste de você, que te respeite e te ame como merece. Vai se esquecer desse moço e sua vida será outra.

Olhando-a nos olhos, Vanessa pediu em tom melancólico:

— Não quero voltar nunca mais para aquela cidade. Não me force a isso, vovó. Por favor. Lá as pessoas são frias. Não se importam umas com as outras. As pessoas usam umas as outras sem se importarem se elas têm sentimentos, têm uma alma, têm um coração.

— Eu sei que não foi fácil entrar nesse curso com tantos concorrentes e, por causa de um cara sem caráter, você vai jogar fora tudo o que conquistou, Vanessa?!

— Não importa. Sei que tem outras coisas que posso fazer. Quero viver aqui. Quero ficar aqui.

Henriette a olhou com piedade e coração partido.

Pensou que Vanessa fosse mais madura para lidar com situações delicadas e desilusões. Mas não. Ela era sensível. Talvez precisasse ainda de seu colo, de sua proteção para amadurecer. O que mais importava, agora, não eram os objetivos materiais e sim que a neta se sentisse segura e acolhida para se recompor, criar forças e, novamente, ir à luta, em busca de bons objetivos.

Por outro lado, quem sabe, tudo estava muito recente e ela mudaria de ideia, a avó pensou.

O jeito era aguardar.

৪০০৪

Longe dali, sentada no sofá, de lado e sobre as pernas, Ceres passava os dedos nos cabelos macios do noivo ao seu lado.

Ela fazia comentários sobre a grande empresa farmacêutica onde trabalhava, na Alemanha, e, embora o rapaz a olhasse diretamente, ele não a ouvia.

Em dado momento, sentindo-o distante, perguntou:

— O que foi, Diogo? Você está tão... distraído.

Pegando sua mão, levando-a à boca, ele a beijou demoradamente. Depois lhe fez um afago no braço e comentou:

— Eu vejo você falando do serviço, da indústria e... Parece que está tão longe de eu ir pra lá também.

— Vai passar logo. Vai ver. E valerá a pena. Para você será muito fácil. Fala alemão desde o berço, conhece bem a Alemanha e...

— Falando nisso, você tem visto os meus tios, meus primos?...

— Nos últimos meses, não. Como falei, fui para Munique, depois para Amsterdã. Não fiquei em Berlim nem fui para Friedrichshain, onde moram. Eles não vieram para o casamento da Cláudia, né? Que pena!

— Meus primos sempre foram distantes e minha tia nunca está bem para viajar. É mais fácil nos encontrarmos casualmente.

— Foi um casamento lindo! — ela exclamou, sustentando suave sorriso. Em seguida, não conseguindo mais esconder a curiosidade, Ceres quis saber: — Quem era aquela moça, ontem, lá na igreja?

— Moça?... — tentou disfarçar. Remexendo-se no lugar para se sentar direito, Diogo experimentou uma sensação de nervosismo inquietante que acelerou seu coração.

— Vamos ser sinceros, Diogo? — falou olhando-o firme nos olhos, sentindo que havia alguma coisa errada. — Ontem, no meio do corredor, você parou e, como se tivesse visto um fantasma, ficou olhando para aquela moça bem do seu lado, em pé em frente ao banco. Ela te olhou de modo duro, como se... — Ceres deteve as palavras. Falava calmamente e aguardou longos minutos. Ele não se pronunciou. Diante de tanta demora, vendo-o com olhar baixo, chamou-o: — Diogo... Olha pra mim. — Quando ele a encarou, perguntou novamente: — Quem é aquela moça?

O noivo sentiu-se acuado.

Gostava imensamente de Ceres.

Lembrou-se de tudo o que precisou enfrentar para que ficassem juntos. Queria ficar com ela. Estava decidido. Tinha planos de se formar, casar-se e ir com ela para o exterior.

Praticamente já tinha um excelente emprego em vista.

Como explicar aquele sentimento forte que o atraiu à Vanessa?

Era uma sensação estranha a de admitir gostar de duas pessoas ao mesmo tempo. Só que seria mais estranho ainda, entender e explicar esse gostar para alguém.

Ali, ao lado de Ceres, tinha certeza de que era ela quem queria ao seu lado, mas não conseguia esquecer Vanessa e, quando estava com Vanessa, queria ficar com ela e não esquecia Ceres.

Se ousasse contar e explicar tudo aquilo para a noiva, certamente, ela não aceitaria e com razão.

Gostava de Vanessa, admitia. Mas aquele era um momento de escolha e precisaria reunir todas as forças para disfarçar bem a fim de que Ceres deixasse passar aquela situação sem dar muita importância.

Aquele deslize com Vanessa foi um erro. Um grande erro. Ele era comprometido, e isso bastava.

Achou-se um cafajeste, um canalha sem moral, da última categoria por enganar e trair duas pessoas tão boas, tão sinceras e que não mereciam a dor de uma traição.

Imaginava o quanto Vanessa estava sofrendo e isso já bastava. Não queria que Ceres padecesse igualmente.

Naquele instante, diante de tanta angústia e arrependimento que experimentava, Diogo jurou, a si mesmo, nunca mais enganar ou trair e ser leal à própria consciência.

Olhando nos olhos de Ceres, ele suspirou fundo e disse:

— Aquelas eram duas colegas de classe. Não as convidei para o casamento da Cláudia. Aliás, só convidei o Fabiano. Mais ninguém. Não sei como apareceram lá e... Acho que estão chateadas por causa disso. Fiquei surpreso ao vê-las. Só isso.

— Você tem muita amizade com elas?

— Olha... Você estudou no mesmo curso e sabe que, período integral, depois de quase um ano passando o dia com um grupo, a gente já bebe água na mesma garrafa e morde o mesmo lanche, ou seja, a gente se une como irmão. Eu tinha comentado que minha irmã iria se casar, mas não disse quando. Nem convidei. Acredito que, depois de estarmos sempre juntos, elas pensaram que eu iria convidá-las. Talvez seja isso. Fiquei chateado por não ter podido convidar e não achei que elas fossem saber. Agora estou pensando no que vou dizer quando encontrá-las.

— Foi só isso mesmo, Diogo? — perguntou firme e calma.

— Amo você, Ceres. Não é por estar longe que eu iria te esquecer. — Dizendo isso, ele se aproximou e envolveu-a com carinho, beijando-a com amor, mas sentia o coração esmagado por tudo o que tinha feito.

Em seguida, ele se afastou, segurou seu rosto com ambas as mãos, beijou-lhe a testa e resolveu:

— Agora preciso ir.

Um segundo e a noiva quis saber:

— Eu não queria perguntar, mas... E o Felipe?

— Não conversamos. Aliás, ele mal conversa com qualquer pessoa lá em casa, com exceção da Priscila, é claro.

— Pensei que ele não viesse para o casamento.

— Todo mundo achou que ele não viria. A Cláudia ligou. Mandou um convite, mas ele não disse nada para ela. Falou que ia ver. — Diogo suspirou fundo como um lamento e se levantou, dizendo: — Agora tenho de ir. Já é bem tarde. Preciso acordar cedo.

Erguendo-se para acompanhá-lo até o portão, Ceres comentou:

— Acho que meus pais já foram dormir. — O rapaz sorriu e nada disse. Logo ela propôs: — Eu queria ir um dia até a USP com você. Posso?

Diogo sentiu-se gelar. Não esperava por aquilo.

Atordoado, respondeu:

— Pode... Deixa passar esse período de provas, apresentações de trabalhos... Vamos combinar sim — disse isso para não deixá-la preocupada, mas sua intenção era que a noiva esquecesse o assunto e o ano terminasse sem precisar levá-la lá.

Em seguida, despediram-se e ele se foi.

ഔര

No dia seguinte, munido de óculos de proteção, luvas e jaleco, Diogo reclamava sozinho ao esbarrar em alguns tubos de ensaios no laboratório e vê-los ir ao chão.

Não conseguia se concentrar. Estava nervoso, pensando em como seria encontrar Vanessa naquela manhã.

Sentia falta dela que já deveria ter chegado.

O som de um salto de sapato pisando duramente, atraiu sua atenção. O rapaz olhou por sobre o ombro e viu Leda se aproximando.

Séria, semblante sisudo, a amiga chegou bem perto e disse em tom moderado:

— Que sujeira você fez com a Vanessa. Pensei que você fosse um homem e não um moleque.

— Onde está a Vanessa?

— Pra que quer saber?! O que fez antes de ontem não foi o suficiente?! Ter usado, humilhado, pisado nela não bastou?! Ainda quer mais?! — perguntou irônica.

— Não é nada disso, Leda.

— Qual é, Diogo?! Você foi um canalha! Cretino! A Van é uma garota muito legal. Chega a ser ingênua e inocente, pra você ter feito isso com ela. — Olhou-o de cima a baixo como se sentisse nojo e perguntou: — Que tipo de pessoa é capaz de fazer o que você fez?

— Onde ela está?! — foi firme, não se importando com o que ouvia.

— Não sei. Ela sumiu desde ontem cedo. Procurei em tudo quanto foi lugar. Só não liguei pra avó dela porque... Se eu ligar e ela não estiver lá... Já viu. Tô esperando pra ver se ela aparece.

— Precisamos saber onde ela está.

— Precisamos uma vírgula! Você precisa é tomar vergonha na cara. Covarde! — ofendeu, virando-lhe as costas e saindo do laboratório pisando firme, sem esperar o revide.

୧୬ଓ

Naquele dia quente e ensolarado, Leda procurou um telefone público e ligou para a amiga. Não suportou a preocupação.

Percebeu que Vanessa levou algumas roupas, documentos, pertences pessoais e a mochila que sempre usava para viajar, mas não tinha certeza para onde a amiga tinha ido.

Ao ser atendida pela voz serena da avó da colega, ficou temerosa.

— Oi, dona Henriette, aqui é a Leda. Como vai a senhora?

— Bem. E você? Faz tempo que não aparece aqui, menina.

— Estou bem. Mas... Não tá dando tempo de ir aí. Minha mãe reclama da mesma coisa. Aqui está muito puxado — respondeu com voz trêmula. Um instante e começou a se explicar: — Desculpa eu ligar assim... É que... Bem...

Interrompendo-a para pôr um fim àquela angústia que sentiu na jovem, a mulher, experiente, antecipou-se:

— Quer saber da Vanessa, não é? Ela está aqui sim.

— Ufa! — expressou-se aliviada. — Ela está bem?

— Está sim. Na medida do possível... Agora ela está deitada. Minha neta me contou tudo. Por conta do que aconteceu, ela quer desistir da faculdade. Não quer ir mais para São Paulo. Disse que está decidida. Fala até em fazer outro curso. Acho que se decepcionou, mesmo. Nem sei o que fazer.

— Ah, não! Que absurdo! A Van não pode fazer isso não!

— Eu sei. Falei com ela, Leda, mas... Acho que minha neta sofreu um choque muito grande.

— Mais tarde, ela vai se arrepender se fizer isso, dona Henriette. Eu queria falar com ela, mas... Estou em telefone público.

— Liga mais tarde, Leda. Liga a cobrar.

— Vou fazer melhor. No próximo fim de semana, posso passar aí?

— Já é minha convidada, filha. Venha sim. Você é sempre bem-vinda.

— Obrigada, dona Henriette. Sábado de manhã estarei aí.

— Fico te aguardando. Fica com Deus.

Despediram-se.

Leda, preocupada, caminhou mecanicamente de volta ao laboratório.

Outros colegas, que faziam o mesmo curso, já estavam no local.

A distância, ela ofereceu olhar fuzilante para Diogo que imantou seus olhos aos dela e experimentou uma sensação enervante, tão amarga que o fez se sentir mal.

Por toda manhã, até aquela hora, o rapaz não conseguia se concentrar. Isso era nítido.

Minha Imagem

Antes do almoço, quando ia saindo do laboratório, Diogo fez questão de passar perto da colega e perguntar. Não suportava mais aquela inquietação angustiante:

— Leda — ao vê-la encará-lo, completou —, você soube da Vanessa?

— Soube sim. Liguei para a avó. Coisa que você deveria ter feito. — Breve pausa e informou: — Ela está lá em São Bento do Sapucaí. Voltou pra casa e... graças a você — falou irônica — a Vanessa vai deixar a faculdade.

— Como assim?!

— A avó me disse que ela não quer mais vir pra São Paulo. Que está desistindo do curso porque se decepcionou muito com você.

— Eu preciso falar com ela — murmurou ele.

— Falar o que, Diogo?! Quer magoá-la ainda mais? Ou... Por acaso vai terminar tudo com sua noivinha pra ficar com a garota sem graça e pobre do interior?

— Não diga isso, Leda.

— Não dizer o quê? A verdade?!

— Eu gostei da Vanessa e... É difícil explicar, eu...

— Ora, Diogo! Me poupe das suas falsidades! Acha que ainda pode me enganar com suas mentiras?! — Sem esperar, desfechou: — Agora me dê licença, vai! — Leda afastou-se alguns passos e, para desafiá-lo, pois sabia ser impossível que o colega aceitasse, propôs ao se virar: — Sábado próximo, cedinho, eu estou indo pra São Bento do Sapucaí para conversar com minha amiga e pedir para não jogar fora a vida e tudo o que conquistou. Se quiser, poderá ir comigo. O que me diz?

Diogo sentiu-se ainda pior.

Não sabia o que responder.

Por um instante, ficou dividido. Pensou em Ceres e no compromisso sério que tinha com ela, além de se lembrar de como foi difícil ficarem juntos e assumirem um sentimento que contrariou a muitos.

Seus olhos ficaram vermelhos e aquecidos ao umedecer. Sentiu que poderia chorar e, num impulso, abaixou a cabeça e virou o rosto para fugir daquele olhar dardejante que o esgotava, que expunha suas fraquezas, sua indecisão, seus conflitos.

Ao ver sua postura, Leda comentou com voz de desprezo:

— Eu sabia! — e se virou, deixando-o só.

Aquela semana foi péssima para Diogo.

Ceres, desconfiada por vê-lo com um comportamento bastante diferente, perguntou várias vezes sobre o que estava acontecendo, mas o noivo negava ter qualquer problema e disfarçava, sofrendo calado.

෮෬

A brisa soprava suavemente as folhas das árvores perto do belo lago, tremeluzindo também a água que, prateada, refletia as montanhas que havia no fundo como lindo cenário.

Leda e Vanessa caminhavam lado a lado e a amiga discordava:

— Você não pode abandonar tudo por causa dele, Van!

— Como voltar e encarar o Diogo depois dessa cachorrada que ele fez?!

— Sabia que você pode até ir à polícia dar queixa do cara e mover uma ação por ele ter te enganado?

— Ora, Leda! Não vou fazer isso, né? — Um momento e desabafou: — Estou tão magoada, tão sofrida...

— Não é para menos. Mas não deve abandonar tudo. Pense em você.

— Estou pensando. Fui para o curso errado, para a cidade errada, confiei na pessoa errada...

— Você gosta dele, não é?

Leda perguntou, mas Vanessa não respondeu.

Parou. Olhou para o lago e seus olhos se encheram de lágrimas.

Não a deixando quieta, a amiga perguntou:

— O que pretende fazer agora?

Vanessa passou as mãos pelos cabelos, fez um rabo, torceu para o lado, sobre o ombro, deixando-o cair, desmanchando-se sozinho. Respirou fundo. Parecia não ter resposta, mesmo assim, pensou antes de comentar:

— Acho que, pra ficar por aqui, vivendo aqui como eu quero, junto com meus avós, o melhor seria eu fazer algo na área de hotelaria. Gosto muito desta pousada. Tenho ideias para melhorá-la, mas não sei exatamente como pô-las em prática. Precisamos investir em propagandas, divulgar mais os serviços... Tenho ideias de fazer, aqui dentro, lojas de artesanato e de roupas de inverno, com diversos tipos de confecções, principalmente as feitas à mão.

— Acha que vai se dar bem com isso?

— Só me dei mal quando saí daqui, não foi?

Olhando-a nos olhos, Leda inquiriu:

— Tem certeza disso?

— Tenho — foi firme. — Estou só me acostumando com os novos planos. Vou começar a procurar por cursos e... Vou me dar bem.

— Se é mesmo o que quer... — Leda disse isso com dor no coração. Não queria se separar da amiga.

Vanessa ofereceu olhar generoso no rosto angelical. Sorriu levemente e sugeriu:

— Vamos voltar? O almoço deve estar pronto.

— Estou morrendo de fome! — Mostrando-se animada, Leda entrelaçou seu braço ao da amiga e começou a falar enquanto retornavam: — Precisamos combinar pra você ir lá à minha casa quando eu estiver lá. Quero manter contato.

— Lógico. Não vou me afastar. Gosto muito de você, amiga! — sorriu.

Seguiram lado a lado, tecendo planos e procurando falar de assuntos mais alegres.

CAPÍTULO 6
Felipe

ALGUNS ANOS DEPOIS...

Em luxuoso apartamento cujo pé direito, de considerável altura e paredes largas, ostentava enormes vidraças onde cortinas clássicas se recostavam fechadas e imóveis, uma lareira aquecia o ambiente. As chamas dançavam firmes, ao mesmo tempo, suaves, proporcionando luz bruxuleante que turvava a visão. Ali, naquela sala, sentado em confortável sofá, calado, rodeando nas mãos um copo de uísque, Diogo bebericava, tentando afogar os sentimentos angustiantes e uma dor inominável.

A empregada uniformizada devidamente, que falava não mais do que o idioma alemão, interrompeu seus pensamentos tristes, anunciando visita.

Mesmo assim, ele continuou imóvel. Olhar perdido nos desenhos octogonais da luz âmbar refletidos pelo cristal do copo que colocou sobre a mesa. Continuou como se nada tivesse ouvido.

O senhor Weber entrou logo atrás da empregada. Tirou as luvas, o cachecol e o sobretudo denso que o protegiam do frio intenso. Entregou-os à funcionária e agradeceu.

Logo se voltou para o filho e exclamou indo à sua direção:

— Nossa! Como está frio! Como vai, Diogo? — perguntou, inclinando-se junto a ele. Beijou-lhe o rosto e puxou-o para um abraço, forçando-o a se levantar.

Após o gesto mecânico, Diogo se sentou imediatamente. Erguendo o olhar pesado, na face séria, praticamente carrancuda, respondeu com uma pergunta:

— Como acha que estou indo?

Apiedando-se, o senhor alto, grisalho e corpulento, sentou-se ao seu lado e afagou-lhe as costas, dizendo:

— Desculpe-me por só ter conseguido vir hoje. A nevasca fechou os aeroportos. Os voos foram cancelados e... Não teve como eu chegar a tempo. Você deve saber. — O filho não disse nada. Parecia anestesiado. Em seguida, o pai perguntou: — Por que não quis transladar os corpos para o Brasil?

— Eu já expliquei isso aos pais dela e a você por telefone. A Ceres gostava demais daqui. Ela, simplesmente, amava essa cidade. Fez questão que o nosso filho nascesse aqui. E... eu lembrei que, uma vez, por brincadeira, talvez, ela mencionou: "já que não nasci aqui, espero ser enterrada em Berlim". Foi por isso... — calou-se por minutos. Depois continuou: — Foi por isso que eu decidi que fosse aqui. Também não poderia deixá-la separada de nosso filho, já que eles morreram juntos, abraçados...

Total silêncio.

Algum tempo, sem saber exatamente que assunto puxar, o senhor arriscou:

— Não sei se os pais dela conseguiram voo pra cá. Está tudo lotado, congestionado... Precisei fazer quatro escalas e...

Eles reclamaram muito. Queriam que o corpo da filha fosse para o Brasil.

— Que se danem eles!!! — gritou revoltado. — Eu decidi pelo que ela queria!!! Já está feito!

— Calma, Diogo. Não precisa se alterar. Ninguém o está criticando nem...

— Pai!... O senhor não sabe como eu estou. Perdi minha mulher, meu filho!... Minha vida acabou. Nada faz sentido. Daqui a dois meses o Raphael iria fazer dois anos. Eu sou capaz de escutar seus gritinhos, seus passos, o barulho dos brinquedos... Ouço os desenhos animados que ele assistia, sem que a TV esteja ligada e, quando vou lá... Tudo acaba. Não tem nada ligado. Toda noite eu entro no quarto dele e tenho a impressão de que ele está deitadinho, dormindo... mas, quando olho direito para a cama... — Diogo tinha lágrimas incessantes correndo pelo rosto quando um soluço embargou sua voz. — Como se não bastasse... Vou me deitar e ainda sinto o perfume da Ceres que está no travesseiro, no nosso quarto, nas nossas roupas, na cama toda... Eu a procuro, mas não a encontro do meu lado. Às vezes acordo e acho que tudo foi um pesadelo, só que quando a procuro, ela não está. — Parecendo atordoado, silenciou por um instante. Depois, mais brando, contou: — Ontem eu cheguei aqui e escutei um barulho vindo lá do meu quarto. Pensei que fosse ela. Aliás, havia me esquecido que não estavam mais aqui e... Corri lá pra dentro. Ouvi algo no banheiro e... Parecia que o banheiro estava quente, úmido... O aroma dos seus cremes, o cheiro do sabonete... Era como se a Ceres tivesse acabado de sair de lá.

Aproveitando-se da pausa, o senhor Weber procurou consolar:

— Filho, faz somente dez dias. Ainda é cedo e...

— Nunca é cedo. Nunca será tarde, pai. Hoje eu vejo que deveria ter aproveitado mais cada momento junto deles. — Breve instante e recordou: — Nós nos casamos quando eu estava no último ano de faculdade porque não aguentávamos mais ficar longe um do outro. Íamos fazer cinco anos de casados daqui a alguns meses e... Agora vejo que fiquei muito tempo trabalhando, viajando a serviço, preocupado em ter bastante dinheiro, luxo, casas bonitas, carro ideal, conforto, e conforto, e mais conforto. Acho que não dei o principal a eles: minha presença, meu carinho constante, meu toque, contato... Se eu pudesse voltar o tempo, se eu pudesse... — Calou-se e tomou, em um único gole, o restante do uísque, colocando o copo sobre a mesa, batendo-o de forma abrupta. Jogou-se para trás, deixando o corpo largado.

— Diogo, meu filho... Não sei muito bem o que dizer num momento como esse. Aliás, ninguém sabe. Perdas como essas provocam grande dor, principalmente quando, de uma vez só, duas criaturas tão queridas vão embora. Mas se Deus quis assim...

Sentando-se direito, virou-se para o senhor e inquiriu em tom revoltado:

— Que Deus é esse, pai?! Hein?! Que Deus é esse que arrancou a vida da minha mulher, jovem, bonita, saudável, produtiva, alegre?!... E do meu filho, tão pequeno, que nem tinha começado a viver! Quando aquele desgraçado desgovernou o carro e atropelou os dois, por que eu não morri junto?! Eu estava do lado, pai! Do lado! — Chorou. Olhando para as próprias mãos, como se procurasse uma resposta, contou: — Eu peguei os dois nos meus braços e... Nada! Nem um suspiro, nem... A Ceres tinha a cabeça sangrando e, mesmo tão agasalhada, ela... O Raphael parecia dormir. — Olhou para o pai e, chorando, continuou de modo dramático, gesticulando com as mãos e entoando a voz em tom

amargo: — Ela estava com ele no colo quando o carro os pegou.
— Ofereceu longa pausa, e o pai nada disse. Foi então que, mais calmo, contou: — Naquela manhã o Raphael não queria sair. Não queria pôr roupa mais quente nem as botas e correu pela casa. Eu estava com pressa e fiquei insatisfeito. A Ceres me chamou a atenção e disse para irmos lá falar da "super-roupa". Então me forcei. Peguei o suéter, o casaco e as botas, fui atrás do Raphael e falei que aquela era a "super-roupa", que somente os homens do espaço, os guardiões da Terra usavam. Isso sempre funcionava, e tinha de ser eu a fazer. A mãe não conseguia convencê-lo. Ele veio, e eu o vesti. Ela sorriu e me beijou. A Ceres o pegou e nós saímos. Não usamos o carro. Íamos de metrô e... ele não quis vir no meu colo, queria que eu ficasse ao lado para brincarmos com aquele foguete espacial que o senhor deu, e eu aceitei. Eu estava brincando, distraído... Estávamos na calçada e... Não vi. Tudo aconteceu rápido demais.

Diogo começou a chorar compulsivamente e o pai o abraçou forte por longo tempo.

Não havia o que dizer para consolá-lo.

Olhando por sobre o ombro do filho, o senhor Weber passou os olhos pelo ambiente, reparando as fotos alegres que se espalhavam com os porta-retratos sobre os móveis, exibindo, em algumas delas, o casal sorrindo, abraçado e o filho no meio. Outras, mostravam somente Raphael, ou pai e o filho ou ainda a mãe e o pequeno garotinho sempre sorridente, de lindos olhos azuis e cabelos loiros, cacheados como os de um anjinho.

O senhor se emocionou e sentiu os olhos marejados.

Imaginou como deveria ser cruel aquela tristeza inominável, aquela perda irreparável.

Ninguém deveria viver mais do que o próprio filho. Ninguém.

Esse tipo de tragédia aconteceu e ainda ia acontecer.

Diogo precisava ser forte para recuperar-se o quanto antes e não se fragilizar ainda mais.

O filho decidiu se afastar do abraço. Secou o rosto com as mãos e respirou fundo.

Nessa hora, o senhor Weber perguntou:

— Você já voltou ao trabalho?

— Estou tentando, mas ainda não está dando. Eu me sinto perturbado. Não consegui me concentrar em nada.

— O ideal, filho, é reagir. Abra essas cortinas. Acenda as luzes. Faça a barba. Procure se ocupar. Saia um pouco.

O filho não se animava, mas nem por isso o senhor desistiu de convencê-lo. Era um momento delicado e triste em que Diogo precisava de muito apoio.

Não demorou e a campainha soou.

Eram os pais de Ceres que chegavam e procuravam pelo genro.

෫ඞ

Longe dali, no Brasil, na cidade de São Paulo, o dia estava muito quente.

Do asfalto escaldante, podia-se ver a onda de calor tremeluzir acima do chão, provocando um reflexo destorcido.

Em uma Pajero estacionada em uma rua tranquila, uma mulher bonita, de cabelos lisos, cortados pouco abaixo dos ombros, tamborilava os dedos no volante exibindo-se ansiosa.

Mantinha um olhar dardejante para o portão da luxuosa residência que estava exatamente como quando ela viu, há mais de oito anos. Muros altos, brancos, só que agora acrescidos de cerca elétrica. Um jardim estreito na calçada, onde arbustos bem aparados ornamentavam com graça e leveza.

Nenhuma movimentação atrás dos portões de grades, exceto a de um cão pastor alemão que, às vezes, aparecia brincando com um pedaço de corda com um nó.

O rádio do carro estava ligado na esperança de se distrair e não ficar tão nervosa.

Já estava ali há cerca de duas horas observando o movimento, criando coragem para chamar e se anunciar.

Mas como faria isso?

Tratava-se de Vanessa. Mais adulta, muito mais madura e segura de si. Bem diferente daquela moça simples e ingênua que chegou à metrópole tempos atrás.

Ela desligou o rádio, desceu do jipe e puxou a bolsa que alçou no ombro.

Bem vestida, exibia bom gosto e sua postura mostrava confiança.

Ajeitou a roupa e puxou a blusa em que passou a mão para ter uma boa aparência.

Tinha feito uma longa viagem onde fez somente duas paradas.

Bateu a porta do veículo e atravessou a rua olhando bem dos lados, apesar da tranquilidade do lugar.

Sentia o coração acelerado e batendo forte.

Pensou em nunca mais ter de estar ali. Mas não. O destino lhe reservou aquela experiência.

Frente ao portão, Vanessa ficou olhando o cachorro que a encarou quieto e tão sério quanto ela.

Quando ia levar a mão ao interfone, do carro que parou, silenciosamente, na rua às suas costas, um homem abaixou o vidro e perguntou:

— Precisa de ajuda?

Ao se virar, Vanessa sentiu-se gelar. Perdeu a fala ao encará-lo.

Ele observou um comportamento, no mínimo, estranho, diferente e desceu do carro. Fechou a porta e percebeu o quanto as mãos finas e delicadas da moça estavam trêmulas, tentando segurar a alça da bolsa.

— Oi... — frente a ele, murmurou com receio.

— Oi. Tudo bem com você? — Felipe perguntou sem saber de quem ser tratava.

Ao perceber sua indiferença, Vanessa experimentou um sentimento de indignação corroendo-a por dentro, enquanto uma expressão insatisfeita estampou-se em seu rosto.

— Acho que não se lembra mais de mim. Não é mesmo?

— Desculpe-me, mas... Acho que não lembro mesmo — tornou ele com simplicidade, oferecendo leve sorriso desconfiado, fazendo aparecer a mesma covinha do lado direito do rosto.

Nesse instante, pensamentos acelerados percorreram a mente de Vanessa.

Como Diogo foi capaz de esquecê-la?

É certo que ele deve ter tido outras. Enganado outras como a enganou. Mas ele seria tão irresponsável assim a ponto de não se importar nem de se lembrar que, um dia, se fez de namorado dela? Que a enganou? Que a fez sofrer a ponto de largar a faculdade?

Com voz trêmula, quase ofegante, ela disse aparentando estar calma:

— Já faz muitos anos, eu sei... Mas... Sabe... o que me trouxe até aqui é um motivo muito sério. — Vendo-o ainda olhá-la como uma total estranha, procurou recordá-lo para facilitar: — Sou a Vanessa. Não se lembra de mim?

Acostumado a ser confundido com seu irmão, o rapaz deu novamente um sorriso, achando graça pelo engano. Mas ela não entendeu e ele respondeu, tentando brincar:

— Desculpe-me, mas... Eu deveria lembrar de você?

Nesse instante, a indignação tomou conta de Vanessa que, sentindo-se ofendida, ferida, magoada e acreditando ser humilhada, respondeu firme, com lágrimas brotando nos olhos:

— Ora, seu... Saiba que, se não fosse por nosso filho, eu não estaria aqui! Você...

— Ei! Espera! Calma aí! Você está me confundindo com...

— Confundindo coisa nenhuma! — interrompeu-o. — Está querendo insinuar que eu não sei quem é o pai do meu filho?! Saiba que não vim aqui atrás de um nome, muito menos atrás do seu dinheiro! Não precisamos disso! Mas se quiser um teste de paternidade, estou pronta para fazê-lo o quanto antes.

Aproximando-se, segurando-a com leveza em seu braço, percebendo-a bem nervosa, o rapaz pediu sério, mas com voz forte e em baixo tom:

— Calma. Já vi que o assunto é bem sério e não deve ser discutido aqui fora. Vamos entrar e esclarecer tudo lá dentro.
— Vendo-a em silêncio e com a respiração quase ofegante, Felipe se aproximou do portão, abriu-o e deu um comando ao cachorro que se afastou. Depois propôs, educado e em tom solene, tocando-lhe levemente o ombro com a ponta dos dedos: — Entre, por favor.

Caminharam pelo belo jardim e, assim que chegaram à sala de visitas da grande residência, uma empregada apareceu e ele pediu:

— Cida, por gentileza, leve para o escritório duas águas bem geladas e... — Virando-se para a moça que o acompanhava, perguntou: — Você prefere um café ou um suco?

— Só água. Obrigada — decidiu sem rodeios.

— Duas águas e dois sucos. Por favor, Cida.

Vanessa passava os olhos pela elegante sala bem decorada, quando Felipe pediu:

— Vamos conversar no escritório, por favor. Teremos mais privacidade. É por aqui — indicou.

Seguiu e ela o acompanhou.

Ao entrarem, Felipe fechou a porta e, estendendo a mão, indicou uma poltrona para que se acomodasse.

Estantes altas e de madeira escura, envernizadas e forradas de livros, escondiam quase todas as paredes.

Ele foi até as janelas, abriu as vidraças e retornou, acomodando-se no sofá clássico de couro escuro, frente a ela.

Sem tentar ofendê-la, perguntou em tom cauteloso, pois, em meio ao nervosismo que surgiu tão rapidamente pela notícia anunciada, acreditou esquecer:

— Vanessa? Não é mesmo?

— Você está brincando comigo, não é mesmo?! — indagou parecendo zangada. E sem dar uma trégua para ele se explicar, afirmou: — Temos um filho e o nome dele é Rafael e...

— Rafael?! — interrompeu-a, ficando mais surpreso ainda.

— Sim. O nome dele é Rafael — ela confirmou.

Sentindo-se gelar pelo efeito do choque, ele perguntou bem sério:

— Quantos anos ele tem?

— Vai fazer oito anos em julho.

— Meu Deus!... — exclamou baixinho, perplexo, no momento em que levou as mãos unidas, como em prece, até a boca.

Levantando-se, caminhou alguns passos negligentes, meio estonteado, por lembrar que seu sobrinho, falecido há poucos dias, filho de seu irmão Diogo, também se chamava Raphael.

Interrompendo-o dos pensamentos, Vanessa sugeriu:

— Como eu disse, faremos um exame de paternidade e...

— É lógico que esse exame vai provar que eu sou o pai do seu filho, mesmo sem nunca ter encostado um dedo em você, porque...

— Como se atreve?! — indignou-se e se levantou.

— Eu sou o Felipe! — disse firme, olhando-a nos olhos. — Não sou o Diogo! Sou o Felipe! Somos gêmeos idênticos e isso já nos causou... — Fez breve pausa. Respirou fundo e, mais calmo, contou: — Somos gêmeos. Certamente você nunca me viu. O fato de sermos idênticos sempre foi motivo de muitas brincadeiras e confusões, mas...

— Gêmeo?! O Diogo tem um irmão gêmeo?! — aproximou-se um pouco e olhou-o de perto, tentando acreditar e procurando diferenças ou reparando semelhanças.

— Sim. Somos gêmeos. Ele nunca te disse?

— Disse que tinha duas irmãs e um irmão, mas nunca falou sobre serem gêmeos.

— É que há anos procuramos esquecer isso.

— Desculpe-me pelo que te falei, Felipe. Eu... — passou a mão pela testa suada e colocou os cabelos atrás das orelhas, voltando para o lugar onde estava sentada.

Nesse instante, a empregada bateu à porta e entrou trazendo água e suco.

Vanessa aceitou e Felipe também.

Após a saída da mulher, ele pediu:

— Não fique constrangida por nos confundir. Não tem problema. Não é a primeira vez que alguém faz isso nem será a última. Estou acostumado. Eu ia dizer lá na rua, mas vi que o assunto que a trouxe aqui é bem sério mesmo. — Acomodando-se a sua frente, perguntou em tom generoso: — Quer dizer que você e o Diogo têm um filho com sete anos e o nome dele é Rafael?

Vanessa o olhou longamente.

Era impressionante a semelhança.

A cor dos olhos, os cabelos, agora curtos, a barba bem feita, escanhoada na pele alva, levemente bronzeada, a voz, o corpo atlético e forte... Tudo era igual. Até a covinha que se afundava somente do lado direito, quando ele sorria.

Embora aparentasse mais idade, logicamente, ela poderia jurar que estava na frente de Diogo.

Somente algo nos olhos de Felipe parecia diferente, mas não era possível notar isso de imediato. Também não saberia dizer se os anos trouxeram a mesma energia opaca, quase triste, para os belos olhos verdes de Diogo.

— Sim, temos um filho — respondeu agora bem calma, sentindo-se exausta e um tanto constrangida.

— O Diogo não sabe disso?

— Não. Nós namoramos por oito meses, no primeiro ano de faculdade, quando fazíamos Farmácia. Só que, ao mesmo tempo, ele estava noivo e, quando eu soube, não acreditei. Então, junto com uma amiga, fui ao casamento da irmã de vocês, a Cláudia.

— Sim! Claro! Lembrei! Você é a moça da igreja! — sorriu ao recordar.

— Como assim?!

— Eu estava lá. Tinha acabado de chegar de Londres. Mandei a mala pra cá e fui direto para a igreja. Eu quase não vinha para o casamento, mas... Estava lá, no último banco da igreja. Quando o Diogo e a Ceres entraram, vi quando ele deu uma paradinha e vocês trocaram olhares... Em seguida, você saiu do lugar e foi para o fundo. De fato estava com uma amiga e, depois que minha irmã entrou, foram embora.

— Você percebeu isso? Pensei que ninguém tivesse visto — admirou-se.

— Percebi sim. Porque, ao te ver, meu irmão ficou desconcentrado.

— Dali, depois da igreja, fui embora e nunca mais falei com ele. No dia seguinte, voltei para minha cidade. Desisti do curso. Desisti de tudo. Só depois descobri que estava grávida e decidi que o Diogo nunca saberia.

— Nunca mais o viu? — insistiu Felipe.

— Não. Nunca. Inclusive, pedi para a minha melhor amiga, a Leda, que estava na igreja comigo e estudava com a gente na mesma turma, que não contasse para o Diogo que eu estava grávida. Ela quis me convencer do contrário, mas eu não quis.

— Como assim, Vanessa? Não achou que ele precisava saber? Que seu filho merecia ter um pai?

— Que homem é esse que trai, engana, magoa senão um covarde? Tive vergonha de dizer para o meu filho que o pai dele é um covarde. Talvez você não tenha ideia, Felipe, do quanto dói ser enganado, traído.

— Ah! Tenho sim! — desabafou num impulso, sem querer. No mesmo instante, controlou-se e corrigiu: — Imagino que foi bem difícil para você.

— Tive muito apoio dos meus avós. Retomei minha vida. Refiz tudo. Tive meu filho e cuido dele até hoje com muito orgulho. Somos felizes. Temos um ao outro e uma vida ótima.

— Você se casou?

— Não. Mas eu soube que o Diogo sim. A Leda, que continuou estudando com ele, contou que ele e a Ceres se casaram no último ano de faculdade.

— Foi mesmo. Mas... — deteve-se. Não sabia se deveria contar tudo o que aconteceu recentemente com a esposa do irmão e com o filhinho pequeno. Precisava pensar. Disfarçou. Precisava saber o que Vanessa queria. — Então? O que a trouxe aqui?

— O Rafael está muito doente e precisa de um transplante de medula óssea.

— Leucemia? — perguntou com jeito preocupado, franzindo o semblante.

— É sim... — emocionou-se. — Os médicos me disseram que entre familiares é mais fácil encontrar doador. Se não conseguir...

— Meu Deus! — exclamou baixinho, entristecido.

— Eu nunca iria procurar o Diogo se não fosse por isso. Não quero incomodá-lo. Sei que essa notícia vai abalar o casamento dele e depois... Bem... depois acho que ficaremos ligados por causa do Rafael. Isso tudo vai trazer muito desconforto, muito transtorno. — Vanessa prendeu seu olhar no dele e invadiu-lhe a alma. Com um tom calmo, triste, quase implorando, argumentou ao ter uma ideia: — A não ser...

— A não ser, o quê? — perguntou curioso diante da pausa.

Mesmo sentada, ela ergueu o tronco como alguém que se anima. Seu rosto quase se resplandeceu por causa da elaboração mental imediata. Não queria se encontrar com Diogo novamente e, talvez, Felipe pudesse ajudá-la nisso.

Foi então que, em tom cauteloso para tentar convencê-lo, disse:

— Veja, Felipe, não é justo que eu estrague o casamento do seu irmão. Se eu aparecer com a notícia de que o Diogo tem um filho, o casamento deles nunca mais será o mesmo.

— Do que está falando, Vanessa?

— Você é casado? Vive com alguém ou tem algum compromisso?

— Não. Eu... Acabei de sair de um relacionamento e... — Quando se pegou falando de assuntos íntimos que não importavam à moça, deteve-se e quis saber: — Aonde quer chegar?

— Podemos tentar não estragar o casamento do seu irmão. Vocês são gêmeos idênticos, possuem a mesma genética e... Se for compatível com o Rafael, você poderá salvar a vida dele. Daí eu sumo. Desapareço. O Diogo não precisa saber que tem um filho. Ninguém precisa saber! — falou como se implorasse. — Ele continuará vivendo bem com a mulher dele, e eu e o Rafael vamos seguir nossas vidas.

— Espera aí! Você está querendo me envolver nessa história e quer que eu saia dela sem mais nem menos?!

— A bem da verdade, sou uma estranha para você, Felipe. O Rafael também. Faça de conta que você procurou o banco de doação e se tornou um doador anônimo. Perguntei se você era casado ou tinha algum compromisso sério para não te prejudicar, para não ter de esconder ou mentir para alguém com quem esteja ligado.

— E se eu não for compatível?

Encarando-o, ela murmurou:

— Aí sim. Vai ser preciso convocar os outros da sua família e então o Diogo vai ter de saber.

Felipe se levantou. Caminhou até a mesa grande que havia no escritório e ficou pensativo.

Apreensiva, a moça não tirava os olhos dele.

Virando-se para encará-la, argumentou:

— Vanessa, eu não sei o que responder. Tudo isso é muito louco! Sei que eu sou a ovelha negra da família. Tenho fama de inconsequente, mas... Acho que isso, o que pede, é muito pra mim.

— Você vai me ajudar. Vai salvar uma vida. Ajudar seu irmão a preservar o casamento. Pra que o Diogo precisa saber que tem um filho? Ele vive bem com a mulher. Foi a ela que escolheu. Eu e o Rafael vivemos bem! Tudo está certo como está. Se a verdade

vier à tona, só vai trazer abalo para todos. A Ceres vai descobrir que o Diogo a traiu quando eram noivos. Como ela vai reagir? Pense nisso! — exclamou com suavidade na voz aflita. — Indo para perto dele, pediu, parecendo implorar, ao tocar seu braço:
— Felipe, você tem a chance de deixar todo mundo viver em paz, se tudo isso der certo.

Ele não se dava bem com seu irmão, mas Vanessa não sabia disso. Havia anos que não conversavam.

Apesar do tempo, sentia-se magoado por tudo o que Diogo lhe fez. Talvez aquele fosse o momento de se vingar dele.

Por um instante, essa ideia lhe passou pela cabeça, mas em seguida, não achou justo.

Diogo precisava saber que tinha outro filho, principalmente agora, naquele período tão difícil que atravessava.

Felipe precisava pensar.

Vanessa quase o convencia.

Invadindo-lhe os olhos, ele entendeu sua alma aflita, mesmo sabendo que aquela proposta não era correta.

Em frente ao rapaz, sustentando seu olhar penetrante, ela explicou-se ainda:

— Felipe, por favor, entenda. Foi muito difícil eu vir até aqui. Se não fosse pelo amor que tenho por meu filho, se não fosse pela doença, o Diogo jamais teria notícias minhas. Pense comigo: eles não estavam casados quando ele me conheceu, mas eram noivos. O Diogo me enganou e escolheu ficar com a Ceres. Ela nunca soube da minha existência. Por que estragar a vida dos dois? Temos a chance de deixá-los bem. Pense nisso!

— Por mais inconsequente que eu seja, Vanessa, esse assunto é muito sério.

— Caso seja compatível, você se negaria a salvar a vida de uma criança, se precisasse ser doador?

— Não. Eu nunca me negaria. Mas...

— Preste atenção — interrompeu-o, ainda falando em tom doce e implorando —, vamos deixar Deus escolher.

— Como assim?! — ele indagou sem entender a proposta.

— Você vem comigo. Faz os testes. É só uma amostra de sangue. Se não for compatível, então Deus decidiu que não só o Diogo, mas sim toda a sua família vai precisar saber da existência do Rafael.

— Não queira por Deus no meio disso! — disse virando-se e afastou-se caminhando até as janelas.

Vanessa foi atrás dele. Colocou a mão leve em seu ombro e pediu, quando ele se virou:

— Então pense. Não conte nada de imediato. Pense no casamento do seu irmão.

— Certo. Se eu for compatível, faço a doação e você some com o meu sobrinho e meu irmão nunca vai saber. Como vou viver com isso depois?!

Felipe perguntou no instante em que suaves batidas à porta os fizeram fugir um dos olhos do outro e se viraram para ver quem entrava no escritório.

Ao ver uma mulher esguia, já senhora, usando um robe de seda, andando com dificuldade, Vanessa deu um passo atrás, afastando-se de Felipe.

— Desculpe-me interromper. A Cida me disse que tínhamos visita. Como não sabia quem era, decidi vim ver.

— Não deveria andar pela casa, mãe. A senhora sabe que precisa repousar — disse Felipe que, no mesmo instante, pensou rápido e apresentou: — Vanessa, essa é minha mãe, dona Elza e... Mãe, essa é a Vanessa, uma amiga de faculdade.

A moça caminhou até a senhora, estendeu-lhe a mão delicada e a beijou suavemente no rosto.

— Olá. Prazer em conhecê-la.

— O prazer é todo meu, Vanessa. Faz muito tempo que o Felipe não traz conhecidos aqui em casa e...

— Nós nos encontramos por acaso e eu pedi a ela que entrasse para conversarmos de negócios — justificou o filho caminhando em direção das duas. Sorridente, olhou para a moça, deu uma piscadinha e concluiu: — A Vanessa me contou que tem negócios na área de turismo e quer expandi-los. Por ser minha área, eu a trouxe aqui para me inteirar e conversarmos mais à vontade. Lá fora está um calor dos infernos. Mas!... Já estávamos de saída. Não é, Vanessa?

— Sim. É verdade. Estávamos mesmo. Eu quero que o Felipe veja a melhor forma de eu negociar com agências, os pacotes de férias para a minha pousada e outro meio de divulgação mais apropriado para meus negócios.

— Você tem pousada? — quis saber a senhora.

— É dos meus avós. Praticamente sou eu quem cuido de tudo. Não tem mais ninguém para fazê-lo — respondeu simpática.

— Onde fica? — interessou-se a mulher.

A moça titubeou por um momento. Não sabia se seria correto dizer o verdadeiro local, porém acreditou que não faria diferença. Muito provavelmente, a senhora se esqueceria, inclusive do seu nome.

Então arriscou dizer a verdade:

— Fica em São Bento do Sapucaí. Sou suspeita para dizer que o lugar é lindo! Claro! — riu com jeitinho meigo.

— Que bom! Eu conheço a região. É uma cidade tão gostosa de passear — expressou-se a senhora.

— Então vamos, Vanessa — pediu Felipe apressado. — Outra hora poderão conversar melhor. Agora vamos. À tarde eu tenho compromisso. Precisamos nos apressar.

— Não repare eu não ir até lá fora com vocês. Estou recém-operada e ainda ando com dificuldades, pois não tirei os pontos.

— Minha mãe retirou o útero por causa de um mioma — explicou ele, encurtando a conversa, antes que o assunto se estendesse mais.

— Puxa... Sinto muito — lamentou a moça.

— Vamos, Vanessa! — ele insistiu novamente. Dessa vez, pegou em seu braço para apressá-la.

— Foi um prazer conhecê-la, dona Elza. Estimo suas melhoras.

— O prazer foi meu. Apareça com mais tempo.

— Assim que eu puder. Obrigada.

Virando-se, saíram rapidamente.

Felipe temia que, no alongar de uma conversa entre Vanessa e sua mãe, dona Elza comentasse sobre a morte da mulher e do filho de Diogo, talvez, para justificar não ter ido para a Alemanha por causa da cirurgia recente.

Ele não sabia bem o porquê, mas queria esconder esse fato de Vanessa até pensar direito no que fazer.

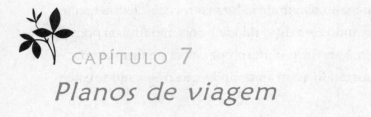

CAPÍTULO 7
Planos de viagem

ATRAVESSANDO O JARDIM a passos apressados, sem dar atenção à graciosidade do lugar, Vanessa, seguida por Felipe, chegou rapidamente até o portão.

Nem mesmo viu quando o rapaz fez um gesto para o cão se afastar, e o animal obedeceu.

Aguardando que o moço abrisse o portão, ela parou em frente às grades altas e olhou para cima, tentando disfarçar a tensão. Mexia, discretamente, a perna em que não se apoiava, em sinal de inquietação e nervosismo.

— Você ficou tensa — o rapaz comentou.

— Lógico. E... Obrigada por não dizer nada na frente de sua mãe.

— Ela está passando por um momento um tanto delicado. Ficou estressada com a cirurgia. Entrou em depressão, síndrome do pânico e não sei mais o quê. Não achei um bom momento para saber que tem um neto com sete anos, que não conhece nem nunca ouviu falar e, ainda por cima, que o menino está doente — não disse, mas lembrou que, além disso, havia acabado de perder outro neto e a nora.

— Então você decidiu me ajudar e ajudar o Rafael sem que ninguém saiba?

— Eu não disse isso, Vanessa. — Pensou por um instante, depois falou: — Acho que quero conhecer primeiro o Rafael. Isso é possível?

Vanessa sentiu-se temerosa. Qualquer aproximação de Felipe com seu filho poderia gerar apegos e sentimentos que criariam afeição, dificultando uma separação depois. Mas, se precisava da ajuda tão valiosa do tio de Rafael, era necessário ceder ao pedido.

Com o semblante cansado, baixando o olhar e com a voz suave, respondeu:

— Claro. Pode conhecê-lo sim.

— Ótimo. Gosto de criança e... — sorriu. Vendo-a parada e sem se manifestar, quis detalhes: — Onde ele está? Internado? Faz algum tratamento?

— Está em casa. Na fazenda, na pousada onde moramos.

— Então você tem, de verdade, uma pousada? — sorriu ao saber.

— Temos duas. Uma é um hotel fazenda, em São Bento do Sapucaí e outra em Campos do Jordão, pousada que abri há pouco tempo. Ambas são chamadas, hoje, de hotel fazenda pelo tamanho, acomodações e ofertas de lazer.

— Lá dentro pensei que tivesse só dando continuidade a desculpa que eu inventei à minha mãe, quando falou que tinha pousada. Minha área é turismo, mesmo.

— Não. Não menti — sorriu levemente, iluminando seu rosto bonito e generoso pela primeira vez. — Você acertou em cheio.

— Como podemos combinar para eu ir conhecer o Rafael?
— Vendo-a sem resposta, perguntou: — O que vai fazer agora? Para onde vai? Para a casa de algum conhecido, parente?...

— Pretendo me refazer um pouco antes de pegar a estrada de volta. O dia está muito quente. A viagem foi cansativa e... Preciso comer alguma coisa.

— Não está instalada em hotel ou...

— Não. Cheguei e vim direto pra cá. Nem sei onde ficar. Preciso de um lugar só por poucas horas. Quero voltar ainda hoje.

Abrindo o portão, conduzindo-a com a mão e tocando levemente suas costas, Felipe disse ao chegarem à calçada:

— Poderíamos entrar, comer alguma coisa para que ficasse mais algumas horas descansando. É quase a hora do almoço, mas não seria conveniente por causa da minha mãe. Ela iria te encher de perguntas e, possivelmente, faria comentários sobre você depois.

— Eu entendo. Lógico. Isso não é o que queremos.

Felipe olhou para o relógio, depois para os lados. Pensou um pouco e sugeriu:

— Posso ir, hoje, com você para conhecer o Rafael, não é?

Muito surpresa, ela murmurou quase indecisa:

— Pode, mas...

— Tem um hotel aqui perto onde você poderá ficar por algumas horas pra se refazer. Tomar um banho, almoçar, relaxar e descansar um pouco antes de pegar a estrada. Afinal, acho que terá, não menos, do que umas cinco horas de viagem pela frente.

— Mais ou menos isso.

— Esse hotel é um lugar muito bom. Se quiser, podemos combinar assim: eu a levo lá, depois venho aqui, pego algumas roupas e volto. De lá do hotel, nós vamos para sua cidade.

Minha Imagem

  Vanessa se sentiu insegura. Não sabia direito se fazia a coisa certa.
  Estava cansada. Exausta, na verdade. O calor era intenso e precisava descansar antes de pegar a estrada de volta.
  — Tudo bem. Você me leva até esse hotel?
  — Claro. É só seguir meu carro.
  — Obrigada, Felipe.
  Ele deu generoso e amigável sorriso e não disse nada.
  Cada um pegou seu carro, e a moça o seguiu.
  Chegando ao hotel, ele fez o caminho de volta para sua casa.

ഩരു

  No quarto, a primeira coisa que fez foi tirar os sapatos, ligar o ar condicionado e encher a hidromassagem.
  Depois de um banho demorado, ela ligou para a recepção e pediu o almoço.
  Enquanto aguardava, ligou a TV no canal do jornal do meio-dia.
  Sentia-se mais leve. Não totalmente aliviada do cansaço, mas bem melhor do que quando chegou.
  Foi até o frigobar e pegou uma garrafa de água. Abriu-a e bebeu no próprio gargalo.
  Recostou-se na cama e seus olhos se fechavam automaticamente, por mais que quisesse prestar atenção ao que passava na televisão.
  Levou um susto quando o interfone tocou. Ficou mais surpresa ainda quando anunciaram que Felipe estava ali e queria subir.
  Um jato de adrenalina caiu em suas veias, despertando-a definitivamente.

Levantou-se.

Não sabia o que responder.

Não havia se alimentado nem descansado direito. Não houve tempo e ele sabia disso.

Será que Felipe estava sendo ousado em querer ficar ali com ela ou agia com simplicidade e amigavelmente?

Novamente, não sabia responder. Mas precisava dele. Não poderia maltratá-lo.

Autorizou que o rapaz subisse.

Aguardava inquieta, com pensamentos acelerados, imaginando como ele se comportaria. Até que olhou para si e se viu usando roupas de baixo e somente uma camiseta por cima.

Deu um pulo e correu até a mala, revirando-a à procura de outra peça.

Pegou uma calça jeans e vestiu enquanto a campainha soava.

— Já vai! — gritou, pulando dentro da roupa. Rindo de si mesma ao se notar atrapalhada. Abotoou a calça e foi abrir a porta. — Oi! — disse meio ofegante, com leve sorriso ao vê-lo e segurando a porta de modo a impedir a passagem, com meio corpo na abertura.

— Oi... — respondeu desconfiado. Percebendo-a sem jeito, perguntou: — Posso entrar?

— Ah, sim! Claro! Entre — ela pediu, parecendo desconcertada.

Ao entrar, Felipe correu o olho pelo quarto e observou a pequena mala aberta com algumas roupas para fora, sobre a beirada da cama. Logo, procurou um lugar para se sentar. Puxou uma das cadeiras que estava junto à mesa, próxima da janela, que dava para um pequeno jardim em um fosso.

— Nem peguei o número do seu celular e, como não combinamos um horário para sair daqui, pensei em vir agora e almoçar com você. — Na verdade, ficou com medo de que Vanessa viajasse sem ele e não soubesse, depois, como encontrá-la.

— Claro! — respondeu sem jeito, num suspiro. — Só que eu já pedi o almoço.

— Já almoçou?

— Não. Ainda não chegou — ela respondeu um tanto atrapalhada.

— Você se importa se eu fizer o pedido para mim? — perguntou o rapaz.

— Não. Por favor. Fique à vontade.

Ele pegou o cardápio sobre a mesa, deu uma rápida olhada e fez a escolha. Com o menu na mão, levantou-se, pegou o telefone e fez o pedido, solicitando para que as refeições fossem entregues juntas.

Vanessa sentia-se desconcertada, pouco à vontade, não sabia como agir e ele percebeu.

Indo até o frigobar, abriu-o, viu o que tinha e apanhou duas latas de refrigerante.

Voltou para perto da cadeira onde estava, olhou para ela, enquanto colocava as latas sobre a mesa e pediu, desvirando dois copos:

— Senta aí — indicando com os olhos para a outra cadeira à sua frente.

Vanessa estava em pé com as mãos nos bolsos de trás do jeans, contorcendo levemente o corpo. Parecia sem ação.

Nesse instante parou. Sorrindo, aceitou o convite.

Sentou-se em frente a ele que deslizou, sobre a mesa, o copo cheio até o meio e a lata de refrigerante.

— Obrigada — agradeceu enquanto o observava, quase sem piscar, bebericando no copo.

Sentindo o olhar dela como a tocar-lhe a pele, Felipe sorriu. Sem encará-la, perguntou:

— Acha estranho estar na minha frente e saber que não sou o Diogo, não é?

— É... Apesar de fazer tantos anos, percebo que há muita semelhança. Parece que estou com ele.

— Todo mundo diz isso. É algo que chegou a me incomodar muito, no passado.

— É que... é incrível! Vocês são tão iguais — sorriu.

— Quando éramos pequenos, nunca gostei da minha mãe nos vestir iguais. Tinha de ser a mesma roupa dele, o mesmo sapato, o mesmo corte de cabelo... Os brinquedos eram iguais. Ganhávamos as mesmas coisas. Eu não tinha minha individualidade, não tinha a minha vida. Tudo, exatamente tudo, era igual ao do Diogo. Não podia ser diferente — expressou-se em tom de queixa.

— E por que não reclamou?

— E adiantava?! A resposta era: vocês são gêmeos idênticos, iguaizinhos. Tem que ser assim! — arremedou, contorcendo a boca, insatisfeito. — Quem disse que precisa ser assim?! Já bastava sermos iguaizinhos, termos a mesma voz... — Um momento e comentou: — Uma coisa era legal — sorriu, oferecendo pausa.

— O quê? — perguntou curiosa, não aguentando esperar.

— Eu adorava ver a expressão das pessoas quando me passava por ele e vice-versa — riu. — Pregamos boas peças em todo mundo.

— Inclusive em seus pais?

— Lógico! — ele riu gostoso.

— Eles não percebiam alguma diferença?

— Quando tranquilos, sim. Mas... quem disse que eles ficavam calmos com nós dois por perto? — falou rindo. — Na correria do dia a dia, na pressa, muitas vezes não sabiam quem era quem. A semelhança era e é muito grande. Na escola, trocávamos de sala, enganávamos os colegas, fazíamos provas um pelo outro...

— Enganavam as garotas!... — completou ela.

Felipe fechou o sorriso ao murmurar:

— Também. — Erguendo o olhar, encarou-a com rosto sério e continuou: — Era engraçado. Nós fingíamos brigar quando ele se passava por mim ou eu por ele perto de alguma namoradinha, principalmente quando a garota não sabia que tinha um gêmeo e ela ficava olhando espantada. Só que éramos leais um ao outro. Sempre fomos bem unidos. Fizemos cursos juntos, faculdade de Administração. Trabalhamos juntos com nosso pai e nos dávamos bem, inclusive, nos negócios. Até que conheci uma moça pela qual me apaixonei perdidamente. O namoro era sério. Ficamos noivos. Quando estávamos procurando igreja para marcar o casamento, ela começou a ficar diferente e eu percebi. Fui conversar. Queria saber o que estava acontecendo. Então eu soube que, por conta de alguma brincadeira do meu irmão, que se fez passar por mim, eles se aproximaram e se apaixonaram.

— Sua noiva e o Diogo?! — surpreendeu-se, exclamando perplexa.

— Sim. A Ceres e o Diogo — revelou, olhando-a firme e observando sua reação.

Vanessa, com uma mão cobrindo a outra, tapou a boca, ao mesmo tempo em que deu um suspiro de assombro, arregalando os olhos em uma expressão assustada, ao erguer as sobrancelhas.

Em seguida, sussurrou ao indagar incrédula:

— A Ceres?! Que ele traiu, quando me traiu também?! Com quem ele se casou?!

— Ela mesma — afirmou bem calmo, sentindo seus olhos presos aos dela.

As refeições foram entregues nesse momento. Depois de colocá-las sobre a mesa, Felipe foi até o frigobar, novamente, apanhou outro refrigerante e perguntou:

— Quer mais um?

— Quero água, por favor.

Ele pegou, levou até a mesa e se acomodou.

Sem conseguir esperar, Vanessa indagou curiosa:

— E você? O que fez?

— Quando a Ceres me contou... Ela chorou. Pediu desculpas. Jurou que não tinha acontecido nada entre eles, só que estava apaixonada por meu irmão. Disse que eles conversaram muito a respeito, que não queriam me magoar, mas também não queriam me enganar. Estavam só esperando um momento certo, ou não aguentarem mais para me dizer. Eu pensei que não fosse aguentar. Quase enlouqueci. Senti-me pequeno, traído... Se a Ceres me rejeitasse para ficar com outro cara seria difícil, mas para ficar com o Diogo... Isso foi a morte pra mim.

— E daí? O que fez? — quis saber diante da longa pausa.

— Falei muita coisa pra ela. Xinguei, ofendi e... Quando cheguei à minha casa, naquela noite, arranquei o Diogo da cama aos socos. Brigamos feio e... Eu só não o matei porque meu pai me impediu. O senhor Weber me levou para o quarto e me trancou lá. Esmurrei, dei ombreadas na porta e acabei me machucando. Lembro que, em certo momento, fiquei tonto, perdi as forças e sentei na cama... — Parou e silenciou por um tempo, enquanto ela fitava-o ansiosa, querendo saber mais. Felipe tomou outro gole do refrigerante, pegou o garfo e, com a ponta, mexeu levemente a comida, relembrando a briga pela milésima vez, demonstrando ainda sentir grande dor por tudo o que experimentou.

— E depois? Vocês conseguiram conversar mais calmamente? — tornou ela, querendo saber.

— Não. Nunca mais nos falamos. Foi muito difícil para eu encarar tudo aquilo e admitir que fui enganado, traído por meu próprio irmão. Foi horrível, sabe? Na semana seguinte, peguei meus documentos, fiz uma mochila e fui viajar, sem saber para onde ir. Peguei o carro e, sem perceber, cheguei à casa de praia que meus pais têm em Bertioga. Fiquei lá por uns dias. Enchi a cara. Quase me afoguei no mar porque, bêbado, fui pra água... Depois voltei e só larguei o carro em casa. Peguei um avião e fui para a Europa. Em Londres, algum tempo depois, encontrei um amigo da faculdade que trabalhava em uma considerável rede hoteleira, especializada em turismo. Almoçamos juntos. Trocamos ideias e ele me chamou para preencher uma vaga na empresa. Afinal, eu dominava três idiomas, além do português, e isso é ótimo no turismo. Aceitei e comecei a trabalhar lá.

— Não avisou ninguém em sua casa? Não sabiam onde estava?

Felipe sorriu de boca fechada, deixando a covinha aparecer. Após engolir, contou:

— Depois de uns três anos, eu acho. Avisei sim.

— Deixou seus pais, sua família, três anos sem notícias suas?!

Ele demorou um pouco e respondeu:

— Deixei. Liguei para a Priscila, minha irmã caçula. Queria saber como ela estava e acabei falando de mim.

— Nesse tempo todo morou em hotéis ou se fixou em algum lugar?

— Morei em um *resort* da própria empresa. Era ótimo. Não pagava pela moradia e tinha descontos especiais na alimentação, lavanderia e outros serviços prestados. Não senti falta de nada.

— Não sentiu falta nem de sua família? — perguntou ela, após longa pausa.

— No começo não. Estava com muita raiva. Depois, com o passar do tempo... Sosseguei quando falei com minha irmã. Aí não me senti bem, novamente, porque ela me contou que o Diogo e a Ceres estavam noivos. Disse que, no começo, meus pais acharam estranho, mas depois aceitaram. A Ceres o incentivou a fazer Farmácia, pois ela tinha um ótimo emprego em uma grande indústria farmacêutica alemã e havia recebido um convite para ir para Berlim, o melhor lugar do mundo para ela. Não sei por quê.

— Ela era formada em Farmácia?

— Era sim. Para o Diogo, fazer Farmácia era o ideal, ótimo. Formado em Administração e entendendo de farmacologia, juntaria as duas coisas para trabalhar naquela empresa com versatilidade e não somente em laboratório. Além disso, ele também domina alemão, inglês e italiano como eu, além do português.

— Lembro que ele me disse que falava alemão.

— Nosso pai é alemão. Aprendemos em casa. Falamos italiano também por causa da nossa mãe, que é italiana. Além do inglês e do português, lógico, pois nascemos aqui no Brasil e...

Alguns segundos e Vanessa perguntou:

— Você voltava sempre ao Brasil?

— Não. Fiquei lá por mais de... — pensou — ...acho que três anos ou um pouco mais. Depois disso, vim para o casamento da Cláudia.

— Sabia que ele e a Ceres seriam os padrinhos?

— Sabia. A Priscila me contou. Por isso quase não vinha. Achei uma afronta a Cláudia convidá-los. Depois pensei e acabei vindo de última hora. Houve um atraso no voo e quase não cheguei a tempo para o casamento. Fui direto para a igreja. Fiquei no fundo e, depois acabei vendo a cena entre você e meu irmão.

— Não te vi na igreja, senão... — riu suavemente. — Era capaz de confundir os dois. Você é tão igual a ele.

— Não naquela época. Eu estava bem diferente. Meu cabelo estava comprido, no meio das costas e eu o usava preso num rabo de cavalo. Também usava barba aparada. Não iria nos confundir. — Um instante e comentou: — Naquele dia, na hora em que vi aquela cena entre vocês dois, lá na igreja, senti uma coisa. Passou pela minha cabeça que houve algo entre você e o Diogo e foi exatamente naquele momento que o flagrou, que pegou os dois juntos. Eu sabia.

— Entendo — disse simplesmente, abaixando o olhar.

— Não acredita? Não acredita nas sensações entre os gêmeos? Nesse sexto sentido? Como alguns chamam.

— Acredito sim — afirmou, olhando-o nos olhos. — Penso que essas sensações, como você diz, são manifestações mediúnicas. Só que entre os gêmeos ela é bem mais forte, em alguns casos, por uma série de razões.

— Que bom que acredita! — admirou-se. — É difícil encontrar alguém com a mente aberta para essas coisas.

Vanessa ofereceu doce e generoso sorriso, depois desviou o olhar.

Após tomar um gole de água e secar os lábios delicadamente com o guardanapo, ela perguntou:

— Vocês dois sempre tiveram essas manifestações? Sempre um sentiu o que o outro sentia?

— Isso sempre foi extremamente comum entre nós dois. Desde muito cedo. Nem sei dizer. Tenho muitas histórias pra contar... — sorriu levemente, prendendo o olhar em um canto como se, naquele instante, retornasse ao passado.

Ela analisou sua feição durante a pausa e diria que aquela foi uma expressão de saudade.

Felipe piscou mais longamente, deu leve suspiro e ergueu o rosto, encontrando os olhos dela brilhando e seus lábios sorrindo docemente.

— O que foi, Vanessa? Está achando graça?

— Estou achando curioso. Nunca tive a oportunidade de conhecer, tão de perto, gêmeos idênticos e... — riu. — Não consigo tirar os olhos de você nem parar de lembrar de seu irmão. Só que... É estranho pra mim. Ao mesmo tempo em que são tão parecidos, são completamente diferentes. E isso é legal.

— Ainda bem que você está enxergando essa diferença! — Algum tempo e quis mudar de assunto. — Agora me fale de você. Já me conhece o suficiente.

— Falar de mim?... O que eu diria de mim?

— Já sei que você tem um filho e que, mesmo que eu não me lembre de você, o exame de DNA vai confirmar que sou pai do seu filho... — expressou-se rindo, para brincar. Ao vê-la sorrir encabulada, pediu, tocando-lhe com a mão o braço que estava sobre a pequena mesa que os separavam: — Desculpe-me. Só quis brincar e... Não pensei direito no que dizia e...

— Não tem problema. O que disse é verdade mesmo, apesar de esquisito.

— Então... Você cuida dos hotéis fazenda? Fez faculdade de Hotelaria?

— Fiz sim. Minha avó cuidou do Rafael pra mim e fui para o Rio de Janeiro estudar.

— Você só falou dos seus avós. Não tem pais?

— Não. Meus pais faleceram quando eu tinha três anos. Foi em um acidente — e contou tudo.

— Depois do que viveu, você foi forte para encontrar uma maneira de seguir em frente. Acho que a pior parte foi a de ser enganada pelo Diogo, não foi?

— Sem dúvida alguma. A traição é uma marca que crava uma dor muito profunda na alma. Quem nunca experimentou essa angústia, não pode imaginar como dói, como é triste. Agora eu sei que você sabe, muito bem, o que estou falando.

Ficaram se olhando longamente.

Em seus semblantes sérios, os olhos brilhantes falavam sem linguagem.

Longo tempo e, não suportando, Vanessa disfarçou olhando para o lado e forçou um sorriso triste.

Levantando-se, ela pediu com voz baixa, antes de ir para o banheiro.

— Com licença.

Felipe a seguiu com os olhos e nada disse.

Algum tempo depois, quando ela retornou, o rapaz perguntou:

— Tem escovas de dente descartáveis aí? Se não, terei de ir até o carro para pegar.

— Tem sim.

Ele se levantou e foi para o banheiro.

Ao retornar, viu-a na cama, recostada nos travesseiros altos, com o controle remoto da TV nas mãos.

Seus olhos estavam fechados, os lábios entreabertos, os cabelos esparramados sobre as fronhas e o corpo totalmente largado sobre a cama.

Imaginou o quanto Vanessa se sentia estressada com tudo o que acontecia. Além de bem cansada também.

Cuidadosamente, ele tirou o controle remoto de suas mãos e ela se remexeu um pouco.

Observando melhor, reparou bem de perto o quanto ela era bonita. Traços suaves no rosto oval, muito angelical.

Os lábios carnudos e seus olhos marcantes chamavam atenção.

Reparou nas mãos finas e frágeis. Unhas levemente compridas e benfeitas, esmaltadas delicadamente com uma cor *rosê*, quase transparente.

Alta, corpo esguio, magro e bem acinturado. Quadris levemente destacados e chamativos.

Embora estivesse calor e o ar condicionado ligado, ele decidiu pegar o lençol que estava dobrado nos pés da cama. Abrindo-o, cobriu-a com cuidado. Talvez para não admirá-la tanto.

Nesse instante, algo mexeu com Felipe, que se sentiu atraído por Vanessa.

Mal a conhecia, como isso poderia acontecer?

Mesmo contra a vontade, pegou-se olhando para ela. Teve o impulso de lhe fazer um carinho. Tocar-lhe o rosto bonito. Escorregar os dedos por seus cabelos. Sentir bem de perto o seu perfume e abraçá-la junto a si.

Indo para um canto, estirou-se no pequeno sofá, onde largou o corpo, deixando um pé no chão, com o joelho dobrado e a outra perna estirada no sofá.

Olhou novamente para ela que havia se virado de lado, de costas para ele, como se quisesse provocá-lo ainda mais.

O rapaz suspirou fundo e, para afastar qualquer pensamento inconveniente naquele momento, procurou prestar atenção na TV que estava ligada, mas sem som.

୨୦୧୧

— Felipe. Felipe. Acorda!... — chamou a voz doce, despertando-o com suavidade. Ao seu lado, Vanessa estava em pé, tocando-o com leveza no ombro.

Surpreso, como se não soubesse onde estava nem a reconhecesse, no primeiro momento. Ele a olhou de modo estranho, mas, em seguida, sorriu.

Sentou-se direito e disse:

— Nossa. Acho que dormi mesmo.

— Já são quatro horas da tarde. Seria bom irmos. Eu também dormi demais. Passei da hora. Não queria sair daqui tão tarde. Pretendo ir pra lá passando por Campos do Jordão, fica mais perto da fazenda. A estrada é muito boa, só que estreita, completamente escura e, na maior parte do percurso, não tem acostamento.

— Vamos sim. Deixe-me só passar uma água no rosto para acordar.

Quando retornou, ele a viu pronta, esperando em pé, com uma bolsa grande, de alça comprida lançada no ombro e, ao lado, a alça da mala de rodinhas esticada, perto da porta. Vanessa sorria, parecendo mais bonita.

Reparando-a melhor, percebeu leve maquiagem que ressaltava seus mais expressivos traços e seus belos olhos castanhos.

Devolvendo o sorriso, disse:

— Como vamos fazer? Eu a sigo na estrada e... Espera — pegando o celular, pediu: — Qual é o seu número?

Ela disse e também agendou o número do celular dele.

— Nas paradas, nos falamos, certo? — ela propôs satisfeita.

— Qualquer coisa, se nos perdermos ou nos afastarmos muito, um liga para o outro.

— Combinado!

Sobrepondo a mão em suas costas, ele pegou a mala e a arrastou.

— Deixa que eu levo — ela pediu com jeitinho meigo.

— Não. Sou um cavalheiro — expressou-se rindo.

CAPÍTULO 8
Montanhas sombreadas

AO CHEGAREM À RECEPÇÃO do hotel, Vanessa foi até o balcão, onde um funcionário, de costas para ela, prendia a atenção em um jogo de futebol no qual a seleção brasileira enfrentava uma rival e, por isso não a via.

— Vai! Vai! Vai! — torcia o rapaz magrela.

Ela olhou para Felipe, deu uma risadinha e voltou-se para o balcão.

Para ser notada, tossiu forçadamente e murmurou:

— Com licença... — Como se levasse um choque, o recepcionista se virou e parecia sem jeito ao encará-la. Ela prosseguiu:
— Aqui estão as chaves.

— Espero que tenha apreciado a estada. Quando quiser, estaremos à disposição. Desejamos uma boa viagem — o rapaz praticamente recitou, tendo decorado as normas da empresa.

— É que... Preciso acertar as contas. Por favor.

— O rapaz ali — apontou para Felipe —, já acertou o quarto. Só falta o consumo das refeições e do frigobar.

Vanessa olhou para Felipe que contorcia um sorriso engraçado e pegava na carteira um cartão bancário que colocou sobre o balcão, fingindo não se importar com ela.

— Está certo — ela concordou, mesmo a contragosto, e sorriu.

ෂාര

Já no carro, após guardar a mala e a bolsa, ela se acomodou no banco do motorista e ele fechou a porta, ficando curvado perto da janela com a cabeça quase dentro do carro.

Esperou-a por o cinto e perguntou:

— Você vai pela Dutra? — referiu-se à rodovia.

— Não. Vamos seguir pela Marginal Tietê. Depois pela Rodovia Ayrton Senna e seguir em frente pela Rodovia Governador Carvalho Pinto. Não gosto da Dutra.

Felipe se lembrou de ela ter contado sobre seus pais haverem morrido na Rodovia Presidente Dutra. Talvez por isso ela não gostasse daquela estrada.

— Perfeito. Estou naquela Pick-up preta ali — mostrou. — Vou seguindo você e, quando quiser parar, é só fazer um sinal.
— Ela sorriu concordando. Inesperadamente, o rapaz colocou a cabeça para dentro do carro, segurou o rosto de Vanessa com leveza e deu-lhe um beijo rápido na face alva, dizendo: — Boa viagem pra nós dois! Vamos com Deus!

Surpresa, não teve tempo de responder em voz alta e Felipe não ouviu quando murmurou atrasada:

— Boa viagem...

Durante o trajeto, Vanessa perdia-se nos próprios pensamentos, chegando a inventar, para si mesma, uma história fabulosa de que Felipe poderia ser Diogo, tentando se passar pelo irmão.

Riu de si mesma e pensava no quanto eles eram semelhantes, porém muito diferentes.

Poderiam ser iguais, mas em nada se igualavam no modo de falar, expressar, agir.

Felipe parecia mais ousado, tinha iniciativa. Talvez fosse isso que a assustasse.

Não pensou que ele concordasse em conhecer Rafael tão rapidamente e se interessasse pelo caso.

Felipe dava a impressão de ser mais corajoso do que Diogo. Mais aventureiro, talvez.

O que ela faria quando chegasse à fazenda?

Como iria apresentá-lo para seus avós?

E para o filho então?

Rafael tinha sete anos e era muito inteligente, esperto. Perguntou sempre do pai que ela dizia não saber onde estava. Não sabia como encontrá-lo. Agora levaria para casa um sujeito totalmente estranho e teria de dizer que era seu tio.

Não só isso, que aquele tio era a cópia fiel de seu pai.

Como o menino poderia entender tudo isso?

Como iria reagir?

Seria bem provável que ele perguntasse como ela o encontrou se sempre disse que não sabia onde Diogo morava.

Um nervosismo tomou conta de Vanessa que, a todo instante, olhava pelo retrovisor confirmando que Felipe continuava exatamente atrás dela.

Mais de uma hora depois, fizeram uma parada.

Minha Imagem

    Embora fosse quase seis horas da noite, ainda estava bem quente e o sol brilhava forte, por causa do horário de verão.

    Durante a parada, Vanessa conversou um pouco sobre seus negócios e como queria investir na divulgação, e ele prestava atenção. Não só isso, Felipe ficou imantado nela. Quase não conseguia deter a admiração.

    Depois do café e de uma água, seguiram viagem.

    Já estava noite quando subiram a serra e ziguezaguearam por entre as belas montanhas sombreadas e majestosas araucárias imponentes.

    Os faróis do veículo de Felipe não se afastavam do carro de Vanessa, apenas mantinham uma distância segura.

    Após rodarem bastante, ele percebeu que ela diminuiu muito a velocidade e sinalizou uma entrada à direita. O rapaz a seguiu.

    O asfalto terminou e sentiu a estrada de cascalho por seu ruído típico nos pneus.

    A lua enorme brilhava no alto. Sabendo da beleza noturna do lugar, Vanessa parou e apagou os faróis.

    Desceram e Felipe perguntou ao vê-la a seu lado:

    — Você está me sequestrando, não é mesmo?

    Depois de um riso cristalino e gostoso, ela respondeu:

    — É que... Aqui é lindo em noite de lua cheia. Desligue os faróis. — Ele obedeceu, e ela explicou: — Seus olhos vão acostumar. Tudo vai ficar prateado e em tons de marinho. É lindo! Vai ver.

    Em minutos, o rapaz começou a perceber o pasto, o lago ao longe, a estrada esbranquiçada pelos cascalhos e o vulto das árvores, que tinham uma silhueta exuberante.

    O silêncio era uma bênção, quebrada especialmente pelo canto de algum pássaro noturno que dava um toque encantador ao lugar.

— Por causa da serra, aqui, geralmente, tem muita neblina à noite. Não é sempre que temos oportunidade de ver esta paisagem como hoje. Amanhã, talvez... Mas não sei ainda se você estará aqui.

— É muito bonito mesmo! O cheiro de mato!... Adoro isso! — falou de modo prazeroso.

— Mesmo?!

— Mesmo. Estamos longe da casa?

— Não. Pouco mais de um quilômetro à frente. Bem perto da casa, veremos outro lago muito maior do que esse. Os chalés foram construídos com vista para ele. A essa hora é muito bonito olhar para o prateado da lua refletida na água. Mesmo quando não temos luar assim, é muito bonito contemplar a neblina sobre a água ou a evaporação em dias bem frios. Gosto daqui, especialmente deste ponto da fazenda porque não tem luz elétrica para atrapalhar. Lá na frente, depois da porteira, por causa das luzes ao longe, tudo perde um pouco a magia.

— Aqui deve ser bem frio.

— É. Muito!

— Gosto de lugar frio — contou ele com ar de satisfação.

— Acha que podemos ir sem acendermos os faróis? — ela perguntou sorrindo lindamente.

— Se você consegue, eu consigo.

— Não vai bater na minha Pajero, hein! É novinha! — brincou indo para o carro.

— Meu seguro cobre! — gritou e riu ao entrar na Pick-up.

Seguiram devagar, e o rapaz continuou apreciando a beleza do lugar enquanto dirigia.

Um pouco mais e chegaram perto da casa, estacionando um ao lado do outro.

Minha Imagem

Do lado de fora, na varanda, as luzes estavam acesas e eles desceram.

Cada qual pegou sua mala e Felipe a alcançou perto dos degraus da entrada.

Ao caminharem lentamente na varanda de assoalho de madeira, seus passos ecoaram baixinho.

O ranger da dobradiça da porta de tela que ela abriu, fez o rapaz achar graça, mas nada comentou. Só ficou no pensamento de Felipe a lembrança de um filme de terror onde aquele ruído seria motivo de suspense.

Vanessa abriu a porta e convidou, falando baixo:

— Entre. Seja bem-vindo!

Ao entrar na sala, Felipe passou os olhos por todo o lugar.

O ambiente era bem acolhedor.

Mobílias, tapetes e cortinas combinavam perfeitamente com o estilo de fazenda.

A lareira grande, pretejada em seu interior, estava arranjada com lenhas sem uso como se estivesse pronta para ser acesa. Tinha ao lado charmosa porta-lenha repleta de madeiras bem arrumadas. Tudo chamava graciosamente a atenção.

— Acho que todos estão dormindo, não é mesmo?

— Meu avô costuma dormir bem cedo. Com as galinhas. O Rafael também. Para eles, dez horas da noite é madrugada. Meu avô faz isso pelo costume. Meu filho, por estar doentinho. Mas minha avó não. Ela é a última a fechar os olhos.

Vanessa não terminou de falar e Henriette apareceu vestida em um penhoar com um xale largo sobre as costas, que ela segurava à frente.

A senhora acendeu outras luzes restantes e sorriu simpática para o rapaz que a neta apresentou:

— Vovó, esse é o Felipe. Felipe, essa é minha avó.

Estendendo a mão com satisfação, a mulher disse:

— Prazer! Meu nome é Henriette. Seja bem-vindo à minha casa!

— Obrigado. O prazer é todo meu, dona Henriette.

— Fizeram boa viagem? — tornou ela.

— Fizemos sim, vovó. Correu tudo bem.

— Não devem ter comido nada, não é mesmo? — interessou-se a avó.

— Em uma parada tomamos café e comemos um salgado — respondeu a neta.

— Café não é comida, minha filha. — Virando-se para Felipe, a senhora indicou: — Ali, ó... Tem um banheiro. Lave as mãos, o rosto e vem aqui pra cozinha que vou esquentar algo bem gostoso pra vocês.

Ele sorriu. Nada disse e foi para o local indicado.

Fazendo um sinal para que a neta a seguisse, a mulher se dirigiu à cozinha e atrás dela Vanessa, que teria de encontrar boa explicação para aquilo tudo.

Ao se ver a sós com a moça, falou baixinho enquanto ajeitava os recipientes com a comida sobre a mesa.

— Explique rápido. Não entendi direito quando falou comigo por telefone. Ele vai ser doador de medula para o Rafael? Como é que pode afirmar isso?

— Eu disse que ele pode ser um doador em potencial, ou melhor, ele tem grandes chances de ser um doador, tanto quanto o pai do Rafael.

— Mas você saiu daqui para ir atrás do pai do seu filho! — exclamou baixinho ao interrompê-la. — Você já conhecia esse moço? Como pode ter tanta certeza?

Vanessa sorriu. Teria, mesmo, muito o que explicar.

Minha Imagem

— Eu nunca tinha visto o Felipe na minha vida. Quando eu ia tocar o interfone na casa do Diogo, o Felipe apareceu e perguntou o que eu queria. Então... — contou, em rápidas palavras, o que pôde. Antes que terminasse toda a história, o rapaz chegou e ouviu o final.

— Então você é tio do Rafael! — falou a senhora admirada.

— Tio e clone do pai dele. Então, geneticamente falando, sou pai do Rafael e... — não completou o que ia dizer, pois, ao olhar para Vanessa, viu-a fechando a cara em sinal de reprovação àquele assunto.

— Ele pode ser doador tanto quanto o Diogo — disse a moça.

— E onde está o seu irmão? — perguntou a senhora.

— Na Europa. Meu irmão mora na Alemanha.

Interrompendo-o, completou:

— Ele está casado, vovó. Eu acho melhor deixarmos o Diogo quieto, levando a vida dele. Não quero atrapalhar seu casamento. Se a mulher dele souber... — Virando-se para o rapaz, perguntou:
— Eles tiveram filhos?

— Sim. Um menino, mas...

Vanessa o interrompeu, não queria saber sobre a vida do outro e contrapôs:

— Tudo bem, Felipe. Não quero saber da vida do Diogo. Só estou rezando para você ser compatível com o Rafael. Só isso. Imagine abalar um casamento com um filho.

Ele se calou e abaixou o olhar, demonstrando preocupação.

— Sente-se aqui, filho — pediu Henriette, apontando-lhe um lugar. — Posso fazer seu prato ou você mesmo faz?

— Se não for incômodo, prefiro que a senhora faça.

— Você come de tudo ou é daquelas pessoas que... — riu com um jeito engraçado.

— Opa! Como de tudo! Se o ensopado de pedras estiver bem temperado... Pra mim está ótimo! — riu ao brincar.

— Com licença.

— Não vai jantar comigo? — ele perguntou ao ver que Vanessa ia se retirar.

— Volto já. Só um momento.

Vendo-se a sós com a senhora, para puxar conversa enquanto comia, quis saber:

— Dona Henriette, qual a origem desse nome? Ele não é comum. Pelo menos, aqui no Brasil não.

— Poucas pessoas têm essa curiosidade — riu. Depois explicou: — Henriette é um nome, uma variante feminina de Henrique e tem influência do latim: Henrietta e do francês, mas foi introduzido na Inglaterra, no século VIII e IX pela esposa de Carlos Magno. Meu pai era inglês. Um comerciante que veio para o Brasil e se apaixonou por minha mãe. Quando foi embora, após se casarem aqui, levou-a para Londres. Quatro anos depois eu nasci.

— A senhora é inglesa?

— Sim, eu sou. Só que quando eu tinha cinco anos, meu pai faleceu. Lá em Londres, minha mãe se sentiu sozinha. Sem família, decidiu vender tudo o que tinha e voltar para o Brasil. Aqui, comprou essas terras e abriu um comércio de roupas na cidade.

— Ela tinha parentes aqui?

— Dois irmãos que moravam na cidade. Os pais dela já tinham morrido. Pelo menos, não se sentia sem família, por ter os irmãos por perto.

— Ela nunca se casou novamente? Afinal, deveria ser uma mulher jovem ainda.

— Minha mãe dizia que amava demais meu pai e não conseguia pôr outro homem em seu lugar. E... Lá no fundo, eu não

Minha Imagem

queria que ela fizesse isso, apesar de nunca ter dito nada. Cresci e a ajudei nos negócios e me tornei esperta no assunto. Com o tempo, um outro comerciante veio pra cá e se intrometeu na minha área. Isso foi uma afronta! Minhas confecções eram todas artesanais, à mão, e ia para as cidades de toda região, principalmente para o comércio de malhas de Campos do Jordão, Gonçalves, Pindamonhangaba e outros lugares. Bem... ele era de São Paulo, esperto, ambicioso e, do dia para a noite, tornou-se meu concorrente. Meus negócios estremeceram, acredita? Ele quase acabou comigo!

— E o que a senhora fez? Mudou de ramo e abriu a pousada?

— Que nada, menino! Fui mais esperta! Muito mais esperta! Me casei com ele!

Ambos riram gostoso e o rapaz admirou o bom humor da simpática senhora.

— Há quantos anos são casados?

— Estamos casados há cinquenta anos — sorriu satisfeita em dizer. — Cinquenta longos anos de harmonia, amor, fidelidade, amizade, cumplicidade...

— E as brigas? Elas existem?

— Não. Nunca brigamos. Temos orgulho disso. Nós sempre conversamos muito, muito mesmo. Nunca deixamos qualquer divergência inclinar para um bate-boca. Nunca o ofendi nem ele a mim. Já discordamos muito um do outro. Isso acontece sempre, mas com respeito, paciência e tolerância.

— É que eles são inimigos poderosos! Se brigarem, vão iniciar a 3ª Guerra Mundial, por isso nem se provocam — disse Vanessa que retornava à cozinha.

A senhora riu e se levantou para arrumar o prato da neta.

— Não, vovó. Não se incomode. Vou por um pedaço de frango no pão e... pra mim é o suficiente.

— A comida está boa, Felipe?

— Uma delícia, dona Henriette! Uma delícia! — falou de boca cheia, com modos simples. — Há muito tempo eu não como uma refeição tão gostosa como essa.

— Foi feita em fogão a lenha.

— Logo vi! Está ótima! — Alguns segundos e ele contou: — Morei em Londres e do que mais senti falta do Brasil foi da comida. Aqui temos a mais saborosa e completa alimentação do mundo. O nosso arroz com feijão não se compara a qualquer outra combinação lá fora. As mais diversas frutas, verduras, hortaliças, carnes... encontramos aqui. Somos o país mais rico na diversidade alimentar. Sabe que, nos primeiros meses morando lá fora, eu me sentia fraco, com sono, irritado. A comida de lá não me satisfazia. Demorou para eu perceber que era isso. Foram outros brasileiros que me alertaram sobre o fato.

— Sou suspeita para falar, mas... Minha avó cozinha muito bem — ressaltou Vanessa.

— Não é suspeita, não. Está dizendo a verdade. Sou testemunha — tornou ele.

— Obrigada. Bondade de vocês. Aprendi a cozinhar com minha mãe — Silenciaram. Depois de observá-lo, demoradamente, a senhora comentou: — Como você se parece com meu neto! Até a covinha funda do lado direito do rosto quando vocês riem... O formato do rosto, os olhos com cílios compridos... Ninguém diria que não é o pai dele.

— Vovó, ele não é o pai do Rafael — expressou-se firme, séria, parecendo insatisfeita.

— Eu sei e não disse isso. Deixa de ser nervosinha. Aliás! Como é que pretende apresentar o Felipe ao Rafael? Vai dizer o quê?

— Eu... — titubeou. Sentindo-se esfriar, Vanessa procurou pelos olhos de Felipe como se quisesse ser socorrida.

Encarando-a com firmeza no semblante sereno, demonstrando-se seguro, ele disse:

— Vai dizer a verdade. Tem de dizer que sou o tio dele. Que o Diogo é meu irmão gêmeo. Que somos idênticos e que o pai dele mora na Europa. Que não conseguiu entrar em contato com ele, mas que vou te ajudar a fazer isso.

Vanessa abaixou o olhar como se tivesse sido derrotada.

Planejava que o filho nunca conhecesse o pai, pois não queria que Diogo soubesse de sua existência.

Nesse minuto, percebeu o quanto estava sendo egoísta e decepcionou-se consigo mesma.

Com o filho, esquivava-se do assunto sempre que podia, mas não conseguiu evitar o inesperado: a doença que forçava a necessidade de Diogo voltar à sua vida.

— Ele tem toda razão, Vanessa — opinou a avó.

— Eu sei — ela murmurou.

Dona Henriette puxou outro assunto para fugir daquela conversa tensa.

Falaram sobre a pousada. Como ela e o marido começaram o negócio.

Não demorou e estava tarde o suficiente para todos irem dormir.

— Acho melhor eu ficar em um chalé, não é mesmo? — indagou Felipe.

— De jeito nenhum! É meu convidado, e o seu quarto já está arrumado — disse Vanessa sorrindo generosamente. Nesse momento, ele olhou para seu rosto bonito e angelical, que tinha um aspecto suave, e ficou preso a ele. Percebendo algo incomum, ela disse parecendo despertá-lo: — Já levei até sua mala lá pra dentro.

— Nossa! Estou surpreso — disse levantando-se.

Ao ver que Henriette decidiu ficar na cozinha, o rapaz agradeceu o jantar, deu boa noite e acompanhou Vanessa indo logo atrás.

Caminharam por um corredor largo onde havia, pelo menos, seis portas.

A casa era grande.

Abrindo a porta de um quarto, ela disse:

— Garanto que o colchão é muito bom.

— Você sabe que isso é primordial para um hóspede, não sabe?

— Sei. Tenho certeza — concordou satisfeita. — Ali fica o banheiro — apontou para uma porta dentro do quarto. — A água quente, nos registros deste quarto, em especial, é ao contrário do resto da casa, fica do lado esquerdo. Um probleminha de hidráulica na época em que foi feito e ficou desse jeito.

— Entendo.

— As toalhas estão ali dentro. Um roupão, chinelos... A cama já está com um edredom. Apesar de verão, aqui, costuma fazer frio de madrugada. Não creio que vá precisar de mais coberta. Em todo caso... — caminhando até um armário, mostrou: — Aqui tem mais.

— Pare, Vanessa. Já estou me sentindo sem qualquer necessidade. É como se eu estivesse em casa — riram. — Sua avó é muito simpática e você bastante hospitaleira. Obrigado por tudo.

Procurando seu olhar, retribuiu:

— Obrigada, por você estar aqui disposto a me ajudar.

— Estou ansioso para conhecer o Rafael.

Ela ofereceu largo sorriso que iluminou seu rosto e só disse:

— Agora ele está dormindo. Espero que não se incomode de deixarmos para amanhã.

— Lógico que não. Não quero incomodá-lo, de forma alguma.

— Até amanhã. Tenha uma boa noite. Se precisar de algo, meu quarto é o do lado.

— Obrigado. Mas acho que aqui terei tudo. Vou tomar um banho e dormir. Obrigado.

ஐ ௸

Na manhã seguinte, Felipe acordou com o canto de vários pássaros e o relinchar de cavalos.

Havia dormido tão bem que não sabia onde estava.

Remexeu-se na cama e viu a claridade forte entrando pelas frestas da janela refletindo nas cortinas.

Sorriu ao se lembrar de tudo e preocupou-se ao olhar no relógio.

Levantou. Tomou um banho rápido só para despertar. Vestiu-se e saiu do quarto à procura de alguém.

No corredor, o cheiro de café fresco perfumava o ar.

Aproximando-se da cozinha, sentiu o aroma de bolo e era de milho, ele sabia. Era o que mais gostava.

Ao chegar à cozinha, viu a cena de Vanessa sentada à mesa, em frente à avó.

Por não ter sido visto, parou e ficou apreciando por alguns instantes.

Era uma imagem estranhamente familiar. Parecia que tinha visto isso antes, mas não sabia onde.

À sua mente, veio a lembrança de Vanessa quebrando ao meio, com as mãos, uma rosquinha de leite e colocando um pedaço na boca. Depois, pegando a xícara, não pela alça, mas do outro lado, como se quisesse aquecer a mão, levando-a lentamente até a boca. E foi exatamente isso o que aconteceu.

— Quem é você?

Felipe tomou grande susto quando a voz de Rafael soou, inesperadamente, às suas costas, perguntando de modo infantil em tom fraco.

— Oi! Bom dia. Eu sou o Felipe. E você?

— Sou o Rafael.

O rapaz sentiu uma emoção que nunca experimentou antes. Um ardor nos olhos. Um nó na garganta. Um aperto no peito. Abaixou-se diante do menino para vê-lo melhor.

Passou a mão nos seus cabelos loiros que voltaram imediatamente para o mesmo lugar. Segurou-o com leveza por ambos os braços, observando seus olhos verdes e o contorno delicado de sua feição. Sorriu enquanto o contemplava, dizendo:

— Você é bem mais alto do que eu imaginava, Rafael. E muito bonito também.

— Vou fazer oito anos! — sorriu.

— Nossa! Já?! — devolveu o sorriso e reparou a covinha que se fez com facilidade do lado direito do rosto do sobrinho. Emocionando-se, pediu: — Pode me dar um abraço?

O garoto o abraçou apertado, com toda força que tinha para se mostrar forte.

Felipe beijou-lhe a face e o envolveu com carinho, escondendo o rosto em suas costinhas. Fechou os olhos, deixando que as lágrimas mornas, de uma emoção desconhecida, riscassem seu rosto. Seu coração, cheio de compaixão, foi esmagado por sentimentos que não sabia ter nem explicar.

— Viu que abraço apertado? — perguntou o menino, querendo se afastar.

— Vi. Você é forte mesmo — respondeu disfarçando e secando o rosto para que o garoto não visse. Felipe nem percebeu que Vanessa e Henriette, paradas, observavam-no. Não sabia dizer porque seus olhos estavam repletos de sentimentos e sua boca cheia de palavras que não podia manifestar.

— Felipe, quem é você? — tornou Rafael insistente.

— A mamãe trouxe o Felipe para conhecer você. Agora vamos deixá-lo tomar café e depois mostrar a fazenda pra ele, certo? — disse ao filho.

O rapaz se levantou. Respirou fundo e não conseguiu encarar Vanessa, sem saber por quê. Cumprimentou-as com jeito encabulado e simples:

— Bom dia.

— Bom dia. Dormiu bem? — perguntou a senhora.

— Otimamente bem, dona Henriette. Até perdi a hora.

— Não é tão tarde assim — tornou a mulher.

— É sim, vovó. A senhora disse que ele tinha perdido a hora — intrometeu-se o garoto.

— Rafael... — advertiu a mãe em tom brando.

— Ele disse a verdade — tornou a avó. — Eu falei mesmo que você se cansou com a viagem, foi dormir bem tarde e acabou perdendo a hora.

O rapaz sorriu, consultou o relógio e concordou:

— A senhora tem toda razão. Já são nove horas!

— Venha. Venha tomar café. Não ligue para as horas. É costume levantar bem cedo quando se mora no campo. Tem trabalho que é feito especialmente pela manhã, principalmente quando se tem animais para cuidar. Venha.

Foi acompanhado até a cozinha e, ao se sentar, comentou:

— Você tem razão, Vanessa. O colchão é ótimo. Isso me ajudou a perder a hora — falou de um jeito agradável, elogiando a acomodação.

— Café puro ou com leite? — perguntou a senhora.

— Com leite, por favor — olhando para a mesa bem farta, perguntou: — Como a senhora adivinhou que eu adoro bolo de milho?

— Minha avó sabe ler o pensamento das pessoas, no que diz respeito à alimentação. É impressionante. Às vezes temos hóspedes e ela olha, depois diz que precisa preparar algo vegetariano, ou com pimenta, ou sem pimenta... porque a pessoa não gosta. Dito e feito. Ela acerta todas! — riu.

— Eu adoro, de paixão, bolo de milho! — falou enquanto cortava um pedaço. — Dispenso qualquer coisa por isso!

— Eu também gosto de bolo de milho — disse Rafael, sentado no colo da mãe, olhando atento cada movimento de Felipe e suas expressões. O menino parecia adivinhar.

— É, mas hoje você não comeu quase nada, não é? — disse Vanessa.

— Então come um pedacinho agora. Toma — pediu o rapaz, dando-lhe uma fatia que o menino aceitou e começou a mordiscar.

Sem se constranger, Felipe se fartou no café da manhã enquanto ouvia casos de hóspedes e outros acontecimentos agradáveis ou curiosos ocorridos na pousada.

Ao terminar, comentou:

— Estou ansioso para conhecer melhor este lugar.

— Então, vão. O Rafael está bem-disposto hoje e pode ir com vocês, não é? — sugeriu a senhora, parecendo querer livrar-se deles.

— É que minha avó está louca para ir cuidar do almoço — revelou a neta, sorrindo, ao se levantar.

— Então, vamos! Você me mostra tudo, Rafael?

— Mostro sim, tio — afirmou com voz doce, colocando-se ao lado do rapaz e lhe estendendo a mãozinha.

Ao olhar para Felipe, Vanessa viu seus olhos verdes, tão parecidos com os do garotinho, brilharem pela emoção que se fez, enquanto ele sentiu como se uma faca penetrasse lentamente em seu coração.

Ninguém havia pedido para Rafael chamá-lo de tio. O garoto nada sabia.

Felipe tomou delicadamente a mãozinha entre a sua e se deixou conduzir até a varanda.

Lá, Vanessa perguntou:

— Você está bem, filho? Vai dar pra gente andar até o lago, lá embaixo?

Antes que o garotinho respondesse, o rapaz propôs de um jeito divertido, abaixando-se:

— Rafael, tenho certeza de que você vai ficar do meu tamanho. Quer saber como é olhar as coisas aqui de cima? Quer montar nos meus ombros pra saber como vai ver tudo quando crescer?

Seu rostinho lindo se abriu em grande sorriso, olhando para a mãe como quem quer aprovação.

— Vai, filho. Aproveita — incentivou ela.

— Eu quero, tio! — animou-se e o olhou com olhos brilhantes.

Felipe o segurou e o colocou sobre seus ombros.

Ao vê-los se afastando, ela foi logo atrás oferecendo:

— Ei! O boné! Esqueceu o boné!

O menino o pegou, e o rapaz o balançou como em um trote, dizendo:

— Vamos! Agora Vamos!

Um riso gostoso, que a mãe não ouvia havia tempos, soou espontâneo e Rafael segurou firme, enquanto o tio descia os poucos degraus da varanda.

CAPÍTULO 9
A doença de Rafael

CAMINHARAM PELA ESTRADINHA em direção ao lago.

Vanessa, sorridente, olhava a todo o momento para o garoto nos ombros de Felipe e parecia feliz ao observar o menino satisfeito, aproveitando cada segundo. Ela nunca tinha experimentado aquela sensação de ver o filho tão feliz. Talvez fantasiasse que Felipe era o pai de Rafael e, muito provavelmente, o menino fizesse o mesmo.

— Por favor — pediu ela —, vamos por ali, pelas sombras das árvores. Ele não deve ficar muito exposto ao sol.

— Então vamos para a sombra! — brincou o rapaz, trotando novamente para agitá-lo. — Ao ouvi-lo rir gostosamente, perguntou: — A visão daí é boa?

— É legal! — respondeu alegre.

— Pois é assim que vai ver tudo quando crescer.

— Vou ficar do seu tamanho? — tornou o garoto.

— Acredito que sim.

— Como pode saber, tio?

Vanessa procurou pelo olhar de Felipe e ambos sentiram a mesma sensação apreensiva, e o rapaz respondeu:

— Porque você já é um garoto grande. Eu tinha o seu tamanho quando estava com a sua idade.

— O Rafael quer ser bem alto — explicou a mãe.

— Minha mãe falou que meu pai é alto, beeeemmm alto! — novamente trocaram olhares onde disseram palavras que não foram ouvidas. O menino continuou: — Tio, eu não conheço meu pai. Minha mãe falou que ele mora muito longe. Eu queria muito que ele viesse aqui, mas ela disse que não dá porque ele trabalha muito.

— Vamos parar aqui — pediu Vanessa ao chegarem perto de um banco gracioso, sob uma árvore frondosa. Ela não suportava mais aquela conversa, aquela situação.

Rafael parecia adivinhar quem Felipe era.

O rapaz ficou apreciando o gigantesco *flamboyant*, espetacularmente florido, que derramava um galho sobre o lago, quase tocando a água.

Sentaram-se e Rafael foi colocado entre eles.

Vanessa olhou para Felipe, que estava bem sério, virou-se para o filho e contou:

— O Rafael sempre quis saber sobre o pai dele. Sempre me fez perguntas e, nos últimos tempos, tem feito mais ainda. Mas nunca falou assim perto de outras pessoas. Nunca falou do pai perto de estranhos.

— É que todos os meus colegas têm pai, menos eu.

— Você também tem pai, só que ele mora muito longe, meu bem — disse a mãe.

— Mas eu nunca vi o meu pai. Ele nunca veio me ver. — Voltando-se para Felipe, revelou: — O nome dele é Diogo.

— Filho, preste atenção — interrompeu-o. — Eu fui atrás do seu pai.

— Mas você disse que não sabia mais onde ele morava. Disse que ele se mudou pra longe.

— E não sei onde ele mora mesmo. A mamãe não conhece onde ele mora. Por isso eu procurei o tio Felipe. Ele também morava longe e só agora voltou. Dei sorte em encontrá-lo. Ele é seu tio de verdade. Ele é irmão do seu pai.

Rafael olhou rapidamente para Felipe, fitando-o por longo tempo.

Percebendo que Vanessa ficou nervosa e não sabia mais o que dizer, Felipe falou:

— Sou seu tio de verdade, Rafael. E digo mais, sou irmão gêmeo do seu pai. Nós dois somos idênticos.

— Verdade?! — exclamou ao sorrir.

— Verdade. Tanto que... — riu. — Faz muitos anos que sua mãe não vê seu pai e acabou me confundindo com ele.

— Na minha escola tem duas meninas gêmeas, mas elas se parecem só um pouquinho. — Um instante e perguntou: — Por que meu pai não veio com você?

— Foi bem difícil sua mãe encontrar onde eu moro — disse, sem saber se isso era verdade. — Quando me achou eu quis conhecer você o quanto antes. Eu não sabia que tinha um sobrinho e adorei a notícia. Fiquei sabendo ontem. Então vim pra cá correndo para te conhecer. Quanto ao seu pai... — Olhou para Vanessa e, vendo que ela queria que continuasse, pois lhe fez um aceno positivo com a cabeça, prosseguiu: — Ele mora muito longe. Mora na Alemanha. Você já ouviu falar na Alemanha?

— Fica muito longe, né?

— Fica sim — confirmou o rapaz.

— Você não quis esperar meu pai chegar e quis me ver?

— Foi isso mesmo. Até porque, na Europa toda... Europa é o continente onde fica a Alemanha. Sabia? — O menino pendeu com a cabeça afirmando e Felipe continuou: — Lá está nevando muito e, por causa disso, não tem voo para o Brasil e ele não vai poder vir para cá de imediato. Só quando parar de nevar, o Diogo vai poder voltar pra te ver.

— Pra me conhecer, né tio?

Felipe olhou para Vanessa novamente, depois voltou-se para Rafael e respondeu:

— Isso mesmo. Tenho certeza de que ele vai ficar muito feliz por saber que você é um garoto esperto e muito bonito.

Rafael se levantou ligeiro, ficou na frente de Felipe e o abraçou inesperadamente.

O rapaz o tomou no colo e o envolveu, sentindo novamente vontade de chorar.

Vanessa experimentou as lágrimas aquecerem seus olhos e virou-se para o lado, fitando o bando de pássaros que voavam ao longe, para tentar se distrair e não chorar na frente do filho.

Naquele instante, passou por seus pensamentos o remorso por ter privado seu filho de conhecer o pai. Mesmo que Diogo não quisesse assumi-lo. Tanto ele quanto o garoto tinham o direito de se conhecerem e não era ela quem deveria ter decidido isso.

Nunca pensou que pudesse sentir tamanho arrependimento.

Depois do abraço, Rafael continuou sentado sobre o joelho de Felipe e quis saber curioso:

— Tio, você é igualzinho, igualzinho ao meu pai?

— Sou — respondeu sorridente.

— Tem a mesma altura dele? Tem o mesmo cabelo?

— Temos. Somos iguaizinhos. Às vezes não cortamos o cabelo do mesmo jeito. Isso hoje em dia, quando crianças, sim. Mesmo assim, as pessoas que não nos veem com frequência, nos confundem. E olha, quando tínhamos a sua idade, éramos muito parecidos com você. Até no corte de cabelo.

— Verdade, tio?! — sorriu alegre com a notícia.

— Verdade verdadeira, e eu posso provar.

— Como?! — animou-se o menino.

— Eu trouxe fotos minhas e de seu pai. Estão lá no meu carro.

— Eu quero ver, tio! Eu quero ver!

— Você fez isso?! Trouxe fotos de vocês dois pra ele ver?! — surpreendeu-se Vanessa em saber do interesse e preocupação de Felipe com Rafael antes de sequer conhecê-lo. Achou curioso o rapaz ter pensado nisso antes de fazer aquela viagem tão inesperada.

— Achei que ele iria gostar de ver — respondeu com simplicidade.

— Me mostra, tio! — tornou o menino ansioso.

— Então vamos lá! — chamou Felipe, tirando-o de seu colo e levantando-se.

De mãos dadas, tio e sobrinho, juntos com a mãe do garoto que os acompanhava ao lado, fizeram o caminho de volta até a frente da casa principal.

O rapaz os deixou esperando próximos dos veículos e entrou apressado para pegar as chaves do carro, subindo as escadas a cada dois degraus.

Ao retornar, abriu a Pick-up e, no banco de trás, pegou um álbum de fotografias que estava jogado sobre o banco.

— Aqui está. Vamos lá na mesa da varanda, pois vai ficar melhor para você ver.

Foram para a varanda e, mesmo tentando se esforçar, Rafael não foi capaz de subir as escadas a cada dois degraus, como viu o tio fazer.

Minha Imagem

Achando graça, Felipe segurou-o pelas axilas e, de costas, ergueu-o para que conseguisse o feito.

Vanessa riu, mas não disse nada.

Na mesa redonda de madeira escura e rústica, encerada, rodeada por quatro cadeiras do mesmo estilo, Rafael acomodou o álbum e se esgueirou entre a cadeira, sentando sobre as pernas dobradas para ficar em uma altura compatível que facilitasse sua visão.

O rapaz se acomodou ao lado e, ao vê-lo abrir o álbum, apontou:

— Veja aqui. Sou eu e seu pai, bem pequenos ainda.

— São bebês!

— Sim. Éramos bebês aí. Logo aqui... deixe-me ver... — procurou e leu — tínhamos um mês.

— Quem é você e quem é meu pai?

— O bebê que tiver essa fitinha no pulso sou eu. Eu nasci primeiro. Então, pra não sermos confundidos, desde o hospital, ganhei essa pulseirinha.

Vanessa, bem ao lado do filho, espiou as fotos e se admirou:

— Nossa! São idênticos mesmo! É comum alguma diferença, mesmo entre gêmeos idênticos, mas pelas fotos não dá pra ver.

— Éramos bem iguais mesmo.

— Olha! Olha aqui, tio!

Felipe voltou sua atenção para o que o garotinho queria e logo explicou, ao ver que ele havia passado rápido algumas folhas do álbum:

— Ah! Aqui tínhamos seis anos. Veja essa, agora — virou a página. — Aqui tínhamos a sua idade.

— Nossa! O que é isso?! — Vanessa se surpreendeu. — Como parece o Rafael!

— Olha, mamãe! Posso dizer que sou eu! — riu o menino. — Olha! Olha!

— Até a covinha do mesmo lado, quando rimos — disse Felipe sorrindo satisfeito ao perceber a emoção do sobrinho que agora tinha a outra parte de sua história genealógica completa.

Num impulso, Rafael se levantou, empurrou a cadeira, tomou o álbum na mão e correu para dentro da casa, dizendo:

— Vou mostrar pra vovó! — E antes de passar porta adentro, gritou apressando-se: — Vovó! Vovó! — e sua voz sumiu ao entrar na casa.

Vanessa estava contendo as emoções, mas, ao encarar Felipe com olhos marejados, explicou-se, secando com a mão a lágrima teimosa que correu em sua face.

— Faz tempo que não vejo o meu filho assim, desse jeito, tão animado, tão disposto... Eu não podia imaginar que conhecer o pai, saber do pai, fosse algo tão importante para ele.

— É lógico que é. Acho que todos nós queremos saber de nossa origem. — Um instante e perguntou: — O que dizia para ele quando queria saber do pai?

— Eu disse que namorei o Diogo e que esse namoro não deu certo. Que o pai dele foi embora, mudou-se para muito longe e não tive como avisá-lo sobre ele. Que depois o Diogo se mudou de novo, se mudou e... ...ninguém mais sabia onde ele estava. Mas que, um dia, se Deus achasse importante, o pai ia voltar, saber dele e conhecê-lo... — Ela chorou discretamente. Secou o rosto com as mãos e contou: — Sabe, Felipe, foi tão duro saber que eu fui enganada, traída... que fui idiota e passei por boba... Na época, eu deveria ter desconfiado que não era do nível dele. Afinal, como uma moça caipira, ingênua, do interior e que não sabia se arrumar direito poderia ser importante para um rapaz esperto, bonito, rico, da cidade grande? — Ele ficou calado, só observando, e ela continuou: — Eu não tinha grana pra gastar com roupa fina. Ficava constrangida por não me vestir na moda quando ele me levava para lugares finos, elegantes. Só que isso não justifica o fato de o Diogo me enganar, de trair a mim e a noiva. Quando eu soube, não acreditei. Mas eu vi. Ele nem sequer pensou em me procurar para conversarmos e ele me dar uma satisfação depois. Deve ter rido muito nas minhas costas. Sentido-se muito superior por... — Calou-se por um momento. Depois revelou: — Quando eu larguei tudo e vim pra cá, descobri que estava grávida. Tomei um susto. Fiquei confusa. Você não imagina como foi.

— Pensou em aborto?

— Não. Nunca. Sou contra o aborto. Em nenhum momento pensei em matar meu filho. Na verdade, eu não sabia se procurava ou não o Diogo para contar. Tive medo de, por ser rico e moderno, ele me pedir para tirar o nenê. Isso eu não iria fazer. Nunca! Então decidi ter meu filho sozinha. Criá-lo do meu jeito. Sem ter o Diogo contrariado pela existência dele e como uma sombra a nos perseguir. Sim, porque ele teria seus direitos e deveres para com o Rafael, não é mesmo? Nunca viveríamos em paz. Por outro lado, o Diogo poderia levar a vida que escolheu. Se eu fosse importante para ele, teria vindo atrás de mim quando eu sumi. — Ela ergueu os olhos, encontrou com os dele e forçou um sorriso que se desfez tão rápido quanto se formou.

— O que não esperava era ter de procurar pelo Diogo por causa da doença do Rafael.

— Acho que ninguém espera por isso. — Como descobriu a doença? — interessou-se Felipe, mais desgostoso do que calmo, ao perguntar.

— O Rafael sempre foi muito ativo, inquieto, esperto desde... Desde sempre — sorriu de modo brando, encarando os olhos de

Felipe. — Desde os três anos de idade, quando o coloquei na escolinha, ele se destacava das outras crianças. Com os anos até me acostumei com isso. De repente, começou a ter um comportamento diferente. Os bilhetes na agenda escolar, que diziam sobre ele não ficar quieto, conversar demais, não ter limites, não obedecer, entre outras reclamações tão comuns, desapareceram. Ele passou a ficar quieto, comportado. Depois começou a perder o apetite. Recusava-se a comer e emagreceu a olhos vistos, ao mesmo tempo em que sintomas como os de gripe surgiram. Levei-o ao pediatra que me falou sobre virose, não dando nenhuma importância ao que eu falava. Disse que a dor de cabeça que ele reclamava era sinusite e que a garganta inflamada iria melhorar com o medicamento que ele havia receitado. Eu o trouxe para casa. A febre cedia, mas voltava. Aos poucos, o Rafael melhorou. Mesmo assim, continuava abatido. Retornei ao mesmo médico e ele me disse que não me preocupasse. Aquilo era coisa de criança. Até falou como se zombasse, brincando comigo: "O maior problema dos filhos únicos são as mães superprotetoras. Elas se preocupam com tudo e sempre acham que tem algo errado com o filho. Vá pra casa e descansa, mãe. Você está muito estressada". Foi isso o que ouvi.

— Que médico imprudente — comentou Felipe contrariado.

— Foi mesmo. Mas você nem sabe o que fiz depois. — Parou por um instante, tomou fôlego e continuou: — Apesar de ter ouvido isso do pediatra, eu fiquei de olho nele. Conversei com a professora, que também estranhava o comportamento do Rafael. Ele começou a reclamar de dores na barriga, nos joelhos e cotovelos. Era o maior sacrifício fazê-lo comer alguma coisa. Comecei a observá-lo dormindo e vi que suava muito. Junto a isso, vieram os vômitos. Ele reclamava de falta de ar. Nessa altura, não tive duvidas, voltei ao médico.

— No mesmo?

— Não. Em outro. — Parecendo revoltada, ficou com os olhos marejados ao dizer: — Contei tudo o que acontecia e o... o irresponsável disse que concordava com o colega. Falou que as dores na barriga deveriam ser vermes. Algo muito comum em crianças criadas no interior, em sítios ou fazendas. As dores nos joelhos deveriam ser dores do crescimento. Ele não deu a menor importância, Felipe! Não pediu exame nenhum!

— E o que você fez?

— Na semana seguinte, levei o Rafael até a cidade de Taubaté, onde tinham me indicado um pediatra particular muito bom.

— Antes desse, você o levava a hospital público?

— Não. Sempre o levei a hospitais e médicos indicados pelo plano de saúde. — Breve pausa e prosseguiu: — Naquela semana, o Rafael começou a ter sangramento nasal espontâneo. Não queria sair da cama... Tudo o que ele fazia era muito difícil. Havia emagrecido demais... Ele sempre foi bem forte e ativo. Assim que o médico particular o examinou e me ouviu, fez uma série de perguntas e eu respondi. Então ele decidiu pedir exames de sangue e biópsia da medula óssea. Levei um choque. Sabia para que servia o exame de biópsia da medula óssea. Mesmo assim, perguntei do que ele suspeitava e respondeu: "São só suspeitas, mãe. Vamos eliminar todas as dúvidas para cuidar bem direitinho desse garotão". — Alguns minutos e deixou o olhar perdido ao longe para aliviar a sensação ruim que sentiu ao se lembrar, tão vivamente, da experiência dolorosa e falou: — Perdi o chão. Não queria acreditar que aquilo pudesse acontecer. Não com o meu filho. Era uma suspeita. Só que uma suspeita bem séria, tendo em vistas os sintomas. Devo confessar que aquilo já tinha passado pela minha cabeça, quando o Rafael apresentou quadros de infecções seguidos, febre e vômitos, que se assomaram aos primeiros sintomas.

— Que foi a perda do ânimo e do apetite.

— Exatamente.

— Você foi sozinha ao médico com ele?

— Fui. Eu, o Rafael e Deus. Você não pode imaginar como, nessa hora, faz falta um pai, um companheiro, alguém com quem você possa dividir. Alguém para te dar forças. Eu me vi sozinha. Eu estava sozinha! — enfatizou. — E tinha de ser forte, ficar firme, além de prestar muita atenção em tudo. Eu não queria que meu filho sofresse. Acreditava que deveria ser eu no lugar dele. Entende?

O rapaz acenou positivamente com a cabeça, confirmando:

— Entendo. Entendo sim. Mas... Por que, nessa hora, não procurou pelo Diogo?

— Pensei nisso. Só que eu era sozinha para fazer tanta coisa para o Rafael que... Não podia perder tempo. O assunto com o Diogo era bem importante, mas, com o Rafael, era urgente. Decidi fazer os exames. Precisava ter certeza sobre o que o meu filho tinha. Isso deu trabalho. Foi uma luta. Tive problemas com o plano de saúde porque queria aquele médico e o médico não era credenciado pelo convênio para pedir exames a serem feitos em laboratórios do plano de saúde... Aí, precisava marcar com médico do plano para ele pedir os exames e as consultas demoravam muito... Nem te conto. Então, por fim, o Rafael fez os exames e o pior foi confirmado. Pensei que eu fosse morrer quando soube do resultado. Chorei tanto... — expressou-se em tom exausto e triste, mas calmo, brando. — Pedi a Deus que me desse forças para saber como cuidar do meu filho, para encontrar os melhores médicos e tudo o que fosse bom para ele. — Suspirou, encarou-o e revelou:

— Depois disso, veio muito trabalho a ser feito, incluindo o de encontrar o Diogo para os testes de doação de medula óssea, que deve dar continuidade ao tratamento. Eu não quis perder tempo. Por isso apareci lá, na sua casa, tão repentinamente.

— Eu ouvi falar pouco de leucemia. Sei que se trata de câncer no sangue, mas não sei exatamente o que é, como é, qual o tratamento adequado. Sou totalmente leigo.

— Bem... é mais ou menos assim: nós temos, em nosso sangue, várias células circulantes. Entre elas os glóbulos brancos, chamadas de leucócitos; os glóbulos vermelhos, chamados de hemáceas e as plaquetas. A leucemia é a neoplasia maligna, ou seja, é o câncer dos glóbulos brancos. Os glóbulos brancos ou leucócitos são as células que compõem o sistema de defesa do nosso organismo contra invasores. O nome leucemia foi dado porque o câncer é nos leucócitos, leukos, em grego, significa branco — glóbulos brancos. — Embora a leucemia seja uma doença praticamente dos leucócitos, é possível se ter leucemia, da série mieloide, que afeta as plaquetas ou as hemáceas.

— Entendo. E... De repente, nosso sangue começa a ter glóbulos brancos com câncer? Como é isso?

— É assim: nós temos a medula óssea, que é o tutano, mais popularmente conhecido, aquela coisa meio gelatinosa dentro do osso. Os glóbulos brancos, ou leucócitos, são células produzidas na medula óssea a partir de células mães, chamadas de células-tronco. Os leucócitos estão presentes no sangue, no fígado, no baço, no sistema linfático... São esses glóbulos brancos que defendem nosso organismo de invasores, produzindo anticorpos ou atacando-os diretamente. Eles são os responsáveis por grande parte do nosso sistema imunológico. Uma medula óssea normalmente produz cerca de cem milhões de leucócitos, ou glóbulos brancos, por dia. Esses leucócitos nascem e morrem diariamente.

Por isso a medida normal de leucócitos em cada mililitro de sangue pode variar de 4.000 a 11.000. Nosso corpo passa a produzir mais leucócitos quando ocorre algum tipo de infecção e isso é puramente normal para o nosso sistema imunológico. Nas leucemias, os glóbulos brancos ou leucócitos, são produzidos inapropriados e excessivamente. Em outras palavras, começa a acontecer a produção em demasia de leucócitos defeituosos, ultrapassando muito, mas muito a medida normal. Se o normal é de 4.000 a 11.000 por mililitro, a alteração, em alguns casos, ultrapassa a 100.000 por mililitro de sangue.

Esses leucócitos cancerígenos, ou glóbulos brancos cancerígenos, são produzidos excessivamente e se proliferam, a princípio, na medula óssea, prejudicando e impedindo a produção de outras células. Por exemplo, com a produção em abundância de leucócitos malignos, a medula óssea não consegue mais produzir hemáceas, ou glóbulos vermelhos, adequados e saudáveis, resultando em anemia. O mesmo acontece com as plaquetas que, não produzidas, facilitam a ocorrência de sangramento e dificuldade de cicatrização. Como a medula óssea não consegue produzir outros tipos de leucócitos, o sistema imunológico fica deficiente e o organismo desprotegido contra infecções. Por isso a ocorrência de quadros de febre.

— Eu não sabia disso — ele comentou um tanto decepcionado.

— Nem eu. Os primeiros médicos que procurei, aqueles dois pediatras, falharam quando não pediram um simples hemograma para verificar alguma irregularidade que levasse a suspeitas e... Eles fizeram um diagnóstico equivocado, sem base, infundado e, por isso, errado.

— Já vi muitos pais reclamarem de médicos cuidadosos que pedem exames clínicos. Os pais ou cuidadores pensam que os filhos só precisam de um antibiótico ou anti-inflamatório, pois acham que é um quadro bacteriano ou de inflamação, sei lá. Os exames são muito importantes.

— Exatamente. Todo e qualquer sintoma, principalmente os que se repetem sem justificativas confirmadas, deve ser investigado. Quando a medula óssea deixa de produzir células sanguíneas normais, geralmente, os primeiros sinais aparecem e, normalmente, um exame de hemograma acusará algo errado que deverá ser investigado. — Uma breve pausa e continuou: — Então... Entre muitos detalhes, sei que existem vários tipos de leucemias. Além disso, existe a classificação entre leucemias agudas e leucemias crônicas. As agudas são as mais rápidas, as mais agressivas, as que progridem mais rápido, causadas pela produção anormal e excessiva de leucócitos jovens, imaturos. Nas leucemias agudas, os sintomas aparecem rapidamente e pioram mais rápido ainda. A pessoa se sente doente, mas não sabe exatamente o que sente. Nas leucemias crônicas o câncer ocorre em leucócitos maduros e esses se acumulam. Nesse caso, os sintomas aparecem gradualmente e não são tão severos como nas leucemias agudas. As leucemias crônicas são, normalmente, diagnosticadas em exames de sangue de rotina, antes que os sintomas apareçam e, quando esses aparecem, eles são brandos, a princípio, e pioram gradualmente. Os sintomas aparecem dependendo de onde os leucócitos doentes se acumulam: rins, pulmões, fígado, nódulos linfáticos, articulações, ossos, trato digestivo... Por isso a pessoa apresenta fadiga, falta de ar, vômito, perda de controle muscular, convulsão, confusão mental, quando chega a atingir o sistema nervoso central e o cérebro... Além de outros sintomas.

Um momento e Vanessa explicou ainda:

— Entre elas, sei que existe a leucemia mieloide aguda, que é agressiva e pode ocorrer em qualquer idade, embora seja mais comum em pessoas com mais de sessenta anos. Ela é mais favorecida àquelas que se expuseram à radiação, produtos tóxicos, cigarro e outras substâncias. Tem também a leucemia mieloide crônica, que demora mais para ser diagnosticada, só que, se passar de cinco anos para se ter conhecimento e tratamento, torna-se tão agressiva quanto a aguda, dificultando o tratamento. Ela é rara em crianças e mais comum entre pessoas de trinta a cinquenta anos. A leucemia linfocítica crônica é mais comum em pessoas acima dos cinquenta e cinco anos. Sua evolução é mais lenta. Já a leucemia linfocítica aguda apresenta grande produção de linfócitos imaturos, chamados de linfoblastos. Embora acometa adultos, é mais comum em crianças. Seu principal sintoma é a febre, seguido de outros, é claro. Ela é diagnosticada assertivamente pela biópsia de medula óssea. O tratamento desse tipo de leucemia é dividido em até três etapas, normalmente.

— É a que o Rafael tem?

— Sim, é — respondeu em tom de lamento. Depois prosseguiu: — Para a leucemia linfocítica aguda ou leucemia linfoide aguda, primeiro devem-se eliminar todas as células cancerígenas da circulação sanguínea. Para isso, entra-se com a quimioterapia e os corticoides. Essa primeira fase é chamada de indução da remissão. Depois, vem a segunda fase, a de consolidação, que serve para impedir o retorno das células doentes após a indução, então... — a voz de Vanessa embargava e lágrimas corriam em sua face. — Dependendo do caso... ou... pode-se repetir o mesmo processo da indução, ou seja, doses menores de quimioterapia... ou entrar com o transplante de medula óssea, caso se encontre um doador... Mas, se não encontrar... não se sabe até onde se pode... pode continuar com a *quimio*... — chorou.

Minha Imagem

— Vem cá... Não fica assim. — Felipe arrastou sua cadeira para perto dela e a envolveu com um abraço, afagando-lhe os cabelos. Vanessa chorou, mas procurou se recompor.

Ainda recostada em seu peito, disse:

— Depois tem a fase de manutenção... aí se prolonga por mais dois anos o tratamento quimioterápico para não se ter células doentes, que possam existir sem sequer aparecer nos exames, mas se...

Vanessa não suportou e pareceu desmoronar.

Chorando junto, Felipe a abraçou forte, debruçando-se nela.

O caso era comovente. Tratava-se de seu sobrinho, mas ele não sabia por que aquilo tudo o deixava tão fragilizado, tão emotivo.

— Vai dar tudo certo, Vanessa. O Rafael é forte. Ele vai conseguir. Vai encontrar um doador perfeito.

Entre soluços, ela se ergueu e contou, invadindo seus olhos verdes banhados de lágrimas:

— Tenho medo de algo galopante, que não lhe dê chance de encontrar um doador. Por isso fui tão desesperada atrás do Diogo. — Antes de ontem foi detectado tumoração palpável nas axilas, na garganta... — chorou ainda.

— Não... — murmurou contrariado, com lágrimas grossas a correr em seu rosto.

Felipe, incrédulo, olhava-a sem saber o que dizer.

Envolveu-a novamente, recostando-a em seu peito. Balançava-a suavemente, tentando aplacar aquela dor.

— Não contei pra ninguém — falou abafando a voz no abraço. — Não consegui... — Longos minutos de pausa e ela se recompôs. Endireitou-se e encarou-o, desabafando: — Estou sem forças, Felipe. Não sei se vou aguentar. Sinto um desespero, uma dor... O médico falou que ia estudar o caso, mas... A princípio, o ideal, no entendimento dele, é fazer o tratamento da leucemia primeiro, com sessões de *quimio* bem significativas e, para não perder tempo, encontrar um doador, com o máximo de compatibilidade, para fazer o transplante de medula óssea para minimizar as complicações. — Um minuto e desabafou: — Estou com medo, assustada e, às vezes, sem força, e essa luta nem começou.

— Nós vamos lutar juntos, Vanessa! — incentivou ele, exclamando num sussurro. — Estou nessa com você e com o Rafael. Vocês não estão sozinhos. Não vou abandoná-los de jeito nenhum, tá?

— Está sendo bem difícil para mim, Felipe. Meus irmãos moram longe e... Desde quando tive o Rafael, eles ficaram mais distantes ainda, entende? Só tenho meus avós e eles já têm idade...

— Agora tem a mim — afirmou sério, tocando-a na alma através de seus olhos.

— Estou confusa ainda. Passei por um alto nível de estresse que, não sei se diminuiu, apesar de admitir que já foi pior. Na época, assim que descobri, voltei ao hospital onde levei o Rafael pelas primeiras vezes e procurei o primeiro médico que o acompanhou. Disse horrores para ele. Nisso, apareceu o outro pediatra que também ouviu tudo o que eu tinha pra dizer. Falei que a complicação no caso do meu filho era por culpa deles que economizaram os pedidos de exames e que agora eles teriam de viver com essa culpa... Um segurança teve de me levar para fora do hospital. Foi um vexame...

— Você precisou desabafar. Eles erraram, não resta dúvida. Não vamos perder mais um minuto sequer. Vai dar tudo certo. Tomara que eu seja compatível, para não perdermos mais tempo.

— Eu e meus avós já fizemos os exames para ver a compatibilidade, mas... Nada.

— Eu vou. Vai dar certo. Vai ver.

Vanessa o encarou, mais esperançosa do que confiante e desejou:

— Deus queira que sim!...

— Você sabe que, eu sendo compatível ou não, vai ter de contar ao Diogo que ele tem um filho, não sabe?

— Sei. Descobri isso quando vi o Rafael tão animado conversando com você. Não o via assim fazia tempos — emocionou-se e represou as lágrimas nos olhos, fitando o alto. — Percebi como é importante para ele conhecer o pai. Sou uma idiota! Não tinha entendido isso antes e...

— Não faz mal. Já passou.

— Quando o vi conversando com você eu... ...pensei que poderia ser com o pai dele e, talvez, estivesse mais animado ainda.

— É provável que a recuperação do Rafael seja mais fácil se ele conhecer o Diogo. Fatores psicológicos influenciam muito na recuperação de qualquer pessoa.

— Eu sei — ela murmurou, parecendo sofrer pelo remorso.

Com pena ao encará-la, Felipe afagou-lhe o rosto com carinho. Aproximou-se e beijou-lhe a testa.

Nesse instante, Rafael apareceu à porta e chamou:

— Mamãe, tio... A vovó disse que o almoço tá pronto.

Vanessa virou-se e respondeu, levantando-se:

— Já estamos indo, meu amor.

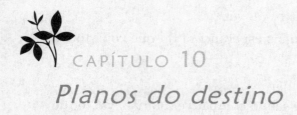

CAPÍTULO 10
Planos do destino

QUIS O DESTINO QUE Vanessa encontrasse Felipe somente no decorrer daquela experiência. A mais difícil e dolorosa de sua vida, quando uma terrível sensação de medo bateu-lhe à porta, chamando-a para lutar pelo que fosse preciso para salvar seu filho, mesmo sentindo-se impotente ou puramente humana.

E foi o que ela se propôs a fazer: enfrentar tudo.

Um instante depois de ouvir Felipe dizer que estaria ao lado deles, que não estariam sozinhos, que agora o tinham, ela sentiu uma força imensa brotar em sua alma, uma esperança, uma fé que não sabia explicar e isso a impulsionou.

Teria de encarar Diogo, que talvez não ficasse satisfeito por, até então, não saber que tinha um filho. Além disso, sua esposa a odiaria por ter aparecido com o menino. Vanessa pensava.

Agora não importava. Buscaria o melhor para a recuperação de Rafael.

Minha Imagem

෫ා ෬

O almoço foi servido, mas o garotinho não quis comer o que tinha e provou poucas colheradas de uma sopa de legumes batida no liquidificador que a bisavó havia feito especialmente para ele, pois se encontrava abatido e indisposto. Após comer foi se deitar.

Depois de levá-lo ao quarto e se certificar de que Rafael estava bem, Vanessa disfarçou o que sentia e procurou dar atenção a Felipe.

— Ele dormiu — contou, sentando-se à mesa.

— Até que hoje ele está bem-disposto — disse Henriette sorridente.

O rapaz ficou com o olhar perdido em algum ponto, sem parecer ouvir o que elas comentavam. Mergulhado nos próprios pensamentos.

Com voz doce, Vanessa o despertou, falando baixinho:

— Felipe?... Felipe, tudo bem?

— Oi! — surpreendeu-se e sorriu. — Desculpe-me, eu... — olhou-as novamente e confessou: — Sei que podem achar estranho, mas... Eu me comovi demais com o Rafael, com seu estado. É como se eu o conhecesse. Não pensei que fosse ser assim ao vê-lo. Tenho outros sobrinhos e, para ser sincero, não tenho tanta afinidade com eles.

— É que, pra você, o Rafael é como filho. Você me disse que é gêmeo idêntico do seu irmão, se são idênticos têm o mesmo DNA, a mesma genética. Está se sentindo tio e pai ao mesmo tempo.

— Vovó!... — chamou a neta, repreendendo-a em tom brando.

— O Diogo teve outro filho e eu não o conheci, e... — Em seu íntimo, pensou que nunca viu o outro filho de seu irmão e nunca o veria. Ele está morto. Uma espécie de remorso inevitável o deixava triste e talvez, por isso queria ajudar esse sobrinho que conhecia agora. Mas não foi isso o que disse. — Acho que a dona Henriette tem razão. Conhecendo o Rafael, senti algo muito diferente por ele. Não vejo a hora de poder ajudar, de fazer algo.

Virando-se para a neta, a senhora quis saber:

— E quanto ao pai do Rafael? Quando é que você vai avisá-lo?

— Ele mora na Alemanha, vovó. Vou avisá-lo sim. Preciso contar tudo de uma vez. Hoje percebi o quanto o Rafael deseja conhecê-lo. — Olhando para Felipe, disse: — Vou precisar que me ajude a fazer contato com o Diogo.

— Lógico! — Quando disse isso, o rapaz sentiu o coração esmagado e não entendeu a razão.

— Minha ideia é que o Diogo venha para o Brasil e aqui eu converse com ele, pessoalmente, longe de todos. Sei que vocês dois não se falam há algum tempo, mas... Não tenho com quem contar. Só você vai poder fazer isso para mim — explicou a moça.

— Não conversa com seu irmão, Felipe? — perguntou a senhora bem direta.

— Não. Tivemos um problema bem sério e... — Olhando para Vanessa, pediu: — Conta você.

— Vovó, lembra quando eu disse que o Diogo estava noivo de uma moça que morava na Alemanha, enquanto namorava comigo?

— Lembro sim.

— Pois bem, essa moça foi noiva do Felipe, antes de se casar com o irmão dele. Estavam marcando casamento quando ela decidiu revelar que havia se apaixonado pelo Diogo depois que, brincando, passou-se pelo Felipe, o que gerou uma aproximação entre ambos.

— Meu Deus... — murmurou a senhora em tom de lamento.

Minha Imagem

— Desde então não se falaram mais. O Felipe foi morar em Londres. O Diogo ficou aqui até se casar e ir para a Alemanha. Isso faz anos.

— Vocês se davam bem antes disso tudo acontecer? — tornou a mulher olhando-o comovida.

— Muitíssimo bem. Éramos muito ligados. Fazíamos tudo juntos. Eu só não gostava quando nossos pais queriam que eu tivesse a mesma personalidade do meu irmão. O Diogo sempre foi mais extrovertido, mais peralta... Eu o acompanhava, porém era mais quieto, mais reservado. Não gostava de ser comparado, ser obrigado a usar as mesmas coisas, roupas, por exemplo. Eu gostava de um tipo de brinquedo e ele de outro. Só que ganhávamos o mesmo brinquedo que, sempre, era o que o meu irmão queria. Meu problema não era com ele, era com as pessoas que não respeitavam a minha individualidade.

Conversavam enquanto almoçavam e dona Henriette opinou:

— É que, talvez, por vocês serem muito idênticos, seus pais não conseguiam separar suas personalidades.

— Os gêmeos idênticos, também chamados de gêmeos univitelinos ou monozigóticos, têm o mesmo genoma, o mesmo DNA. São clones perfeitos um do outro. A única coisa que diferencia um gêmeo idêntico do outro é que eles não têm a mesma impressão digital.

— Não têm a mesma digital?! Eu não sabia disso — surpreendeu-se Vanessa.

— Não. Não têm — tornou o rapaz que sorriu. Parecia esperar por aquela reação. — Minha individualidade física está aí. De resto... Somos clones perfeitos. É por isso que, em caso de crime cometido por uma pessoa que tem um gêmeo univitelino, a perícia leva em consideração somente a impressão digital e não o exame de DNA. O teste de DNA não distingue, não separa um gêmeo idêntico do outro.

— É algo curioso. Os gêmeos idênticos são formados quando um único óvulo, fecundado por um espermatozoide, divide-se completamente. Esses gêmeos sempre têm o mesmo sexo e o mesmo DNA. Como necessariamente têm a mesma carga genética, eles deveriam ser completamente idênticos. Eu penso que, por isso, deveriam ser idênticos também nas impressões digitais. Não deveriam? — perguntou Vanessa curiosa.

— Sim, e a princípio, são. Mas, no ambiente intrauterino, os fetos tateiam, movem-se e têm posições ligeiramente diferentes. Alguns chupam os dedos... Esses contatos com partes diferentes no ambiente intrauterino proporcionam variações nas digitais, por isso elas são únicas. Diferentes, mesmo em gêmeos univitelinos.

— Gêmeos sempre mexem com a curiosidade de todo mundo, principalmente quando são iguaizinhos — comentou Henriette, enquanto servia a sobremesa.

— Podem ser iguais na aparência. Semelhantes em alguns aspectos comportamentais, na inteligência verbal, na aptidão matemática, porque o cérebro tem funcionamento igual, mas a personalidade deles não é igual e, sem medo, digo que é bem diferente.

— Já vi gêmeos univitelinos que têm alguma coisa que os diferenciam: no tamanho, peso, detalhes quase insignificantes. Porém, já vi gêmeos univitelinos completamente idênticos, não só fisicamente, como no jeito, no falar, nas atitudes... Se são idênticos, por que será que alguns se diferenciam mais e outros menos? — interessou-se Henriette.

Minha Imagem

— As mais recentes pesquisas, principalmente na área psicológica, a respeito de gêmeos idênticos, revelam que aqueles gêmeos univitelinos que foram separados ao nascer ou pouco tempo depois e criados longe, principalmente quando um não sabe da existência do outro, têm personalidades mais semelhantes do que os que foram criados juntos, o que isso nem sempre acontece. Se eles vivem juntos e são criados juntos e um é mais extrovertido do que o outro, com o tempo e, aos poucos, essa extroversão aumenta, a ponto que a introversão do outro também se acentua. E sempre é assim, alguma diferença aumenta em distância e intensidade. Na maioria dos casos, os gêmeos univitelinos criados juntos têm a tendência de darem ênfase às suas diferenças de personalidade para se diferenciarem um do outro. Em contrapartida, os gêmeos idênticos, criados separadamente, não têm essa preocupação, por isso são mais parecidos, não só fisicamente, mas em termos de personalidade. Isso leva os pesquisadores a crer que as semelhanças ou diferenças físicas entre eles podem ocorrer por fatores psicológicos, ou seja, inconscientemente eles querem ter sua individualidade.

— Você e seu irmão são muito parecidos fisicamente? — perguntou a senhora.

— Incrivelmente parecidos. Até eu me surpreendo. Embora eu sempre quisesse ser reconhecido de forma diferente, somos, impressionantemente, iguais. Acho que é carma — sorriu. — O que me divertia, quando pequeno e na adolescência, principalmente, eram as brincadeiras. Isso era muito legal. Mas, fora isso, eu não achava muito bom ter um irmão gêmeo. — Breve pausa e comentou: — Já ouvi falar de casos extraordinários entre gêmeos idênticos e tive experiências nesse sentido também.

— Do que ouviu falar que foi tão extraordinário assim? — quis saber Vanessa sorridente, esperando algo surpreendente.

— Um caso bem famoso foi nos Estados Unidos, em Ohio, onde dois irmãos gêmeos, separados ao nascer, foram adotados por famílias que não sabiam da existência um do outro. Uma família chamou um filho de Jim, e a outra também de Jim. Quando eles eram meninos, crianças, os dois tiveram cachorros e colocaram o nome de Toy. Eles roíam as unhas. Após os dezoito anos passaram a ter síndrome de cefaleia, um misto de enxaqueca e tensão. Ambos se casaram duas vezes e o impressionante foi que suas mulheres se chamaram Linda e depois Betty. Um deu o nome ao filho de Allan e o outro de Allen. Em suas casas, eles fizeram um banco circular ao redor de uma árvore que havia em seus jardins. Trabalharam em postos de gasolina e depois como xerifes. Fumavam cigarros da mesma marca e tomavam a mesma marca de cerveja. Os dois tinham o costume de espalhar bilhetes de amor para suas esposas pela casa. Todos os anos, um sem saber do outro, iam com a família em seus carros da mesma marca, da cor azul-claro, com placa de Ohio, para a praia em St. Petersburgh, na Flórida, durante as férias de verão. Eles tinham vozes, gestos e maneirismos idênticos. Só foram reunidos aos trinta e nove anos de idade.

— Que incrível! — disse a senhora.

— E é mesmo. Outro caso foi dos gêmeos idênticos Jack e Oskar, de Trinidad. Separados ainda bebês e reunidos aos quarenta e seis anos. Por causa do divórcio dos pais, um foi criado pela mãe, na Tchecoslováquia, ocupada pelos nazistas, e o outro pelo pai, em Trinidad, vivendo em um Kibbutz, em Israel, por algum tempo. Os dois gostavam de usar óculos do mesmo modelo, tipo aviador. A cor preferida de camiseta era azul, esporte e com aberturas nos ombros. Eles usavam pequeno bigode aparado. Gostavam de bebidas doces. Normalmente estavam com elásticos nos pulsos, liam revistas e livros de trás para a frente e adoravam embeber suas torradas com manteiga no café. Tinham o hábito de dar descarga no banheiro antes e depois de usá-los. Quando estavam em elevadores, espirravam de forma ruidosa, escandalosa para chamar a atenção e assustar os outros passageiros. Uma forma de brincar, apesar de ser uma brincadeira de mau gosto. Ambos gostavam de dormir com a televisão ligada. Eram impacientes e sensíveis a germes. Se procurarmos, teremos diversos casos incríveis entre gêmeos, principalmente os univitelinos.

   — E com você e o Diogo? Qual tipo de ligação ou caso bem interessante vocês tiveram? — tornou Vanessa.

   — Era muito comum eu sentir dor quando meu irmão se machucava e vice-versa. Uma vez aconteceu assim — sorriu ao se lembrar: — Eu não fui à escola porque minha mãe me levou ao dentista. Enquanto o Diogo foi normalmente. Eu e minha mãe estávamos, há algum tempo, esperando no consultório odontológico quando, de repente, senti uma dor horrível no meu braço esquerdo. Tínhamos sete anos. Comecei a chorar — riu. — Não demorou e não suportei. Comecei a fazer um escândalo, gritando de dor no braço. Nem fui atendido pelo dentista. Desesperada, minha mãe voltou comigo para casa e, quando chegamos, tinha o recado de uma ligação pedindo para ela ir à escola, pois meu irmão havia caído e quebrado o braço esquerdo! — enfatizou. — Passados dois dias, minha mãe levou meu irmão ao médico para ver se haviam engessado corretamente, pois a escola o socorreu em um hospital que ela não tinha confiança. Fiquei em casa sozinho. Como fazia sempre, sentei no corrimão de madeira da escada para descer escorregando só que caí e quebrei o braço esquerdo! — ressaltou e riu gostoso, provocando o riso das duas.

   — Senti a mesma dor que tinha experimentado dois dias antes.

Enquanto isso, meu irmão, que estava lá no médico com minha mãe, começou a chorar, dizendo que o braço doía muito. Fizeram exames, radiografias, mas não acharam nada estranho, para um braço já quebrado. Então o medicaram e liberaram. Quando minha mãe chegou a nossa casa, eu não estava. A empregada havia telefonado para o meu pai, que largou o serviço e tinha ido me socorrer.

— Já ouvi contar casos de gêmeos que tiveram, na mesma época, problemas de vesícula, apendicite e outros.

— Tem gêmeos que fazem questão de serem parecidos em tudo — riu Vanessa.

— Nunca fiz questão disso, embora meu irmão sim. Ouvi falar que um irmão gêmeo começou a sentir fortes dores de cabeça. Foi ao médico, fez exames, mas não apareceu nada. Então ele convenceu seu gêmeo idêntico a procurar um médico e fazer os mesmos exames, apesar de o irmão não sentir nada. Para surpresa de todos, no gêmeo que não sentia nada, foi descoberto um tumor na cabeça, que foi tratado com sucesso por ser descoberto muito antes de qualquer agravamento. Eu e o Diogo experimentamos inúmeras situações onde uma espécie de ligação, muito forte, podia ser confirmada. Nós captávamos as vibrações, as energias um do outro. Eu sentia angústia e era ele quem passava por uma experiência ruim. Ele se sentia alegre, sem qualquer razão específica, e era eu que estava em uma situação legal. Não sabíamos o porquê dessa ligação tão forte que não encontrava obstáculos nem dificuldades pela distância.

— Depois que tiveram problemas por causa da Ceres, discutiram e se separaram, isso continuou? — perguntou Vanessa, observando-o.

Um semblante triste pairou nebuloso no belo rosto de Felipe que, mesmo se forçando a um sorriso, não disfarçou o que sentia.

Minha Imagem

— Depois que brigamos e nos distanciamos, essa ligação, essa força maior que nos une além da matéria, nunca desapareceu. Sei quando ele está triste. Ele sabe quando estou angustiado. Não dá para esquecer um do outro. Sabemos, ou melhor, sentimos quando existe alegria, ansiedade, felicidade... A única diferença é que não nos telefonamos mais para perguntar o que está acontecendo. Por isso posso te afirmar que, quando brigamos, foi difícil para mim tanto quanto foi para ele e... — Longo silêncio, depois contou: — Quando eu levei a Ceres para conhecer minha família e a apresentei ao meu irmão, lá no fundo, naquele exato momento, senti que eu não ficaria com ela. Só não quis acreditar no meu pressentimento.

O silêncio foi absoluto.

Alguns instantes e foi quebrado pela voz normalmente rouca do senhor Dionísio, avô de Vanessa, que entrou alegre pela porta.

— Oh! Demorei, mas cheguei!

— Estava vendo a hora do nosso convidado ir embora sem conhecer você, homem! — reclamou Henriette, levantando-se. — Acabamos de almoçar e já é hora de jantar! — brincou de modo simpático.

— Oh, rapaz!... Não vou te cumprimentar não — disse a certa distância. — Vou me lavar e já volto. Hoje, desde cedo, estou acompanhando o nascimento de um potrinho.

— Não tem problema. Daqui a pouco nos cumprimentamos direito.

— Nasceu, Dionísio?

— Nasceu! Tá lá! — sorriu satisfeito. Voltando-se para o visitante, disse: — Esperem aí que já venho conversar direito. Se eu entrar na cozinha desse jeito, a mulher me mata. Com licença!

— À vontade, senhor Dionísio! — expressou-se o rapaz sorridente.

— Mais um pedaço de pudim, Felipe?

— Não. Muito obrigado, dona Henriette. Comi pra uma semana inteira — riu.

— Um cafezinho? — propôs a senhora com jeitinho mimoso.

— Ah... Um café eu aceito — respondeu satisfeito.

— Vou passar um fresquinho pra nós.

— Quer ir lá pra fora, na varanda, Felipe? Quando o café estiver pronto, minha avó chama e eu venho buscar.

— Vamos, sim — concordou.

Levantaram-se, porém, ao chegar à sala, Vanessa se preocupou:

— Deixe-me dar uma espiadinha no Rafael pra ver como ele está.

O rapaz a acompanhou e, juntos, entraram no quarto.

Rafael, abatido, aspecto frágil, dormia profundamente com a boquinha entreaberta.

Carinhosamente a mãe o cobriu com uma mantilha leve, curvou-se e o beijou com doçura, afagando-lhe os cabelos com ternura.

Comovido, Felipe acariciou com leveza as costas de Vanessa que, sobre o ombro, olhou-o de modo indefinido.

Fixando-se nele, ela imaginou Diogo ao seu lado e do filho.

Como sua vida e a de Rafael seriam diferentes se ele estivesse, desde o princípio, sempre presente.

Quantas noites em claro e sem ninguém para dividir os medos, as dúvidas, as inseguranças.

Quantos momentos alegres, em que se surpreendia com tantas novidades do filho pequeno e sem o pai para compartilhar.

Será que Diogo não teria ficado com ela se soubesse da gravidez?

Será que preferiu a outra por conta de um compromisso que causou muito conflito no início?

Como Diogo poderia abandonar Ceres se a tirou do irmão? Isso não seria justo.

Por outro lado, não poderia forçar uma ligação entre eles por causa de um filho que não planejaram.

Jurou, a si mesma, nunca procurar pelo pai de Rafael, mas não foi esse o plano do destino, que a fez desesperada para encontrá-lo.

Só que deparou com Felipe que a soube compreender e estava disposto a ajudar, além de estar encantado por Rafael que, tecnicamente, a ciência afirmaria ser seu filho.

Que ironia do destino.

Antes, temia não encontrar mais Diogo, caso a família houvesse se mudado daquela residência.

O médico lhe falou tanto sobre a importância do pai e dos familiares paternos naquele momento, mas agora, tecnicamente falando, Rafael não tinha um e sim dois pais.

Mesmo assim, seu medo de não achar um doador para o filho a deixava aflita.

Com a mente trabalhando acelerada, não se deu conta de quanto tempo fitou Felipe sem perceber os olhos dele imantados aos seus.

Apesar de idêntico, ele era diferente de Diogo, até onde ela se lembrava.

Conhecia-o havia tão somente um dia, mas percebeu que Felipe era mais atencioso, mais interessado, amoroso, talvez. Pelo menos, foi isso o que notou quando o viu dando atenção a Rafael.

Mesmo com a notícia repentina de ter um sobrinho e de ter decidido por uma viagem de última hora, ele se lembrou de trazer um álbum de fotografias para o menino ver.

Quem pensaria nisso?

Será que Diogo seria tão atencioso assim?

Talvez se conhecesse Felipe em vez de Diogo, sua vida fosse diferente. Se ele fosse pai de seu filho, naquele momento, tudo seria bem mais fácil. Bem que isso poderia ser verdade.

Enquanto ela pensava tudo isso, Felipe, por sua vez, imaginava o quanto seu irmão errou ao enganá-la. Vanessa não merecia isso.

Acreditou que Diogo tivesse aprendido a não trair mais ninguém.

O irmão já havia sido covarde o suficiente quando se envolveu entre ele e sua noiva.

Porém isso não foi o bastante. Ainda traiu Ceres e enganou Vanessa ao mesmo tempo.

Rafael era encantador. Apaixonou-se por ele.

Diogo não merecia encontrá-lo nem mesmo saber que ele existia.

Ele daria mais atenção e carinho ao menino do que o próprio pai, sem ter a interferência dele.

Bem que poderia ser seu filho. Não só biologicamente falando, mas seu filho de fato, filho de alma.

Felipe também não deixou de notar a docilidade, a responsabilidade, a dedicação e o amor de Vanessa.

Imaginou o quanto foi difícil criar um filho sozinha, depois de tamanha desilusão.

Bem que o destino deveria tê-la posto antes em seu caminho.

Se encontrasse uma pessoa como ela, saberia agir, proteger, ajudar, amar...

Minha Imagem

Ela era tão meiga, tão forte e frágil ao mesmo tempo.

Levando as costas da mão ao rosto de Vanessa e roçando-o suavemente, penetrou sua alma com o olhar.

Não demorou e afagou-lhe os cabelos macios, e ela abaixou o olhar.

Felipe a puxou para si, agasalhando-a ao peito. Sentiu o aroma de perfume gostoso em seus cabelos ao beijar-lhe a cabeça algumas vezes.

Envolvendo-o pela cintura e recostando-se nele, sentiu-se protegida e amparada.

Há muito não sabia o que era isso.

Aliás, não sabia o que era ter alguém para dividir os sentimentos, falar de sua dor, ansiar por esperança.

Entendia que Felipe não era Diogo. Embora fossem idênticos. Podia diferenciá-los, acreditava.

Apertando-a contra o próprio peito, ele murmurou com voz calma e forte.

— Tudo vai dar certo.

— Obrigada por estar comigo — sussurrou com voz doce, abafada em seu peito.

Afastando-a levemente de si, procurou por seus olhos e afirmou:

— Não vou te abandonar.

Novamente aquela afirmação a fez se sentir mais forte, mais confiante.

Que estranha força era aquela?

Que atração incontida e incontrolável era aquela?

Felipe afagou seu rosto com carinho e em seguida seus cabelos e logo parou.

Frente a frente, nenhum dos dois se movia.

Sentiam o bater forte de seus corações e a respiração alterada.

Uma sensação estranhamente nervosa fazia-os estremecer.

Quando ele foi tocar em seu rosto novamente, Vanessa perguntou baixinho, virando a face lentamente e olhando para o lado:

— O que está acontecendo?

Tentando disfarçar uma forte emoção genuína, Felipe engoliu seco e pediu em tom brando:

— Vamos conversar em outro lugar, por favor.

Por um momento, Vanessa olhou assustada para o filho que dormia.

Depois se virou para o lado e, sem dizer nada, foi à direção da porta, seguida por ele.

Henriette os viu passar pela sala apressadamente, com andar firme e algo nervoso no ar. Nem a ouviram dizer que o café estava pronto.

A senhora trocou olhares com o marido, sentado à mesa almoçando. Ergueu as sobrancelhas, envergando para baixo a boca fechada, expressando não entender o que se passava.

— Nem conheci o moço direito — falou o senhor Dionísio de modo simples.

— Alguma coisa aconteceu — opinou a mulher.

ഊക്ഷ

Vanessa e Felipe caminharam, lado a lado, silenciosamente, em ritmo mais suave, até o lago.

Seguiram por uma rua cascalhada, graciosamente ladeada por pequena cerquinha branca fincada em gramado verde. Foram em direção ao bosque.

Calados, entraram em uma estradinha que passava por entre o bosque de árvores frondosas, altaneiras, usada para cavalgadas.

Foram além.

Ele, quieto ao seu lado, não sabia para aonde iam. Observava a beleza do lugar ao mesmo tempo em que tentava imaginar o que diriam um para o outro.

Pássaros silvestres cantavam, infindavelmente, belas melodias agradáveis.

Enquanto caminhavam podiam ouvir o farfalhar das folhas que pisavam ou arrastavam nos pés e, à medida que se distanciavam da estrada cascalhada, escutavam o murmurinho de água vindo de uma cachoeirinha que seguia para um ribeirão.

Mais adiante o caminho se estreitou.

Seguiram por uma trilha que se fechava como um túnel pelas copas das árvores centenárias. Algo magnífico.

De repente, chegaram a uma espécie de clareira, onde a mata se abria em forma de grande círculo e o chão era forrado de belíssimo tapete de grama bem verde.

No centro, uma árvore de porte médio, que a natureza, caprichosamente, arredondou e enfeitou com delicadas flores amarelas, servia de teto para dois bancos de jardim, pintados de branco e postos um de cada lado do tronco.

Cabisbaixa, Vanessa se aproximou e Felipe a seguiu.

O rapaz contemplou a beleza do local, percebendo que, ali, o barulho de água aumentava.

— Aqui não vão nos interromper. Nem mesmo os hóspedes, pois a mata está um pouco alta devido às chuvas e eles não costumam pegar a trilha quando está assim.

— É um lugar muito bonito! — admirou-se ele ainda com o olhar preso à paisagem.

Longa pausa até que ela perguntou:

— O que aconteceu entre nós, Felipe?

— Eu também não sei explicar — respondeu aproximando-se e parando em frente a ela.

— Nós nos conhecemos ontem e...

— ...e aconteceu, oras! Não sei dizer como, mas... Senti algo muito especial desde quando a conheci e que vem se intensificando a cada momento que fico perto de você.

— Isso é loucura! Nós nos conhecemos ontem! — exclamou sussurrando, como se estivesse inconformada e nervosa. Dando-lhe as costas, olhou para o outro lado, balançando suave e negativamente a cabeça, ainda incrédula.

Aproximando-se um pouco mais, Felipe parou e tentou envolvê-la, mas Vanessa se virou e pediu, segurando com leveza o seu braço:

— Por favor, não... Estou confusa e...

O rapaz pôde sentir o toque trêmulo de sua mão ao segurá-lo. Impostando a voz firme de um modo calmo e suave, perguntou:

— Sentiu algo forte e inexplicável por mim também, não foi?

— Eu já tenho preocupações demais, Felipe.

— Eu me sinto atraído por você. Senti isso desde ontem quando a vi pela primeira vez... É uma atração inexplicável. Quando a vi dormindo quase te beijei! — confessou com ênfase no tom brando de voz. — Eu queria ter você nos meus braços. Foi uma coisa forte. Difícil de controlar. Nunca senti isso por ninguém.

— Tenho um filho do seu irmão! — enfatizou olhando em seus olhos.

— E daí?! Você não está com o meu irmão. Não se veem mais há anos.

— Mal nos conhecemos. Preciso cuidar do Rafael e preciso da sua ajuda. Um envolvimento entre nós não vai dar certo.

— Por que Vanessa?! Como pode afirmar isso?! — diante do silêncio, perguntou novamente em tom calmo, quase triste. — Por quê? Você tem alguém?

— Não. Ninguém.

— Então por quê? — quis saber mostrando-se calmo e carinhoso.

— Não sei responder. Estou confusa. Tenho medo de me precipitar. Talvez eu esteja carente, precisando de alguém forte do meu lado e...

— Então vai ter que deixar acontecer para saber, para tirar suas dúvidas. — Ela continuou calada, olhar baixo, fitando algum lugar no chão. Diante do silêncio, o rapaz se aproximou, tocou seu rosto com suavidade e a fez olhar, dizendo: — Não sei como aconteceu, mas aconteceu... Um sentimento forte e recíproco, que não dá pra explicar. É como se já a conhecesse, como se a esperasse... Juro por Deus. Quando vi você pela primeira vez, senti que a conhecia, mas nossa conversa sobre o Rafael tirou minha atenção disso e... Quando eu soube do caso dele e, principalmente, depois que o conheci, eu desejei que ele fosse meu filho. Gostaria que tivesse me procurado para dar a notícia de que eu tinha o Rafael. Nunca pensei em ter um filho antes. Acho que essa ideia nunca me passou pela cabeça. Quando a deixei no hotel e fui pegar algumas coisas para viajar com você, fiquei fantasiando isso... Senti inveja do meu irmão como nunca senti antes.

— Também devo te confessar que, por um momento, desejei que você fosse o pai do Rafael. Por sua atenção, por seu jeito carinhoso — sorriu. — Até se preocupou em trazer um álbum de fotografias para ele ver e conhecer o pai. Quem pensaria nisso no meio de tamanha surpresa?

— Para o nosso bem, vamos deixar as coisas acontecerem.

— Não é bem assim. Como vou chegar à casa da minha avó e dizer para ela e para o Rafael que nós dois estamos... Aliás, nós dois estamos o que mesmo? Nós nos conhecemos ontem, Felipe!

— Então espere até amanhã ou até semana que vem para dizer que estamos juntos, que namoramos, que... Sei lá! Diga o que quiser que eu confirmo. Só deixe bem claro que eu vou estar sempre do seu lado de hoje em diante. Além disso, vou te ajudar e cuidar do Rafael junto com você.

— Ainda tem o Diogo.

— Você está preocupada com ele, por quê? — perguntou rápido e friamente, olhando-a nos olhos. — Tem esperanças?

— Não! Lógico que não. Ele tem direitos sobre o Rafael que eu não vou poder negar. Por isso vai estar sempre presente em nossas vidas. Sabe disso.

— Sei. Disso eu sei. Jamais vou impedir o Rafael de ver o pai ou vou implicar com meu irmão por causa dos seus direitos. Porém, ele não vai poder dizer uma palavra sequer a respeito de nós dois, do nosso relacionamento nem dos meus direitos também com o Rafael. — Sorriu ao completar: — Porque, de certa forma, tecnicamente falando, sou pai do Rafael. A ciência prova isso.

— Felipe! Cuidado para não confundir a cabeça do meu filho. Ele ainda não é capaz de entender isso — pediu com jeito doce, mas preocupado.

— Estou brincando... só estou brincando quanto à parte técnica — sorriu. Vendo ainda um semblante tenso em seu rosto delicado, aproximou-se, tirou-lhe a mecha de cabelo da face e o alçou atrás da orelha, pedindo com voz suave: — Relaxa. Vou estar com você.

Ela ergueu o olhar e o encarou.

Felipe afagou-lhe o rosto e os cabelos.

Nesse instante, sentiram seus corações batendo forte, junto a um misto de ansiedade com satisfação.

Ela se afastou um pouco mais, fugindo ao carinho, e ele perguntou com voz forte e calma:

— Você está bem?

— Estou.

Distanciando-se um pouco, ele sorriu. Saberia esperar.

Procurando descontrair, perguntou:

— Este lugar é lindo. Estou escutando um barulho de água. Dá para ver melhor de onde vem?

— Claro — sorriu, satisfeita pelo interesse. — Vem por aqui — puxou-o pela mão e o levou para a direção das pedras, até uma pequena cachoeirinha de água cristalina.

Lá contou sobre seus planos de melhorar aquele santuário da natureza para dar acesso às pessoas que quisessem ali relaxar e aproveitar.

Felipe a ouviu com extrema atenção. Afinal, havia trabalhado por muito tempo em grande rede hoteleira. Sabia ter ampla visão a respeito do assunto.

O caminho de volta foi feito de forma diferente.

Ela, animada, relatava seus planos e ideias para ampliar as acomodações e o lazer, além da divulgação do hotel fazenda.

No entanto, uma revelação surpreendeu Felipe:

— Há cerca de três anos eu adquiri outra pousada em Campos do Jordão como já disse. Menor do que esta, claro, mas bem mais frequentada. Lá temos dezenove chalés, com acomodações para cinco pessoas, cinco chalés para oito e quatro clássicos para casais em lua de mel ou passeios especialmente românticos... Piscina aquecida, restaurante típico, sauna... Todos os chalés têm lareira, TV por assinatura, hidromassagem, ótimos colchões... Só que... eu coloquei à venda.

— Como assim?! Vai vender essa pousada?!

— Sim. Já está à venda. Embora ela seja muito mais lucrativa do que esta, mais estruturada e com uma locação excelente, já coloquei à venda.

— Mas, por quê?!

— Por causa do tratamento do Rafael. — Um instante e explicou melhor: — Não poderia me desfazer daqui. Primeiro porque pertence aos meus avós. Apesar de eles terem sugerido a venda deste lugar, não acho justo nem certo. Aqui é nosso lar e não somente um hotel fazenda. Precisamos deste porto seguro.

— Talvez não precise vender, pois...

Não o deixando terminar e, já sabendo o que ele iria sugerir, interrompeu-o:

— Não quero dinheiro do Diogo nem o seu.

— Calma, Vanessa. Não fique assim na defensiva. Lembre-se de que não está sozinha agora. Meu irmão tem dinheiro e eu posso ajudar.

— Ainda não estou a par de como nem de quanto vai ser esse tratamento. Não sei até onde o plano de saúde cobre. Mas sei que vou fazer de tudo para salvar meu filho. Você não sabe como me senti depois que descobri o que ele tinha, quando me lembrei daqueles dois médicos que fizeram o maior descaso e ficaram indiferentes aos sintomas do meu filho. Eles não deram importância. Preferiram seguir as normas do plano de saúde, economizaram exames e não diagnosticaram o que era imprescindível. Fiquei revoltada e tudo isso por causa de dinheiro, da falta de um plano melhor.

— Imagino. Também fiquei revoltado.

Parando, olhando-o nos olhos e esboçando suave sorriso, ela comentou:

— O Rafael terá o melhor que eu puder dar. Aquela pousada tem um valor considerável, porém meu filho é mais importante.

Felipe nada disse. Acreditou que não era um bom momento para insistir no assunto de dinheiro. Vanessa parecia decidida. Talvez, mais tarde, mudasse de opinião.

Conversaram mais um pouco e chegaram perto da casa principal, onde o senhor Dionísio estava sentado em um dos degraus da escada da varanda e, ao vê-los, se levantou dizendo:

— Vocês sumiram! Nem conheci o moço direito — comentou sorridente, estendendo a mão ao rapaz.

— Fui mostrar uma parte da fazenda ao Felipe.

— Prazer, senhor Dionísio! — cumprimentou correspondendo ao aperto de mão firme.

— O prazer é todo meu. Foram até o estábulo? O potrinho já tá lá, esperto que só vendo! — falou animado.

— Não. Fomos até o rio, até a cachoeirinha — respondeu a neta.

— Lá é bonito, não é? — perguntou o senhor.

— É sim. Adorei o lugar — comentou Felipe. — Aliás, estão de parabéns. Tudo aqui é muito bonito. Muito bem cuidado.

— E dá um trabalhão! Você nem queira saber! — tornou o senhor.

— Imagino.

— Com licença — pediu Vanessa. — Preciso entrar e ver como o Rafael está.

— Vou com você — disse Felipe.

— Vamos todos entrar. Quem sabe a Henriette faz um café fresquinho pra nós! — animou o senhor.

Subiram as escadas, percorreram a varanda até a porta da sala e entraram.

Vanessa foi direto para o quarto do filho, onde o encontrou sentado, tentando desenrolar uma girafa de pano, um brinquedo comprido, que havia se prendido na grade da cama.

— Deixa que a mamãe tira daí pra você, filhote.

Rafael parecia insatisfeito, meio irritado, pois havia acabado de acordar. Coisa normal em crianças.

A mãe lhe entregou o brinquedo e, para puxar conversa, Felipe perguntou:

— E aí, garotão? Dormiu bem? — O menino pendeu com a cabeça dizendo que sim, e o tio quis saber: — Quer ir lá ver o potrinho que nasceu? Seu avô disse que ele é esperto que só vendo!

— Não... — sussurrou Vanessa. — Melhor ele não ir ao estábulo. A imunidade...

— Ah... Eu não sabia — murmurou o rapaz.

— Eu quero ver o potro. Eu quero...

Contrariada, apesar de meio sorriso, Vanessa lançou um olhar dardejante para Felipe, que se sentiu alvo atingido.

Pensando rapidamente, ele sugeriu, tentando fazer o sobrinho esquecer a ideia:

— Vem com o tio — estendeu os braços para pegá-lo e o levantou, junto com a girafa de pano. — Vamos lá ver o que sua avó fez de gostoso.

— Eu não quero comer nada — falou resmungando.

— Eu disse que vamos ver e não que vamos comer.

De qualquer forma, o garotinho, frágil, com a impressão de não estar satisfeito, não disse mais nada e, nos braços de Felipe, saiu do quarto seguido pela mãe que ofereceu meio sorriso.

Minha Imagem

Chegaram à cozinha ampla com armários de madeira envelhecidos, típico de fazenda, é claro, gastos pelo tempo e pelo uso.

Felipe olhou para a mesa, que parecia sempre posta, com uma toalha grande de estampas de cestos com frutas e pires com xícaras.

Sobre ela, Henriette já havia posto uma travessa com bolinhos de chuva polvilhados com açúcar e canela, um bule com leite e outro com café. Além de um cestinho com biscoitos de nata.

— Sente-se, Felipe. Acabei de passar o café. Quer puro ou com leite?

— Puro, por favor. — O rapaz se sentou e acomodou o sobrinho na perna, dizendo: — Esses bolinhos devem estar uma delícia!

— Não quero.

— Os bolinhos do Rafael estão aqui. Ele não gosta de canela — disse a avó, colocando outro cestinho com os bolinhos de chuva polvilhados somente com açúcar. Em seguida, ela colocou café na xícara do rapaz e o açucareiro próximo, completando: — Acho que você prefere açúcar.

— Claro. Obrigado.

— A vovó fez pra você leite com chocolate cremoso. Do jeito que você gosta, Rafael.

— Eu não quero — resmungou, falando quase com a boca fechada.

— Que pena — lamentou o tio. — Se tomasse o leite e comesse... deixe-me ver... uns três bolinhos, nós iríamos lá ver o cavalinho.

O menino ficou pensativo e olhou para a caneca que a bisavó colocou a sua frente.

Felipe adoçou seu café e tomou um gole. Pegou um bolinho e comeu.

Em seguida, virou-se para Vanessa, que estava sentada quase a sua frente adoçando seu café e falou:

— Acho que vou embora daqui a pouco.

— Por que não deixa para amanhã? — ela sugeriu.

— Seria bom combinarmos, o quanto antes, o que vamos fazer quanto aos exames de compatibilidade, não acha? — perguntou ele.

— Se quiser, posso ir com você amanhã, daqui direto para o hospital.

— Precisamos conversar sobre o hospital, sobre o plano de saúde... — tornou ele.

— Não posso mudar de plano agora, Felipe. Tenho de vender a pousada primeiro. Tenho um negócio quase fechado...

— Não faça nada por enquanto. Espere um pouco — pediu ele, olhando-a firme. Não estava muito à vontade para falar.

— Eu já disse pra ela que a gente poderia vender esta fazenda aqui, em vez daquela pousada. Lá o negócio é muito bom e mais lucrativo. Aqui tudo é muito trabalhoso — disse a senhora, que se aproximava, sentando-se à mesa.

Vanessa viu quando Felipe entregou um bolinho na mão de Rafael e o menino ficou olhando. Depois, lentamente, levou-o à boca e começou a mordiscar. Mas não disse nada e a conversa seguiu.

— Também acho que ela não deveria vender. Pelo menos por enquanto — opinou o rapaz. — A Vanessa e o Rafael não estão mais sozinhos nessa situação. Se depender de mim...

— Seria melhor o pai do Rafael tomar conhecimento de tudo isso primeiro. Pelo que eu entendi, o Diogo ainda nem sabe, não é mesmo? — disse Henriette.

— Meu irmão vai saber. Mas, até lá, devemos tomar algumas providências.

— Como, *até lá*? Pensei que fosse chegar a sua casa e contar pra ele. Não seria esse o certo, filho? — tornou a senhora de fala mansa e ponderada, mas bem direta.

— Acho que essa não é uma notícia a ser dada por telefone. Farei de tudo para que o Diogo venha ao Brasil e, aqui, será melhor ele saber pela Vanessa — Felipe reforçou.

— Mas ele precisa vir o quanto antes. Precisa fazer o exame para saber se existe compatibilidade para a doação — insistiu Henriette.

— Sou gêmeo dele, a senhora se esqueceu? — sorriu ao lembrar. — Gêmeo idêntico. Vou fazer os exames para adiantar tudo. O Diogo só vai saber, por telefone, se não tiver outro jeito, pois é um assunto bem importante e delicado. Ou então... pensando bem, se não tiver jeito, vou até a Alemanha contar pra ele.

Rafael, silencioso, bebericava vagarosamente o chocolate cremoso e mordia bolinho a bolinho, parecendo alheio à conversa.

— Você não acha que o Diogo precisa saber disso o quanto antes, Vanessa? — insistiu a senhora.

— Acho, vovó. Só que o Felipe tem razão. Não é um assunto a ser tratado por telefone. Existe uma esposa e filho, e ele está longe. Não vai dar para nós conversarmos direito.

— Acho que é a nossa neta quem tem de decidir isso, Henriette — opinou o senhor Dionísio parecendo descontente com a teimosia da mulher.

— É que... Penso que, se houver compatibilidade, o melhor seria o Diogo ser o doador. Ele é o pai — foi direta novamente. Ela não escondia o que pensava.

— O melhor é decidirmos o que é mais rápido e saudável para o Rafael — tornou Felipe, procurando não mostrar sua insatisfação pela insistência naquele assunto sobre seu irmão.

Henriette não disse mais nada, embora, de alguma forma, parecesse contrariada.

— Meu pai vai vir me conhecer? — perguntou Rafael chamando a atenção de todos.

— Vai. Ele virá te conhecer. Eu te garanto isso — afirmou Felipe, fazendo-lhe um carinho nos cabelos e beijando-o rapidamente na cabeça.

— Eu já expliquei para o Rafael que ele está doentinho. O corpo dele não está funcionando direito como deveria. Por isso ele está precisando ir tanto ao médico e hospital. Ele é esperto e capaz de entender muito bem — explicou Vanessa.

— É... E você disse que eu preciso de alguém pra doar pra mim umas células que são a fabriquinha de sangue, porque a minha fabriquinha de sangue não está funcionando direito. Então, né, vou fazer um tratamento até aparecer alguém que tem a fabriquinha igual a minha e vai me doar um pouco de células pra minha fabriquinha voltar a funcionar melhor. Aí meu corpo vai fabricar sangue novo e bom. Aí não vou me sentir fraco como eu sinto.

— Isso mesmo. A mamãe ainda explicou que isso só pode ser feito quando tem alguém com essa fábrica igual a sua, do mesmo tipo. E isso é mais fácil com algum parente — tornou Vanessa.

— Então meu pai vai vir aqui pra ver se ele tem essa fábrica de sangue igual a minha pra ele ser doador.

— Você é muito esperto, Rafael. Parabéns! — cumprimentou o tio.

— Eu comi tudo e tomei o chocolate. Você vai me levar pra ver o cavalinho agora?

Novamente Vanessa fuzilou Felipe com os olhos.

Minha Imagem

Embaraçado o rapaz argumentou:

— Pelo fato de sua fabriquinha de sangue não funcionar direito, você está sensível, frágil e pode ficar doentinho com facilidade. Por isso eu vou propor a sua mãe que deixe você ir ver o potrinho no meu colo, sem ir para o chão e sem chegar muito perto. Se ela deixar, nós vamos. Certo?

— Deixa, mamãe, deixa! Deixa, vai!

Ela sorriu e concordou.

Satisfeito, Felipe tomou Rafael nos braços e o levou para ver o cavalinho.

CAPÍTULO 11
Em busca de um doador

NA MANHÃ SEGUINTE, bem cedinho, Felipe estava com as mãos espalmadas no peitoril da mureta da varanda, olhando a imensa e linda paisagem à sua frente.

Aquela vista era inebriante.

Apesar de ser verão, o ar puro e frio daquela hora do dia invadia seus pulmões deixando-o cada vez mais desperto, lúcido e atento.

Enquanto sentia a brisa fresca acariciar seu rosto liso pela barba bem feita, escanhoada naquela manhã, contemplou os animais, ao longe, em pasto reservado por cercas brancas, destacando-se na relva verde-esmeralda, cortada por um rio estreito que abastecia um lago represado e depois seguia o curso natural para além da planície e entre as montanhas, que também faziam parte daquelas terras.

Tudo era divinamente lindo.

Lembrou-se de Rafael e sorriu sem perceber.

Havia se afeiçoado muito rapidamente ao sobrinho.

Pensou em Vanessa e seu olhar brilhante se perdeu no horizonte. Encantou-se por ela, sentiu algo que nunca havia experimentado.

— Bom dia! — cumprimentou a voz doce e agradável de Vanessa às suas costas.

Virando-se rapidamente, ele sorriu respondendo:

— Bom dia.

— Dormiu bem?

— Muito bem. Obrigado. — Um segundo e comentou: — O nascer do sol aqui é lindo!

— É mesmo. Nunca me canso de ver. No inverno, o sol nasce um pouco mais ali — apontou —, entre aquelas montanhas. Seus raios passam por entre as araucárias e uma fina camada de luz entremeia-se pela neblina tocando o gramado, os arbustos e o lago. É simplesmente encantador!

— Imagino que sim.

Um momento, e o deixou olhar na direção, acreditando que ele representava a cena deslumbrante na imaginação. Depois o chamou:

— Vamos tomar o café da manhã?

— Sim, claro. Será bom pegarmos a estrada o quanto antes, mas... — Tocando seu braço, pediu com carinho em voz baixa: — Vem cá... — tentou abraçá-la.

Delicadamente, Vanessa resistiu, falando com voz meiga:

— Felipe... Por favor.

Próximo, não insistiu no abraço, mas tocou em seu rosto e prendeu seu cabelo atrás da orelha. Depois, com as costas da mão, acariciou levemente seu rosto, mas ela se afastou lentamente.

— Vamos entrar? — Vanessa o chamou novamente.

— Vamos — concordou.

Ao se sentarem à mesa, Henriette, que já o havia cumprimentado, perguntou:

— O que vocês decidiram fazer sobre o hospital? Eu os vi falando sobre isso ontem à noite.

— Não são muitos os hospitais que fazem esse tipo de transplante hoje no Brasil. O Hospital das Clínicas da Universidade Federal de Minas Gerais, onde estou levando o Rafael, é o que foi indicado, a princípio. Mas o Felipe me sugeriu outro em São Paulo e estou pensando. Entramos na internet e fizemos algumas pesquisas...

— Hoje vamos lá e a Vanessa vai levar os exames do Rafael para termos mais orientação. É sempre bom ter uma segunda ou terceira opinião.

Vendo-a com o semblante preocupado, Vanessa tranquilizou:

— Vovó, nós vamos escolher o melhor para o Rafael.

— Não tenho dúvidas disso. Só penso que o pai dele deveria saber o quanto antes e...

— Dona Henriette — interrompeu Felipe, educado —, não vamos omitir nada disso do meu irmão, porém, esse assunto com ele pode esperar. Enquanto isso, não vamos ficar parados, de braços cruzados, aguardando o Diogo para tomar decisões e medidas que cabem a nós, agora, com urgência.

A senhora se contentou e não disse mais nada.

Terminaram o café.

Vanessa fez uma pequena mala e se foram. Viajaram juntos para São Paulo, na Pick-up de Felipe.

෴

Minha Imagem

O quanto antes, procuraram em conceituados hospitais especializados no procedimento de transplante de medula óssea o máximo de informações para o caso de Rafael.

Exausta, no fim do dia, em um restaurante, Vanessa estava sentada em frente a Felipe.

Naqueles minutos de silêncio, em que aguardavam para serem servidos, ele a observou por longo tempo e ficou pensativo.

Não sabia se aquele era o momento de contar sobre a morte da esposa e do filho de Diogo que havia ocorrido poucos dias antes.

Por um instante ficou temeroso. Gostaria de conquistá-la de qualquer forma e o quanto antes, mas...

E se Vanessa ainda gostasse de seu irmão e, ao tomar conhecimento daquela notícia, tivesse alguma esperança de ficar com Diogo?

E se Diogo, ao saber que tinha um filho com ela, insistisse para ficarem juntos?

Como agir?

Felipe não sabia o que fazer.

Achou que não havia lutado o suficiente por Ceres. Deveria, de alguma forma, ter sido mais insistente, na época.

E se isso voltasse a acontecer?

E se Diogo quisesse lutar por Vanessa? O que ele deveria fazer?

Certamente não iria suportar. Não pela segunda vez.

Embora a conhecesse havia tão pouco tempo, sentia-se apaixonado.

— Estou tão cansada... — murmurou Vanessa, tirando-o daqueles pensamentos.

— Saindo daqui nós vamos para aquele hotel onde ficou. Aí você toma um banho, relaxa...

— Você vai telefonar para o Diogo hoje?

— Vou. Assim que chegar à minha casa.

— Seria bom que sua mãe e suas irmãs não soubessem disso antes dele.

— Concordo. Vou ser cauteloso.

Jantaram e, pouco depois, já no quarto do mesmo hotel em que se hospedou da última vez, Vanessa se sentiu sem jeito pela companhia de Felipe, que se sentou na cama enquanto ela tirava os sapatos e arrastava a mala para perto de um sofá.

Olhando-a ternamente, Felipe murmurou com sua voz forte e calma:

— Vai dar tudo certo. Vamos trazer o Rafael para cá e...

— Quando se demora muito para encontrar um doador, o caso se agrava. E se você e mais ninguém de sua família puderem ser doadores, como vai ser?

— Não vamos pensar nisso. Vamos encontrar um doador. Convidaremos pessoas conhecidas, usaremos a internet, páginas de redes sociais... Faremos tudo o que for preciso. Agora é importante você descansar. Amanhã teremos outro dia cheio e... Eu tenho de ir.

— Você me liga assim que falar com o Diogo?

— Ligo sim. Não vou contar nada para ele por telefone. Pode confiar em mim. Também acho que é você quem deve falar tudo.

— Precisa encontrar um jeito de trazê-lo para o Brasil.

— Ainda não sei como vou fazer isso. Nós dois não conversamos há muito tempo e...

— Vai conseguir. Tenho certeza — disse olhando-o como se Felipe fosse sua última esperança.

Seus olhos se imantaram por algum tempo.

Nenhuma palavra.

Minha Imagem

Ele se levantou, deu um suspiro e forçou um sorriso leve que foi correspondido no mesmo grau. Procurou pelas chaves do carro e se aproximou, afagando-lhe rapidamente o rosto com as costas da mão ao dizer:

— Se cuida. Descansa. Quando eu chegar à minha casa, te ligo.

— Vou esperar.

Felipe deu-lhe um beijo no rosto e se foi.

ഓരു

Conforme combinado, ao chegar a sua casa, ligou para Vanessa querendo saber se estava tudo bem. Disse que, talvez, ligasse para o irmão ao amanhecer por causa do fuso horário.

Bem mais tarde, após um banho demorado em que aproveitou para relaxar e refletir, Felipe sentou-se em sua cama, pegou o telefone e ficou rolando-o de uma mão para outra.

Estava apreensivo. Não conseguia se livrar da inquietude atroz, desumana, incontrolável.

Consultou o relógio, quase uma hora da manhã.

Calculou o fuso horário e viu que seriam quase seis da manhã, em Berlim, na Alemanha.

Uma ansiedade o angustiava.

Não sabia direito o que falar ao irmão, embora tivesse de fazê-lo.

Buscando na memória do aparelho, encontrou o número telefônico e não vacilou, confirmando para a ligação ser completada.

Escutou chamar poucas vezes até que a voz do irmão atendeu, e Felipe o chamou:

— Diogo?

Silêncio total.

Ele sabia quem era.

Depois de tantos anos, depois de tanta ausência e em um momento delicado, ouvir a voz de Felipe foi uma grande emoção.

Por causa da demora aflitiva, o outro insistiu:

— Diogo, sou eu, o Felipe.

Ele estava sensível, deprimido. Não conseguia suportar tamanha dor e o outro sentia.

Felipe passou a escutar sua respiração forte misturada a soluços insistentes.

Naquele momento, percebeu que já deveria ter falado há muito tempo com seu irmão.

Deveria tê-lo procurado assim que soube do acontecido com sua mulher e filho.

Uma dor intensa, tanto quanto a do outro, apertou o peito de Felipe que, não resistiu e chorou junto.

Algum tempo e Felipe pediu com a voz entrecortada:

— Me perdoa, cara... Me perdoa por não ter te procurado antes... Eu sei... Eu sinto como está sendo difícil pra você, meu irmão...

Mas Diogo não dizia nada. Só chorava e ouvia.

— Diogo? — insistiu. — Diga alguma coisa, cara.

— O que eu posso dizer? — perguntou com a voz rouca e trêmula.

— A gente precisa conversar, meu. Precisamos trocar um abraço, sentar e conversar... Já deveríamos ter feito isso há muitos anos.

— Tá sendo difícil pra mim, meu irmão.

— Eu sei — afirmou Felipe. — Você sabe que eu sei. Eu sinto.

— Meu filhinho... Você nem chegou a conhecer o Raphael...

Minha Imagem

Felipe sentiu como se uma faca tivesse sido fincada em seu peito ao se dar conta de que o irmão nem imaginava que tinha outro filho e com o mesmo nome: Rafael. Mesmo assim, respondeu:

— Eu o vi por fotos, pelos vídeos que você mandou pro pai...

— Não tá dando pra aguentar, Felipe. É muito difícil.

— Diogo, presta atenção: é o momento de você tirar umas férias e vir pra cá. Precisa ficar com sua família.

— Não... Não quero ir *pra'í*. Estou sem ânimo, sem vontade... E outra, eles estão aqui — referiu-se a mulher e o filho enterrados na Alemanha.

— Você sabe tanto quanto eu que eles não estão aí. Aproveite que o pai está aí e... volta com ele.

— O pai vai voltar amanhã.

— Então aproveita a companhia dele e...

— A nevasca foi intensa este ano. Os aeroportos estão com dificuldades. Os voos estão lotados. Não vou conseguir passagem e... ...e também não quero voltar pro Brasil.

— Seria bem importante pra gente. Precisamos conversar.

— Podemos continuar nos falando por telefone, pela internet... Não podemos, Felipe?

— Claro que sim. Só que, não é a mesma coisa. Você sabe.

— Por enquanto vamos deixar assim. Estou tentando retomar minha vida, voltar ao trabalho. Mas não está fácil. Tudo me lembra ela e o meu filho. Aqui em casa, tudo me lembra o Raphael. Fico com a impressão que ele vai aparecer correndo a qualquer momento e... Como se não bastasse, a Ceres está em todos os detalhes da casa, nós trabalhávamos juntos e lá na empresa eu só me lembro dela.

Continuaram conversando por longo tempo, mas Felipe não conseguiu convencer o irmão a retornar ao Brasil.

Ao terminar a ligação, Felipe consultou o relógio e viu que era muito tarde para ligar para Vanessa. Talvez ela já estivesse dormindo. Contaria tudo, pessoalmente, pela manhã. Tinham muita coisa para fazer e passariam outro dia juntos. Precisavam cuidar da transferência do tratamento de Rafael para São Paulo.

ುಲಿ

Com o passar dos dias, mesmo se falando diariamente, Felipe não conseguiu convencer o irmão a voltar para o Brasil.

Em meio a isso, Rafael foi trazido para a capital e seu estado delicado exigiu internação, que Felipe providenciou.

O garotinho foi submetido à cirurgia para a retirada de tumores formados na garganta e axilas, o que fez todos sofrerem angustiados, junto com ele.

Mas a maior decepção foi saber, após um simples exame de sangue, que Felipe e Rafael não tinham compatibilidade para o transplante.

Vanessa não suportou e chorou muito ao ver sua maior esperança se desfazer.

Então veio um momento bastante delicado: todo o resto da família do pai de Rafael precisava saber de tudo.

Embora Diogo teimasse em ficar na Alemanha, Felipe decidiu reunir todos e contar o que estava acontecendo.

ುಲಿ

O verão se despedia em um sábado muito chuvoso do mês de março. Um dia em que Felipe pediu a família algo inédito: uma reunião com os pais e as irmãs.

— O que seu filho vai aprontar agora? — perguntou o senhor Weber à dona Elza, preocupado por aquela situação muito diferente.

— Você tem que parar de falar coisas desse tipo a respeito dele. O Felipe se afastou de nós porque apoiamos o namoro do Diogo com a Ceres. Temos de admitir que foi um golpe muito duro para ele. Nunca o chamamos e conversamos a respeito.

— Ele abandonou o trabalho. Viajou por aí sem rumo... Ficou anos sem dar notícias. O que queria que eu fizesse?! Nesses anos todos, não sabemos o que fez. Voltou cheio de dinheiro e, nos últimos meses, não o vejo trabalhar e vive cheio de mistérios. Nem parar em casa ele para, muito menos conversa com a gente.

— Ele conversa com a Priscila — a mulher contrapôs.

— Conversa tanto que ela sabe sobre ele menos do que nós — falou em tom irônico.

— Se quer saber por onde ele andou ou o que fez, por que não pergunta para o seu filho? Por que não conversa com ele?

Não houve resposta.

Cláudia e Priscila, que estavam no quarto, chegaram à sala de estar e a filha mais velha perguntou:

— O Felipe ainda não chegou?

— Não — respondeu o pai, parecendo insatisfeito.

— Eu tinha uma festa pra ir hoje. Ai que saco! — reclamou Priscila pela demora.

Enquanto isso, descargas elétricas caíam uma após outra, seguida de trovões que explodiam no ar.

Dona Elza olhou e viu quando os faróis da caminhonete do filho passaram pelas vidraças da sala e anunciou:

— O Felipe chegou!

Não demorou e o rapaz abriu a porta da sala e entrou, seguido por Vanessa.

A expectativa foi geral.

Com exceção da senhora, que a tinha visto uma vez, mas nem lembrava o seu nome, ninguém a conhecia, muito menos sabia quem era ou por que estava ali.

Silenciosos, não entendiam o que estava acontecendo.

— Oi, todo mundo! — disse o rapaz sorrindo meio sem jeito pelo nervosismo que tentava disfarçar. Não demorou e apresentou: — Pessoal, esta é a Vanessa e... Vanessa, estes são meus pais e minhas irmãs. Embora, minha mãe, você já conhece.

Todos a cumprimentaram simpáticos e educados, mesmo com a curiosidade a correr pelas veias.

— Por favor, sente-se — pediu a dona da casa, sempre atenciosa. — Nós já nos conhecemos, mas não conversamos muito. Foi tão rápido.

— Sim. É verdade — confirmou ela bem nervosa, sentindo a voz tremer na garganta ressequida.

Um minuto de silêncio e, ao ver todos se entreolharem, aguardando ansiosos para saber do que ser tratava, Felipe, acomodado ao lado da convidada, decidiu contar:

— Bem pessoal, o negócio é o seguinte... Tempos atrás eu estava chegando aqui em casa e a Vanessa estava no portão.

Ele revelou exatamente tudo o que aconteceu.

Diante da perplexidade, desfechou:

— Então é isso. Só que o Diogo ainda não sabe de nada. Estou tentando persuadi-lo a vir para o Brasil, pois essa não é uma notícia que se dê por telefone e...

— Mas o Diogo...

— Espera, Cláudia — pediu o irmão espalmando a mão em sua direção para que se calasse. Não queria que nem ela nem ninguém fizesse qualquer revelação ainda. — Como eu ia dizendo...

Minha Imagem

Não é algo para se contar por telefone. Acredito também... — enfatizou — que o Diogo precisa conversar com a Vanessa pessoalmente e contar, explicar, falar... sei lá... tudo o que ele quiser. Entenderam? — deu ênfase novamente, junto com uma gesticulação onde fez com que todos entendessem que era o Diogo quem deveria decidir o que contar sobre a própria vida. E tornou a ressaltar: — Não sabemos o que ele quer expor, ou não, a ela e isso é entre os dois. Certo?

— Não quero atrapalhar o casamento do Diogo. Ele deve viver bem com a mulher e o filho. Por isso acho importante nós conversarmos e ele decidir o que contar à esposa.

— Também concordo com a Vanessa! — tornou Felipe não dando trégua ao sentir o olhar assombrado de todos se virarem para ele.

Já haviam se espantado antes, quando ouviram o nome do menino ser pronunciado, mas ninguém falou nada. Somente olharam para o rapaz que pediu calma e prosseguiu com o relato.

Naqueles poucos meses, antes de chegarem até ali, Felipe procurou auxiliar Vanessa e o sobrinho e, com isso, viu-se ainda mais apegado ao menino e apaixonado por ela.

Ajudou-a, não só pela necessidade, mas também pelo prazer de sua companhia.

Procurou estar sempre presente, confortá-la, ser seu braço forte, oferecendo o ombro amigo e mostrando-se alguém em quem ela poderia confiar.

Com isso, aos poucos, foi se aproximando e procurando conquistá-la.

Ainda muito perplexo com a notícia e também pela omissão que viu o filho fazer, o senhor Weber se levantou preocupado e, após alguns passos em que foi seguido pelos olhares de todos, virou-se e perguntou:

— Então... Se o Felipe não é compatível, o Diogo também não é?

— Sim — respondeu o rapaz de pronto.

— Mesmo ele sendo pai? — tornou o homem.

— Somos gêmeos idênticos, clones um do outro. O senhor se esqueceu? Se eu não sou compatível, ele também não é.

— Então... — o senhor pareceu ter alguma dúvida, mas não se manifestou e ficou olhando para Vanessa, detendo as palavras.

Esperta, entendendo o seu olhar, ela se pronunciou:

— Senhor Weber, estou disposta a um teste de paternidade, assim que o Diogo chegar ao Brasil. Não quero que haja qualquer dúvida quanto à paternidade do meu filho.

— Eu não disse nada. Só penso que o pai, talvez, seja o doador mais compatível. Não acredito muito nessa história de... de... de clone, de algo tão idêntico em gêmeos iguais. Não sei. Isso não entra na minha cabeça.

— Querendo o senhor ou não, geneticamente falando, eu sou cem por cento igual ao meu irmão. Isso é a ciência quem diz, não eu. Se eu não sou compatível para a doação de medula óssea ao Rafael, o pai dele também não é, apesar de ser o pai. Até onde sei, a chance de se encontrar um doador compatível de medula óssea é, em média, uma chance em cem mil. Esse é um número muito alto. As chances são poucas e pioram por conta do baixo número de pessoas candidatas à doação, tendo em vista o número de gente que há nesse país — explicou Felipe. — Nem sempre pai e mãe são compatíveis com o filho. A compatibilidade ideal aumenta, com uma chance bem maior, entre irmãos do mesmo pai e da mesma mãe. Essa chance sobe para 25%. A compatibilidade para o transplante de medula óssea tem de ser total entre doador e receptor. Caso contrário, haverá rejeição. Essa compatibilidade entre as células do doador e receptor é determinada por um conjunto de genes localizados no cromossomo 6, que devem ser exatamente iguais. Para isso, existem testes laboratoriais específicos a partir de uma simples amostra de sangue de ambos.

— É um exame chamado de Histocompatibilidade — HLA — completou Vanessa.

— Por isso é que precisamos de vocês. Precisamos dos amigos, dos conhecidos e desconhecidos — tornou Felipe. — Podemos encontrar um doador na família, mas também podemos encontrá-lo em qualquer outro lugar, longe ou perto, onde nem podemos imaginar.

— Por essa razão para os necessitados de um transplante de medula óssea, foi criado o REDOME — Registro Nacional de Doadores Voluntários de Medula Óssea — que hoje tem, no Brasil, em torno de três milhões de pessoas cadastradas a candidatas para doação. Isso é muito pouco, tendo em vista as pequenas chances de se encontrar um doador que, como o Felipe lembrou, é de uma chance em cem mil. É preciso conscientizar as pessoas sobre a importância de se salvar uma vida, sobre a importância de se ser um doador voluntário.

— O que faz exatamente o REDOME? — interessou-se Cláudia.

— Para ser doador voluntário, é preciso ter entre dezoito a cinquenta e cinco anos de idade e ter boa saúde. O candidato a doador deve procurar um hemocentro mais próximo de sua casa. Lá será agendada uma entrevista para que ele se esclareça sobre a doação e tire todas as suas dúvidas. Concordando em se candidatar para a possível doação, é preenchida uma ficha com todos os dados desse voluntário. Logo depois, haverá a coleta de uma pequena quantidade de sangue, como um exame de sangue simples, em torno de cinco ou dez mililitros para se saber a tipagem de HLA, que é a Histocompatibilidade para se verificar e registrar os genes do cromossomo 6 — explicou Vanessa com voz doce e olhos ávidos. — Todas essas informações como o nome, o endereço, telefones e resultados dos exames, bem como as características genéticas do voluntário, vão ser arquivadas no sistema informatizado do REDOME que fica instalado no INCA, que é o Instituto Nacional de Câncer, um órgão do Governo Federal. Quando necessário, esse sistema informatizado cruza as informações genéticas entre o voluntário e o paciente que precisa do transplante e quando existe a abençoada compatibilidade, o doador é solicitado e consultado sobre a doação.

— Por tudo isso é muito importante o doador sempre atualizar seus dados como telefones e endereços nesse cadastro, em caso de mudança. Nunca se sabe quando ele poderá salvar uma vida — completou Felipe.

— Eu tenho uma dúvida... Será que, sendo doadora, eu não corro algum risco? A medula óssea é a mesma que a medula espinhal? Sei que, se eu quebrar a coluna espinhal, não ando mais. Fico paraplégica ou tetraplégica — indagou Cláudia com simplicidade. Explicando ainda: — Desculpe-me, mas... não tenho conhecimento. Sou ignorante no assunto.

— Não se deve ter vergonha de perguntar o que não se sabe, Cláudia. Você fez bem. Muita gente não sabe. Eu mesmo tirei um monte de dúvidas antes de chegar aqui. É o seguinte: Não tem nada a ver uma coisa com a outra. Até hoje, não se tem registros de quaisquer incidentes com doadores de medula óssea. Não faz sentido prejudicar a saúde de um em favor de outro. A medula óssea é um tecido líquido, meio gelatinoso, que se concentra na cavidade dos ossos. É conhecida popularmente como tutano. Aquele tutano que a gente vê no osso do boi, usado em cosméticos. Ela é mais concentrada, mais ativa no osso do quadril. As células-mãe, que essencialmente compõem a medula óssea, são as responsáveis pela fabricação de vários elementos do sangue, como os glóbulos vermelhos, glóbulos brancos, plaquetas... Já a medula espinhal é formada de tecido nervoso e ocupa o espaço dentro da coluna vertebral. A partir do cérebro é a medula espinhal quem transmite os impulsos nervosos para todo o corpo. Uma coisa é bem diferente da outra. Ninguém vai tocar em sua medula espinhal caso você seja doadora de medula óssea.

— Ah... Entendi. E... O que pode impedir uma pessoa de ser doadora?

— Aids, Hepatite C e câncer. Aqueles que têm hepatite A e B, bem como, diabetes e pressão alta, entre outras doenças, podem se inscrever como doadores também. Para esses, como para todos os voluntários, é necessário, quando aparecer um receptor precisando da doação, que o doador passe por uma bateria de exames a fim de assegurar suas funções orgânicas para ele não ter complicações e para que seja confirmado seu bom estado de saúde a fim de não colocar o receptor em risco — explicou o irmão. — Ah! Além das condições clínicas, são verificadas as condições cardiovasculares do doador.

— Se eu for doadora e ajudar alguém e depois, se outra pessoa for compatível comigo e precisar da minha doação, eu posso ser doadora novamente? — quis saber Priscila.

— Sem dúvida que pode. A medula óssea é um transplante que se faz em vida e não se fica sem. A retirada de medula para a doação é muito pequena. Você doa menos de 15% de tudo o que tem. Em duas semanas sua medula se reconstitui e estará inteiramente recomposta, recuperada totalmente e sem nenhum comprometimento na sua saúde — respondeu Vanessa.

Interessada, com voz pausada e bem calma, dona Elza quis saber:

— Como é esse transplante?

— Existem dois tipos diferentes de procedimentos para se doar a medula óssea, que sempre são feitos em centro cirúrgico. O primeiro dura pouco tempo e é feito sob anestesia. É realizada uma punção com agulha no osso da bacia onde é aspirada um pouco de medula. O segundo é por punção de veia periférica, igual à doação de sangue. Esse procedimento dura mais tempo, em torno de cinco horas. O sangue é filtrado e volta para o próprio doador. Nessa filtragem são recolhidas somente as células-mãe e retirada uma quantidade pequena, porém valiosa para a doação. Nos dois casos, a medula se regenera, totalmente, em quinze dias apenas — respondeu o filho. — No procedimento onde é feita a punção no quadril, o doador pode sentir um incômodo, uma dorzinha, como se tivesse levado um tombo e isso pode durar até três dias. Essa dor é amenizada com o uso de medicamentos simples, como analgésicos comuns.

— É bom lembrar que "para o doador é um incômodo passageiro, mas para o doente é a diferença entre a vida e a morte". Isso é muito mencionado nas solicitações para doação. A doação é um gesto de amor. Não basta a gente só se comover com as pessoas que precisam de um transplante de medula óssea, temos de tomar uma atitude e nos cadastrarmos para sermos possíveis doadores — comentou Vanessa, alertando a todos.

— O que determina o tipo de procedimento para a doação é a gravidade do paciente. Quando um necessitado leva muito tempo para encontrar um doador ideal, seu quadro se agrava e o médico recomenda que a doação seja feita pela punção no quadril. É no osso do quadril que a medula óssea é mais ativa, onde é mais encontrada — tornou Felipe.

— Para o receptor, no caso do... Rafael... — o senhor Weber sentiu-se abalado ao pronunciar o nome do neto. Fez breve pausa e prosseguiu: — Para Rafael, como será o transplante? Vocês sabem?

— Ele vai ser submetido a um tratamento em que, toda a sua medula óssea será destruída para atacar as células doentes. Depois, ele vai receber a medula doada como se fosse receber uma transfusão de sangue. Já na corrente sanguínea, a medula recebida, rica em células chamadas de progenitoras, circula normalmente até irem parar no lugar certo onde se desenvolvem. Durante o tempo em que essa medula não é capaz de produzir os glóbulos vermelhos, os glóbulos brancos e as plaquetas na quantidade necessária dentro da normalidade, ele, assim como todo paciente que passa pela doação, fica vulnerável às hemorragias e infecções. Por isso ele será internado em hospital próprio para isso e em regime de isolamento. Vai necessitar de cuidados específicos, higiene... Não terá contato direto com ninguém... Nem comigo... — A voz de Vanessa embargou e ela não deteve as lágrimas nem o soluço que a fez parar de falar.

Felipe não suportou vê-la daquele jeito e colocou o braço sobre seus ombros, puxando-a para que se recostasse nele.

Logo o rapaz finalizou:

— Esse período será longo... Durará semanas... Nesse tempo, apesar de todos os cuidados, o mal-estar, as febres vão acontecer. Será uma fase bem difícil.

Secando o rosto com as mãos, Vanessa procurou se recompor e se afastou do abraço.

Comovida, Cláudia se levantou, sentou-se ao seu lado e afagou-lhe as costas suavemente, procurando consolar:

— Não fica assim. Tenho certeza de que toda nossa família será voluntária e vamos encontrar um doador.

— Isso mesmo, Vanessa. Você não está mais sozinha. Estamos nessa luta juntos — disse dona Elza com lágrimas correndo na face.

— Quando podemos visitá-lo? Onde estão instalados? — quis saber o avô, também comovido.

— Ele está internado. Não esteve bem esses dias. Por isso eu aluguei um *apart-hotel* para a Vanessa se instalar até... — contou Felipe.

— Nem todos os que sofrem com leucemia precisam de transplante, mas no caso dele, é a única esperança — tornou Vanessa.

— Não existe alternativa para quem precisa do transplante? — perguntou dona Elza desejosa de ouvir outra resposta.

— Lamentavelmente, não. Para quem precisa de transplante a cura está em encontrar um doador compatível. Como é o caso do Rafael — disse Felipe em tom de lamento.

— E a quimioterapia?... A radioterapia?... Não adiantam? — tornou a senhora.

— Para ele, esse tipo de tratamento não soluciona. Só permite um tempo maior de vida — respondeu o filho. — A medula do Rafael é doente e precisa ser destruída para que uma nova, saudável, seja transplantada. Só isso poderá salvá-lo.

— É só ele receber a medula óssea compatível, passar pelo período de internação e isolamento? — indagou Priscila.

— Não. O tratamento continua mesmo após a recuperação da medula. Só que ele não precisa ficar internado, desde que tenha boas condições clínicas e nutricionais. Ainda haverá riscos por conta de infecções e dos medicamentos quimioterápicos utilizados durante o tratamento. Por serem de outro indivíduo, mesmo existindo a compatibilidade, as novas células crescem com uma nova *memória* e, por serem células de defesa, elas podem reconhecer alguns órgãos do corpo como estranhos e combatê-los. Isso pode acontecer com intensidade variável e, na maioria dos casos, pode ser controlado com medicamentos — explicou Felipe.

— Quer dizer que, mesmo depois de todo o trabalho de encontrar um doador, do tempo de se ficar internado e isolado, ainda pode haver rejeição? Coitadinho! — tornou a irmã caçula.

— A rejeição é rara, no caso de transplante de medula óssea, mas... pode acontecer — afirmou o irmão. — Essa luta não é fácil.

— Amanhã bem cedo quero ir ao hospital.

— Claro, senhor Weber. Quando o senhor quiser — respondeu Vanessa.

— Todos iremos — ressaltou Cláudia.

— E o quanto antes vamos fazer esse teste de... de... — o avô tentou lembrar.

Sorrindo, Felipe ajudou:

— Teste de tipificação do sangue por exame de Histocompatibilidade ou teste de HLA. Mais conhecido como exame de compatibilidade.

— Isso mesmo — tornou o senhor com um jeito inquieto, um misto de compaixão, surpresa e forte emoção.

— Obrigada por vocês entenderem a situação e se disponibilizarem a ajudar. Não imagina como estou animada e esperançosa. Minha família é tão pequena... Não tenho mais ninguém, além da família do pai do Rafael, que eu possa lembrar como parentes próximos a ele — disse Vanessa emocionada.

— Terá toda ajuda possível. Quanto ao Diogo... — o senhor parou, refletiu um pouco, depois concluiu: — Vamos trazê-lo para o Brasil.

A tempestade havia amenizado.

Somente uma chuva branda caía naquele momento.

Sentindo o coração mais leve, Vanessa se levantou, olhou para todos e agradeceu:

— Mais uma vez, obrigada. Agora, se me derem licença, preciso ir.

— Não. Vamos fazer um lanche, comer uma pizza... — convidou a mulher se levantando.

— Muito obrigada, dona Elza, mas não estou tão disposta. Estou exausta. Essa semana foi bem difícil. Passei dia e noite no hospital. Só hoje à tarde minha avó pôde viajar e ficar com ele para eu descansar um pouco e vir falar com vocês.

— Então, amanhã você almoça conosco. Certo? — insistiu a mulher.

— Sim! Depois que voltarmos do hospital — reforçou o dono da casa.

— Pode ser. Não sei direito. — Pensou e se lembrou: — Minha avó... Será muito cansativo para ela se tiver de ficar lá amanhã novamente.

— Amanhã, depois que formos apresentados para o Rafael, ele escolhe quem vai ficar lá a tarde toda no hospital e você vem pra cá. Certo? — propôs Cláudia animada.

— Pode ser — concordou ela encabulada para satisfazê-los.

— Então vamos. Vou te levar. Ainda bem que a tempestade passou — disse Felipe.

O olhar dardejante de cobranças do senhor Weber para o filho foi inevitável.

Felipe percebeu que o pai queria respostas pelo fato de ele ter omitido de Vanessa que a esposa e o filho de Diogo haviam falecido.

O rapaz disfarçou e fingiu não perceber.

Vanessa se despediu de todos e pediu a ele:

— Você me leva?

— Claro. Vamos lá.

Virando as costas, Felipe a conduziu para que saíssem.

CAPÍTULO 12
O romance com Felipe

O CAMINHO DE VOLTA ao *apart-hotel* foi feito em total quietude.

No veículo, em baixo volume, tocava uma música atual, tranquila, que era apreciada por ambos em silêncio.

Parado em um semáforo, Felipe ficou observando o pouco movimento de outros carros e repousou o olhar por algum tempo nas luzes dos faróis refletidos no asfalto molhado.

Quando se deu conta, sentiu o olhar fixo de Vanessa tocá-lo.

Virando-se, ofereceu leve sorriso generoso, largou a mão do volante e a levou até o rosto de pele aveludada, acariciando-o.

Vanessa aceitou o carinho que lhe roçou agradavelmente a face. Em seguida, beijou-lhe a mão, num gesto rápido, quando essa lhe passou perto da boca.

Segurou-a e colocou-a entre as suas, invadindo-lhe a alma com um olhar doce ao murmurar:

— Obrigada.

Felipe aumentou seu sorriso, mas não teve tempo de responder.

O semáforo abriu para que o trânsito da via onde ele estava fluísse.

Já no apartamento, ela entrou na frente, colocou sua bolsa sobre uma mesa, enquanto comentou:

— Estava tão nervosa lá na sua casa. Você nem imagina.

Colocando as chaves do carro ao lado de sua carteira, sobre um aparador, ele a encarou dizendo:

— Imagino, sim. Também estava ansioso. Estou satisfeito por ter dado tudo certo.

— Por um momento achei que o seu pai duvidou sobre a paternidade do Rafael.

— Temos de encarar a realidade e admitir que essa desconfiança seja normal. Ele nunca a viu, nunca ouviu falar de você e de repente...

— Eu entendo, mas... É tão constrangedor.

— Eu sei — falou com voz terna. Aproximando-se, tirou-lhe o cabelo que estava parcialmente na frente do rosto como se lhe fizesse um carinho.

— Obrigada, Felipe. Obrigada por me dar tanta força, por estar comigo. Não sei como seria tudo isso se você não estivesse ao meu lado. Já é tão difícil ter de ser forte e encarar o quadro do Rafael. Você poderia cuidar de sua vida, de outras coisas, mas... Está comigo, me ajudando em tudo, revezando no hospital, me ajudando financeiramente, animando meu filho...

— Não é nenhum incômodo para mim. Fico triste pelas circunstâncias, lógico, mas... Quero acompanhar você, ajudar a cuidar do Rafael.

Vanessa se viu tomada de forte e inexplicável emoção.

Impulsionada por um sentimento acima de sua compreensão, ela o abraçou com força recostando a cabeça em seu peito, como se quisesse se esconder dentro dele.

Felipe agasalhou-a no abraço, envolvendo-a com carinho, beijando-lhe suavemente o alto da cabeça.

Como era bom estar tão perto, tê-la em seus braços e poder confortá-la com seu carinho, com seu amor.

Ele afagou lenta e ternamente as costas de Vanessa que retribuiu o gesto.

Ficaram assim por longos minutos, enquanto uma sensação, um sentimento mais forte fluía de modo que não conseguiam deter.

Felipe se afastou um pouco e, invadindo sua alma com seus olhos, fez-lhe um carinho nos cabelos e depois no rosto. Ela aceitou, fechando os olhos de forma tranquila, deixando-se levar.

Não se contendo, curvou-se lentamente e seus lábios procuraram os dela. Ele a beijou com delicadeza, experimentando um sentimento puro que não sabia explicar.

Ela correspondeu ao beijo, permanecendo em seus braços fortes que a envolviam com carinho. Levando a mão em seu rosto, acariciou-o com leveza, sentindo a aspereza de sua barba por fazer.

Envolvendo-a com mais força, enquanto suspirou fundo, ele beijou-lhe o rosto várias vezes e, com cuidado, roçou a barba em sua face como forma de carinho e, com a boca, procurou por seu ouvido sussurrando com voz morna, quase rouca:

— Esperei tanto por esse momento... Te quero tanto.

Sentindo seu coração bater forte, junto a um misto de ansiedade e satisfação, primeiro ela apertou o abraço, depois, delicada, afastou-se um pouco.

Com voz forte e calma, ele quis saber:

— Tudo bem?

— Tudo. Tudo bem.

Ela sorriu enquanto o fitava e lhe fez um afago no rosto em que ele, rápido, aproveitou e beijou-lhe a palma da mão.

— Não tem como negar por mais tempo o que sentimos um pelo outro, Vanessa.

— Eu sei... No começo, quando o conheci, eu... — deteve as palavras.

— ...ficou com medo de me confundir com o Diogo, que conheceu antes de mim — completou ao vê-la temerosa para confessar.

— Acho que foi isso mesmo. Mas... Nesses últimos meses juntos, percebi, senti em você algo muito diferente.

— É tão bom ouvir isso — sorriu, aproximou-se e no envolvimento embalou-a nos braços, de um lado para outro.

— Felipe... Haverá muitas dificuldades. Eu tenho o Rafael e...

— Nós temos o Rafael. Eu o adoro. Lembre-se disso.

— Eu sei, mas... E quando o Diogo voltar? Como vou explicar para o meu filho que não vou ficar com o pai dele e sim com o tio? E sua família? Como vamos nos apresentar a eles?

— Se a minha família foi capaz de entender e aceitar o Diogo com a Ceres, vai ter de entender e aceitar nós dois, que é um caso bem diferente. Você não tinha qualquer compromisso quando eu a conheci. Na época em que namoraram, o Diogo a enganou e fez uma escolha. Ele não a procurou para dar uma satisfação sequer. Quando você descobriu que foi enganada, meu irmão nunca quis saber o que sentiu, por que desistiu de tudo e sumiu. Nunca foi atrás de você e, por conta disso, jamais soube do filho, preferindo ficar com a Ceres. Foi uma escolha dele.

— Um instante e opinou: — Penso que você não tem de dar explicações ao Diogo, nem eu tenho nada a esclarecer a meu irmão. Embora eu vá fazê-lo na primeira oportunidade. A respeito do Rafael... Bem, eu creio que isso será fácil. Ele gosta muito de mim — sorriu satisfeito e confiante. — Somos ligados e, a bem da verdade, ele já está bastante acostumado a nos ver juntos. Nos últimos tempos nem tem perguntado mais do pai. Percebeu?

— Justo agora que, depois de tantos anos, você e seu irmão voltaram a conversar e estão se dando bem, eu apareço e... Como vai ser?

— Não vou fazer o mesmo que ele fez comigo. Pretendo sentar e contar tudo o que aconteceu. O Diogo foi covarde na época. Nós éramos muito amigos, ligados, e ele esperou que a Ceres me contasse. Nem teve peito de estar ao lado dela e me encarar.

— Quer que eu esteja com você quando for falar com ele?

— Penso que não é necessário. Você não tem qualquer compromisso com ele. Não lhe deve satisfações da sua vida pessoal. — Breve pausa e lembrou: — Se tivesse conhecido outra pessoa, namorado ou casado, não teria que lhe dar explicações. Não é mesmo? Por que, por estar comigo, deveria fazê-lo?

Apesar de saber que ele estava com toda razão, ela se preocupou.

Afastando-se do envolvimento, andou alguns passos e foi até a janela do oitavo andar olhar a rua, observando que ainda chovia.

Felipe se aproximou, abraçou-a pelas costas e curvando-se, apoiou o queixo em seu ombro.

Depois de algum tempo, ao vê-la reflexiva, ele sugeriu:

— Está cansada. Toma um banho e põe uma roupa leve e descansa.

— É isso o que vou fazer. Aproveitar que minha avó está no hospital hoje e...

Vanessa se virou e sorriu.

Ele retribuiu o sorriso e a beijou rápido, saindo de sua frente ao pedir:

— Importa-se eu ficar um pouco mais?

— Não. Claro que não. Ligue a TV. Senta aí que já volto.

O rapaz concordou.

Ao sair do banho, olhou para a cama e o viu deitado com a cabeça recostada sobre travesseiros altos, dormindo com a televisão ligada.

Aproximando-se, ela sorriu e correu os dedos pelos cabelos curtos e aloirados, teimosos que voltavam para o lugar.

Felipe suspirou e, assonorentado, ao vê-la, sorriu e a covinha apareceu em sua face.

Pegando em sua mão, puxou-a para que se sentasse ao seu lado e, para isso, afastou-se.

— Não está com fome ou quer beber alguma coisa? Um suco?

— Não. Obrigado. Almoçamos tarde depois de deixarmos sua avó no hospital.

Vanessa acomodou-se melhor. Puxou uma mantilha sobre as pernas e recostou-se no peito de Felipe que a abraçou, aconchegando-a em si e fazendo-lhe carícias nos longos cabelos que corriam entre seus dedos.

Sabia o quanto ela precisava de sua força, de seu carinho, de sua presença e proteção. Mais ainda, precisava de descanso.

Não disseram nada e, sem demora, ele viu quando ela adormeceu tranquilamente.

ഇരു

A luz tênue do amanhecer a despertou com suavidade.

Vanessa se remexeu e, ao se virar, surpreendeu-se com Felipe que dormia profundamente ao seu lado.

Por um instante teve um lapso de memória. Não sabia onde estava nem que dia era. Não se lembrava do dia anterior, mas não demorou e recordou tudo.

Com delicadeza, sentou-se bem devagar para não acordá-lo. Em seguida levantou-se e foi ao banheiro.

Ao retornar, não gostou da ideia de ele ter dormido ali, com ela, na mesma cama.

Felipe havia pedido para ficar um pouco mais, porém deveria ter ido embora.

Não demorou e o rapaz acordou e sorriu ao vê-la.

— Bom dia — murmurou ele com a voz rouca.

— Bom dia. Dormiu bem?

— Otimamente bem. Foi tão bom ter você ao meu lado a noite toda.

Com suave sorriso e delicadeza, falou de modo brando para não magoá-lo:

— Você deveria ter ido embora. Não acha?

— Já dormi aqui antes. Não foi? — perguntou levantando-se e indo em sua direção.

— Só que foi diferente — sorriu com doçura.

Ele a beijou, afagou-lhe o rosto e respondeu com uma pergunta:

— Por que foi diferente?

— Porque você dormiu no sofá e éramos só amigos — alargou o sorriso.

— Então, hoje, eu sou amigo e mais alguma coisa? — Sem obter resposta, entoando a voz de modo carinhoso, lembrou:

— Não aconteceu nada. Você dormiu. Eu dormi... — sorriu. — Estou até com a roupa de ontem e todo amarrotado! — riu.

— Eu sei, mas... O que os outros vão pensar?

— Ninguém vai pensar nada. Não pretendo contar. Ninguém precisa saber.

— Como vai chegar a sua casa assim, amassado?

— Ninguém vai ver. Você se preocupa demais — comentou em tom brincalhão, indo para o banheiro.

Vanessa procurou por uma roupa, esperou que ele fechasse a porta do banheiro e foi se trocar.

Ao vê-la arrumada, Felipe sugeriu:

— Após o café, vamos direto lá pra casa e depois, com meus pais, vamos para o hospital. O que acha?

— Prefiro ir para o hospital. Que tal você pegar seus pais e levá-los pra lá?

— Pode ser. — Ao vê-la arrumar a bolsa, Felipe se aproximou, sentou-se ao seu lado e olhou-a de um modo diferente. Quando viu que o encarava, murmurou: — Vanessa, eu... — não completou e só fixou-se nela.

— O quê? — sussurrou franzindo levemente o semblante, parecendo preocupada.

— Tenho medo de que, quando você e o Diogo se encontrarem...

Ela parou com o que fazia e, séria, argumentou:

— Se fosse para o seu irmão e eu ficarmos juntos, isso teria acontecido há anos. Não acha? Hoje ele tem uma vida plena, está casado, tem um filho... O que podemos querer um do outro? Da minha parte, nada.

— É isso...

— Isso o quê? Não estou te entendendo.

— Tem algumas coisas sobre o meu irmão que você não sabe e...

— Felipe, eu não preciso saber mais nada sobre o Diogo. Não preciso saber e não quero saber. Que isso fique bem claro.

— Mas é que... Eu preciso te contar sobre...

Novamente ela o interrompeu, não oferecendo qualquer chance de ele continuar:

— Pare, por favor. O que eu precisava conhecer sobre seu irmão, já conheço. A verdade é que sua família, seus pais, suas irmãs são mais importantes na minha vida e na vida do Rafael do que o Diogo.

— Espere. Se eu te contar isso, você...

— Felipe, pare, por favor. A vida do seu irmão pertence a ele. Não quero saber e parece que você não entendeu isso.

— Vanessa — levantou-se ao perguntar, sem encará-la —, se eu fosse compatível com o Rafael para fazer a doação de medula óssea e o transplante corresse bem, como seria?

Ela riu e foi bem-humorada, como havia muito não fazia:

— Ah!... Eu iria raptar você, te esconder lá naquela fazenda e nunca mais ninguém te encontraria. O Rafael te adora, meus avôs te adoram, eu te adoro... O que mais eu poderia precisar?

— Você me adora? É?... — falou algo romântico, virando-se para ela.

— Adoro sim. — Longa pausa e, mais séria, completou: — Apesar de brincar, não me sai da cabeça que você poderia ser o pai do Rafael e estar ao meu lado esses anos todos. Às vezes, ainda penso que seu irmão não precisava saber de nada, mas... Agora, depois de ontem com a sua família, não vai dar para esconder.

— A minha família é a grande chance do Rafael.

— É. Eu sei. Então vamos deixar de conversa e tomar logo o café, pois quero ir para o hospital o quanto antes.

༄༅

Chegando ao hospital, Vanessa foi para o quarto onde o filho estava higienizando-se antes de entrar.

Sua avó, com semblante cansado, acomodava-se em uma cadeira reclinável e sorriu ao vê-la porta adentro.

— Oi, filha! E aí? Tudo bem?

— Oi, vovó. Estou bem. E a senhora? Como foi a noite?

— Foi bem.

Após beijá-la e lhe oferecer confortante abraço, Vanessa foi até a cama, debruçou-se na grade, curvou-se sobre ela até alcançar o filho, que beijou com carinho.

— Ele dormiu a noite toda? — sussurrou.

— Teve um pouco de febre, mas eu chamei a enfermeira. Muito atenciosa essas moças daqui. Ela veio, mediu a temperatura, depois foi embora e logo voltou com um remedinho que aplicou no soro que ficou na mãozinha dele por pouco tempo. Assim que acabou, eu toquei a campainha e ela veio e tirou na hora.

— Ele está tão fraquinho... Não é vovó?

— Ele vai se recuperar. — Um instante e interessou-se: — E como foi lá com os pais do Diogo?

A neta se afastou da cama, sentando-se em uma cadeira e com a avó a sua frente, contou tudo.

— Eles estão vindo pra cá?

— Sim, vovó. Devem chegar daqui a pouco. — Uma inquietação incomodava Vanessa. Precisava falar o quanto antes e revelou num impulso: — Vovó... É que... Sabe, desde quando conheci o Felipe, ele vem nos ajudando muito, me dando a maior força... A senhora, mais do que ninguém, está acompanhando tudo o que ele tem feito e... Eu nunca tive ao lado alguém que fizesse por mim o que ele faz e... E isso desde que o Rafael nasceu e...

— Está gostando dele, Vanessa? — foi direta. Não escondia o que pensava.

A moça respirou fundo e confessou:

— Estou. Estou gostando muito dele. Senti algo pelo Felipe desde quando o conheci.

— Não está confundindo esse moço com o irmão dele, o pai do Rafael? Sim, porque ele disse que é idêntico ao irmão.

— Não. Agora tenho certeza que não. No começo cheguei a pensar isso. Só que agora tenho certeza. Ele é uma pessoa completamente diferente do Diogo.

— E por que você está me contando isso?

— Porque ontem eu não suportei mais e... Revelamos um ao outro o que sentimos. Ele também gosta de mim, vovó.

— Vocês estão namorando? — perguntou para facilitar para a neta.

— É... — riu sem jeito. — Acho que estamos.

— E como vai ser quando o irmão dele chegar?

— O Diogo está casado. Não se importou comigo lá atrás, quando me traiu, me enganou, e não vai se importar agora. Além disso...

— Mamãe... — chamou a voz fraca do filho, que acordou.

Num impulso, a mãe se levantou rápido e foi para junto dele.

— Oi, meu amor. A mamãe está aqui — acariciou-o e o beijou. — Você dormiu bem, meu filhote?

O garotinho não se sentia bem. O corpinho dolorido, o estado febril, a garganta ressequida... Tudo o incomodava, por isso, sem conseguir expressar direito o que sentia, começou a chorar fraquinho. Um chorinho impertinente, ranheta.

Sem se alterar, Vanessa puxou a cadeira para perto, abaixou um pouco a grade e, afagando-o com ternura, começou a conversar com o filho.

Pegando o seu celular, ela decidiu animá-lo e distraí-lo.

— Toma. Pega e liga para o tio Felipe. Vamos ver o que é que ele vai inventar hoje.

Rafael não estava muito animado para brincar, embora gostasse daquela brincadeira em que, normalmente, quando telefonava para o celular do tio, Felipe dizia que não era ele e quem falava era algum nome de personagem de desenho animado ou de filmes de super-heróis ou de gibis.

O garotinho parou de chorar, pegou o telefone, ligou e perguntou com voz fraca, após ouvir o alô.

— Tio... É você?

— Não. Quem está falando? — brincou o rapaz.

— Sou eu, tio Felipe. O Rafael.

— Aqui não é o tio Felipe. Quem é o tio Felipe?

O menino ofereceu um sorriso fraco e respondeu:

— É sim... Conheço a sua voz.

— Não é o tio Felipe. Aqui é o Homem de Ferro — referiu-se ao personagem dos desenhos animados e de filmes.

— Não é não, tio. É você.

— Sou o Homem de Ferro, sim.

Rafael sorriu tímido. Não estava disposto para brincar naquele dia.

— Quem é, filho? O Homem-Aranha?

— Não é o Homem-Aranha... *Tó* — e entregou o celular a ela.

— Alô? Felipe?

— Oi, sou eu — respondeu.

— Onde você está?

— Esperando o elevador. Vamos subir. E... Já vi que o Rafael não está muito bem. O Homem de Ferro é o favorito dele. Eu até comprei o filme mais recente para ele assistir.

— É... Hoje está difícil pra ele — ela comentou.

— Já estou entrando no elevador. Tchau.

— Tchau.

Despediram-se e, pouco tempo depois, o senhor Weber e dona Elza, acompanhados de Felipe, entraram no quarto, vagarosamente, com ar preocupado e olhar atento.

Vanessa os apresentou para sua avó e logo em seguida para o filho.

Embora Rafael estivesse bastante abatido e sem os seus lindos cabelos loiros, os avós se surpreenderam com a semelhança dele com o pai e o tio, quando pequenos.

O garotinho, pelos incômodos sentidos e os medicamentos que tomava, não deu muita importância às apresentações.

Todos repararam quando o menino olhou para Felipe e lhe estendeu os bracinhos, querendo seu colo.

— Vem com o titio, vem — disse amorosamente, tomando-o para si. — E então, Rafa! Gostou de conhecer seu avô e sua avó? — Ele acenou positivamente com a cabeça e o tio explicou: — Eles são os meus pais e pais do seu pai.

— E o meu pai? — perguntou o menino.

— Ele virá logo — respondeu Felipe, afagando-o nas costas. Em seguida, ao vê-lo recostar em seu ombro, beijou-lhe a cabeça.

O garotinho debruçou em seu ombro e não disse mais nada. Todos perceberam que ele acariciava as costas do tio, apesar de segurar a girafa de brinquedo em suas mãos.

Ficaram ali bastante tempo, tentando animá-lo e puxando conversa.

Cláudia e o marido, junto com Priscila, chegaram. Rafael pareceu simpatizar bem com a tia mais nova, que se encantou por ele.

A hora do almoço se aproximava quando decidiram ir.

Nesse momento, Rafael parecia bem mais à vontade e se acostumou bem com todos.

Priscila teve a iniciativa de dizer que ficaria ali com ele no hospital, para que Vanessa e dona Henriette fossem almoçar em sua casa. Era preciso que se conhecessem melhor.

ೋಚ

O almoço foi bem tranquilo.

Falaram mais sobre a doença de Rafael e a dificuldade de transplantes por conta da falta de doador compatível.

Ao terminarem, Vanessa e Henriette ficaram ali por mais um tempo e depois se foram.

ೋಚ

Em alguns momentos, os familiares de Felipe perceberam uma troca de olhar, um sorriso ou um gesto carinhoso entre ele e Vanessa, mas ninguém disse nada.

Mais tarde, ao ver o filho em seu quarto, o senhor Weber deu poucas batidas à porta e perguntou:

— Posso entrar?

— Claro pai. Chega aí.

O homem deu uma passada de vistas no recinto e comentou:

— O caso do Rafael é bem sério, bem preocupante.

— É sim. Eu sei.

— Está acompanhando a Vanessa em tudo, não é?

— Estou. Desde que soube.

— Felipe, por que não contou a ela que a esposa de seu irmão e o filho deles morreram recentemente?

— Quando ela me procurou, já sabia que o Diogo havia se casado. Então me perguntou se eles tinham filhos e respondi que sim. Aí, quando eu fui contar, a própria Vanessa me pediu para não dizer mais nada sobre ele. Não estava interessada na vida do Diogo. Hoje mesmo, pela manhã, eu disse novamente que tinha algo sobre o Diogo que precisava dizer a ela e fui interrompido, pois não quis saber.

— Não o vi chegar ontem à noite. Fiquei te esperando para conversarmos e... Dormiu no *apart* junto com ela? — o pai perguntou bem direto, parecendo insatisfeito.

— Sim. Dormi no *apart*. O *junto com ela...* é por sua conta.

— Essa moça tem um filho do seu irmão. O Diogo está viúvo e...

— Ei! Espere aí! O Diogo não quis a Vanessa. Ele a abandonou grávida!

— Seu irmão não sabia que ela estava grávida! — defendeu.

— Não soube porque não foi procurá-la! — Felipe reagiu irritado. — Ele a enganou, a traiu! Como traiu também a Ceres — riu irônico —, depois de toda sujeira que aprontou comigo. — Uma breve pausa e voltou ao assunto: — Foi covarde e não procurou a Vanessa depois do que fez a ela. Não quis saber como ela estava. Se sofria, se estava magoada, se estava grávida. Sim, porque ele sabia dos riscos quando transou com ela sem se proteger, sem perguntar se ela fazia uso de algum contraceptivo... sei lá!...

— Me respeita, moleque!

— Por que acha que estou lhe faltando com respeito? Não entendi — falou mais brando. — Estou falando a verdade. O Diogo foi um irresponsável.

— E ela também!

— Sim, claro! Sem dúvida. Os dois foram irresponsáveis. Só que foi a Vanessa quem arcou com todo o peso da responsabilidade que caberia aos dois! Se ela errou, ele também. Só que o Diogo não quis saber se tudo o que fizeram trouxe alguma consequência. A Vanessa tinha dezenove anos, na época, e ele vinte e cinco. Ela era do interior e ele de uma metrópole. Ela jovem, romântica, inexperiente, e ele?... Oras! Sem comentários. Quem era o mais instruído e espertinho nessa história?

— Mas você não tinha que se envolver com ela agora!

— Ah! Não! Por que não? Até onde sei, ela não é comprometida com ninguém, muito menos com o meu irmão. Tiveram um filho. Tá! E daí?! — Um breve instante de silêncio e perguntou em tom moderado: — Por que o senhor o defende tanto? Por que nunca nos tratou igual?

— Não estou defendendo o seu irmão. Do que é que você está falando?

— Pai, quando o Diogo deu em cima da minha noiva e me traiu, o senhor nunca falou nada.

— Claro que não! Você largou tudo. Foi pra praia. Encheu a cara, quebrou toda a casa, largando tudo lá... Voltou, deixou seu carro aí, no meio do caminho — referiu-se à ruazinha que havia do portão até a garagem dos carros. — Eu precisei chamar o guincho do seguro para tirá-lo daí, pois levou as chaves. Eu não podia entrar com meu carro nem sua mãe sair com o dela. Limpou seu dinheiro do banco. Pegou um avião e foi para a Europa.

Depois de algum tempo, seu tio o viu. Estava mal-arrumado, barbudo, cabeludo andando em uma rua em Amsterdã. Depois te viram em Madri. Ninguém sabia ao certo onde você estava. Sumiu! Não deu notícias e só telefonou para a Priscila três anos depois! Não sei o que fez nem por onde andou. Daí apareceu no casamento da sua irmã e eu só soube porque os empregados daqui me contaram, pois, quando voltamos, já tinha ido embora.

— Por que, pai? — perguntou calmo.

— Por que, o quê?

— Por que não soube de mim?

— Porque você sumiu, oras!

— Não. Antes disso. No dia em que cheguei aqui, furioso, por tudo o que a Ceres me contou sobre ela e meu irmão, perdi a cabeça, fui até o quarto dele e brigamos. O senhor nos separou e me prendeu no quarto e... ficou com o Diogo como se ele fosse a vítima naquela sujeira toda! O senhor e a mãe passaram a noite com ele, no quarto, conversando enquanto eu esmurrei essa porta aí — apontou — para sair daqui. Tentei até sair pela janela, mas não consegui. Se eu pulasse, iria me arrebentar mais ainda. Quando parei e fiquei em silêncio, pude ouvir vocês conversando. E eu? Eu estava sozinho. Sozinho com as minhas mágoas, com as minhas dores, com os meus conflitos. Fiquei sozinho! Me sentindo enganado, traído, abandonado. Não só por ele, mas também pelo senhor e pela mãe. Na manhã seguinte, quando vi que a porta do meu quarto estava destravada, saí e não tinha ninguém. Vi que o Diogo não estava. Ninguém falava comigo. O senhor não falou comigo. Passou por mim, aqui em cima, no corredor e só me olhou. Ficou na minha frente, à mesa, e não me olhou nem perguntou nada. Eu lembro que não toquei em nada na mesa. Não comi e o senhor e a mãe não falaram nem perguntaram como eu estava. Levantei, fui pra cozinha e a empregada perguntou se eu estava bem — riu de modo irônico. — A empregada... Em seguida, encontrei a Priscila e ela perguntou como eu estava. Me deu um abraço e... Depois fiquei sabendo, por ela, que o senhor aconselhou o Diogo a viajar nem sei pra onde. — Breve pausa. — O que acha que senti com tudo isso, se não o maior desprezo do mundo?! Ninguém se importou comigo! A impressão que eu tive foi a de que o Diogo e a Ceres já estavam se entendendo! Todos vocês sabiam e só eu era o enganado, o traído!

— Você perdeu a cabeça. Ficou transtornado, furioso. Chegou aqui e socou seu irmão. Berrou...

— E o que queria que eu fizesse?!

— Não dava pra conversar com você.

— Por que não tentou? Coloque-se em meu lugar!

— Não consegui pensar nisso. Em seguida você viajou e...

— Viajei para a praia uma semana depois. Até lá o senhor não falou comigo. Nem a mãe. Foi por isso que não soube nada do que eu ia fazer: porque não me procurou para conversar, para saber da história por mim, com a minha versão, para saber o que eu sentia, o que eu pensava... Achei que eu era tão insignificante que... Decidi ir viajar. Sumir. Ninguém se importava comigo, para que eu iria dizer alguma coisa?

— Você também não se importou com a gente. Sumiu. Não deu notícias.

— Fiquei muito atrapalhado, de verdade. Até dormi nas ruas. Não me importava nem comigo, quem dirá com vocês.

— Veja se isso era vida!

— O senhor só me critica. Nunca me ouve. Nunca quer saber de mim. Ouça o meu lado.

— Tenho até medo de saber o que fez e por onde andou.

— Medo?! — sorriu. — A verdade foi que eu comecei a desistir de mim. Achei que nunca tive valor, que ninguém se importava comigo, como já falei. Andei por aí sem eira nem beira. Dormi nas ruas, em bancos de praça. Fui acordado pela polícia, pois, em alguns países, é proibido dormir nos bancos — riu. — Um dia, peguei um ônibus em Londres e uma senhora, malvestida, com jeito de mendiga, murmurou que estava com fome. Ela falou sozinha, sem olhar pra mim. Foi engraçado, aquele lugar ao lado dela estava vazio. Ninguém queria se sentar ali. Então eu me virei e perguntei a ela: quer descer? Eu te pago um cachorro quente. Ela respondeu que não podia. Não teria dinheiro para pegar outro ônibus. Eu disse: vem comigo. Você come o lanche e depois eu te pago outra condução. Estranhamente ela aceitou. Descemos. Fomos até um homem que vendia cachorro quente. Ele nos olhou tão estranhamente — riu novamente. — Não sei quem cheirava mais mal, eu ou ela — gargalhou.

— Felipe!...

— Foi verdade — falou sorrindo. — Comprei dois lanches e saímos caminhando. Ela devorou o sanduíche e eu lhe dei o resto do meu. Ela comeu. Depois olhou para mim de modo estranho, demorado. Foi então que eu reparei como ela era enrugada, sofrida, acabada. Com a voz rouca, essa mulher me disse mais ou menos assim: "Menino, não desperdice seus talentos. Esteja pronto para quando encontrar a pessoa certa, no momento certo de sua vida. Vai ter que lutar, mas no fim de tudo, vai dar tudo certo e vocês serão felizes. Não se acabe, não. Não se destrua. Esteja preparado". Perguntei por que estava me falando aquilo? Ela riu, um sorriso sem alguns dentes e respondeu: "Você é um bom homem, uma boa alma. Está desiludido, mas precisa se erguer e seguir em frente. Vai encontrar a pessoa certa. Mas, se estiver desse jeito, esfarrapado, estropiado, não vai estar pronto.

Um dia, vai entender que foi boa essa decepção ter acontecido". Então começamos a conversar e eu contei tudo sobre a minha vida e tudo o que tinha me acontecido até chegar ali. Ela me ouviu e... me disse tanta coisa que começou a fazer sentido e me fez bem, muito bem. Uma delas foi para eu me valorizar ou ninguém me valorizaria. Para eu me querer bem ou ninguém iria gostar de mim, pois, se não me amasse, ninguém me amaria. Para eu dizer o que não gostava quando não gostasse, pois eu existia, e quando aquele que ouvira de mim que não gostava de determinada coisa, este iria se lembrar e então eu passaria a existir para ele. Ouvi muito e fiquei calado. Daí ela estendeu a mão e pediu o dinheiro da condução para ir embora e eu dei. Dei pra mais até. Ela ainda se virou, agradeceu e disse: "Se prepara rápido. Muito em breve vai encontrar alguém que vai te fazer uma oferta. Aproveita, pois é dessa oferta que vai recomeçar e crescer. No momento certo, precisará fazer escolhas, e já estará preparado para escolher".

— Ora, Felipe! Que história mais estapafúrdia!

— Talvez não faça sentido para o senhor. Só que tudo aquilo mexeu comigo. Naquela tarde, procurei um hotel simples onde pude tomar um banho, fazer a barba e... Me arrumei. Dormi ali. De manhã, fui a um café e — riu — eu estava cheiroso! — Um segundo e continuou: — Encontrei um amigo de faculdade, o Afonso. Não sei se se lembra dele. Nós nos abraçamos, conversamos e ele me perguntou o que fazia ali. Disse que fui a Londres a passeio. Estava esfriando a cabeça por causa do fim de um relacionamento e queria pensar em dar um rumo novo à minha vida. Contei que trabalhava com o senhor e pretendia mudar. Então ele ofereceu uma apresentação em uma grande rede hoteleira de turismo. Falou sobre o negócio e... Bem, eu me animei. Já estava ficando sem dinheiro mesmo. Não custava tentar.

— E foi trabalhar em hotéis? — perguntou com ar de pouco caso.

— Fui. Fui e alavanquei os negócios. Lá, conheci uma pessoa, a Brenda. Começamos a nos envolver. Algum tempo depois, o Afonso, a Brenda e eu tivemos a ideia de criarmos uma empresa que prestasse serviços de consultoria para hotéis, *resorts*, pousadas e tudo mais na área de turismo. O negócio deu muito certo e fomos em frente. Tivemos bons lucros.

— Espere aí... Se deu tão certo, o que é que está fazendo aqui há meses sem trabalho? Não são férias muito longas, não? — sempre falava em tom de crítica.

Não querendo detalhar, pois entendeu que nunca era bom o suficiente para seu pai, Felipe desfechou:

— Vendi minha parte da sociedade e resolvi voltar. Resumindo, é isso. A oferta foi muito boa.

— Não acha que deveria ter mais responsabilidade? E agora? Vai viver do quê?

— Por que sempre fala comigo como se estivesse me dando bronca? — o pai não respondeu, e Felipe comentou: — Aquela senhora me ouviu mais do que o senhor e a mãe na minha vida toda. Ela me aconselhou e fez crescer em mim esperanças para uma vida nova, melhor. Vocês nunca fizeram isso.

— Se ela fosse tão melhor do que nós, não estaria mendigando.

— Sabe do melhor? Ela não estava mendigando. Contou que morava na periferia. Era aposentada, mas o seu dinheiro não dava pra muita coisa. — Riu e ainda disse: — Sei que não vai acreditar, mas ela falou que um espírito, que me acompanhava, foi quem disse tudo aquilo para ela me orientar, para me atrair pelo coração. Por isso comentou que estava com fome.

— E você acreditou?

— Acreditei sim. Ouvi dela coisas que fizeram sentido à medida que o tempo passou. Depois que eu a ouvi, arranjei um hotel, me arrumei e estava pronto quando, casualmente — sorriu —, encontrei aquele amigo. Aceitei o emprego e cresci naquela rede hoteleira. Depois, junto com ele e a Brenda, montei um negócio que deu muito certo. Anos mais tarde, ainda pensava muito naquela mulher e, de repente, encontrei-a de novo. Eu a reconheci e ela a mim. Foi algo bem interessante. Eu estava bem-arrumado, elegante e ela... do mesmo jeito. Convidei-a para comer alguma coisa e ela aceitou. Descobri que seu nome era Yve. Levei-a para um lugar onde todos nos olhavam de modo muito estranho, mas eu pouco me importei. Conversamos muito. Contei-lhe sobre alguns conflitos pessoais, e ela me ouviu. Quando terminei, ela me orientou de novo. Era uma mulher sem estudo, sem conhecimento e falava de uma forma simples. Entendi seu recado para a minha vida pessoal. Além disso, ela me fez analisar melhor e ver que o mercado europeu entraria em crise, apesar de estar em alta naquele momento. Decidi que era hora de mudança. Acabei me desentendendo com a Brenda. Saí da sociedade e não posso reclamar. Saí com um bom lucro e ainda tenho algo para receber.

— Você me diz que tinha uma empresa lucrativa e que uma mendiga o orientou para sair do mercado por causa de uma crise econômica? Ora, Felipe, por favor! — exclamou, parecendo indignado.

— Eu estava mesmo cansado daquilo tudo. Vendi minha parte e voltei. Aqui, encontrei a Vanessa e o Rafael. Então soube que aquilo tudo que a Yve me disse, lá no começo, quando me viu pela primeira vez, estava acontecendo. A Vanessa tem um filho do meu irmão, mas está livre e desimpedida. Gosta de mim, e eu dela. Não há nada que nos impeça.

— A não ser o Diogo.

— O Diogo enganou e abandonou a Vanessa! Não se importou com ela, além de ter traído a mim, traído minha confiança apesar de sermos tão ligados. Por que devo me importar com ele?!

— Ele amava a Ceres.

— E eu amo a Vanessa! É lógico que ele terá direitos sobre o Rafael. Mais nada, além disso. Também adoro aquele menino e acredito que ele merece conhecer e ter um pai. Foi por causa do Rafael que eu dei uma nova chance para o meu irmão, que me aproximei dele, que estou disposto a ir atrás dele, se for preciso, para trazê-lo até aqui.

— Está é criando um grande problema entre você e seu irmão.

— Não maior do que ele já fez.

— Você é quem sabe, Felipe. Depois não diga que não avisei.

— Só não quero e não vou admitir que ninguém interfira na minha relação com a Vanessa.

O pai o olhou por alguns instantes e nada mais disse.

Virou-se e saiu do quarto.

CAPÍTULO 13
Reencontrando o irmão

COM O PASSAR DOS DIAS, os resultados dos exames de Histocompatibilidade dos avós e tias de Rafael, para encontrar um possível doador, foram negativos.

Vanessa tentava se conter, mas entrava em desespero e se amparava em Felipe, que a acolhia.

Por outro lado, estava sendo difícil convencer Diogo para voltar ao Brasil sem lhe dar uma explicação razoável.

Certo dia, na sala de jantar luxuosa da elegante residência do senhor Weber, a família se reunia durante um almoço.

— Vamos precisar contar por telefone mesmo — decidiu o pai.

— E deixá-lo lá, desorientado, confuso para lidar com a situação até retornar? Como acha que vai ser o impacto dessa notícia? — indagou Felipe.

— Já tentei de tudo para persuadi-lo — tornou o senhor.

— Eu também. Estou pensando em pegar um avião e ir até lá.

— Faria isso, Felipe? — questionou a mãe.

— Acho que é o jeito.

— Talvez seja o melhor a fazer mesmo, filho. O caso do Rafael se complica. Estive conversando com a Vanessa... — dona Elza se emocionou. — Estão procurando um doador nos cadastros do REDOME, mas até agora nada.

— Bem, gente! Acho que é isso mesmo. Vou para Berlim — decidiu Felipe. — Preciso ligar para a Vanessa, fazer uma mala... Ligar para a operadora do celular...

— Filho, como vai ser quando o Diogo souber sobre você e a Vanessa?

— Já falamos disso, mãe. Mas por que vocês só se preocupam com o Diogo?

— Felipe, quem está custeando aquele hospital, o apartamento onde ela está e tudo mais?

O filho ofereceu um sorriso quase irônico, tirou o guardanapo do colo, secou a boca e o colocou sobre a mesa, em seguida respondeu:

— Que bom que se interessou um pouco mais, pai. É o seguinte: a Vanessa decidiu vender uma pousada muito boa que tinha em Campos do Jordão. O negócio rendeu um bom valor. Ela foi esperta. Parte do dinheiro usa para o tratamento do Rafael e a outra parte investimos em uma sociedade. Eu e ela abrimos uma empresa de viagens, especializada em turismo nacional e internacional. Cruzeiro de navio é o forte do negócio, com viagens pela costa brasileira e América do sul. Temos pacotes internacionais de navio ou avião e os negócios estão crescendo. Já temos agência em quatro shoppings de São Paulo e estou abrindo duas em shoppings do Rio de Janeiro.

O senhor Weber se sentiu envergonhado por não ter se interessado por aquele assunto até então. Mesmo assim, perguntou:

— Estão precisando de alguma ajuda financeira para cuidar do Rafael?

— Não, pai. Obrigado.

— Se precisar, é só falar. Desculpe-me não ter tocado nesse assunto antes, é que...

— E se o Rafael fosse levado para o exterior? Isso não o ajudaria? — indagou a senhora preocupada.

— Não, mãe. No caso dele, não. O problema é não encontrar um doador compatível.

— Depois que eu contei a história do Rafinha lá na empresa, todas as minhas amigas procuraram um Hemocentro e se cadastraram para serem doadoras. Acho que, por falta de informação, as pessoas não são solidárias — comentou Priscila.

— Também acho, Pri — concordou o irmão. — Agora... Se me derem licença... Tenho de fazer minha mala.

Felipe se levantou e subiu para o quarto.

O senhor Weber olhou para a esposa e comentou:

— Quero ver a hora que o Diogo voltar e ver esses dois juntos.

— Pai, a Vanessa não tem nada com o Diogo. Por que insiste nisso?! Que saco!

— Olha como fala comigo! Como ela não tem nada com seu irmão?! Eles têm um filho! O Diogo está viúvo!

— Além do filho, eles não têm qualquer outro compromisso ou ligação. Se a Ceres não tivesse morrido, o senhor estaria dizendo isso?

Esposa e filha ficaram no aguardo, mas ele não disse nada.

ഌര

Em seu quarto, Felipe telefonou para Vanessa explicando:

— Não vai ser difícil encontrar passagem nessa época do ano. Já liguei para a Selma — referiu-se à assistente da agência de turismo — e pedi que me reservasse uma passagem. — Ouviu-a por um momento, depois respondeu: — Não. Não vou avisar que estou indo. Quero pegá-lo de surpresa. — Outra pausa e disse: — Lógico que passo aí. Não viajo sem antes dar um beijo em você e nesse garotão aí — riu.

Em seguida despediram-se e ele desligou.

Felipe respirou fundo, jogou o celular sobre a cama e passou as mãos pelos cabelos que, teimosos, voltaram para o mesmo lugar.

Não conseguia conter uma ponta de dúvida e preocupação que o incomodava. Acreditava que o envolvimento de Vanessa e Diogo era coisa do passado, mas tudo isso seria colocado à prova quando estivessem frente a frente.

Às vezes acreditava que já deveria ter contado tudo para ela, mas Vanessa era sempre firme a esse respeito e não queria saber nada sobre a vida de Diogo.

O toque do celular o tirou daqueles pensamentos.

Ao atender, ouviu da assistente que sua passagem já estava comprada e, devido ao horário, ele precisava se apressar.

༄༅

A família de Felipe havia se afeiçoado muito a Rafael e, por algumas vezes, revezavam-se no hospital, quando era preciso, para ficar com ele e também poupar Vanessa, que estava nitidamente cansada e abatida.

Naquela tarde, junto com Felipe, que foi se despedir, Cláudia chegou ao quarto levando um brinquedo e um livro de histórias infantis para o sobrinho. Já havia combinado com Vanessa que ficaria ali à tarde e à noite para que descansasse.

Minha Imagem

Rafael parecia melhor, mais animado e estava falante.

A mãe, mais tranquila, deixou-o sob os cuidados da tia e foi levar Felipe ao aeroporto. Depois voltou para o apartamento recém-alugado.

Chegou, tomou um banho, comeu uma fruta e telefonou para o hospital querendo saber se estava tudo bem.

Tinha a intenção de se deitar, mesmo sendo tão cedo, mas, ao terminar a ligação, o interfone tocou.

Ao ouvir o porteiro, Vanessa sorriu e pediu:

— Pode mandar subir.

Ansiosa, ficou no aguardo da visita. Abriu a porta do apartamento e ficou no *hall* do elevador.

Não demorou e, ao abrir da porta, ela deu um gritinho de alegria. Sapateou miúdo e foi de braços abertos em direção à amiga, que reagiu da mesma forma.

Abraçaram-se apertadamente por algum tempo.

Afastaram-se um pouco e trocaram beijos no rosto. Viram lágrimas nos olhos uma da outra.

— Vamos entrar, Leda. Vem!

Já na sala de estar, abraçaram-se novamente, como se não acreditassem naquele momento.

Logo, a amiga ofereceu:

— Toma. Trouxe isto pra você.

— Humm!... Parece uma caixa de bombons! — disse Vanessa com o embrulho nas mãos.

— Acertou. Sei que você adora chocolate. E isto... — disse com outro pacote nas mãos. — Isto é para o Rafael.

— Obrigada. — No momento seguinte, comentou: — Você nem avisou que viria hoje. Ainda bem que me pegou em casa. Foi difícil encontrar o endereço?

— Não. Achei bem fácil. Me diz uma coisa: como está o Rafinha?

— Hoje estava melhorzinho. Mais animado. Precisou retirar mais dois tumorezinhos que apareceram... mas as sessões de *quimio* acabam com ele. A Cláudia, irmã do Felipe, está lá com ele.

— Não vejo a hora de vê-lo. Estou com saudade. — Breve pausa e pediu, puxando-a para que se sentasse ao lado: — Menina! Vem cá! — Vanessa obedeceu. Pondo um bombom na boca, sentou-se em cima de uma perna e virou-se de lado para a amiga. Sorriu de boca cheia e fechada com a caixa de bombom no colo. De um jeito engraçado, Leda pediu: — Me conta, exatamente, toda essa história. Por telefone não valeu. Ainda estou passada.

— Vai querer ouvir tudo mesmo? — falou sorrindo e de boca cheia, tentando esconder com a mão na frente.

— Sou toda ouvidos — ajeitou-se para ficar confortável.

— Bem... Foi assim... — Vanessa contou tudo.

No fim, Leda ainda perguntou:

— E agora, vocês estão namorando, são sócios... Puxa, Van... Que reviravolta!

— Nem te conto, menina! Tem hora que nem eu acredito!

— Você gosta do Felipe?

— Muito. Gosto muito dele — respondeu com um brilho todo especial nos olhos e uma felicidade estampada na face. — Acho que agora sei o que é gostar de verdade de alguém. Hoje vejo que o Diogo foi um entusiasmo, entende? Coisa da juventude, da idade... Hoje estou mais madura. Sei o que quero. Também, com quase trinta anos, se não soubesse... — riu gostoso.

— Sei o que é isso. Entendo sim. E o Diogo, ainda não sabe do Rafael?

— Não. Já fizeram de tudo para convencê-lo a vir pro Brasil, mas até agora nada. Hoje à tarde o Felipe embarcou para Berlim.

— Ele pretende contar tudo ao se encontrar com o irmão?

— Sim. Disse que vai fazer isso. Não tem outro jeito, Leda. Eu queria falar pessoalmente com ele, mas...

Um momento de silêncio e a amiga comentou:

— Eu nunca poderia imaginar que o Diogo tivesse um gêmeo.

— E um gêmeo idêntico! — enfatizou. Levantando-se, Vanessa foi até o *rack*, pegou um porta-retrato de duas faces e o entregou nas mãos da outra. As fotos exibiam Felipe, Rafael e ela. — Veja só.

Com as fotos nas mãos, Leda se surpreendeu mais ainda.

— Nossa!... Faz muitos anos que não vejo o Diogo, mas eu poderia jurar que é ele.

— E eu, então? Conversei com ele no portão da casa dele, fiquei irritada e... Não percebi diferença alguma. Justo eu que namorei o Diogo. Se bem que eu estava nervosa, né?

Leda levantou-se, colocou as fotos sobre o *rack* novamente e voltou ao seu lugar.

— E você, Leda? E o Rodrigo como está?

— O Rodrigo está daquele jeito. Levado... Preciso estar junto o tempo todo. Desde que o pai morreu... Você sabe. Ele nunca se conformou... — Em tom quase melancólico, murmurou: — Nem eu... — sorriu levemente para afugentar a tristeza.

— Desculpe eu não poder estar junto de vocês nesse tempo todo... somos tão amigas.

— Van, pelo amor de Deus! Aconteceu tudo junto nas nossas vidas. O Almir morreu logo depois de você descobrir que o Rafinha estava doente.

— É... Nem fui ao enterro.

— Viajar para o Rio de Janeiro com seu filho precisando de você!... Ora, amiga! Faça-me o favor, né! E eu... Só agora pude vir te ver.

— Foi um período bem difícil para nós duas e acho que ainda está sendo.

— Tudo vai se ajeitando aos poucos, mas tem dia que... — Leda deteve as palavras. Ficou com os olhos marejados e sorriu tentando disfarçar. — Acordar sem o Almir do lado já é duro. Ter que controlar a energia de uma criança de quatro anos que não para de perguntar do pai... de perguntar quando ele vai voltar, mesmo quando você explica que ele não vai mais voltar...

— Você não o deixou ver o pai morto?

— O caixão foi lacrado totalmente. Eu mostrei a ele. Disse que só o corpo do pai estava ali e que a partir de então ele iria morar com o Papai do Céu, mas... — Leda não conteve as lágrimas nem o soluço. Vanessa se aproximou e abraçou-a por um momento. A amiga logo se recompôs, respirou fundo e ainda disse: — Como já te falei por telefone, vou receber o seguro da farmácia de homeopatia, lá no Rio, e quero me mudar para São Paulo. Quero começar uma vida nova. Eu e o Rodrigo. Acho que essa mudança vai nos ajudar a esquecer tudo... Lá, na nossa casa, no Rio, está bem difícil de ficar. Tudo me lembra ele. Vivíamos juntos ali, na farmácia... O tempo todo juntos. Quando vou dormir é horrível. Penso nele. Fico imaginando como foi difícil, como sofreu... — chorou. — Quem sabe, mudando pra cá...

— Vai mesmo comprar aquela farmácia de homeopatia aqui?

— Já estou cuidando de tudo. É questão de dias. Como te falei, vou precisar ficar algum tempo na casa da minha tia, aqui em *Sampa*, lá na Zona Norte. Mas quero alugar uma casa ou apartamento o quanto antes. Não gosto de dar trabalho pros outros.

— E o Rodrigo? Não o trouxe, por quê?

— Eu precisava cuidar de assuntos importantes e seria bem cansativo para ele. Ele ficou em Pindamonhangaba com a minha mãe. Sabe como ela é, adora o neto. Só pretendo trazê-lo pra cá quando tudo estiver arranjado.

— Faz tempo que não vejo o Rodrigo. Ele adorou a fazenda, brincar com o Rafael... Ele deve ter dado uma esticada, né?

— É sim. Está enorme. Esperto!...

Olharam-se em silêncio por longo tempo e Vanessa comentou:

— Quanta coisa aconteceu em nossas vidas em tão pouco tempo!

— Hoje me vejo tão diferente da época da faculdade, quando te conheci e conheci o Almir...

— Como será que está aquele pessoal da nossa turma? Eu voltei para São Bento, larguei tudo e só mantive contato com você, Leda.

— Até onde eu sei... A Maria, que dividia aquele *AP* com a gente, foi trabalhar na indústria farmacêutica onde começou o estágio e está lá até hoje. Ela sempre me manda um e-mail dando notícias. Ela se casou e tem uma menina de um aninho. O Fabiano, meio descabeçado — riu —, foi parar no Rio Grande do Sul e trabalha com vinhos. Soube disso também por e-mail. A Cássia... Lembra da Cássia?

— Lembro.

— Ela foi fazer MBA na Alemanha e acabou ficando por lá mesmo. Disse que está bem.

— E a Cléia? Tem notícias dela?

— Eu e a Maria passamos o maior perrengue com a Cléia. Lembra que te contei, né? — a outra afirmou positivamente com a cabeça, e Leda prosseguiu: — Ela terminou o curso, depois que eu e a Maria pedimos para que saísse do *AP*. Ela nos xingou, quebrou tudo...

— Mas vocês não tinham escolha. Ela se prostituía, se drogava... Era preocupante morar com uma pessoa assim. Se era capaz de fazer o que fazia consigo mesma, que dirá com os outros.

— Nossa, Vanessa... Não deu nem pra acreditar no que a Cléia se transformou. Como pôde, não é?

— Ela entrou naquela vida porque quis. Eu também não tinha dinheiro e usava as roupas que dava pra usar. Embora acabei com as melhores que você tinha para sair nos fins de semana com o Diogo — riu gostoso, melodicamente, inclinando a cabeça até bater no ombro da amiga que riu junto.

— Isso fazia parte da amizade. Eu só achei ruim quando comecei a sair com o Almir — riu de novo. — Achava que você estava gastando minhas roupas e que também ele iria reconhecer quando eu usasse.

Gargalharam.

— Como fui tola... Caipira... — disse Vanessa.

— Mas sempre se respeitou. Nunca se corrompeu nem se vulgarizou. Mesmo quando os outros faziam brincadeiras desagradáveis pelas roupas baratas que usava e ficavam bem mal em você. — Olhando-a nos olhos, ainda falou: — Veja você agora! Linda, saudável, estilosa... Aquele foi só um período que você sabia que iria passar. Sabe, Vanessa, eu sempre te admirei por isso.

— Como assim? — perguntou mais séria.

— Por sua simplicidade, por ser tão autêntica e dizer: "Que se danem!". Para aqueles que reparavam no seu modo de vestir. Se a Cléia tivesse feito o mesmo. Mas não. Ela deixou o orgulho tomar conta e arranjou o jeito mais pobre, mais podre para conseguir exibir uma aparência falsa, uma beleza sem elevação moral, pois, por de trás de tudo aquilo, havia a prostituição. Quantas famílias, quantos lares ela destruiu? Quantos homens não contaminou? O quanto de dinheiro não tirou de famílias?... Quantas mentes não perturbou, pois o sexo promíscuo traz desequilíbrio, não somente àqueles que o praticam, mas também indiretamente, àqueles que são vítimas dele. Como os filhos do pai de família que se envolve com esse tipo de prática, como a esposa que, vítima direta, recebe não só as vibrações, as energias negativas e funestas do sexo desequilibrado, como também podem sofrer sérios abalos psíquicos e até materialização de doenças no corpo físico por conta da traição do parceiro que lhe traz energias tão incompatíveis e densas. Os homens que se envolvem com práticas sexuais levianas, mesmo que não sejam com prostitutas, sempre estão desequilibrados. Nunca são bons pais, bons maridos, nem bons companheiros, porque seus pensamentos não lhes perdoam. Sua consciência sempre o acusa. Para se recuperar de tudo isso, ele vai precisar parar com o que faz, se recompor e seguir uma vida mais sincera, sem mentiras, sem traição, e procurar reverter tudo aquilo que fez. Compensar, de alguma forma, os desequilíbrios que provocou.

Um grande silêncio reinou por algum tempo.

— A prostituição é a profissão mais antiga que...

— Não sei quem foi o idiota que taxou a prostituição como profissão! — interrompeu-a. — Uma profissão dignifica, orgulha. Profissão é algo que qualifica, eleva, honra, enobrece, é algo que existe em prol da sociedade, da humanidade. Se você me disser que prostituição é profissão, então podemos dizer que ladrão é profissão, traficante é profissão, pois essas práticas destroem lares e famílias, fragilizam, roubam a vida e a dignidade. É isso o que a prostituição faz. Profissão é algo valoroso no qual, de alguma forma, a pessoa só traz benefícios aos outros, ao mundo. Veja a profissão de balconista em uma loja de roupas. O balconista tem uma visão da moda, sabe das cores da estação, ajuda o cliente a se servir e escolher o melhor, ajuda na autoestima e ele, ou ela, ganha para isso. Uma enfermeira ajuda na cura, nos cuidados, preocupa-se com a medicação, com os horários, com a saúde, oferece alento a muitos. O professor. Nossa! Um professor... — fez breve pausa onde sorriu. — Todos nós, sem exceção, devemos muito a vários professores que nos ensinaram algo, que nos ensinaram tudo!... O professor, muitas vezes, ocupa o lugar de um pai, de uma mãe. O professor tem a arte, tem o dom de traduzir o complicado para uma forma compreensível. Ele nos ajuda a entender coisas que, sozinhos, jamais conseguiríamos aprender. É a ele que devemos agradecer por saber ler, escrever, devemos a nossa profissão e, muitas vezes, orientações morais que nos ajudam a ter dignidade, autoestima, valor. Ninguém, na vida, tem uma profissão sem antes ter um professor. — Silêncio. — Um mecânico também tem seus atributos, assim como os escriturários, assistentes, dentistas, arquitetos, administradores, advogados, podólogos, manicures, cabeleireiros, maquiadores, empregados domésticos, cozinheiros, garçons, faxineiras, jardineiros, pajens, eletricistas, policiais, seguranças... E tantas outras profissões existem onde encontramos inúmeros valores dignos dos quais as pessoas podem e devem se orgulhar, mas... Qual a dignidade que tem alguém que se prostitui? A de ser usada? A de colaborar para com o desequilíbrio dos outros? A de, talvez, ser fonte de doenças físicas e psíquicas? Acho que ninguém nunca mais dorme em paz depois que se prostituiu ou quando se relacionou com prostitutas. E, quando sair dessa vida, vai ter a consciência pesando por muito tempo. Muito tempo... Se prostituição fosse algo correto,

Jesus não diria para a mulher adúltera: "Vá e não erres mais". Ele diria, vá e continue fazendo o que faz. Mas Ele usou a palavra errar. Então prostituição é um erro. Lamento a televisão e os filmes que fazem da prostituição algo natural, aceitável, cômico, comum, como se as pessoas não devessem se importar com isso e simplesmente aceitassem. Como se, quem vivesse naquela vida podre, vivesse com paz na consciência. Isso é mentira. A prostituição normalmente se liga às drogas e ao alcoolismo, porque duvido a pessoa viver em paz e não querer anestesiar os pensamentos com álcool ou drogas, depois que se prostituiu. Quando você incentiva a um vício, estará incentivando o outro também. No mundo dos vícios, nada vem sozinho, tudo vem acompanhado e, quando se fala de prostituição, se dá a mesma coisa, pois tanto o homem quanto a mulher que procuram entrar em contato com prostitutos e prostitutas apresentam algum tipo de problema psicológico relacionado à autoestima e autoafirmação, pois querem ser aquilo que a sua frustração os aponta como fracos e frágeis para a sociedade. Então querem se autoafirmar com resposta, daí procuram encontrar-se com a prática degenerativa mais devastadora do que as guerras. Sim, porque as pessoas que se metem com a prática da prostituição, entram sem temer, achando que é apenas uma aventura, na qual muitos dizem que irão só uma vez para ver como é e acabam por se tornarem fregueses doentes e abalados psicologicamente. Essa prática degenerativa leva a inúmeras doenças, não só de ordem fisiológica, mas, principalmente, à desordem psicológica e energética. A primeira, de ordem fisiológica, a pessoa pode ficar doente e poderá sofrer muito, provavelmente irá morrer por causa dela ou ter de se tratar rigorosamente até o fim de seus dias. Nas duas últimas, psicológica e energética, talvez a pessoa demore muito para se recuperar do que atraiu para si, pois vivenciará sacrifícios e intenso sofrimento na alma, na mente, inclusive após a morte do corpo físico, pois a quantidade de espíritos desencarnados que apresentam desordens espirituais por conta e consequência disso é impressionante. Os tormentos obsessivos e auto-obsessivos, por sentimento de culpa, são terríveis e infindáveis. Há casos em que o indivíduo começa a frequentar casas de prostituição e acaba por ser vítima de processos obsessivos terríveis, nos quais falanges de espíritos se revezam para sugarem a energia desse encarnado a ponto de fazê-lo procurar cada vez mais esses lugares. O objetivo é que ele seja mais um dos seus fornecedores de fluidos energéticos mais grosseiros, a fim de que esses desencarnados também possam saciar-se com as energias dos encarnados. Muitos autores espirituais nos relatam tudo isso. Muitos oradores espíritas alertam tudo isso.

— Mas eles não sabem que se envolver com prostitutas é prejudicial. Isso é lamentável — disse Vanessa estarrecida.

— Sabem sim, no íntimo, sabem. Só não dão atenção aos sentimentos ruins que experimentam ao se verem longe do que praticam. O que acontece é que, quando o homem ou a mulher se envolve com pessoas assim, acaba por ser infestado por energias das quais te falei, que vão minando seus pensamentos e acabam atraindo para perto de si uma série de espíritos infelizes, que trabalham no sentido de a pessoa não acreditar mais nos perigos aos quais está sujeita. Daí o sexo promíscuo, o sexo casual, passa a ficar com cara de aventura, mas, na verdade, é uma jornada para o inferno consciencial, em que alguns demoram a achar o caminho de volta, se é que acham. Em alguns casos, existe até o fato de uma espécie de possessão espiritual, na qual a pessoa vai, por impulso, frequentar lugares vis, como essas casas de prostituição, mesmo sabendo que não é correto, mesmo sabendo dos riscos que corre e chega até a se arrepender depois, fica com nojo de si mesma, promete que nunca mais vai a lugares como esse, mas, forçada pelos pensamentos confusos, agora infectados de sugestões espirituais levianas, acaba voltando sem saber o porquê. Lá, nesses lugares, encontram espíritos que se afinam com a sua fraqueza e acabam por se acoplar nos seus centros de força, a ponto de sentirem os mesmos prazeres mundanos que esse encarnado sente, pois lhes sugam as energias.

— Credo! — manifestou-se Vanessa. — Nossa! Seria... deixa-me ver se entendi... Seria como se o homem, por exemplo, se ligasse a espíritos dessa natureza, e esse espírito que está ligado a ele, acompanha-o para todos os lugares, inclusive para a cama com a sua esposa?

— Certamente, e ainda digo mais: no momento do ato sexual, esse espírito que está ligado a esse tipo homem, não está sozinho, pois ele ainda traz outros espíritos consigo, inclusive de mulheres desencarnadas, também levianas, que, com o tempo, acabarão por se ligarem da mesma forma com a esposa desse homem. Daí, lamentável até de dizer, mas quando o casal está se relacionando, os espíritos, ao mesmo tempo que estão acoplados ao casal encarnado, sentem o mesmo que eles — completou Leda, com ar de lamentação.

— Então, dessa forma que você está me contando, explica algo que aprendemos de alguns autores espirituais. Já li a respeito, mas não me lembro onde, o fato de considerarem que não existe sexo sem compromisso, porque, se essas pessoas estão trocando energias quando se relacionam, elas estão assumindo um compromisso com a outra pessoa pelo fato de... como vou dizer... não tenho certeza, mas seria como se elas estivessem "entrando" na outra com as suas energias e vice-versa?

— Sem dúvida, Vanessa. O fato de as pessoas estarem falando que se pode fazer sexo a torto e a direito, sem compromisso, isso não existe! O sexo é compromisso e existe troca de energias sim. Gosto de lembrar do ensinamento trazido pelo querido médium Chico Xavier, que diz: "O amor é livre, mas o sexo é compromissado" — completou Leda. — Se o encarnado que se relaciona com prostitutas, ou mesmo pratica sexo sem compromisso, sexo casual, pudesse ver a energia purulenta e grotesca que passa a fazer parte do seu corpo espiritual, sentiria nojo e vomitaria. Como não pode ver, só sente o mal-estar proveniente desse estado, que é perturbador, incômodo. E cada vez que adultera, se corrompe sexualmente, vai a lugares de comércio sexual, fica mais impregnado, exposto à atração de doenças de toda sorte e até fatais. Doenças que arruínam com a sua mente, com seu psicológico, com seu espírito, diante de práticas de tão baixas vibrações. As vibrações desses lugares provêm dos pensamentos das pessoas e dos espíritos, além das práticas. — Breve pausa em que percebeu que a outra refletia, depois continuou: — Não sei se você já ouviu falar da vibroturgia, que no espiritismo é chamado de psicometria.

Vanessa pendeu com a cabeça negativamente e comentou:

— Já ouvi falar, mas não me lembro direito o que é.

A outra prosseguiu:

— Psicometria ou vibroturgia é uma prática muito antiga e foi estudada por muitas filosofias tradicionais e respeitáveis como os Rosacruzes, os Maçons, os Vedas-Hindus, os Egípcios, os Sumérios e os Celtas e o Espiritismo também a explica. Se é antiga e muito estudada, então existe, não é algo dito só pelos espíritas. Na vibroturgia ou psicometria, as pessoas sensíveis conseguem, através de um objeto ou peça de roupa, conhecer a história dele e de seus donos só pelo fato de tocá-lo ou de simplesmente concentrar-se nele. Isso mostra que os objetos são impregnados pelos nossos pensamentos. Daí eu penso: se a inveja, as energias ruins e pensamentos negativos são capazes de fazer murchar ou de matar algumas plantas, quando impregnados nelas, imagine o que não fazem com as pessoas. Se alguém impregna um objeto, imagine como uma pessoa impregna a outra quando em contato ou em relação íntima. Então, ainda penso: Já imaginou esses lugares onde se praticam sexo casual, prostituição? Como eles são após usados várias vezes, sabe-se lá por quem?

— Nossa! A visão espiritual de lugares assim deve ser terrível — opinou Vanessa.

— Sem qualquer sombra de dúvida! O que se pensa em lugares assim quando se está lá fazendo o que se faz? O que se deseja em lugares onde se pratica sexo promíscuo? Somente desejos vis, alterados... Por isso, tudo está impregnado. Camas, cadeiras, toalhas que as pessoas, uma após outra, esfregam pelo corpo todo, mesmo estas sendo lavadas, se é que foram. Tudo fica impregnado com energias funestas e degradantes. Vamos lembrar que a mão é um poderoso transmissor de energia, bem como outros centros de força de nosso corpo físico e espiritual. Daí que as pessoas passam as mãos umas nas outras achando que nada aconteceu, mas aconteceu sim, e essa pessoa acabou por se impregnar com a energia degradante de uma prostituta, por exemplo. Ou de alguém que tem prática de sexo promíscuo, casual, sem moral.

— É mesmo. Assim como os objetos que, comprovadamente, guardam as energias de seus donos ou de quem os usa e as transmitem, podendo ser notada pelos médiuns através da psicometria ou vibroturgia, as pessoas adquirem e transmitem energias umas das outras. Penso, então, como não deve ser quando as pessoas se relacionam com prostitutas — refletiu Vanessa.

— Eu fico imaginando os jovens de hoje quando, enlouquecidos em festas, beijam vinte, trinta pessoas diferente, que nem conhecem, nem sabem por onde andaram ou onde puseram a boca. Se pudessem ver seu corpo no plano espiritual, astral, ficariam enojadas tamanha a impregnação que se deu no perispírito, no corpo espiritual. Agora, imagine uma pessoa que esteve com prostitutas, ou pessoas que praticam sexo casual, o quanto e a qualidade de energias vis que ela acaba trazendo para si, no próprio perispírito. A prostituta, a garota de programa, o prostituto, o garoto de programa, os homens e mulheres que se propõem ao sexo casual trazem em seus perispíritos a energia de todos com os quais se relacionaram, e essa energia se mistura a dela e, ao se relacionar com mais alguém, acaba passando todos aqueles fluidos purulentos, asquerosos. É uma bola de neve — explicou Leda.

— Sem falar nas doenças, pois toda doença começa na espiritualidade. As energias são tão pesadas, tão terrivelmente funestas que o corpo espiritual começa a fragilizar-se e, mentalmente, mesmo sem saber ou querer, a pessoa atrai para si doenças físicas. Por exemplo: o vírus do HIV no corpo físico, foi atraído, antes, para o corpo espiritual. O vírus tem vida, então ele existe, energeticamente, no plano espiritual, primeiro.

— Isso mesmo. Então os espíritos inferiores, junto com as energias enfraquecidas pelas práticas sem moral, sem equilíbrio, auxiliam a atração de doenças graves como essa. Daí que é só esperar uma brecha, uma oportunidade, uma desatenção do indivíduo para que seja transmitido um vírus no nível biológico. Existe até uma espécie de torcida no plano espiritual, por espíritos inferiores, claro, para que haja uma relação sem camisinha com alguém contaminado, ou para que o preservativo se rompa, ou até de uma tatuagem com agulha infectada, sei lá... para que haja uma contaminação. E isso vai ser muito fácil, pois a energia do vírus está lá, cravada no perispírito do sujeito, só esperando — tornou Leda.

— Não podemos pensar que só as prostitutas possuem uma energia funesta, mas tudo ligado a isso, tudo ligado ao sexo sem moral, casual, promíscuo. O computador, a internet, a televisão com programas de baixo nível moral, os filmes com cenas de sexo vulgar, de prostituição, livros de baixa moral, revistas pornográficas e outras revistas de mulheres nuas que, inocentemente, são vendidas nas bancas de jornal, nas revistarias. Essas coisas também estão carregadas com energias da mesma natureza, além de ter espíritos, do mesmo nível, torcendo para o encarnado se envolver com essas coisas e aí iniciar uma obsessão — lembrou Vanessa.

— Nem vamos falar do *sex shop* que só pelo fato de entrar em um lugar assim a pessoa sai de lá acompanhada por espíritos que se interessam com o que ela vai fazer com aquilo que comprou. Uma coisa leva à outra. Primeiro, uma cena picante em uma novela e a pessoa se excita. Depois um filme, depois uma mensagem ou piadinha maliciosa na internet. Logo o sujeito procura manipular revistas com atrizes famosas nuas, depois revistas pornográficas mais fortes. Em seguida, as páginas na internet que levam a filminhos... Chegando a alugar e comprar filmes do gênero em lojas e locadoras, depois um livro... Daí continua indo, uma coisa continua levando à outra, e quando isso não bastar, a criatura vai pessoalmente à procura de algo mais intenso, mais prático, mais emocionante, mais real, sem imaginar que, na espiritualidade, há incontáveis espíritos inferiores assistindo, vendo tudo aquilo com ela. Eles a envolvem de tal modo, sugerindo ideias e práticas que nem cabe mencionar. A baixaria que vê nas revistas, filmes ou livros, quer praticar, se entregando, totalmente, à degradação espiritual. E quando acordar para o que está acontecendo, já acabou com a autoestima, com o valor próprio, com o casamento, com a saúde psicológica ou física própria e do cônjuge, porque este, por tabela, acaba por receber tais energias. Nisso, acaba a família, porque muitos se separam, se suicidam, morrem por dentro, por conta da tristeza que assola a todos que conhecem ou que se ligam à decadência moral.

— Não assisti, mas ouvi falar de filmes que abordam a história de prostitutas como se fosse a história de alguém que fez bem à humanidade e ainda o transmitem em canal aberto para todos assistirem. É um absurdo! — criticou Vanessa. — A televisão deveria se restringir a mostrar o que dignifica e não ensinar que, o que é podre, tem valor na nossa sociedade, porque não tem. Todas essas pessoas serão responsáveis pelo que fizeram e irão responder por tudo isso, pois terão que harmonizar tais desarmonias.

— Concordo com você. Quando se apresenta um filme que retrata a vida de uma prostituta como se fosse uma vida normal, acaba-se por dar exemplo para a sociedade como se dissesse que não existe nada de mais nessa prática. Isso acaba por incentivar as pessoas a conhecerem a leviandade, a vulgaridade, a baixa moral e a frequentarem lugares de comércio sexual. Acredito que isso nada tem de inocente, pois a mídia sabe que o que ela apresenta termina como exemplo de vida. O pior é que não existe um órgão governamental decente e capacitado que cuide desse assunto. Talvez, isso aconteça por termos um governo imoral, corrompido, vulgar, que é omisso e acha que enquanto o povo tiver diversão, distração e também se voltar à prática e à apreciação da baixa moral, da vulgaridade, não vai se voltar, se preocupar, com a moral política que este país tanto precisa. O maior convite para a prática da prostituição foi quando o governo a regimentou, a regulamentou como profissão. Ninguém percebeu que esse ato se deu, tão somente, para o recolhimento de imposto, para o governo, é claro. — Breve pausa e comentou ainda: — Muitas mulheres que assistem às suas novelas não se dão conta do que estão vendo quando as cenas as levam a se divertirem ou se comoverem por conta da prostituição, do sexo promíscuo, da traição. Elas não têm uma opinião formada a respeito. Isso acontece porque não tiveram a experiência de saber que seus maridos saíram com uma prostituta. Quero ver achar uma coitadinha na prostituição se passarem pela experiência de serem trocadas por uma prostituta. Além disso, a televisão dita normas vulgares como roupas, vestimentas, músicas chulas, que muitas pessoas, sem princípios morais, acabam adotando e entrando nesse mundo promíscuo, ligando-se a espíritos levianos e... Nossa! Tem tanto a respeito, que muitos nem conhecem... — Um momento e Leda lamentou: — Vi quando a Cléia começou a se vestir de modo vulgar, com roupas minúsculas, sensuais, para os programas baixos que arranjava. Gostava de músicas onde a sensualidade era explícita, baixa... Depois, começou a beber, quando estava lá no *AP*... Depois, começou a se drogar. Como eu disse, uma coisa leva à outra.

— Você chegou a vê-la se drogando?

— Não. Mas percebi. Era nítido. O que aconteceu com ela não é diferente do que acontece com outras prostitutas, garotas de programa, e nós sabemos qual é o fim disso tudo. Sua beleza começou a acabar e ela, coitada, foi servir de *mula*, para transportar drogas para fora do país. Isso depois de ter saído de lá do apartamento, claro. A última vez que troquei e-mail com a Maria, ela me disse que a mãe de Cléia havia telefonado, pedindo para ela ser testemunha da filha que havia sido presa e estava muito doente. A Maria negou. Ficou com dor na consciência por ter de fazer isso, mas... O que ela poderia fazer? Não teria nada de bom para dizer sobre a outra e, mesmo se tivesse, em nada iria ajudar.

— A Cléia está presa ainda?

— Acho que sim — respondeu Leda. — Como nos ensina o espírito André Luiz: "Em qualquer área do sexo, reflita antes de se comprometer, de vez que a palavra empenhada gera vínculos no espírito", do livro Sinal Verde, psicografado pelo Chico Xavier.

Vanessa respirou fundo e lamentou pela colega que conheceu há anos.

Leda a olhou cabisbaixa e animou:

— Vamos lá! Me conta. E você e o Felipe?

A amiga sorriu novamente e respondeu:

— Nós nos damos muito bem. Desde quando conheci o Felipe fiquei mais aliviada, menos sobrecarregada em tudo. Ele parece o pai do meu filho.

A outra riu e comentou:

— Tecnicamente, a ciência prova que ele é pai do Rafael.

— Deixe disso, Leda! Até você?! — riu junto.

— Van, e quando o Diogo souber? Como vai ser?

— Não sei, menina. Acho que vai ser meio estranho eu namorar o irmão dele, mas... O Diogo está casado e tem um filho. Penso que ele vai cumprir com as obrigações de pai e só.

As amigas continuaram conversando até bem tarde.

Vanessa convenceu Leda a dormir ali e a ideia era a de que fossem juntas para o hospital, na manhã seguinte, ver Rafael.

Minha Imagem

ಬಂಡ

Era uma manhã de intenso frio na Alemanha.

Felipe não esperava por aquilo naquela época do ano. O clima deveria estar mais ameno.

Ao desembarcar no aeroporto em Berlim-Shönefeld, ele levantou a gola do casaco, pegou a mala que levava e a arrastou até o ponto de táxi.

Entrou no carro, deu orientações ao motorista e seguiu.

Olhando a paisagem acinzentada através do vidro do veículo, ficou refletindo no que diria ao irmão, em como começaria uma conversa sobre assunto tão delicado.

Contemplou o asfalto molhado e a chuva leve que caía fininha, fazendo esfriar ainda mais.

Chegando à frente do prédio onde Diogo morava, pagou o taxista, retirou a bagagem e foi direto à entrada.

Um homem, que abria a porta do edifício, cumprimentou-o e perguntou se estava tudo bem, deixando-o entrar sem problemas.

Felipe deduziu que se tratava de um funcionário do prédio que, com certeza, havia o confundido com Diogo, devido à semelhança.

Ele retribuiu ao cumprimento e, por não ser barrado, foi direto ao elevador.

Desceu no décimo quinto andar e percebeu que o *hall* era somente para um apartamento.

Tocou a campainha e logo foi atendido pela empregada que abriu a porta, rapidamente, mal o observou e lhe deu boa tarde em alemão.

Segurando o riso, pois percebeu que a mulher também pensou tratar-se de Diogo, ele a cumprimentou e entrou.

A empregada parou e o olhou de modo diferente. Talvez estranhasse a mala e as roupas. Seu patrão, com certeza, havia saído arrumado de outra forma.

Então, no idioma alemão, ela perguntou:

— Tudo bem, senhor Diogo? O senhor voltou tão rápido.

— Tudo bem — dando alguns passos e olhando por toda a grande e elegante sala.

— Se eu soubesse que o senhor iria voltar rápido, eu...

— Não se preocupe comigo. Está tudo bem — continuou segurando o riso. Logo, tomando cuidado com as palavras para não ser descoberto, Felipe perguntou: — O quarto de hóspede está arrumado?

— Não. Mas, se o senhor for receber alguém eu...

— Por gentileza, arrume-o o quanto antes. Vou receber visitas.

— Sim senhor — obedeceu de imediato e se foi.

Felipe a seguiu com o olhar e observou onde ela entrou.

Caminhando pela sala, reparou no luxo do ambiente, em cada canto, em cada peça decorativa.

Olhou as fotos onde o sobrinho Raphael, que havia falecido, estava em praticamente todas.

Com um porta-retrato nas mãos, ele respirou fundo e ficou imaginando-se no lugar de Diogo, naquela situação tão triste de perder um filho.

Apreensivo e temeroso, Felipe acreditou que, quando soubesse, o irmão iria fazer de tudo pelo filho doente. Só que, além disso, Diogo seria capaz de lutar por Vanessa e isso ele deveria encarar.

Colocou a foto no lugar e foi até a grande janela. Afastou levemente a cortina com a mão e espiou a rua.

Ainda chovia.

Olhou para o céu carregado e viu que o tempo ruim iria demorar um pouco por ali.

Sentou-se no sofá, fechou os olhos por alguns momentos e ali ficou.

Riu. Pensou na empregada que se enganou e no susto que ela levaria por ter aberto a porta e recebido um estranho em casa, mesmo sendo o irmão de seu patrão.

Não iria dizer nada. Saberia esperar. Gostava desse tipo de brincadeira. Deliciava-se com isso e fazia bastante tempo que não brincava assim com alguém.

Quando viu o irmão através da internet, da *webcam*, reparou que seus cabelos estavam mais curtos do que os seus e, caprichosamente, cortou-os do mesmo jeito. Não se lembrava da vez que tentou se parecer com Diogo. Talvez isso nunca tivesse acontecido antes.

Nesse momento, de um jeito furioso, o espírito Ceres surgiu na sua frente, mas não pôde ser percebido.

Como se gritasse e pudesse ser ouvida, esbravejou:

— O que está fazendo aqui?!!! O que você quer?!!! Está pensando o quê?!!! Que vai levar o Diogo de volta? Para que, hein?! Vá embora!!! Suma daqui!!! Não quero te ver nunca mais! Entendeu?! Esta não é sua casa!!! Não pode entrar aqui desse jeito!!!

E assim continuou vociferando, irritadamente, mas o rapaz não podia lhe perceber.

Quando percebeu a movimentação da empregada em outro cômodo, Felipe se levantou e começou a explorar o apartamento.

Logo descobriu o quarto do sobrinho. Parecia intacto, esperando o retorno de alguma criança.

— Vá embora! Eu já mandei! Saia do quarto do meu filho!!! Suma daqui!!! — continuou Ceres do mesmo jeito, sem ser percebida.

Ele não se incomodou com o que ocorria na espiritualidade e, em seguida, chegou à suíte que logo deduziu ser do irmão.

Não ficou muito tempo ali e, ao sair e chegar ao corredor, a empregada, que saía do quarto de hóspede, avisou:

— A suíte está arrumada, conforme o senhor pediu.

— Obrigado — disse tão somente, não sabia o nome da mulher. — E... Por favor, prepare um lanche e leve para o quarto de hóspede.

Ela acenou com a cabeça, dando a entender que sim. Não disse nada e se foi, apesar de estranhar a ordem.

Felipe, seguido pelo espírito Ceres, que o acompanhava, voltou até a sala, pegou sua mala e foi para a suíte de hóspede que já estava com as roupas de cama e as toalhas postas no lugar.

Ligou o aquecedor. Estava frio.

Decidiu tomar um banho demorado e assim o fez.

Já estava sentindo o efeito do fuso horário.

Sentia fome e sono após, praticamente, vinte horas de viagem aérea. Não descansou nada durante o voo, teve muita espera nas escalas. Estava exausto. Seus pensamentos corriam céleres, imaginando o que iria falar para o irmão.

Algum tempo e Diogo chegou a seu apartamento sem fazer qualquer ideia do que o esperava.

Sentia-se estranho, algo que há muito não experimentava. Uma alegria engraçada, com gosto de infância, de molecagem. Lembrou-se de Felipe, do quanto ele e o irmão pregavam peças nos outros quando um se passava pelo outro, e por um instante sorriu de modo nostálgico.

Abriu a porta e, como de costume, jogou as chaves do carro sobre um aparador, no *hall* de entrada.

Tirando o sobretudo, pendurou-o.

Minha Imagem

O espírito de sua mulher se aproximou. Chorou e gritou, mesmo sabendo que não era percebida.

Diogo foi até perto de um sofá, apoiou a valise que segurava e a abriu, verificando alguma coisa.

Nesse instante, atraída pelo barulho, a empregada chegou à sala e se surpreendeu, começando a falar alto, no idioma alemão:

— Não! Não! Não! O senhor já chegou! — e apontou para o corredor que dava acesso aos quartos. — Não estou louca não! Eu abri a porta para o senhor porque pensei que tivesse esquecido as chaves! Achei estranha a roupa que usava e a mala que arrastava!...

— Do que você está falando? — perguntou sem entender nada. Porém, naquele momento, experimentou novamente a sensação estranha que havia muito não sentia. Uma alegria incontida.

A empregada reagia exatamente igual às pessoas com quem ele e seu irmão brincavam.

A mulher não parava de falar, contando que ele pediu para que arrumasse o quarto de hóspedes e havia pedido um lanche. Quando ela foi levar, achou estranho ouvir o chuveiro ligado, a mala de roupa aberta sobre a cama, pois fazia aquilo no quarto de hóspedes.

Diogo alargou um belo sorriso, coisa que não fazia havia meses.

— Calma, calma... Já sei o que está acontecendo.

Mesmo assim, a funcionária não parou e falou em chamar a polícia.

— Não. Nada disso. Está tudo bem. Deve ser meu irmão. Somos idênticos.

— Como assim? Como irmão tão idêntico?!

— É o meu gêmeo. É meu irmão Felipe. Pode ficar tranquila. Ele sempre faz isso.

A empregada colocou a mão no peito e com olhos arregalados se retirou para a cozinha.

Diogo fechou a valise e deixou-a sobre uma mesa.

Sem tirar o sorriso do rosto, foi à direção do quarto de hóspedes e o espírito Ceres o seguiu pedindo, implorando, que mandasse o irmão embora. Não o queria ali.

Abrindo a porta do quarto vagarosamente, após bater, ele enfiou a cabeça para ver o irmão.

Felipe ainda estava no banho.

Diogo entrou e olhou por cima, as roupas na mala aberta sobre a cama e sorriu mais ainda.

Tinha certeza. Era Felipe.

A porta do banheiro estava entreaberta, mas ele resolveu não dizer nada nem chamá-lo. Seria melhor aguardar. Queria lhe dar um abraço apertado, um beijo carinhoso, como havia anos não fazia.

Decidiu sair do quarto. Ia passando perto da cama novamente, quando o celular do irmão tocou.

Ceres percebeu também e ficou olhando-o, não sabia mais o que fazer para que lhe desse atenção, seguisse sua inspiração, seus desejos.

Sorrindo ainda, Diogo pegou o aparelho, que estava sobre a cama, e leu no visor: Vanessa.

Um instante e se lembrou da faculdade de Farmácia, dos amigos e de Vanessa, sua ex-namorada.

Gostou tanto dela, mas a traiu, enganou e odiou-se por isso.

Nunca mais teve notícias dela, que desistiu do curso por causa da dor que ele lhe fez passar.

Havia sido um cafajeste, um covarde da pior espécie, pensava.

O que teria acontecido com ela?

Minha Imagem

Uma dor, uma saudade, um sentimento inexplicável invadiu sua alma.

O telefone parou de tocar, mas ele ficou com o aparelho na mão. Olhou para a porta do banheiro, ouvindo o barulho que vinha de lá.

Ia colocando o celular sobre a cama quando tocou novamente.

Vanessa — dizia o visor.

Talvez fosse importante. Talvez a namorada do irmão querendo saber se ele havia chegado bem.

Não sabendo explicar por que, num impulso, quase automático, Diogo atendeu:

— Alô!

— Tio! Você já chegou? — perguntou a voz de uma criança, um menino.

— Quem está falando?

— Sou eu, né, tio. O Rafael. — Diogo sentiu-se gelar ao ouvir o nome e por isso não conseguiu dizer nada. — Alô? Tio? Tio Felipe? — perguntou o menino após a longa pausa.

— Eu... Eu não sou o tio Felipe... — praticamente gaguejou.

— Ah... É, sim. Tô conhecendo sua voz. — Um instante e escutou a criança falar para outra pessoa: — Ele tá dizendo que não é o tio. — Era assim que Felipe brincava com Rafael. Voltando-se para o telefone, o menino quis saber: — Você fez boa viagem, tio?

— Eu não sou o Felipe, Rafael. Meu nome... — deteve-se de modo calmo, procurando conter a emoção, pois ficou imaginando seu filho falando daquele jeito. Nunca mais teria aquela chance.

O espírito Ceres não entendeu o que estava acontecendo e ficou na expectativa.

Após um momento, esperando ouvir o nome de algum super-herói, como sempre, o garoto perguntou:

— Se não é o tio Felipe, quem é, então?

— Sou o Diogo, irmão dele.

— Então você é meu pai! — exclamou Rafael num impulso, sem pensar muito.

— Do que você está falando, menino?! — perguntou firme.

No fundo da ligação, Diogo escutou uma voz dizendo rapidamente:

— Dá aqui esse telefone pra mamãe. — Em seguida, a pergunta: — Quem está falando? — silêncio. Logo ela chamou: — Felipe? Felipe é você? Pare com isso, vai. O Rafael está pensando que é o pai. Estou ficando nervosa.

Diogo sentiu-se mal e cambaleou.

Fazia muitos anos, mas foi capaz de reconhecer a voz que correspondia ao nome no visor do celular.

Mesmo atordoado, respondeu:

— Sou eu, Vanessa. O Diogo.

— Meu Deus... — ela murmurou. Perguntando em seguida: — Cadê o Felipe? Onde ele está?

— Não vi o Felipe ainda. Ele está no banho e eu peguei o celular em cima da cama. Agora me diga: Que brincadeira é essa?! — exigiu nervoso.

— Diogo... Precisamos conversar — tornou ela sem saber o que dizer.

— Responda, Vanessa! Que brincadeira é essa?! Quem é esse menino que falou comigo?! Ele disse que sou o pai dele! — gritou. Ela silenciou e ele exigiu novamente: — Vanessa, responda!!!

Ceres acompanhava tudo e começou a encadear a ideia, entendendo e se surpreendendo tanto quanto Diogo.

Temerosa, quase chorando, Vanessa pediu:

— Chama o Felipe, por favor...

Diogo começou a concatenar rapidamente as ideias.

Aquele menino, que falou com ele e se identificou como Rafael, pela voz, poderia ser uma criança de sete ou oito anos. Tempo do qual nunca mais ouviu falar de Vanessa.

Lembrou-se do relacionamento dos dois e, talvez, aquela criança pudesse ser seu filho, sim.

Quando ele falou seu nome e se identificou como sendo irmão de Felipe, o garotinho disse: *Então você é meu pai*!

O menino deveria saber o nome do pai sem nunca tê-lo visto ou falado com ele.

— Alô? Diogo? — insistiu com voz baixa e nervosa.

— Que brincadeira é essa, Vanessa?! — tornou ele.

Sentindo uma mão em seu ombro, Diogo se virou e deparou com o irmão, sério, parado a sua frente e que havia escutado parte da conversa, mesmo estando um pouco longe.

Felipe, muito calmo, pediu o telefone e o outro entregou, mecanicamente, olhando-o fixo, com olhos arregalados como se tivesse visto um fantasma.

Com o aparelho nas mãos, Felipe falou:

— Vanessa, sou eu. Está tudo bem. Depois te ligo. — Ouviu alguma coisa e, em seguida, disse: — Vou conversar com ele agora. Fique tranquila. Te ligo mais tarde. Tchau. Até mais.

Desligou o aparelho, jogou-o sobre a cama e falou ao irmão:

— Vem cá. Me dá um abraço.

Diogo, sério, aceitou.

Estava atordoado. Ainda em choque e tentando refletir sobre o que tinha acontecido.

Ceres, sem ser percebida, gritava, esbravejava o quanto podia:

— Você nunca deveria ter vindo aqui! Desgraçado! Veio aqui para destruir minha vida, minha família! Suma!

Ao se afastar do abraço, olhou o irmão e perguntou sem trégua:

— Quem é esse menino? Quem é esse Rafael? Que brincadeira é essa?

— Não é brincadeira, Diogo. Não dá para te contar isso de forma diferente agora. O menino com quem acabou de falar, o Rafael, é seu filho com a Vanessa. Foi por isso que eu e o pai fizemos de tudo para fazê-lo voltar ao Brasil. Nós só descobrimos isso há poucos meses. Tudo é recente.

O irmão olhou para os lados como se não enxergasse nada. Cambaleou um pouco e foi amparado pelo outro que o fez se sentar na cama.

Diogo segurou a cabeça com as mãos e apoiou os cotovelos nos joelhos.

Em seguida, olhou para Felipe sentado ao seu lado e pediu:

— Conta tudo isso direito. Eu não estou acreditando...

— Não era para você saber dessa forma, é claro, mas... Aconteceu assim... — ele revelou tudo, menos seu envolvimento com Vanessa.

No fim, Diogo questionou:

— E ela só me procurou por que ele está doente?! — estava irritado.

— Não a culpe, Diogo. — Breve pausa e revelou: — Outra coisa, eu não contei pra ela que seu filho com a Ceres se chamava Raphael nem que ele e a mãe... já se foram.

— Por quê?

— Todas as vezes que fui contar, ela não quis saber da sua vida.

— A Vanessa deve ter me odiado muito. Se ela tivesse me procurado e dito que estava grávida... Eu não teria me casado com... — murmurou, sem prestar muita atenção ao que falava. Esqueceu-se até de que Ceres havia sido noiva de seu irmão.

Felipe espremeu os olhos ávidos e ficou reparando-o.

Não gostou de ter ouvido aquilo.

O irmão, sem saber de seu envolvimento com Vanessa, confessou ainda sob o efeito de um choque:

— Eu gostei muito dela. Muito mesmo. Foi estranho... Eu me vi amando duas pessoas.

Felipe não suportou e se levantou.

Caminhou pelo quarto e voltou. Parou em frente ao outro e, olhando-o firme, revelou sem rodeio:

— Eu e a Vanessa estamos namorando.

O irmão ergueu o tronco e o olhar em sua direção. Respirou fundo e perguntou para entender direito:

— Vocês dois, o quê?!

— Estamos namorando, eu e a Vanessa — repetiu com todas as letras e o observou. — Nós nos aproximamos, nos últimos meses, por conta dos cuidados com o Rafael, e descobrimos que nos gostamos muito.

— Viu?! Viu só?! Ele veio aqui para te ferir! Para dar o troco! Para se vingar do que você fez no passado com ele! Por ter ficado comigo! Foi só por isso que ele veio para cá! Seu irmão não presta! Essa Vanessa não presta! Mande o Felipe embora e continue cuidando da sua vida!

Diogo franziu levemente a testa, parecendo não gostar do que havia ouvido do irmão. Talvez as vibrações da esposa desencarnada estivessem começando a afetá-lo. Nada disse a respeito e voltou seu interesse ao estado de saúde do filho.

— Você me falou sobre a leucemia, sobre o transplante, mas... E o Rafael? Como ele está?

— Bastante frágil, no momento. Essa é a verdade. O Rafael já passou por pequenas cirurgias para a retirada de tumorações e também por sessões de quimioterapia para destruição das células leucêmicas, para que a medula óssea voltasse a produzir células normais. Mas não se consegue controlar as complicações infecciosas, hemorrágicas nem o controle da doença no Sistema Nervoso Central — cérebro e medula espinhal. Acontece que, pelo fato de ele ter leucemia linfoide aguda, esse tipo, frequentemente se agrupa no revestimento da medula espinhal e cerebral, chamado de meninge. O problema é que, esses locais no corpo, são áreas menos acessíveis à quimioterapia, por isso são chamados de "locais santuários". Se a meninge não for tratada, as células da leucemia vão se proliferar nessas áreas.

— E o que está sendo feito? — perguntou com lágrimas nos olhos.

— Um tratamento direcionado por meio de injeções e medicações diretamente no líquido céfalorraquiano. É a quimioterapia intratecal e o tratamento é chamado de profilaxia no Sistema Nervoso Central. Ele tem períodos de melhora, mas...

Felipe se deteve ao ver Diogo levar as mãos na testa e voltar a apoiar os cotovelos nos joelhos.

Não suportou e chorou.

O irmão se aproximou e tocou-lhe o ombro em sinal de apoio, comentando:

— Quando eu vim pra cá, ele estava reagindo bem. Estava animado querendo ir pra casa. Isso é um ótimo sinal.

Diogo secou o rosto com as mãos, respirou fundo, olhou para o outro e perguntou:

— Quando eu disse que era seu irmão e falei meu nome, ele disse que eu era o pai dele... — seus olhos ficaram marejados novamente. — Ele sabe de mim? O que a Vanessa contou pra ele?

— Contou mais ou menos a verdade. Não queria que o filho ficasse decepcionado e, por isso, nunca comentou sobre a mágoa ou a decepção que sofreu. Disse que ela ficou grávida e você viajou para muito longe antes que ela pudesse ter contado. Viajou para um lugar que ela não sabia direito onde ficava e que, por você não saber da existência dele, não voltou para conhecê-lo. — Vendo-o atordoado, Felipe incentivou: — Você precisa ir para o Brasil. Precisa conhecê-lo, ajudá-lo. O Rafael fala muito em te conhecer.

— Eu vou... Vou à empresa amanhã cedo e... O quanto antes pego o primeiro voo para o Brasil.

Ceres vociferou:

— Não!!! Não faça isso!!! — mas não a perceberam.

Felipe sorriu e, ao vê-lo levantar, abraçou-o com força.

Diogo beijou-lhe o rosto e o irmão retribuiu.

Olharam-se firme, bem de perto, como havia anos não faziam.

Estavam ambos chorando, emocionados. Sentiam um misto de alegria e dor.

CAPÍTULO 14
Frente a frente com Diogo

VANESSA ACHAVA-SE NERVOSA, embora tentasse não demonstrar.

Felipe havia telefonado do aeroporto dizendo que ele e Diogo estavam a caminho e iriam direto para lá.

Rafael, em melhor dia, distraia-se no centro da sala com alguns brinquedos prediletos, falando sozinho, enquanto a televisão ficava ligada nos programas que mais gostava.

A mãe o olhava sentindo o coração apertado bater forte.

Como seria aquele encontro?

O que Diogo diria?

Pelo que Felipe contou, a notícia caiu como uma bomba para ele. Não só por saber ter um filho, mas, principalmente, pela doença do menino.

A campainha tocou e ela correu até a porta.

Ao abrir, olhou para um e depois para o outro.

Por uma fração de segundos, Vanessa não soube quem era quem. Talvez pela ansiedade e nervosismo.

— Oi, como você está? — disse Felipe primeiro, entrando e beijando-a rapidamente nos lábios.

Atrás dele, o irmão parou. Sério, olhou-a por um bom tempo, e ela pediu:

— Entre, Diogo. Por favor.

— Claro... — Após se ver na pequena sala de jantar, cumprimentou-a, estendendo-lhe a mão fria e falando com voz baixa:
— Como você está, Vanessa?

— Bem, e você?

Ele não respondeu, pois foi tomado por grande emoção ao passar os olhos pela sala de estar e ver o garotinho brincando no chão. Talvez a TV alta não o deixasse perceber o pai de imediato.

Parado, petrificado, Diogo só o olhou e, de seus olhos verde-claros, lágrimas brotaram e correram em sua face pálida, onde passou a mão para ninguém ver.

Rafael, por sobre o sofá, virou e os viu.

Parou de brincar e se levantou.

Felipe, bem emocionado, quase chorando, forçou um sorriso para o sobrinho.

Vanessa, silenciosa, era só lágrimas.

Rafael, bem devagar, sem tirar os olhos do pai, caminhou até Felipe e lhe estendeu os braços, como se pudesse identificar um e outro.

Felipe o pegou e o levou até o irmão.

Chorando compulsivamente, Diogo os abraçou e assim ficaram por alguns minutos até que o garotinho falou:

— Num chora, pai — e passou a mãozinha no rosto de Diogo.

Diogo o pegou no colo e, tentando se controlar, foi para junto do sofá, sentando-se com o filho em seu colo.

Vanessa se abraçou a Felipe, apoiando o rosto em seu peito, enquanto olhava-os de longe.

— Então você é o meu pai?

— Sou sim. Sou seu pai — respondeu, afagando-o na cabeça, no rosto, nos braços, beijando-o na testa o quanto podia como se não acreditasse naquele momento. — Você é muito esperto pelo que estou vendo. Conseguiu diferenciar a mim do tio Felipe.

O menino olhou para o lado, observou melhor o tio e respondeu:

— É que eu conheço aquela roupa dele e você se veste diferente. Mas vocês *são muito igual*.

— Garoto esperto! — Beijou-o. Logo perguntou: — E aí? Você está indo à escola?

— Estou, mas não dá pra ir sempre. Às vezes preciso parar. Minha mãe conversou com a diretora e explicou que, de vez em quando, não é sempre, eu fico fraco e preciso ir pro médico. Mas minha mãe está me ensinando em casa ou no hospital, quando não posso ir pra escola. Mas ela falou que quando eu sarar vou pra escola que nem as outras crianças.

— Sei...

— Seus olhos *é* igual aos meus. Minha mãe tem olhos castanhos.

— É mesmo! Eu reparei isso. Seus olhos são iguais aos meus sim. Aliás, você se parece comigo e com seu tio quando éramos da sua idade.

— Eu vi as fotos de vocês dois.

— É mesmo?!

— Posso te chamar de pai?

— Claro... — abraçou-o apertado contra o peito e se emocionou. — Claro que pode, meu filho.

Ao se afastar um pouco, Rafael comentou:

— Aquele dia, no telefone, eu pensei que fosse o tio. Ele sempre brinca dizendo que não é ele no telefone — sorriu alegre, olhando para Felipe.

— É, eu soube. Ah!... — lembrou-se Diogo. — Eu trouxe uma coisa pra você. — Olhou para o irmão, e Felipe lhe entregou uma sacola. Diogo a pegou e deu ao filho.

O menino tirou o embrulho da sacola, abriu-o e, após ver o aparelho, disse alegre:

— É um *game*! Olha, mamãe! É um *game*! — Virando-se para o pai, perguntou: — Como é que liga? Você trouxe os DVDs dos jogos?

— Trouxe sim. Comprei vários. Vamos lá ligar pra ver como funciona.

Ficaram conversando e brincando por longo tempo.

Com o passar das horas, Rafael foi diminuindo a animação e acabou dormindo nos braços do pai.

— Vou pegá-lo e pô-lo na cama — disse a mãe, curvando-se.

— Não, pode deixar — sussurrou Diogo. — Mostra onde é o quarto dele que eu o levo.

Vanessa o levou até o quarto com decoração infantil e levantou as cobertas para que Diogo o colocasse na cama.

Após deitá-lo e arrumá-lo em posição adequada, o pai o cobriu e o beijou demoradamente.

Mesmo assim, ao vê-lo se afastar, ela ainda olhou como se conferisse para ver se o filho estava bem acomodado. Afinal, sabia como Rafael gostava de dormir. Em seguida, ela o beijou.

Olhando para o irmão que estava na porta, Diogo passou por ele e ofereceu meio sorriso.

Vanessa acendeu um abajur cuja cúpula estampava figuras dos super-heróis prediletos de Rafael que ressaltavam com a cor azul da lâmpada fraca. Logo apagou a luz principal e saiu do quarto.

Na sala, ao vê-lo em pé, ela chamou:

— Sente-se aqui, Diogo. Eu fiz um lanche pra nós...

— O Rafael já comeu?

— Já sim. Ele jantou cedo.

Acomodaram-se e Diogo ficou sentado em frente a ela. Conversaram um pouco sobre a viagem e, assim que pôde, Diogo olhou-a firme e perguntou bem sério:

— Por que não me procurou e contou que estava grávida?

— Depois de tudo o que você fez, procurá-lo seria... — não completou e desviou o olhar.

— Você devia isso a mim, ao nosso filho. Precisávamos saber, nos conhecermos. Quer dizer que se não fosse pela doença, eu nunca saberia sobre o Rafael?

— Por mim, não. Nunca — foi firme ao encará-lo. — Acho que você não tem ideia da dor que é ser traída, enganada e humilhada. Não é, Diogo?

— Eu sei que errei e me arrependi muito por isso. Nem imagina.

— Você se arrependeu?! — ela perguntou em tom irônico.

Felipe, ao lado de Vanessa, ouvia a tudo calado. Tinha planejado não se envolver.

E o irmão respondeu:

— Já sofri muito por isso, Vanessa, e acho que paguei bem caro também.

— Olha, Diogo, o passado não me importa mais. Construí uma vida nova com meu filho. Nós vivemos bem. Não temos do que nos queixar e... Eu e o Rafael somos felizes.

— Mas ele se queixou por nunca ter conhecido o pai! — alterou-se. — Não sabe que isso é difícil para uma criança?! Eu também tinha o direito de saber! Afinal de contas...

— Você não me respeitou! Não se preocupou comigo! — interrompeu-o. — Sabia tanto quanto eu que o nosso namoro poderia ter resultado uma gravidez! Mas não! Você não se importou. Não cogitou essa possibilidade. Não me procurou para saber como eu estava.

— Se tivesse me contado, seria diferente!

— Ah! É!... O que ia fazer?! Desistir da sua noiva pra ficar comigo?! Ou pedir para eu fazer um aborto?!

— Eu ficaria com você! — respondeu irritado, num impulso.

Felipe se ergueu e não disse nada. Só ficou ainda mais atento.

— Iria ficar comigo, por quê?! Por obrigação?! Por força das circunstâncias?! Ora, Diogo!... A verdade é que você foi um cafajeste, um canalha, mentiroso e covarde! Garanto que ainda não teve coragem de contar pra sua esposa que a traiu e que tem um filho!

— A Ceres já morreu.

— Morreu?! Como morreu?! Você se divorciou e a enterrou em pensamento?! Agora quer vir com essa história pra cima de mim — falou ainda no mesmo tom irônico.

— Não, Vanessa — disse calmo, olhando-a nos olhos. — Minha mulher e meu filho, de um ano e dez meses, morreram em um acidente. A Ceres e o Raphael estão mortos e enterrados em Berlim. — Ao vê-la estática, surpresa, explicou ainda: — É... O nome do meu filhinho, que morreu, também era Raphael. Por mais incrível que pareça. — Um momento e completou: — Só que o que está morto é Raphael com *ph*. O Felipe me contou que o nosso filho foi registrado Rafael com *f*.

Com movimento bem lento de cabeça, Vanessa olhou para o lado e encarou Felipe, que ainda estava em silêncio.

Mantendo-se calma, ela murmurou como que pedindo explicações:

— Você não me falou nada...

— Tentei contar, mas você nunca quis me ouvir. Sempre me interrompeu dizendo que não queria saber nada sobre a vida do Diogo.

Ela fechou os olhos, esfregou o rosto com ambas as mãos e segurou a cabeça, apoiando os cotovelos sobre a mesa.

— Quando foi isso? — perguntou num murmúrio.

— Na semana, na época em que foi lá em casa e me conheceu. Conversamos sobre a doença do Rafael e eu fui com você para São Bento do Sapucaí. Minha mãe estava recém-operada e por isso não foi para a Alemanha com meu pai. Eu não sabia como te contar logo de cara e... — respondeu Felipe.

Ela respirou fundo, encarou-o novamente, virou-se para Diogo e falou, recusando-se olhá-lo nos olhos:

— Desculpe-me pelo que disse. — Um momento e continuou: — Não vai adiantar nada nós ficarmos brigando pelo que já passou. O que o Rafael queria, aconteceu. Ele conheceu o pai. Você sabe que tem um filho e que ele vai precisar de muito apoio. Sabe também sobre a doença e a necessidade de um transplante de medula óssea para o qual não estamos encontrando doador.

— Sou pai dele... Será que não tem jeito? Será que não há como eu fazer essa doação? — insistiu Diogo ainda com um fio de esperança, não querendo admitir o que estava acontecendo.

— Não. Se eu não posso, se não sou compatível, você também não será — respondeu Felipe.

— E como está sendo a procura por um doador? — tornou o irmão.

— Hoje existem três milhões de candidatos à doação de medula óssea cadastrados no REDOME. Esse número aumenta, vagarosamente, e esse cadastro sempre é consultado — disse Vanessa.

— Em um país, como o Brasil, com cento e noventa milhões de habitantes só três milhões cadastrados para candidatos à doação de medula!... — falou Diogo contrariado, em tom de lamento.

— As campanhas são poucas e bem fracas. Bem que deveriam pegar jogadores de futebol, famosos, artistas e divulgarem mais a necessidade de ser doador. É uma questão de vida ou morte para quem precisa e... Ninguém faz nada — comentou Felipe também insatisfeito.

— Vamos lembrar que não basta só ser candidato à doação. É preciso manter os dados atualizados no cadastro de doação — lembrou Vanessa.

Todos os três, com olhar baixo, permaneceram em silêncio por longo tempo até Felipe propor ao irmão:

— Essas idas e vindas do hospital, além das noites em claro, mesmo aqui no apartamento, têm esgotado muito a Vanessa. É bom irmos. Não acha?

— Sim. Claro. Também estou exausto da viagem.

Levantando-se, Felipe decidiu:

— Vou ligar para um táxi. Você tem o número do ponto mais próximo daqui, Vanessa?

— Está ali, ao lado do telefone — respondeu ela.

Logo Diogo sugeriu:

— Precisamos conversar melhor, Vanessa. Quero ajudar no que for preciso. Quero estar mais presente na vida do Rafael e... — Olhando em volta, observou: — Este apartamento é pequeno demais. Acho que ele precisa de mais espaço, mais conforto.

— Estamos vivendo bem com o que temos, Diogo. Eu vendi uma pousada e metade do valor já foi no tratamento dele. A outra metade, eu e o Felipe fizemos uma sociedade. Não sei se ele te contou.

— Sim, ele me contou.

— Quanto ao tratamento... não está faltando nada. Também tenho investimentos e estou ajudando. O Rafael está tendo tudo do melhor — disse o irmão que havia terminado a ligação e se aproximou, fazendo parte da conversa.

— Alugamos este apartamento porque ele é mais próximo do hospital. O Rafael ficou um bom tempo internado. Depois vieram os períodos de alta. Mas logo ficava internado de novo. A ideia é, quando ele melhorar, voltarmos para minha cidade, pelo menos por alguns dias. Ele adora lá. Tem amigos, tem com quem brincar... — tornou Vanessa, explicando.

Pondo-se em pé, Diogo argumentou:

— Mesmo assim... Acho que ele precisa de mais espaço e, talvez, uma enfermeira ajudaria bastante e não ficaria tão exausta. Mas... Em todo caso, voltaremos a conversar sobre isso outra hora. Agora é tarde.

O interfone tocou.

Felipe foi atender e confirmou a chegada do táxi.

Voltando à sala, virou-se para o irmão e o chamou:

— Vamos, Diogo.

Vanessa se levantou e não encarou Diogo que, a sua frente, pegou a mala. O irmão fez o mesmo.

Aproximando-se da namorada, Felipe beijou-a e se despediu, dizendo:

— Tchau. Quando eu chegar à minha casa, te ligo.

— Está bem. Vou esperar.

Na vez de Diogo se despedir, ele não a olhou e só disse ao passar por ela:

— Até amanhã.

— Até.

Vanessa, ainda sentindo-se estremecida, encostou-se na porta após fechá-la.

Cerrando os olhos, procurou se acalmar.

Era uma situação estranha e delicada. Estar frente a frente com Diogo, depois de tantos anos, e ainda ter ao lado Felipe, seu atual namorado e irmão do outro, causou-lhe um mal-estar bem grande. Não queria ter experimentado aquilo.

Alguns minutos e respirou fundo, foi até a sala de jantar, tirou as louças e levou para a cozinha, lavando-as e deixando escorrer.

Logo apagou as luzes e foi para o seu quarto. Antes, verificou bem de perto, se Rafael estava bem.

Sozinha, sentia-se ainda abalada e fez uma prece rogando paz.

Um pouco mais tarde o telefone tocou.

— Alô? Felipe?

— Oi. Sou eu. E aí? Você está bem?

— Estou.

— Nervosa ainda? — ele quis saber.

— Um pouco. Foi estranho e... Você está bem? Parecia cansado.

— É... Um pouco cansado da viagem. Muito tempo de voo. O avião fez escalas... Isso demora e uma viagem atrás da outra, cansa muito.

— É verdade. Ficou lá pouco tempo. Toma um banho e descansa.

— É o que vou fazer. Você vai ficar bem?
— Vou sim.
— E o Rafael?
— Está dormindo. Está bem.
— Então dorme e descansa. Amanhã eu vou até aí pra gente conversar.
— Está bem. Até amanhã. Um beijo.
— Até amanhã.
E desligou.
Vanessa sentiu-se gelar.
Havia algo estranho na fala de Felipe. Ele estava frio. Nem lhe mandou um beijo ou disse que a amava, como fazia costumeiramente antes de desligar o telefone.
E o que quis dizer com: *Amanhã eu vou até aí pra gente conversar.* O que é que teriam para conversar?
Teve vontade de retornar a ligação.
Levantou-se. Andou pelo quarto. Uma inquietação impiedosa a incomodava.
Experimentou o coração apertado e uma amargura na garganta.
Não iria conseguir dormir direito se não falasse com ele, esclarecendo aquela situação.
Quando não suportou mais, ligou para ele.
— Felipe?
— Oi. Tudo bem? — perguntou preocupado, pois não esperava aquela ligação.
— Quase tudo.
— O que foi? O Rafael está bem?
— Está... Ele está dormindo. É que... Ai, Felipe, estou angustiada. Sentindo uma coisa ruim.

— Por quê? O que aconteceu? — quis saber, preocupado.

— É por sua causa.

— Como assim, Vanessa?! O que eu fiz?!

— Falou comigo de um modo tão frio. Nem me mandou um beijo e... Só disse: até amanhã.

Ele ficou em silêncio por alguns instantes.

— Felipe?

— Oi. Estou aqui. Só estou pensando um pouco.

— Pensando em quê?

— No que me falou. Na sua insegurança. Por que isso?

— Seria melhor conversarmos pessoalmente, mas não sei se consigo esperar até amanhã.

Novo silêncio e, após um tempo, ele respondeu:

— Eu vou tomar um banho, primeiro. Já estava entrando no chuveiro quando ligou. Assim que eu acabar, vou *pra'í*, tudo bem?

— Desculpe-me te pedir isso. Sei que está cansado, mas... Precisamos conversar e estou vendo que você também acha isso.

— Tudo bem. Daqui a pouco estarei aí. Beijo.

— Beijo. Vem com Deus.

Desligaram.

Vanessa ficou apreensiva.

O espírito Ceres que a rodeava, desde que chegou, procurava influenciar:

— Sem-vergonha, safada... Não bastou ter ficado com o Diogo, agora quis o irmão também. Quem corre atrás de dois acaba ficando sem nenhum e é isso o que vai acontecer com você. Espertinha, teve um filho do Diogo só para segurá-lo, mas não conseguiu. O que deu errado, hein? — Oferecia breves pausas, depois, continuava: — O Felipe não vai ficar com você. Ele tem medo de ser enganado! Ele é um fraco! Não sabe competir com o irmão. E... Quanto ao Diogo... Ele tem dinheiro. Vai tirar o Rafael de você.

Vanessa começou a ficar inquieta e ainda mais ansiosa, preocupada com o que Felipe tinha para dizer.

Ao vê-la agitada, Ceres sorriu de modo sarcástico.

Não precisava dizer mais nada. Sabia que a outra se envenenaria sozinha, em pensamento. Não precisaria de sua ajuda.

Então concentrou-se em Diogo para ir onde ele estava. Já sabia como fazer isso.

ෂාඥ

Enquanto isso, Diogo satisfazia a curiosidade dos pais e da irmã caçula.

Estavam todos na sala e sua mãe quis saber:

— Deve ter sido difícil pra você, filho. E... Com tudo o que está acontecendo aqui... Não pude ir pra Berlim.

— A senhora não imagina. É difícil mesmo.

— Tomou um choque quando soube de mais um filho. Não foi mesmo? — perguntou o pai.

— Foi um susto. Mas não foi algo ruim. A não ser saber sobre a doença dele. Agora há pouco, quando o conheci... Senti uma emoção tão forte — seus olhos lacrimejaram e sua voz embargou.

— Vai pedir exame de paternidade? — indagou o pai.

— O menino é a cara dele, Weber! Isso não é necessário — respondeu a mãe na vez do filho. — Até porque, pelo que eu percebi, a Vanessa jamais teria aparecido aqui à procura dele se o nosso neto não tivesse ficado doente. Aliás, caso não fosse filho do Diogo, ela estaria à procura do pai verdadeiro.

— A mãe tem razão. Além disso, tenho certeza de que o Rafael é meu filho. Tenho muitos motivos para crer nisso.

A conversa continuava enquanto, na espiritualidade, Ceres se colocava ao lado de Diogo.

Irritada, presa à crosta por se forçar a decidir ou resolver o que não podia, não conseguia. Além disso, em sua consciência, havia cobranças que não admitia.

Sem que ninguém percebesse, argumentava como se fizesse parte da conversa:

— Ele é seu filho sim. Voltou nesta vida por se sentir culpado pelo que fez no passado. Ele quis deixar você e seu irmão na mesma situação de antes, sem que ele próprio fosse culpado por tanta desavença, tanta dor como foi no passado. Mas ele não te merece. A Vanessa não te merece. Seu irmão é um covarde que nem lutou por mim. Só ficou revoltado quando soube de nós dois.

Ao mesmo tempo, o senhor Weber continuava conversando com o filho:

— O inesperado, para mim pelo menos, foi esse envolvimento entre seu irmão e ela.

— Fiquei surpreso quando ele me contou, mas... A vida é dele — comentou de modo forçado, como quem, contrariado, não revela os verdadeiros pensamentos.

— Também acho que a vida é deles, Diogo. O seu tempo com a Vanessa já passou. Faz anos que namoraram e se separaram. Você fez uma escolha, e ela seguiu a vida. O momento é outro — opinou Priscila.

— Não sei... Podem me achar antiquado, mas não concordo com o que o Felipe e a Vanessa estão vivendo — tornou o senhor.

— Bem... Já está ficando tarde. Estou cansado e amanhã quero acordar cedo — disse Diogo se levantando.

Nesse momento, Felipe desceu as escadas e todos o olharam de modo estranho ao vê-lo arrumado e com as chaves do carro na mão, àquela hora.

— Ainda estão aí? — perguntou, sorrindo ao chegar à sala. — Pensei que estivesse cansado da viagem e estivesse dormindo já.

— E você? Aonde vai a essa hora? — interessou-se o pai.

— Vou até a casa da Vanessa.

— Mas não acabou de vir de lá?

O filho nada respondeu e somente desejou:

— Boa noite a todos — e foi saindo.

Num impulso, sem entender por que, o espírito Ceres o seguiu.

Juntos, entraram no carro e foram para o apartamento de Vanessa, que estava bastante ansiosa antes de Felipe chegar, mas, ao vê-lo, relaxou um pouco.

— Oi, amor — cumprimentou beijando-o nos lábios e abraçando-o forte, como não tinha feito antes.

— Oi... Você está bem? — perguntou de forma gentil, preocupando-se com ela e fazendo-lhe um carinho no rosto.

— Com você aqui eu me sinto melhor — respondeu de modo doce, generosa.

Ela o fez entrar e foram para a sala.

Felipe se sentou no sofá e Vanessa, ao seu lado, recostou-se nele, abraçando-o forte.

— O que foi, hein? Por que está assim? — indagou, acariciando-a com ternura.

— Não sei... Me deu uma coisa...

O namorado a ajeitou, fazendo-a ficar sentada, com as pernas sobre o sofá e de frente para ele, como se a segurasse no colo.

Olhando-a com ternura, afagou-lhe a face angelical e os cabelos, reparando no brilho de seus doces olhos.

Nesse momento, ela falou com voz suave e jeito meigo:

— Quando chegou a sua casa e me ligou... Achei você tão diferente. Meio frio.

— Pra ser sincero, eu não gostei do que meu irmão te falou. Não gostei nada daquela conversa aqui entre vocês dois. — ela não se manifestou e Felipe somente a observou. Depois disse: — Naquela hora em que o Diogo te falou que: "se você tivesse contado que estava grávida, seria diferente". E você ironizou, perguntando o que ele ia fazer, se desistiria da noiva para ficar com você... Tive a impressão de que você queria ouvir a resposta de que ele ficaria com você e que havia se arrependido do que fez. E foi isso o que aconteceu.

— Não foi isso... — murmurou.

— Foi sim, Vanessa. Ele disse e, na minha cara, que teria ficado com você. — Seu semblante estava sério, um pouco triste. Em seu olhar havia uma sombra, uma mágoa indefinida. — Pareceu que não foi o bastante ter ouvido uma vez que ele ficaria com você, e tornou a insistir na pergunta. Até ele dizer que a Ceres havia morrido.

— É isso mesmo! — investia Ceres sem que eles a ouvissem. — Ela vai trocá-lo pelo Diogo. Você não significa nada pra ela. É um idiota, como sempre foi.

— Eu tomei um susto naquela hora.

— Por quê? — ele quis saber com seu jeito calmo e observador.

— Bem... Primeiro que eu nem podia imaginar que uma coisa dessas pudesse ter acontecido e, depois... Você não havia me dito nada. Não entendi por que não me contou antes.

— Eu já disse o porquê. Além de não ter contado nada porque você não queria saber, a verdade foi que me senti inseguro.

Comecei a gostar muito de você e tive receio de... O Diogo estava livre e você também. Eu queria um tempo para que me conhecesse melhor e... Foi por isso que não me empenhei em dizer nada sobre a vida dele — foi sincero.

— Como disse a ele e vou repetir: o passado não importa mais. Só vou ter contato com seu irmão por causa do Rafael. Nada mais.

— Mentira!!! Ela quer o Diogo! Você é insignificante! — tornou o espírito Ceres.

— Por que não o encarou? Nem se despediram direito quando fomos embora — quis saber ele.

— Ora, Felipe! — saiu de seu colo, sentou-se direito e o encarou, respondendo: — É uma situação estranha, no mínimo. Não acha? O cara que namorei há muitos anos e nunca mais vi, é pai do meu filho e é seu irmão. Se vocês não fossem irmãos, seria diferente. Tenho certeza.

Subitamente, Felipe perguntou:

— Você ainda gosta do Diogo, Vanessa?

— Como assim? Gostar dele? Cuidado com o que você pergunta e com o que quer entender. Gostar é algo muito abrangente e pode ser entendido de várias maneiras. Eu gosto do porteiro do prédio, ele é muito educado. Gosto dos médicos e enfermeiras que cuidam do Rafael, gosto... de sei lá mais quem, mas não os amo. — Um momento e, encarando-o, continuou: — Por que não me faz essa pergunta de uma forma mais direta e fácil de entender? Por que não pergunta se eu ainda amo o Diogo?

— E ama?

— Não. Não amo o seu irmão — foi sincera. — Ainda tenho muita mágoa dele por ter me enganado, por não ter se importado comigo. Mas aquele sentimento que, um dia, tive por ele, de querê-lo ao meu lado, isso não. Na verdade, hoje, eu entendo que nunca amei o Diogo.

Felipe respirou fundo e olhou para o lado como se ainda restasse alguma dúvida.

Vanessa, delicada, segurou em seu rosto tocando-o com carinho, fazendo-o encará-la.

Invadindo sua alma com o olhar, ofereceu sorriso meigo e falou baixinho:

— Amo você. Amo muito você.

O rosto dele iluminou-se em um sorriso e Felipe a envolveu em um abraço, procurando seus lábios e beijando-a com ternura.

Agasalhando-a em seus braços, apertou-a contra si e a beijou ainda mais.

Naquele momento, o espírito Ceres se viu contrariada.

— Por que tanta sorte?! Você não merece ele!!! Não merece ninguém!!! O que você tem?! Desgraçada!!! Não fui feliz com ele nem com o Diogo! Que sorte é essa?!

Naquele instante, o espírito Enéas, mentor de Vanessa, e Luana, mentora de Felipe, se aproximaram de Ceres.

Baixando a luminescência, fizeram-se ver.

— Ceres... — chamou Luana, com jeito meigo.

— Quem são vocês? — surpreendeu-se.

— Mentores ou anjos da guarda de Felipe e Vanessa — respondeu Luana. — Queremos ajudá-la. Sabe que aqui não é o seu lugar. O que mais precisa agora é ter paz.

— Ter paz?! Estou com raiva! Por que ela consegue tudo e eu nada?! Sempre foi assim! Eu não merecia estar aqui, morta, vendo tudo isso! Não mereço o que fizeram comigo!

— Sabe, minha querida, às vezes, não temos muito o que fazer se não aceitar. Ser humilde para entender o que e por que as coisas nos acontecem. Não é com raiva, com ódio no coração que vamos alcançar a compreensão, o entendimento. A Natureza, sabedoria de Deus, faz com que tudo se corrija. Essa é a Lei do equilíbrio, pois equilíbrio e harmonia é amor — comentou Enéas.

— Sei que errei no passado. Talvez vocês nem saibam, mas não é justo eu, nessas condições, e ela!... Sempre ela!... Por que sempre teve o melhor companheiro ao seu lado? E eu? Quando consegui ficar com o Diogo... — desabafou Ceres.

— Essa encarnação, onde não viveu plenamente ao lado dele, foi de grande lição. Agora o seu tempo no plano terreno se esgotou. Deve deixar tudo seguir seu curso — opinou Enéas.

— Não quero que ela seja feliz! Isso é injusto. Veja como tudo está acontecendo de novo! Ela terá o privilégio de escolher ficar com quem quiser. E eu? Sozinha, aqui, vendo tudo isso!

— Encarnados, todos colhemos o que plantamos. Somos herdeiros de nós mesmos. Essa é uma encarnação bem planejada para todos e o objetivo é de harmonizar o passado — disse Luana.

— Mas o Diogo...

— Por que não vem conosco e deixa o destino seguir seu curso? — propôs Luana com jeito meigo.

— Não quero ajuda. Vou ficar aqui. Ficar com o Diogo. — Nesse momento, o espírito Ceres se concentrou em Diogo e foi para onde ele estava.

Luana e Enéas se entreolharam. Nada podiam fazer.

ೋ

Na manhã seguinte, Vanessa sentiu um carinho suave em seu rosto.

Ao abrir os olhos, viu Rafael, em pé, ao seu lado.

— Bom dia, meu amor. Você já está em pé?

— É o tio Felipe que está aí do lado? — perguntou o menino sem trégua.

— É. É ele sim — respondeu, levantando-se da cama e pegando um robe que estava sobre a cadeira. — Vem. Vamos deixá-lo dormir.

Ela levou o filho para a sala. Ligou a TV, mas o garotinho não ficou lá. Seguiu-a até a cozinha e perguntou:

— Por que o tio dormiu aqui? Ele nunca fez isso antes.

— A verdade é que ele já dormiu aqui sim. Mas você nunca viu.

— Por quê?

— Porque ele levantou cedo e precisou ir embora para trabalhar ou porque você estava no hospital. — Colocando-o para se sentar em uma banqueta, Vanessa procurou ficar da sua altura, olhando-o nos olhos para explicar melhor: — Olha, Rafael, você já é bem grande, um rapazinho, e eu sei que é capaz de me entender. Você sabe que a mamãe e o tio Felipe começamos a namorar, não sabe?

— Eu sei. Só que antes não tinha o meu pai. Agora ele voltou.

A situação ficou difícil, porém teria de fazê-lo entender.

— Filho, eu namorei seu pai há muitos anos. Ele viajou e nem tive chance de dizer que estava esperando você. Já te contei isso. Aí, depois de tanto tempo, você era tão importante pra mim que nem pensei mais no seu pai. Fiquei sabendo que o Diogo se casou. Então pensei que deveria deixá-lo cuidar da vida dele e nós da nossa. Quando você ficou doente e precisou de doador compatível, como já sabe, tive de procurar seu pai. Encontrei o tio Felipe e seu pai demorou para aparecer. Daí que eu e o Felipe começamos a gostar um do outro e começamos a namorar.

— Ah... Você não fica com o meu pai por que ele tá casado?

— A verdade é que seu pai está viúvo. A esposa dele e o filho que eles tiveram morreram em um acidente. Seu pai está viúvo. Mas... A mamãe gosta muito do tio Felipe. Quero ficar com ele. Você entende?

— Mas eles *é* iguaizinhos. Por que você não fica com o meu pai? Ele não tem mais esposa mesmo.

Vanessa respirou fundo e não sabia o que dizer mais.

Ao olhar para a porta, viu Felipe em pé, observando-os.

— Bom dia — ele disse. Beijou-a rápido nos lábios e foi até Rafael, beijando-lhe a cabeça, perguntando: — E aí, garotão? Dormiu bem?

— Dormi.

— Eu ouvi você conversando com sua mãe e... — Calmamente procurou explicar. — Sabe, Rafael, agora, com a sua idade, é um pouquinho difícil de entender o que está acontecendo entre mim, sua mãe e seu pai.

— Por quê?

— Porque para as crianças tudo parece muito simples e prático. Quando crescer, vai ver que nossas decisões são tomadas de acordo com os sentimentos. Sua mãe e eu nos gostamos muito e queremos ficar juntos.

— É... mas... Uma vez eu perguntei se ela gostava do meu pai e ela disse que gostava.

— Huuummm... Deixe-me ver... Acho que isso foi antes de ela me conhecer, não foi? — O sobrinho confirmou que sim com um aceno de cabeça e Felipe continuou: — Uma vez você me disse que teve duas professoras, mas gostava mais de uma do que da outra. Isso funciona mais ou menos assim. Sua mãe gostou do seu pai, mas hoje gosta mais de mim.

Minha Imagem

— Mas vocês são parecidos.

— Somos parecidos. Na verdade iguais. Mas não somos a mesma pessoa e, convivendo conosco, vai perceber isso. Temos gostos e pensamentos diferentes.

O menino nada respondeu e Vanessa, temendo surgir mais uma pergunta, decidiu:

— Agora, vão os dois lá pra sala que eu vou preparar o café. Já estamos atrasados.

Felipe não gostou muito da iniciativa, preferiria esgotar o assunto. Mas se ela decidiu assim...

Já à mesa, enquanto tomavam o desjejum, Felipe comentou:

— Hoje vou me reunir com os gerentes das agências para programarmos os novos pacotes de férias. Ontem, assim que cheguei à minha casa, a Selma me ligou e disse que os chalés do Hotel Fazenda estarão todos lotados, agora, no meio do ano. Precisamos cuidar de aumentar o número de funcionários lá em São Bento.

— Estou deixando tudo só pra você, não é mesmo?

— Não tem outro jeito, Vanessa. Não estou reclamando.

— Eu sei, é que... Gosto de acompanhar tudo de perto. Você sabe que gosto de trabalhar com isso.

— Você está bem ocupada com o Rafael e... — sorriu. — Prefiro que seja assim.

— Disse ontem que vai para o Rio de Janeiro?

— Vou. Assim que definirmos tudo aqui em São Paulo, viajo para o Rio. Preciso cuidar da equipe de apoio da empresa, verificar pessoalmente os hotéis selecionados, conferir as refeições e as companhias que vão servi-las, cuidar do serviço dos transladados de chegada e saída...

— Vai ficar lá mais de uma semana, não é?

— Acho que sim. Talvez. — Uma pausa em que a fitou longamente e revelou: — Estou preocupado em deixar você, aqui, sozinha.

— Minha mãe não vai ficar sozinha. Meu pai vai ficar aqui com ela — respondeu Rafael inesperadamente.

O espírito Ceres riu. Pareceu ter encontrado um meio de interferir na vida de Vanessa.

Vanessa respirou fundo, pensou rápido e resolveu encarar a situação de jeito firme:

— É verdade, Felipe. O Diogo é o pai do Rafael e tem seus deveres, além dos direitos. Ele vai ter de ajudar. Afinal, esteve ausente por muitos anos. Não é mesmo?

Felipe ficou sem entender.

Havia um tom de contrariedade, talvez um misto de raiva e ironia na voz de Vanessa.

— Mas... Não pode deixar o Diogo... — ele tentou dizer.

— Cuidar do Rafael? Por que não? O Rafael está bem. Olha pra ele — sorriu. — O Diogo pode cuidar dele por um ou dois dias enquanto eu vou até São Bento do Sapucaí e resolvo os problemas e tudo o que for preciso para arrumar mais funcionários. Isso não é difícil. E... Qualquer coisa, eles me telefonam e volto bem depressa.

— Eu vou ficar com o meu pai?! — perguntou o menino bem satisfeito.

— Vai — respondeu a mãe. — Vai ser bom pra vocês dois se conhecerem melhor.

Virando-se para Felipe, Rafael pediu:

— Tio, dá o telefone do meu pai pra eu ligar pra ele?

Felipe pegou seu celular do bolso da calça, procurou o número do telefone de Diogo na agenda e mostrou ao sobrinho, dizendo:

Minha Imagem

— É este aqui. É só apertar aqui que vai chamar.

Rafael pegou o celular de sua mão e foi para o quarto.

Ele não disse nada ao encarar Vanessa, e ela comentou:

— Felipe, se tentarmos explicar algo para o Rafael, ele vai pensar que não o queremos com o pai. Daí vai ser pior.

— É verdade. O melhor é facilitar que se encontrem e se conheçam. Só que...

— O quê? — perguntou diante da pausa longa.

— Estou me sentindo excluído.

— Como assim? — tornou ela.

— Insignificante. É... Deixei de ser importante por causa do Diogo.

— Ora... Pare com isso. — Ela saiu de seu lugar, abraçou-o e beijou-o com carinho, dizendo: — Você é importante pra mim.

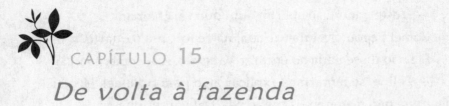

CAPÍTULO 15
De volta à fazenda

NÃO DEMOROU MUITOS dias e Felipe foi para o Rio de Janeiro.

Vanessa e Diogo levaram Rafael ao médico e ela contou que precisaria se ausentar, porém estava preocupada com o estado do filho.

Após examinar o garoto e conferir exames laboratoriais, o médico garantiu que ele se encontrava bem e até poderia viajar com ela.

Em seu apartamento, Vanessa decidia se levaria o filho consigo à fazenda, enquanto Rafael a pressionava sob a influência do espírito Ceres.

— Ah... Vamos, mamãe! O papai pode ir junto com a gente. Ele precisa conhecer a vovó, o vovô, a fazenda... Não é, papai?! Não é?!

— Acho que vai ser bom para todos nós, Vanessa — opinou Diogo.

— Isso mesmo! Vão todos. Quero ver o que o Felipe vai achar dessa ideia. Quero ver se essa aí vai resistir. Safada! — ofendia Ceres.

— Não sei... A viagem pode ser cansativa para ele e... — titubeou Vanessa.

— Você está com a ideia de ir um dia e voltar no outro? Isso sim será cansativo. Mas... Se ficarmos lá por alguns dias... — sugeriu Diogo.

— É... Pode ser... — falou Vanessa sem ânimo, preocupada com as consequências daquela viagem para os pensamentos de Felipe.

— Pode ser não é resposta, Vanessa — tornou o pai de Rafael.

— Estou em dúvida, Diogo. Quero falar com o Felipe antes.

— Por quê? Não sabe decidir as coisas sozinha? — manifestou novamente ele para desafiá-la.

Ela não respondeu e foi para o seu quarto, deixando-os sozinhos na sala.

Enquanto ajeitava algumas coisas, pois havia saído bem cedo e não teve tempo de arrumar sua cama, pensava sobre viajar em companhia de Diogo.

Certamente Felipe não gostaria daquilo.

Entendendo sua preocupação, Ceres influenciava:

— E você tem mesmo de dar satisfação em tudo pra ele? Como é idiota! Vai saber o que ele está fazendo longe de você!

Enquanto isso, Vanessa pensava:

"Sou crescidinha e devo saber decidir sem ter de falar com ele como se pedisse sua permissão."

Por outro lado, sua responsabilidade a chamava à razão.

Sabia que em um relacionamento de respeito e amizade, um deveria, naturalmente, saber a respeito do outro. Principalmente em seu caso. Afinal, ela havia namorado e tido um filho do irmão de Felipe, gêmeo idêntico dele.

Compreendia que, de certa forma, Felipe sempre se sentiu prejudicado, desprezado por causa do irmão.

No momento em que decidiu ligar para o namorado e perguntar sua opinião, a voz de Diogo a chamou à porta do quarto:

— Vanessa? Posso entrar?

Ela olhou e ele já estava dentro do quarto.

— Estou dando um jeito aqui — justificou-se. — Não gosto de cama desarrumada.

— E então? O que decidiu? Vamos os três pra fazenda?

— Penso que o Rafael está bem e... Como o médico falou, a viagem pode ser boa pra ele. Faz tempo que não vai lá. — Consultou o relógio e disse: — Daqui a pouco vou ligar para minha avó e avisar que vamos.

— Ótimo! Então vou até em casa para pegar algumas coisas e... Posso levar o Rafael comigo pra lá, não posso?

— Claro. Pode sim.

Naquela hora, Diogo sorriu de modo diferente.

Olhou-a por algum tempo como se a admirasse. Depois se virou e foi para a sala.

Vanessa se incomodou com aquilo. Havia algo estranho naquele olhar.

Quase perto do horário do almoço, ela telefonou para Felipe.

— Então, como o Rafael está bem e só tem médico na próxima semana, ele vai comigo para São Bento.

— Só vão vocês dois? — perguntou Felipe, desconfiado.

— Não. O Diogo quer ir junto.

Ele silenciou.

— Felipe? — chamou após longa pausa.

— Oi.

— O que foi? Não gostou da ideia?

— Pra ser sincero, não — foi verdadeiro. — Mesmo assim... Não dá para ser diferente, dá?

— Eu sei. Também não gostei muito, mas... O Rafael foi quem teve a ideia e...

— E o Diogo é o pai dele e está livre para acompanhá-los e você tem que resolver tudo por lá. Não é mesmo? — Ela não respondeu. — Tudo bem, Vanessa. Vai tranquila.

— Você me liga?

— Ligo. Ligo sim.

— Amo você, Felipe.

— Também amo você.

— Estou com saudade.

— Eu mais ainda. É tão ruim ficar longe.

— Eu sei — falou com jeito meigo, mimoso. — Gostaria que estivesse aqui.

Continuaram conversando até se despedirem e desligarem. Em seguida, o telefone tocou.

Era Leda dizendo que estava ali perto e perguntando se poderia passar em seu apartamento.

Vanessa disse que sim e, sem demora, a amiga chegou.

— Oi, Van! Tudo bem com você?

— Tudo. Entra.

Já na sala, a outra perguntou olhando para os lados parecendo procurar alguém:

— E o Rafael?

— Foi com o Diogo para a casa dele buscar algumas coisas. Agora à tarde, depois do almoço, nós vamos para a fazenda.

— Não te falei nada aquele dia porque estávamos na frente do Felipe, mas... Menina! Como ele é idêntico ao irmão! Se bem que ainda não vi o Diogo, né.

— Por incrível que pareça... Achei que os dois tinham cortado o cabelo no mesmo lugar pra ficar tão igual. Quando chegaram aqui... — riu. — Se bobeasse, eu não saberia quem era quem. Só depois que fui reparar em detalhes: nas roupas, no jeito de se vestir, de falar...

— E aí? Como você está?

— Às vezes é difícil lidar com a situação. O Rafael precisa do pai. O Felipe fica com um pé atrás... Com ciúme... Se o Diogo não fosse irmão dele e se não tivesse tido tanta competitividade entre os dois, acho que seria diferente.

— Você não pode culpar o Felipe por ter ciúme. Lembre que o Diogo já roubou a noiva dele — recordou Leda.

— É... Ainda tem isso.

— Posso te fazer uma pergunta?

— Claro! Manda ver! — Vanessa riu, não tinha nada o que esconder da amiga.

— Você tem alguma dúvida quanto a ficar com o Felipe ou com o Diogo?

— Não. Nenhuma. Adoro o Felipe. Eles só são parecidos por fora. São pessoas completamente diferentes. O Felipe é mais... — parou e olhou para cima, com o olhar perdido e sorriu antes de responder — ...é mais presente. Ele me completa... Sei que estou segura com ele.

— Entendo — Leda compreendeu sorrindo, feliz pela amiga.

— O problema está sendo o Rafael, menina. Vive falando e enaltecendo o pai perto do Felipe e ele não diz nada. Eu percebi que, desde quando o Diogo apareceu, o Rafael teve uma melhora incrível. O médico até comentou que está impressionado com o resultado do último mielograma.

— O que é isso?

— Mielograma é um exame para análise das células leucêmicas. É feito para avaliação da resposta ao tratamento, indicando se as células leucêmicas estão se redimindo, erradicando da medula óssea. É um exame difícil. Ele sofre muito, antes e depois, embora seja feito sob efeito de anestesia. Eles aspiram a medula óssea do osso da bacia — osso ilíaco — ou do esterno — osso da parte superior do peito. Durante todo o tratamento contra o câncer, é preciso que sejam feitos vários desses exames.

— Ah... Já ouvi falar. Agora lembrei. Depois de furado o osso e ter sido aspirada a medula óssea, é feita esfregação em lâmina de vidro.

— Isso mesmo. Daí vai para exame ao microscópio.

— Coitadinho do Rafael — lamentou Leda, franzindo o semblante.

— É tão difícil, amiga — lamentou Vanessa.

— Imagino, Van. Tenho um filho e só de pensar em uma situação dessa...

— E o Rodrigo? Como está?

— Ainda está com a avó, né? Estou morrendo de saudade. Acho que a conta do telefone da minha mãe vai parar nas alturas, pois estou ligando todos os dias a cobrar pra poder falar com ele. Ele choraminga. Diz que está com saudade... Me parte o coração. Mas depois dou um jeito nisso. Não posso trazê-lo pra cá ainda. Minha tia não está muito bem e minha prima tem de cuidar dela até a cirurgia.

— Não vai ter jeito? Vai ter de operar mesmo?

— Vai. Coitada. Está morrendo de medo. Bem... Até eu morreria de medo. Cirurgia cardíaca não é brincadeira não. — Uma breve pausa e lembrou: — Ah! Fui à imobiliária para ver o apartamento daí de cima pra alugar.

— Ah! E aí?! Conseguiu?!

— Consegui. Quer dizer... Estaria tudo certo se não fosse tanta exigência. — Breve pausa e fez um olhar cansado, emocionado e murmurou: — Nossa, Van... Tem hora que uma ajuda faz muita falta. Tem momento que eu gostaria que o Almir estivesse do meu lado pra...

Vanessa foi para junto da amiga e a abraçou com força.

— Vai dar certo sim. Tenho certeza.

Ambas quase choraram. Uma emoção as envolveu e não sabiam explicar a razão.

Afastando-se, Leda contou:

— O corretor da imobiliária me ligou ontem e vou lá daqui a pouco. Vamos ver se consigo que ele dê um jeito...

— Vai precisar de um fiador?

— Vou. E não tenho para quem pedir. Esse é o problema.

— Será que eu não posso ser mesmo? — insistiu Vanessa.

— Não. Precisa ter residência própria e você é tão sem teto quanto eu — riu gostoso.

— Foi o Felipe quem cuidou de tudo aqui. Não exigiram fiador, mas quiseram alguns meses adiantados.

— Sei. Mas eu não tenho como dar qualquer adiantamento. Meu investimento está todo na farmácia que inauguro semana que vem.

Vanessa pensou um pouco e comentou:

— Será que o Diogo... — deteve-se.

— De jeito nenhum! Van, não vejo o Diogo há anos! Como é que...

Ouviram um barulho de porta sendo aberta e a amiga falou rindo:

— Vai vê-lo agora!

Rafael entrou na frente e, ao ver que tinha visita e soube quem era, correu para Leda abraçando-a com força.

— Oi, tia!

— Oi, meu querido! Meu amado! Meu tudo! Como é que você está?! — beijou-o e o envolveu com carinho.

— Tô bem, tia. Cadê o Rodrigo?

— O Rodrigo está com a avó dele lá em Pindamonhangaba.

— Ah... Você disse que ia *trazer ele* aqui da próxima vez que viesse.

— Mas ainda não deu, meu amor. Mas me conta... Sua mãe disse que você vai viajar.

— Vou e meu pai vai junto. Ele não conhece a fazenda.

Leda se ergueu e encarou Diogo que lhe sorria e perguntou mesmo sabendo quem era:

— Leda? Nossa!

— Diogo... Como você está?

Ele se aproximou e a abraçou, beijando-lhe o rosto em seguida.

— Vou bem. E você? — ele disse sorrindo.

— Também estou bem. Quanto tempo... — e ficou admirando sua semelhança com o irmão, mas nada disse. Achou que ele estava cansado de ouvir aquilo.

— E o seu filho? A Vanessa me contou que ele já tem quatro anos! — admirou-se.

— Já. Está levado, ligado!... — riu. — Ele está com a minha mãe até que eu ajeite tudo por aqui. Vou inaugurar a farmácia de manipulação e estou tentando alugar o apartamento daqui de cima.

— Já conseguiu? — interessou-se ele.

— Não. Sabe como é... Existem as burocracias imobiliárias e...

— A verdade é que a Leda não tem um fiador ou alguns meses de aluguel para adiantar — contou Vanessa. — O pior é que eu não posso ser fiadora.

Diogo ficou pensativo por um momento e sentiu como se Vanessa pedisse, indiretamente, que ele fizesse alguma coisa pela amiga.

Meio confuso e receoso, comentou:

— Bem... Eu não tenho propriedade em meu nome aqui no Brasil — brincou. — Serve na Alemanha? Tenho um apartamento lá — sorriu.

— Acho que não serve. Obrigada — agradeceu Leda, retribuindo o sorriso e tentando brincar ao falar com jeito meigo.

— Mas... Podemos conversar quanto a um empréstimo — sugeriu ele.

— É bem caro, Diogo. Não se preocupe — tornou ela.

— Caro quanto, Leda? — foi direto ao perguntar.

— São quatro meses de aluguel antecipados. Esquece.

— Não. Não vou esquecer. Acho que posso te ajudar sim. Quando vai à imobiliária?

— Agora à tarde.

Diogo olhou para Vanessa como se pedisse sua sugestão, pois estavam com viagem marcada.

— Por que não almoçamos, vamos até a imobiliária e... Depois vamos para São Bento do Sapucaí? — sugeriu Vanessa sorridente comprovando que ainda era possível existirem amigos verdadeiros na cidade grande, que faziam empréstimo de dinheiro, ao contrário do que sua avó falou um dia.

Leda ficou sem jeito e sentiu seu rosto corar. Não queria incomodar ninguém, principalmente Diogo. Justo ele a quem disse horrores por ter enganado sua melhor amiga.

Ela também o enganou quando, no decorrer da faculdade, não disse nada sobre Vanessa estar grávida. Agora só ele poderia ajudá-la.

Enquanto isso, na espiritualidade, Ceres se irritava sem que ninguém a percebesse.

— Então é assim?! Na minha ausência você é todo amores para essas duas aí! Seu idiota! Cretino! Pensei que me amasse! Chorou por mim por dias, mas foi só aparecer essas duas que já me esqueceu! Esqueceu nosso filho! Vocês vão ver! Essa amizade, esses amores, não vão durar muito, não. Vocês me pagam!

— Então vamos! — animou-se Diogo. — Vamos almoçar nós quatro. Conheço um restaurante muito legal. Você vai adorar, Rafael — disse virando-se para o filho, que estava ajoelhado sobre o sofá ao seu lado, abraçando-o pela cintura.

Sem demora, Vanessa pegou sua bolsa e se foram.

෩ය

Tudo aconteceu com tranquilidade.

Diogo ajudou Leda, que não poderia ter ficado mais feliz. Agora era só providenciar a mudança.

Ao pegarem a estrada, logo anoiteceu, o que não gostariam que tivesse acontecido, principalmente por estarem com uma criança.

Rafael, que estava tagarelando no banco de trás, dormiu e o silêncio foi absoluto por longo tempo, até que Diogo, por não ter assunto, perguntou para Vanessa, que dirigia:

— Essa Pick-up é sua?

— Não. É do Felipe.

— É que eu o vi com um carro vermelho... Acho que era um jipe.

— É uma Pajero. Essa é minha. Essa caminhonete é ótima. É 4x4. Ideal para sítio, fazenda, chácara e todo lugar de barro. A caçamba é de alumínio. Não enferruja nem descasca.

— É um carro muito bom, pelo visto. Embora eu esteja desatualizado quanto aos melhores carros daqui. Preciso comprar um e, pelo jeito, tem que ser um desse tipo, pois acho que vou ter que ir e vir muito de São Bento.

Vanessa não gostou de seus planos, mesmo assim orientou:

— Mas, para isso, não precisa ser um carro assim tão específico. Apesar de ser interior, apesar de ser fazenda, automóvel comum chega lá com facilidade. — Alguns instantes e perguntou: — Vai comprar um carro... E depois? Quando pretende voltar para a Alemanha?

— Estou pensando em ficar no Brasil. Ontem eu telefonei para a empresa e estou vendo a possibilidade de trabalhar na indústria farmacêutica daqui, na filial. Acho que tenho uma grande chance de conseguir. Talvez viaje para lá só para acertar algumas coisas. Quero ficar mais perto do meu filho.

Quieta, ela pareceu não gostar da ideia.

Mais adiante, ele comentou:

— Outra coisa... O Rafael me disse que nasceu em São Bento. Ele foi registrado lá também?

— Foi.

— Quero aproveitar e, amanhã, regularizar a certidão de nascimento dele. — Vanessa o olhou por um instante. Nem havia pensado naquilo. — O que você me diz? — perguntou.

— Tudo bem. É um dever seu e um direito dele. Vai fazer bem para o Rafael ter o nome do pai nos documentos. Ele já me cobrou isso.

— Não quero me afastar dele por nada deste mundo, Vanessa. Você não tem ideia de como é difícil perder um filho.

Minha Imagem

O Rafael vai se curar. Vai ficar bem e... Nós três ainda vamos rir disso tudo. Quero me empenhar ao máximo no tratamento dele e...

— Já está sendo feito de tudo, Diogo.

— Eu sei. Não estou desmerecendo o que você tem feito e...

— O que eu e o Felipe temos feito, você quer dizer. Devo admitir que seu irmão tem me dado muita força, tem feito muito pelo Rafael e por mim. Desde o princípio, quando eu soube e o procurei.

— Na verdade, você foi me procurar e o encontrou.

— Sim. Foi isso mesmo.

— Tenho muito o que agradecer a ele. Só acho que vocês deveriam ter me avisado antes. O Felipe deveria ter ido antes pra lá.

— Por telefone não dava, né? E outra, o começo do tratamento foi bem difícil. As reações, os efeitos dos remédios, as pequenas cirurgias... Sem contar os problemas com o plano de saúde e outras coisas à parte como aluguel do apartamento, mobília... O Rafael ficou bem abalado, física e emocionalmente. Ele se apegou muito ao Felipe, que não saía do lado dele.

— Viu só? Ainda vai perder seu filho para o seu irmão — influenciava o espírito Ceres.

Com um tom contrariado, Diogo comentou:

— O Rafael se apegou porque ele falou que era idêntico a mim. O Rafael me disse isso. Não vou mais deixar meu filho sozinho. Nem você. Quero que conte comigo para tudo a partir de agora.

— Agradeço, mas... Quanto a mim, não se preocupe. Cuide do Rafael.

— Foi nesse sentido que eu quis dizer. Imagino o quanto foi difícil para você ficar sozinha com um filho e... Vanessa, para dizer a verdade, eu não teria continuado com aquele noivado se soubesse que você estava grávida, esperando um filho meu.

— Isso. Conquiste essa safada! Bagunce a vida dela. Daí que ela não vai ficar nem com você, nem com seu irmão — tornava Ceres.

— Não seria uma boa ter ficado comigo só por causa de um filho. Não é mesmo? Se você gostasse um pouco de mim, teria tomado uma outra decisão. A princípio, por respeito e consideração, nem teria me enganado. Depois, mesmo tendo feito o que fez, teria me procurado para saber como eu estava. Esperei por isso.

— Estou envergonhado por tudo o que fiz com você e arrependido também.

Vanessa não disse nada. Não queria conversar sobre aquele assunto.

Para seu alívio, não demorou muito e Rafael acordou, pedindo para o pai se sentar atrás com ele o resto da viagem. E assim foi feito.

Algum tempo depois chegaram à fazenda.

Ao estacionar o carro em frente a casa, Vanessa sorriu ao ver sua avó em pé, no alto da varanda.

Diogo desceu e ajudou Rafael, que correu em direção da bisavó, que o abraçou e beijou.

— Vovó! Vovó! Este é o meu pai, vovó!

Henriette ficou olhando e esperando que Diogo se aproximasse, pois ele estava ajudando Vanessa com as malas.

Logo o rapaz subiu os poucos degraus e a cumprimentou:

— Boa noite.

— Este é o meu pai, vovó! Papai, esta é minha bisavó, só que eu *chamo ela* de vó! — exclamou o menino ansioso.

— Prazer Diogo. Sou Henriette.

— O prazer é todo meu, dona Henriette. Tenho ouvido muito falar da senhora. O Rafael não a esquece, nunca.

Vanessa se aproximou, beijou e abraçou forte sua avó, demonstrando muita saudade.

Segurou o rosto da senhora com as duas mãos por um momento e viram lágrimas quase rolando, uma nos olhos da outra.

Beijando-a na testa, a neta perguntou:

— Está tudo bem por aqui?

— Está. Venham! Vamos entrar.

Já na sala, Vanessa explicou:

— O Felipe foi para o Rio de Janeiro, como eu disse pra senhora, talvez ele só volte na semana que vem.

Henriette não conseguia tirar os olhos de Diogo e comentou:

— Eu poderia jurar que ele é o Felipe. Quase não vejo diferença nem olhando tão de perto — sorriu. — Desculpa, tá, Diogo.

— Não tem problema. Estou acostumado a isso. Aconteceu algo bem engraçado: o Felipe foi para a Alemanha e, com a maior facilidade, passou pela portaria do prédio, onde moro, arrastando uma mala e o deixaram entrar. Chegou ao meu apartamento e a empregada, que trabalha pra mim há mais de cinco anos, abriu a porta. Pensou que eu tivesse esquecido as chaves, e ele entrou. Eu tinha saído havia poucas horas e ela nem se deu conta que nos vestíamos diferente. Como se não bastasse, ele lhe deu ordens para que arrumasse o quarto de hóspede, pediu um lanche e, mesmo depois disso tudo, a mulher não percebeu que não era eu. Daí que, quando cheguei, ela quase surtou — riu. — Queria até chamar a polícia.

— Não tiro a razão dela. Vocês dois são muito parecidos. — Um momento e perguntou: — Bem... Depois de uma viagem dessas, vocês querem jantar ou querem um lanche?

— Um lanche, vovó! Um lanche! — pediu Rafael animado, como há muito não se via.

— Nossa! Como esse menino tá hoje! — admirou a senhora, satisfeita por vê-lo assim.

ఎంఆ

Na manhã seguinte, Diogo despertou com o canto dos pássaros.

Fazia tempo que não se sentia tão bem ao acordar.

Após o café da manhã, ao lado do filho, decidiu que queria conhecer um pouco mais do lugar.

À medida que caminhavam perto do lago, ele se surpreendia:

— Que lugar lindo! Divino! Aqui deve ser algum paraíso ou estou enganado?

Vanessa sorriu e contou:

— Deu muito trabalho para deixar do jeito que está.

— Ontem à noite, quando chegamos, não vi quase nada. Estava tão escuro.

— Não acendemos luzes além da casa. Queremos preservar a fauna e também a flora. Luzes artificiais prejudicam a natureza — ela explicou.

— É, papai, se tiver luz e barulho à noite, os pássaros e os animais se afastam. Daí que, de manhã, teremos menos passarinhos pra cantar e esquilo pra pegar coquinho... Aqui tem macaquinho também.

— Isso é verdade — confirmou a mãe. — Preservamos ao máximo a natureza por aqui.

— Você tinha outra pousada, não tinha?

— Tinha sim. Já vendi. Foi um bom negócio.

Minha Imagem

— Fez faculdade de Hotelaria, né? — perguntou ele, apesar de já saber. — O Felipe me contou.

— Fiz. O Rafael era bem pequeno e eu precisava fazer algo por mim e para esse lugar. Gosto muito daqui.

— Eu sei. Lembro-me de quando estudávamos e você falava daqui com tanto carinho. Agora dá pra entender por que. Parabéns! O lugar é maravilhoso.

— Obrigada — sorriu satisfeita, gostava de ser elogiada.

Rafael correu para perto do lago e, aproveitando-se, por tê-lo longe, Diogo comentou:

— Já disse isso para você, mas... Agora, aqui, mais do que nunca, eu me arrependo por não ter ficado com você, Vanessa.

Na espiritualidade, Ceres se manifestava:

— Veja o que está fazendo e o que está falando! Vai trair seu irmão de novo! Cafajeste! Chorou tanto por mim! Mentiroso! — Um momento e sugeriu, incentivando: — Isso mesmo. Continue assim orgulhoso, egoísta... Não pense nos sentimentos dos outros. Continue sendo competitivo com o seu irmão. Sempre quis angariar a simpatia de todos, ter tudo o que ele quis... — Nesse momento, Ceres pôde ver dois espíritos imprudentes que acompanhavam Diogo.

— Você pode ter a Vanessa de volta. Ela foi sua antes de conhecer seu irmão e ainda tem um filho seu — dizia um.

— É mesmo. O Felipe não tem direito algum sobre ela e seu filho — dizia o outro.

— Seu filho precisa de você e da mãe do lado dele. Além disso, você tem mais condições financeiras. Pode dar tudo do bom e do melhor. Não deixe o seu irmão tomar o que é seu. Vamos! Faça alguma coisa!

Atendendo àquelas inspirações, Diogo dizia:

— O Rafael precisa de mim e de você perto dele agora. Viu como ele está bem? Como melhorou?

— Ele pode nos ter. Só que vai ter de entender que eu e o Felipe...

— Não estou dizendo nada contra o Felipe — astucioso, afirmou, interrompendo-a. — Por favor, não me leve a mal. Só não quero que meu irmão intervenha e tente dizer que tem de ser diferente, que eu não posso estar presente...

— O Felipe foi até a Alemanha atrás de você, Diogo! Quer prova maior de amizade, de companheirismo, de...

— E como fiquei grato por isso! — novamente a interrompeu. — Eu estava em um momento tão difícil, Vanessa. Tinha dias que achava que ouvia o meu filho pelo apartamento e... — emocionou-se e tentou disfarçar olhando para a paisagem.

Os dois espíritos que o acompanhavam o fizeram entender que, se ele se fizesse de vítima, teria Vanessa mais próxima. E foi o que aconteceu.

Ela se aproximou, tocou-lhe o braço e o afagou como que querendo consolá-lo.

— Nunca vou ver o meu outro filho com a idade do Rafael. Não vou vê-lo na escola... nem brincando.... — lágrimas correram pelo seu rosto. — Quando fiquei sabendo que meus dois filhos tinham o mesmo nome...

— Foi uma grande coincidência. Eu também me surpreendi — ela disse.

— Não foi só isso. Acho que Deus quis me mostrar que o Rafael, nosso filho, preencherá o vazio que ficou. Não que ele substitua o filho que se foi, mas eu não vou me sentir tão só agora. É por isso que o quero ao meu lado e vou fazer tudo por ele. E... para agir corretamente, vou precisar de você. Está bem?

Minha Imagem

Vanessa não entendeu, mas, por vê-lo comovido, sensível, não quis contrariar.

— Tudo bem — ela sorriu.

Um momento e, observando o filho a distância, perguntou:

— O que acha de irmos hoje ao cartório para eu assumir a paternidade do Rafael?

— Depois do almoço, pode ser. Além disso, quero ir à cidade para tratar de alguns assuntos daqui do hotel para a temporada de férias. Preciso fazer encomendas, ver gente pra trabalhar nessa época... Estaremos lotados. Não vai poder faltar nada.

— Vamos sim. Vou me sentir melhor, depois disso — disse Diogo sorrindo satisfeito, colocando a mão em suas costas, enquanto a conduzia para perto do filho.

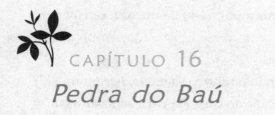

CAPÍTULO 16
Pedra do Baú

VANESSA JÁ TINHA TUDO planejado.

Sabendo de antemão o número de hóspedes que fizeram reservas para as férias, fez as encomendas de suprimentos para o hotel fazenda e pagou parte do valor antecipadamente aos fornecedores que lhe eram sempre bem fiéis.

Depois conversou com alguns conhecidos, informando que precisaria de funcionários extras para aquela temporada. Os candidatos deveriam ir com antecedência até a fazenda para serem avaliados e treinados. Sua avó cuidaria pessoalmente disso.

Após saírem do cartório, Diogo tinha o coração mais leve. Uma sensação de dever cumprido.

De mãos dadas com Rafael, caminharam lentamente até o centro da praça da matriz, em frente à igreja, e o rapaz ficou observando a graciosidade e o charme da cidade interiorana.

A rua que saía do centro da praça, estendia-se feito um tapete até a colina gigantesca à frente e ao longe, que se destacava viva, da cadeia de montanhas que a adornava em volta.

— Que lugar lindo! — admirou-se mais uma vez. — A quietude, o silêncio que traz tanta paz... Faz muito tempo que eu não sei o que é isso.

— Se não tomarmos cuidado, a movimentação, a agitação das cidades grandes nos roubam a paz de espírito, nosso bem mais precioso — disse Vanessa observando-o extasiado. — Senti muito a falta de paz, de silêncio, de sossego todas as vezes em que saí daqui.

— Papai! Papai! Você conhece a Pedra do Baú?! — perguntou Rafael, querendo que o pai ficasse ainda mais admirado com a cidade.

— Pedra do Baú? O que é isso?

— Se não viu a Pedra do Baú, então não veio a São Bento do Sapucaí — respondeu ela sorrindo. — Venha. Vou te mostrar.

Atravessaram a praça e entraram na caminhonete.

Vanessa manobrou o veículo e se dirigiram a um lugar com visão melhor. Até que...

— Nossa senhora! O que é aquilo?! — surpreendeu-se Diogo ao ter uma simples visão do monumento natural.

— É a Pedra do Baú, papai! Aquela mais *grandona*, ali, no meio.

— Aquela maior — corrigiu Vanessa, interrompendo-o.

— Isso. Aquela maior é a Pedra do Baú, que é o Monte Barão. Aquela à esquerda, que está mais junto é o Bauzinho, que é a Silvané e à direita, a menor, é a Ana Chata — tornou o menino entusiasmado para explicar.

Diogo não entendeu muito bem, mas nada disse, continuou admirando a paisagem e a obra majestosa da natureza.

À medida que a caminhonete seguia pela estrada, a edificação suntuosa podia ser acompanhada de outros ângulos, crescendo aos olhos, ficando mais bela.

— Qual a altura daquela pedra maior? — interessou-se ele.
— 1.950 metros de altura — respondeu Vanessa. Logo perguntou: — Está disposto a ir até lá?
— Claro! Vamos sim! — concordou, bem-disposto.
— Embora a Pedra do Baú fique na cidade de São Bento do Sapucaí, também se tem acesso a ela por Campos do Jordão. Porém, sem dúvida alguma, o caminho de São Bento até esse monumento arquitetônico da natureza é muito mais lindo daqui até lá.

Diogo não se cansava de olhar a beleza daquela notável construção vista do Vale do Paiol Grande, na cidade onde estava, enquanto o veículo serpenteava e oferecia vários ângulos do belo cenário.

Assim que pegaram a estrada, ficou maravilhado com a visão de cachoeiras e quedas d'águas, além de casas extremamente belas, que pareciam presas às encostas das montanhas de densas matas verdes.

Fizeram uma parada em uma cachoeira onde o som era inebriante.

Seguiram até passarem por gigantescas florestas de araucárias, imponentes e magníficas, podendo ser contempladas por vários ângulos, inclusive de cima, de acordo com a inclinação da pista encaracolada. Vistas do alto, seus buquês se uniam e se fechavam de forma esplendorosa.

A rodovia estreita, de asfalto bem liso, subia infindavelmente em direção ao topo, como se quisesse alcançar o infinito, ziguezagueando pelo meio de uma floresta bem fechada da Serra da Mantiqueira, cujo aroma de pinho deliciava o olfato.

Os olhos nunca se cansavam de ver aqui e ali, cenas que, muitas vezes, só se veem retratadas em fotos nas quais pensamos haver montagens.

Minha Imagem

Após subirem tanto, quando Diogo acreditou não poder ter nada mais acima, Vanessa fez uma curva à direita e o asfalto acabou.

Então começaram os últimos quilômetros só de terra batida. Talvez uns cinco ou seis.

A estrada de terra continuou por entre a mata fechada, serpenteando para cima ou para baixo no topo de montanhas. Até que, na última subida, chegaram a um gigantesco platô de onde viram o imenso perfil da pedra maior: a Pedra do Baú.

Vanessa estacionou o carro e eles desceram.

— Meu Deus! Mas o que é isso?! — perguntou Diogo, pasmo com a imensidão do granito.

— Ainda estamos um pouquinho longe da Pedra do Baú. Estamos no Mirante de São Bento. Daqui você poderá ver a cidade de São Bento inteira — explicou ela.

Aproximaram-se da beirada do platô e desceram um pouco mais, chegando a um gramado salpicado de flores da montanha.

Diogo contemplou, sem palavras, toda a beleza do vale que o sol iluminava, dando ainda mais beleza à serra majestosa.

— É muito alto! É muito lindo! Não sei o que dizer.

— A minha avó diz que, depois de fazer o mundo, Deus tirou férias e veio para cá contemplar a sua criação — comentou Vanessa rindo.

— Concordo com ela — disse ele acomodando-se no chão, encantado com a vista para a pedra e para a cidade que parecia bem minúscula lá em baixo.

Rafael sentou-se ao seu lado e pegou em sua mão.

Ficaram ali, calados, por longo tempo. Somente em paz.

Depois, o menino quebrou o silêncio, propondo:

— Quer ir lá na pedra, papai?

— Dá pra subir lá em cima? — indagou ele curioso.

— Dá sim!

— Explique direito, Rafael. — O filho nada disse e ela contou: — A grande pedra do Complexo do Baú, como é conhecido, a pedra maior, aquele cume ali — apontou —, dá para ir por uma escadinha de ferro na face sul — lado do bairro do Baú — mas só por pessoas preparadas. Geralmente especialistas em escaladas, profissionais ou amadores, ou ainda por aventureiros destemidos. Aliás, essa pedra faz parte de rotas de escaladas esportivas. O ponto culminante é de 1.950 metros, mas há quem diga que mede 2.050. A parede tem aproximadamente 400 metros de largura. Por isso ela é tão chamativa, quando estamos lá em baixo.

— É pedra granítica? — Diogo indagou.

— Sim. É granito puro. Sabe-se que foi um homem chamado Antônio Cortez quem subiu nela pela primeira vez, em 1940. Pelo menos é o que se tem de registro. Dizem que ele ficou muitos anos pela redondeza, ficava hipnotizado por tamanha beleza e queria saber o que havia lá em cima. Como era a vista de lá. Ouviu dizer que os índios da região esconderam um grande tesouro lá no alto, para nunca ser alcançado. Essa história do tesouro tornou-se uma obsessão para ele. Até que, uma noite, Antônio Cortez sonhou com uma pessoa completamente desconhecida que lhe mostrou o lugar por onde poderia subir. No meio da madrugada, ele acordou e chamou seu irmão contando sobre o sonho. Então os dois saíram na mesma hora e foram para o local indicado no sonho de Antônio. Chegando lá, Antônio Cortez reconheceu imediatamente o que viu no sonho e começou a subir. — Um breve momento e comentou: — Eu gosto de lembrar que essa foi uma grande prova de que sonho mediúnico existe.

— Verdade. Também acredito nisso — disse Diogo.

— Quando amanheceu — continuou ela — e os primeiros raios de sol iluminaram a pedra, os matutos, lavradores, peões e criadores do vale e da redondeza viram um homem correndo de um lado para outro sobre a pedra — riu. — Alguns acreditaram que era o diabo em forma de gente fazendo aquilo para chamar a atenção, pois ninguém, nunca, conseguiu fazer tal façanha.

— E aí, ele encontrou o tal tesouro? — tornou o rapaz.

Vanessa riu ao responder:

— Não. Mas dizem que ele ganhou algum dinheiro quando ficou encarregado de construir a escada para tornar possível, a qualquer um, subir na lendária Pedra do Baú. — Um momento e completou: — A Pedra do Baú, e todo o seu complexo, fica na cidade de São Bento do Sapucaí. Vista daqui, é estreita e não temos a noção de sua largura. Já vista de Sapucaí-Mirim, tem o formato de uma lasca de pedra. Olhada de Pouso Alegre, é chata e larga, e de Campos do Jordão é bem imensa e parece um baú de pedra. Por causa do fácil acesso e da bela vista, Campos do Jordão a inclui em seu roteiro turístico e diz que ela pertence a eles por motivos sentimentais — riu. — Por isso, em muitos de seus postais, podemos vê-la. Mas, por completo, esse monumento fica no município de São Bento do Sapucaí e... como dizemos: não vamos brigar com nossos queridos vizinhos por causa disso.

— Vamos até lá. Vamos! — chamou Rafael. — Vai ver que vista bonita é de lá de cima, papai.

— Até o cume mais alto?! — admirou-se ele.

— Não. Lá, nem se me pagarem eu subo! — respondeu a mãe tomando a frente. — E você, Rafael, enquanto eu puder, vai ficar do meu lado. Vamos até o Bauzinho, que é a gigantesca pedra menor.

Levantaram-se e, à medida que subiam em direção ao platô, Vanessa contou:

— Daqui, deste lugar, muitos praticam esportes bem radicais como voos livres com asa-delta, parapenti...

— Você gosta disso, papai?

— Só pela televisão. Não tenho muito apetite por altura — respondeu Diogo que já estava ofegante ao chegarem perto da caminhonete.

Entraram no veículo e Vanessa o conduziu até bem próximo à Pedra do Bauzinho, onde estacionou e dali eles seguiram a pé.

Alguns minutos de caminhada e, por entre uma vegetação rarefeita nas fendas, puderam ter uma vista ampla, magnífica e bem mais perto da pedra maior.

— Uaaaau!!! — admirou-se Diogo ainda mais. — É!... É!... Dizer que é lindo é muito pouco!

Vanessa segurava firme na mão do filho. Sentaram-se em um lugar onde o limite da beirada era seguro.

— Tem muita gente que tem medo de subir aqui, papai. Eu não tenho.

— É... mas... — falou gaguejante, meio temeroso. — Eu respeito, e muito, o medo dessas pessoas, porque a altura, daqui, é de dar tontura a muita gente.

— Incluindo você?

— Incluindo eu, meu filho, incluindo eu — respondeu sem se envergonhar.

Procurando por um lugar, sentou-se ao lado do filho, que pegou em sua mão também, pois já estava de mão dada com a mãe.

Rafael era o elo entre Vanessa e Diogo.

Um momento e ela percebeu os três de mãos dadas e não gostou muito ao reparar o que o filho tinha feito propositadamente. Nada disse nem tirou sua mão da dele. Imaginou que aquele deveria ser o sonho mais acalentado por Rafael que o estava realizando.

Minha Imagem

— Mamãe, conta pro papai a lenda deste lugar igual você contava quando fazia o Dia de Leitura.

— Seu pai não vai querer ouvir.

— Ah!... Vou sim. Agora quero saber que lenda é essa.

— A verdade é que existem muitas. Uma delas é... Há uma lenda indígena que... — Ficou sem graça, mas não se deteve: — Contavam os índios que, há muitos e muitos anos... — sorriu e impostou a voz de maneira doce, suave, entoando-a como não fazia havia tempos. Lembrou-se de quando narrava historinhas para as crianças que prestavam bastante atenção pela maneira como ilustrava os contos ao falar. Empolgada, sem perceber a forma de contadora de história que assumiu, começou: — ...Três irmãos viviam na maravilhosa Serra da Mantiqueira, em lugar lindo e primoroso, de beleza surpreendente. O irmão mais velho chamava-se Monte Barão, uma pessoa de muita força interior, fé inabalável a um Deus sempre presente em seu coração. Ele julgava-se de um coração puro a toda prova. Sacrificava sua mocidade. Achava-se capaz de suportar todos os tormentos da vida para mostrar que era capaz de alcançar a clemência divina. Ele vivia em harmonia e paz com suas duas irmãs: Ana e Silvané.

Ana tinha um coração puro, uma alma sublime, devotada à vida santificada. Só que Ana era baixa, feia e rústica. Motivo de brincadeiras nada agradáveis por parte de seus parentes. Era tão rigorosa que queria tudo certo e, por isso e por sua altura baixa, foi chamada de Ana Chata.

Silvané, ao contrário, era esguia, exuberante, de uma beleza que ninguém jamais viu. Vaidosa, ela passava horas cuidando-se e contemplando seu reflexo nas águas dos lagos. Seus olhos eram dois retalhos da noite e suas formas de um encanto sem igual. Parecia que a natureza esgotou todos os seus recursos na beleza de Silvané. Mesmo sem ter para quem se mostrar, ela se arrumava, enfeitava os cabelos com flores do campo e ensaiava poses delicadas e chamativas.

Contam que foi na vaidade dela que o demônio encontrou um meio de destruir o reduto de fé formado por Monte Barão, Ana Chata e Silvané.

Foi em uma tarde, ao retornar de uma caçada, que Monte Barão, distraído, entrou na cabana e encontrou Silvané meiga e linda.

Aquilo o perturbou a ponto de fazê-lo passar a noite inteira meditando. Acreditava-se verdadeiro e forte em sua fé, mas, naquele instante, viu-se reduzido ao mais mesquinho dos seres humanos, pois experimentou pela irmã um sentimento vergonhoso. Ficou apaixonado por Silvané.

Naquela noite, travou-se uma longa guerra em seu íntimo entre o bem e o mal. Desejo e divindade. Bom senso e loucura. Deus e demônio.

Todo esse conflito fez com que Monte Barão envelhecesse muitos anos, somente naquela noite. Seus cabelos ficaram grisalhos, tamanho foi o esforço mental em busca de uma solução para sua aflição.

Monte Barão esmoreceu em sua fé. Ao amanhecer, estava irreconhecível. A força do mal tomou conta de seu ser e ele passou a se inclinar às ideias do mal, aos desejos do que era mal.

Ele jogou por terra toda a sua vida pura. Começou a duvidar do bem, do que era bom. Duvidou da fé, da paz interior, da paz profunda... Duvidou do caminho certo. Pensou: "De que vale esse sacrifício se o meu fim será como o de qualquer outro mortal? Se só existem duas forças: a do bem e a do mal, só resta ao ser humano a escolha da que mais lhe agrade. Qual o problema de eu satisfazer meu desejo? Estarei prejudicando somente a mim."

Minha Imagem

Então como um aviso, ele teve uma visão. Viu a si mesmo crescer como uma enorme, gigantesca pedra!! — enfatizava. — Transformando-se e passando acima das nuvens!

Porém, não deu importância. Tomado pelo mal, riu da visão, julgando que aquilo era sua imaginação cansada.

Decidido, foi atrás de Silvané.

Chegando à cabana das irmãs, encontrou Ana Chata, que o viu transformado.

Preocupada, a irmã percebeu que havia algo errado. Quis cuidar dele e até fazer um remédio, mas Monte Barão não deixou e perguntou por Silvané.

A irmã informou que a outra foi para o campo colher flores e, mesmo sentindo que não devia, chamou-a.

Foi aí que Monte Barão convidou Silvané para um passeio. No caminho, ele falou de seu amor, de seus sentimentos e a abraçou implorando piedade. Só que, alucinado, ele a beijou apaixonadamente.

A Natureza ficou ofendida em sua pureza nesse momento e o céu escureceu. Tornou o dia em noite e do infinito vieram os raios! E relâmpagos! E trovões! — destacava, salientando a voz, fazendo com que os ouvintes criassem as cenas em suas imaginações. — Nesse momento, Monte Barão reconheceu seu erro e implorou o perdão de um deus que julgou o seu ato pecaminoso e o condenou.

Desesperado, como um doido, ele viu Silvané se transformando em pedra e Ana Chata, que saía correndo da cabana para ver o que acontecia, também passando pela mesma metamorfose. Depois, ele próprio passou pela transformação.

Quando o céu clareou e o sol voltou a brilhar, a paisagem da floresta estava mudada. Mudada completamente. Surgiram então, três gigantescas pedras. Silvané, conservando sua forma delgada, provocante, atraente e traiçoeira, que é o Bauzinho onde nós estamos. Acreditando que ela não oferece perigo, você se aproxima e, quando vê, não consegue mais voltar do precipício. Ana Chata, também conservando sua forma, tornou-se um rochedo rústico, baixo e achatado. No meio das duas, o Monte Barão, a Pedra do Baú, forte e imponente. Ele uniu-se, em um abraço eterno, à Silvané — o Bauzinho, seu grande amor, seu maior pecado.

Dizem que Monte Barão, apenas ele, conservou sua sensibilidade e aquele que consegue tocar seu cume tem a sensação de estar ferido ou magoado. Não há quem chegue ao seu topo e não sinta vertigem, que é a fé vacilante que não o deixou ser forte de verdade.

Silêncio.

Somente o sussurrar do vento cantando, ali, naquela altura.

Ao olhar para os lados, Vanessa se viu rodeada de algumas pessoas, visitantes do lugar, hipnotizados pelo seu jeito gostoso de contar aquela lenda.

Ela sorriu sem jeito e, num impulso, não se sabe de quem, foi aplaudida por todos.

Sentiu-se na antiga sala onde lia para crianças.

Nunca se imaginou, ali em cima, contando a tal história.

Constrangida, agradeceu e pôs-se em pé, limpando a roupa num gesto automático.

Diogo sorriu satisfeito.

Levantando-se, pegou firme na mão do filho e começaram a fazer o caminho de volta para sair dali, do meio de todos que a parabenizavam.

Pararam algumas vezes em outros pontos e ele se lembrou de tirar fotos, com o celular, do filho, dele mesmo com o garoto e da mãe.

Retornaram.

Chegando ao carro, Vanessa comentou, ainda constrangida.

— Fiquei tão envergonhada. Eu não vi aquela gente, ali, atrás de mim.

— Você conta história de um jeito que enfeitiça qualquer um. Eu adorei! — elogiou. Aproximando-se rápido, beijou-lhe o rosto em sinal de agradecimento.

— Então... Vamos? Não quero que escureça quando estivermos na descida da serra para São Bento.

— Vamos sim. A estrada é linda, mas é necessária muita atenção para seguir por ela. As curvas são muitas e muitíssimo fechadas.

No caminho, a vista, muito bela, pareceu mudar por causa dos raios do sol que não atingiam algumas partes das montanhas olímpicas que ganhavam outros tons de verde.

Adiante, Rafael pediu:

— Mamãe, conta a lenda dessa serra.

— Agora não, Rafael.

— Ah... Conta, vai. O papai quer ouvir.

— Quero mesmo. Adorei a lenda da Pedra do Baú. Vou adorar essa também.

Tanto insistiram que Vanessa concordou. Mas, desta vez, não estava tão inspirada quanto antes, porque tinha de prestar atenção no caminho de volta.

— Está bem... Conta uma lenda indígena que havia uma linda princesa de uma tribo Tupi. Sua beleza era tamanha que o próprio sol se apaixonou por ela. Porém, encantado pela formosura da moça, o sol, chamado de Guerreiro de Cocar de Fogo, pelos índios da tribo Tupi, fixou suas luzes sobre ela, a bela princesa. Por não se esconder mais, a noite deixou de existir, a lua também não aparecia mais e o dia ficou interminável.

Então tudo começou a secar. Os pastos se queimavam e ninguém mais tinha sono nem sonhos.

A lua percebeu que tinha perdido seu grande amor: o sol. E o perdeu para uma mulher. Inconformada, foi reclamar para Tupã, o deus dos índios, que ficou indignado. Tupã mandou que se levantassem as mais altas montanhas e ali, no meio delas, confinou a linda princesa, longe do alcance do sol.

O sol, então, sangrou tardes vermelhas e tentou se afogar no mar.

Por sua vez, a bela princesa chorou...

Seu choro formou nascentes, minas, rios, cascatas e mananciais de lágrimas. Água doce...

O povo Tupi chamou a linda princesa de Amantikir ou Mantiqueira, que significa *Serra que chora*.

Por isso, a Serra da Mantiqueira tem tantas nascentes, cachoeiras, cascatas e rios.

Vanessa olhou rapidamente para o lado e sorriu.

— Nossa! Que legal! — admirou-se Diogo.

— Ah!... Não valeu. Ela não contou tão legal assim. A lenda é mais comprida. Tem a parte que o sol tenta se afogar no mar, mas desiste, porque ainda tem esperança de encontrar a princesa, por isso ele volta no dia seguinte e vai de um lado para outro sobre a terra para procurar ela — contou Rafael.

— A mamãe está dirigindo, filho. Não dá pra eu ficar contando lendas.

— Agora, toda vez que eu vir o sol tentar se afogar no mar, vou me lembrar dessa lenda — disse Diogo.

Sentado no banco de trás, como se fizesse uma reclamação, Rafael se queixou:

— Eu só vi o mar uma vez.

— Como assim?! Só foi à praia uma vez? — perguntou o pai.

— Pronto... Já vai começar... — murmurou Vanessa que conhecia muito bem o filho.

— Então vamos providenciar uma viagem à praia o quanto antes.

— Oba!!!

— Não inventa, Diogo.

— Por quê? Vai ser bom para todos nós.

— Eu vou pra praia! Eu vou pra paia! Eu vou pra praia!...

ഹെ

Ao chegarem à fazenda, já estava escuro.

Rafael desceu da Pick-up e foi procurar pela bisavó para lhe contar sobre os planos de uma viagem à praia.

Vanessa desceu devagar e Diogo foi para junto dela.

Os grilos cantavam bem alto e alguns pirilampos, também conhecidos como vaga-lumes, salpicavam o ar piscando entre a vegetação, dando uma graciosidade que impressionava a visão.

— Não me canso de descobrir tanta beleza simples em tudo o que vejo aqui.

— Quando nosso coração está puro, conseguimos ver beleza na simplicidade das coisas — sorriu ela. — Considere os vaga-lumes um presente à sua visita. Eles não costumam aparecer nessa época do ano.

— Sabe, Vanessa... Eu estava vivendo de forma tão mecânica, tão acelerada que não conseguia ver a vida passar nem sequer via as coisas realmente importantes.

— Como o quê?

— Bem... — começaram a caminhar a passos negligentes, bem vagarosos, afastando-se da casa principal, indo em direção do lago — após ter me casado e me mudado para a Alemanha, dediquei-me exclusivamente ao trabalho. Tinha um apartamento bom, bonito, mas não bastava, quis um ainda melhor, maior... Meu carro e o de minha esposa precisavam ser sempre os melhores e mais caros, trocados com frequência. Isso mostrava a minha capacidade, o meu poder... Não bastou o apartamento, os carros... Comprei uma casa linda, imensa, de veraneio, na praia e... ...e quase não a usei porque só trabalhava para manter tudo aquilo. Quase não me lembro da gravidez da Ceres, pois sempre chegava cansado, ouvia-a falar um pouco, mas não prestava atenção devida e... Se não fossem as fotos. Ah, sim! Tirei milhares de fotos, fiz *books* — referiu-se a álbuns de fotografias. — Precisava colocá-las na internet para que todos os amigos vissem e me admirassem. Assim, saberiam, não só do caminhar da gravidez, mas também veriam as imagens de fundo, os lugares onde estávamos, o interior de minhas residências, meus carros... meus bens...

— Você não estava com ela? Não curtia a gravidez?

— Sim, sempre estive. Porém, hoje, acredito que poderia ter feito melhor. Diferente. A impressão que tenho foi de não ter participado tanto de alma. Minha participação foi mais física, de corpo, pois minha cabeça sempre estava em outro lugar, em busca de dinheiro e bem-estar físico. Depois que meu filho nasceu, não mudei muito. Eu sabia que tinha de chegar à minha casa e brincar com ele, ficar com ele e... Era algo meio mecânico, como se eu fizesse por obrigação. Lógico que tirei um milhão de fotos — exagerou. — Fotos para os outros verem nas redes sociais e... — Longa pausa. Sentaram-se no banco diante do lago onde a lua refletia sua luz prata no tremeluzir miúdo na flor da água, por causa da brisa suave. Logo, continuou: — Nunca fui agressivo nem negligente, mas também não participei inteiramente

Minha Imagem

como devia, sabe? Minha vida parecia ótima, estabilizada, perfeita, e eu só tinha de mantê-la. Afinal, o que poderia sair errado daquilo tudo? Desde que eu mantivesse tudo sob meu controle, nossa vida continuaria perfeita. Só que, de repente, algo que não estava sob meu controle aconteceu. E aconteceu na minha frente, mostrando o quanto eu sou impotente perante a vida. Vi minha mulher e meu filho morrerem e não pude fazer nada — emocionou-se. — Pensei que fosse enlouquecer. Não comia, não dormia, não queria trabalhar mais... Tudo, exatamente tudo, me fazia lembrar deles. Eu sentia uma falta, um vazio que não se preenchia com nada. Era um vazio tão grande! Tão intenso! Tão doloroso! Pensei até em morrer... Os dias foram passando... Voltei ao trabalho e segui levando. Só que a minha vida não tinha mais cor, não tinha graça, motivo ou razão. Lembro que, depois de meses, eu só consegui sorrir quando vi a empregada assustada, aflita, dizendo que eu já havia chegado e estava lá no quarto de hóspedes — riu. — Fazia muitos anos que não experimentava aquela sensação de... de traquinagem de moleque, sabe? — Ela sorriu por entender e Diogo prosseguiu: — Eu soube que meu irmão estava ali e me senti mais reconfortado, mais seguro, talvez. Antes mesmo de abraçar o Felipe como eu queria, acabei atendendo ao celular dele e falei com o Rafael. Meu filho. Filho que não tinha ideia que existisse. Tudo aconteceu muito rápido na minha cabeça. Lembrei de você e ele disse que eu era o pai dele. Fiquei nervoso, confuso, não sabia direito o que pensar. Quando meu irmão me contou tudo, acreditei que a vida estava me dando outra chance para eu ser um bom pai e um bom companheiro. Devo confessar que fiquei decepcionado quando soube que você e o Felipe estavam namorando.

— Diogo...

— Espere. Não diga nada. Deixe-me terminar. Quero e vou ser um ótimo pai para o Rafael e um bom companheiro para você.
— Diogo...
— Espere, Vanessa. Quando falo em ser um bom companheiro, estou me referindo a estar presente, não deixar faltar nada, ser um bom amigo, um bom ouvinte, ajudar em tudo. Não quero interferir entre você e o Felipe. Só quero que saiba que pode contar comigo, sempre. Quero resgatar o que for possível do tempo perdido, do mal que te fiz quando não a procurei. Não imagina como me arrependo disso. Às vezes fico pensando no quanto você foi forte, corajosa para levar em frente e sozinha a gravidez... Criar tão bem o nosso filho. — Breve pausa e desfechou: — Fico feliz pelo Felipe. Meu irmão teve muita sorte por encontrar alguém como você. Ele tem a sorte que, um dia, eu joguei fora.

Vanessa surpreendeu-se com aquelas palavras e argumentou:

— Você foi feliz ao lado da Ceres. Pode ter certeza disso. Foi feliz o quanto deu, o quanto pôde.

— Fui. Fui, sim. Mas... Acredito que eu seria muito mais feliz ao seu lado — olhou-a firme nos olhos, invadindo-lhe a alma. — Você saberia me mostrar a beleza na simplicidade das coisas, como vem fazendo. Saberia me fazer entender que o luxo, o caro, o dinheiro não dão felicidade completa e verdadeira. Depois de tudo o que sofri, não encontrei paz no meu luxuoso apartamento em Berlim, nem no meu carro mais caro e moderno, nem nas redes sociais que alimentaram meu ego... Encontrei paz aqui, nesta fazenda, no meio deste vale, desta cadeia de montanhas... Encontrei paz no simples e no que é verdadeiramente belo. — Um momento em que respirou fundo, esfregou o rosto com as mãos e alinhou os cabelos com os dedos, voltando a olhar para o lago. Em seguida, continuou: — É por isso que quero ficar ao lado do Rafael. Vou fazer tudo por ele e assim estarei fazendo tudo por mim. Por isso... — sorriu e a fitou — quero te pedir para se animar um pouquinho e concordar em irmos para a praia. Ele está tão feliz com a ideia — falou com jeito meigo.

— É que estou preocupada. Você ainda não o viu quando fica...

— Vamos ao médico na semana que vem e perguntar. Tenho certeza que o doutor Genésio será favorável. Ele mesmo está admirado com a melhora, com o estado do Rafael. Ficou impressionado com os resultados dos exames.

— É. Eu vi.

— Então, Vanessa! Vamos!

— Vanessa! — chamou a voz de alguém que caminhava em direção aos dois. Era Henriette que, ao se aproximar, disse: — Desculpa interromper, é que o Felipe ligou duas vezes e quer falar com você, filha. Disse que vai ligar de novo daqui a pouco.

Diogo fechou o sorriso. Estava influenciado. Não gostou da interrupção e Henriette pareceu perceber.

— Obrigada, vovó — agradeceu a neta, levantando-se.

Foram para a casa e Diogo contou para Henriette sobre o quanto ficou admirado com a beleza do lugar, da Serra da Mantiqueira, que tinha o adorno daquela pedra tão gigantesca. Falou sobre Vanessa ter narrado de forma tão empolgante as lendas indígenas e a senhora comentou:

— Vanessa tem um dom incrível para contar histórias. Não há quem não fique atento.

Alguns minutos depois, onde o tempo parecia se alongar e demorar mais que o normal, Vanessa estava em seu quarto esperando a ligação de Felipe.

Havia tentado telefonar para ele, mas não conseguia. A ligação caía sempre na caixa postal. Então decidiu aguardar.

Até que o telefone tocou.

— Alô! Felipe?

— Oi. Tudo bem?

— Ai... que saudade...

— Tentei ligar pra você à tarde toda no celular e...

— Onde eu estava não dava sinal. Fui até a cidade — contou ela.

— Mas lá o celular pega — ele reclamou.

— É que... Fui até a Pedra do Baú com o Rafael e... — deteve-se.

Diante do silêncio ele perguntou com um tom amargo na voz:

— ...e com o Diogo?

— É. Fomos até lá. O Rafael insistiu. Queria que o pai conhecesse o Complexo do Baú.

Felipe não gostou do que ouviu e comentou:

— Liguei aí duas vezes e o Rafael me disse que vocês dois estavam lá perto do lago conversando. Disse que não deveria incomodar.

— O Rafael disse isso?! — surpreendeu-se.

— Olha, Vanessa... Pra ser sincero, não estou confortável com essa situação.

— Isso é coisa de criança, Felipe. Não pode levar o Rafael a sério. É lógico que ele vai fazer de tudo para ter o pai perto dele e... ele ainda não entendeu que o Diogo não vai se afastar dele.

— Não vai se afastar dele, nem de você, Vanessa.

— Não fale assim, Felipe.

— Olha, Vanessa, tive um dia bem cheio, cansativo. Aqui está um calor dos infernos. Estou um pouco irritado. Não vejo a hora de voltar. Agora não é um bom momento pra gente se falar. Não desse assunto.

— Precisamos deixar tudo muito claro entre nós.

— É verdade. Precisamos sim — ele disse insatisfeito.

— Acho que volto amanhã para São Paulo. E você?

— Semana que vem. E... Vai pensando no que você quer da vida e semana que vem a gente conversa.

— Espere aí! Conversar semana que vem, coisa nenhuma! — esbravejou. — Não tenho nada o que pensar. Qual é o seu problema, Felipe? Quais são as suas dúvidas? Por acaso eu te dei algum motivo para duvidar de mim?

— O que você acha, Vanessa? Sinceramente.

— Acho que você não está entendendo que o Diogo é o pai do Rafael e que agora ele estará presente.

— Então está bem. Eu estou errado e você certa, pra variar.

— Espere. Não é assim — enervou-se ela.

— Então o que é? — ele perguntou com voz fria.

— Precisamos sentar e conversar.

— É... Precisamos mesmo. Mas agora, ainda mais por telefone, não vai dar. Estou cansado e...

— Não tenha dúvidas sobre o que eu sinto por você. — Ele não respondeu. Longo silêncio e ela chamou: — Felipe? — Novo silêncio. Ela não suportou e precisou pedir: — Felipe, fala alguma coisa.

— Eu já disse. Estou cansado, Vanessa. Semana que vem nos falamos.

— Você me liga amanhã?

— A ligação para celular, aí pra fazenda é ruim. Sabe disso. À noite eu ligo... Tá bem? — disse o rapaz com má vontade.

— Vou esperar.

— Então, tchau — ele procurou se despedir.

— Até amanhã. Beijo.

— Beijo.

Felipe parecia bem frio, descontente e desinteressado. Nunca o viu daquele jeito.

Vanessa sentiu uma angústia imensa invadir seu coração.

O ar parecia não encher o seu peito e um tremor, um medo indefinido correu-lhe pelas costas.

Às vezes, era como se Diogo fizesse tudo de propósito, provocando situações que irritassem seu irmão, comprometendo o seu relacionamento com Felipe. Ainda por cima, Rafael parecia o cúmplice perfeito do pai.

Precisava resolver aquilo, apaziguar de vez aquela situação. Só não sabia como.

Ignorava a influência espiritual, principalmente de Ceres, que não a queria com Diogo nem com Felipe.

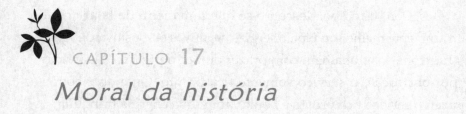

CAPÍTULO 17
Moral da história

NA MANHÃ SEGUINTE, bem cedo, Vanessa convocou os empregados da fazenda para uma rápida reunião, orientando-os para a próxima temporada.

A construção de um espaço onde instalou uma piscina térmica estava quase acabado e ela queria a parte de jardinagem pronta antes do fim do outono, além da colocação das mesas e cadeiras de vime na varanda em torno do local.

Ao terminar, viu que Diogo a observava aguardando para lhe dizer algo.

— Você se sai bem com os empregados. Parece que nasceu para administrar lugares assim.

— Fui criada vendo e fazendo isso.

— Sim, eu sei. Reparei que você administra com carinho. Não é mandona nem grosseira ao dar uma ordem. Isso faz bem aos funcionários.

Caminhavam rápido, enquanto ela falava:

— Com o tempo, descobre-se que a maneira de falar cria um ambiente melhor ou pior. Energias negativas ou positivas. Logo os funcionários trabalham com prazer ou por obrigação. Quando é por obrigação, o serviço somente fica pronto. Quando é com prazer, o serviço fica pronto e bonito, com uma energia tranquila, agradável. Tudo isso o hóspede consegue sentir, de alguma forma. Então, ele volta sempre e recomenda aos outros. Esse é o segredo.

Diogo sorriu ao concordar e mudou de assunto:

— Não parei de pensar no passeio à praia e o Rafael também não.

— Imagino. Hoje à tarde voltaremos a São Paulo e...

— Hoje? Já?!

— Sim. Logo após o almoço. — Sorriu ao propor: — Se quiser ficar, não vou me importar. Aproveite.

— Deixa o Rafael ficar comigo?

— Não — foi firme. — Segunda-feira ele tem consulta.

— Então não fico. Sem vocês não terá graça — falou de um jeito manhoso, para ela achar engraçado.

Vanessa o olhou e não disse nada.

ഇരു

Já era noite quando Vanessa entrou em seu apartamento arrastando uma mala.

Desde que soube que o pai gostaria de ficar mais alguns dias na fazenda, Rafael não parava de reclamar. Queria ter ficado com ele.

Emburrado, o garoto entrou na sala pisando duro.

Ligou a televisão e sentou-se no sofá, cruzando os braços de um jeito firme para exibir seu protesto.

— Abaixe o volume da TV, Rafael — pediu Vanessa insatisfeita com o comportamento do filho.

Diogo entrou puxando a outra mala e reparou a cena sem dizer nada. No fundo, pareceu gostar. Acreditou que a pressão do menino facilitaria sua ligação com Vanessa.

Estavam influenciados.

Ao ver a mãe passar pela sala, indo para o quarto, o menino reclamou:

— Você é chata! Muito chata!

— Rafaeeeel... — repreendeu em tom firme.

— Meu pai é mais legal do que você! — gritou.

Vanessa voltou. Parou frente ao filho e o encarou:

— Não fale assim comigo. Sou sua mãe!

— A gente podia ter ficado lá — o filho falou mais brando.

— Não é assim tão simples. Segunda-feira você tem médico. Podemos voltar lá outras vezes. Moramos lá. Esqueceu?

— Estou cansado de médico! Estou cheio! Estou cheio deste apartamento! Aqui não tem onde brincar nem correr. Não tenho amigos! Não tenho nada!

Em um tom moderado, ela explicou:

— Para que você volte a correr, brincar e pular com seus amigos na fazenda é preciso que esteja bem de saúde. Nós só estamos aqui por sua causa, para que fique bom de novo.

— Mas eu não quero ficar aqui! Estou bem!

— Lembra quando vivia de cama? Nem conseguia ir pra escola. Lembra? — O filho nada disse e a mãe continuou: — Se a gente ficar lá e não completar o seu tratamento, vai voltar a ficar daquele jeito. Além disso, falei com o doutor Genésio que só ficaríamos na fazenda por três dias e foi isso o que fizemos.

— Vamos encomendar uma comida chinesa? — propôs Diogo animado, querendo desfazer aquele clima tenso.

— Vamos! Ebaaaa! — gritou o filho.

— Mas só depois de você tomar banho — tornou o pai.

Rafael levantou-se e correu para seu quarto.

— Deixe-me ir lá pegar uma roupa pra ele — disse Vanessa indo atrás do garoto.

Bem mais tarde, após comerem, ela olhou o relógio e comentou:

— Hoje é dia de Evangelho no Lar.

— Você fica com a gente, papai?

— Não sei o que é, mas... Se eu puder, fico sim.

— É assim — explicou Vanessa —, Evangelho no Lar é uma reunião simples onde fazemos uma prece, pegamos um trecho do Evangelho ou de um livro de leitura cujo texto podemos usar como reflexão e aprendizado para aplicarmos em nossas vidas. Lemos esse texto, refletimos, conversamos um pouco a respeito e depois vibramos, desejamos um mundo melhor e muita paz. Agradecemos a Deus pela oportunidade de vida, por tudo o que temos. Só. Leva uns... vinte minutos, no máximo. Não devemos demorar muito.

— Que legal. Quero participar sim — aceitou Diogo.

— Vai lá pegar o Evangelho, Rafael — pediu a mãe.

O menino obedeceu de imediato, satisfeito pelo fato de seu pai estar presente naquele momento tão importante.

— Ei! Estamos fora! — comentou um dos espíritos que acompanhava Diogo. Eles não esperavam um momento de oração e não tiveram tempo de influenciá-lo a não ficar.

O outro concordou e os dois se foram.

Ceres não entendeu o que acontecia e ficou na expectativa.

Ao retornar, o garotinho entregou o livro para a mãe e disse:

— Eu faço a prece inicial.

— Então eu leio e você faz... — ela olhou para Diogo. Por um momento, pareceu tê-lo confundido com Felipe que já estava acostumado a participar daquela reunião.

— O quê? — Diogo perguntou.

— Desculpe. Pensei que... — Sorriu e confessou: — É que o Felipe sempre faz a prece final e eu ia pedir que você a fizesse.

— Não sei como fazer, mas garanto que posso aprender com o tempo.

— Certo. Hoje eu faço a leitura, as vibrações e a prece final. Aí você aprende como é e...

— É. Com o tempo meu pai aprende e o tio Felipe não precisa vir aqui pra fazer nada.

Ela olhou para o filho, mas não disse nada. Não era o momento adequado para chamar-lhe a atenção. Saberia esperar. Mesmo assim, decidiu dizer:

— Quem sabe, com o tempo, o Rafael faz a prece inicial, eu faço a leitura, o Felipe as vibrações e você, Diogo, a prece final.

Ele entendeu a insinuação e disfarçou o que sentiu com um sorriso.

Assim que o garotinho se concentrou e iniciou uma prece, o espírito Ceres começou a sentir uma mudança no ambiente. Passou a ver luzes coloridas, suaves e experimentar uma energia envolvente, calma, como um bálsamo, começando a lhe provocar uma espécie de relaxamento.

No momento seguinte, passou a ver outro nível da espiritualidade e reconheceu Enéas e Luana.

Embora sentisse certa paz, não era isso o que queria. Entendeu por que os outros dois se foram. Não desejavam ser envolvidos por tais energias e ela fez o mesmo. Lamentavelmente, saiu dali.

Após terminarem o culto do Evangelho no Lar, Vanessa orientou o filho ao vê-lo ir para o sofá e ligar a TV:

— Rafael, está na hora de dormir. Despeça-se do seu pai que ele também precisa ir embora.

— Ah... Ele pode ficar e dormir aqui.

— Não, Rafael. Seu pai não pode dormir aqui.

— Ele é meu pai, tá bom!

— Rafael! — ficou brava.

Diogo não dizia nada. Gostava da birra do menino.

— Se o tio Felipe pode dormir aqui, meu pai também pode!

— Despeça-se do seu pai e vai para o seu quarto — falou como exigindo, usando de tom firme e moderado. Vendo que o filho não obedecia, Vanessa pegou o controle remoto e desligou a televisão. Virando-se para Diogo, pediu educada: — Bem... Já está tarde e é bom você ir ou não vamos terminar isso de um jeito agradável, não é mesmo?

— Você tem razão — disse ele, levantando-se. — Preciso ir, Rafael.

— Você tem que dormir aqui! Você é meu pai!

— Outro dia, talvez. Hoje eu tenho de ir. Amanhã eu volto.

O menino ficou emburrado. Cruzou os braços e não o encarou.

Diogo se curvou, beijou-o demoradamente e o afagou.

Virando-se para Vanessa, aproximou-se e a beijou no rosto, dizendo:

— Até amanhã.

— Vou acompanhá-lo até a porta.

Parado à porta, Diogo pediu com jeitinho, sem que o garoto ouvisse:

— Não fica brava com ele não.

— O Rafael é fogo. Você não o conhece. Preciso ser firme.

— Sou novidade na vida dele. Lembre-se disso.

— Eu sei.

Diogo sorriu e beijou-lhe o rosto novamente, dizendo:

— Tchau. Até amanhã.

— Até.

Após vê-lo ir, Vanessa voltou e não encontrou o filho na sala. Foi até seu quarto e o viu na cama, de bruços.

Indo até ele, sentou-se ao lado e acariciou-lhe as costinhas, perguntando:

— Tudo bem?

— Não tá nada! — reclamou com a voz abafada no travesseiro.

— Filho, eu vou respeitar a sua ligação com o seu pai e quero que você respeite o meu namoro com o Felipe. Não fica bem o seu pai dormir aqui.

— Por quê?

— Por que o Felipe é meu namorado. Ele não vai ficar contente se outro homem dormir aqui, além de você.

— Você tinha é de ficar com o meu pai!

— Já conversamos sobre isso. Eu gosto do Felipe. Certo? — Rafael não respondeu. Para terminar o assunto, ela perguntou animada: — Já escovou os dentes?

— Não.

— Que porquinho!!! — fez-lhe cócegas e o beijou na lateral da barriga para fazê-lo rir. — Só os porquinhos não escovam os dentinhos! — O filho se contorceu e riu, levantando-se. — Vamos! Vamos! Vamos! Já pro banheiro — estapeou-lhe de leve o bumbum e riu ao vê-lo correr.

Após colocar Rafael para dormir, ela voltou para a sala e ficou preocupada, pois Felipe não havia telefonado até aquela hora.

Apreensiva, pegou o telefone e ligou para ele.

— Oi.

— Oi. Tudo bem? — ele perguntou.

— Tudo. Pegou o recado que deixei pra você na caixa postal dizendo que estávamos voltando para São Paulo?

— Peguei — Felipe confirmou.

— Só pude ligar agora porque queria pôr o Rafael pra dormir primeiro. Assim a gente pode falar mais à vontade. E então, como estão as coisas aí no Rio?

— Já fui aos hotéis e está tudo certo. Faço uma reunião com o pessoal da loja do shopping na segunda-feira e, se der tempo e conseguir um voo, volto na segunda-feira, mesmo.

— Ai, que bom! Estou com saudade — ela ficou alegre.

— Eu também estou. Como foi a viagem de volta? Pegou trânsito?

— A viagem foi bem tranquila e o trânsito estava ótimo.

— O Diogo acompanhou você até aí? — ele quis saber, perguntando de forma bem direta.

— Ele subiu. Pedimos uma comida chinesa para alegrar o Rafael, que estava emburrado, porque queria ficar lá na fazenda.

— Sei...

— Depois fizemos o Evangelho no Lar e, quando terminou, o Diogo foi embora — Vanessa contou com simplicidade.

— Meu irmão participou do Evangelho com vocês?!

— Participou sim. Acho que ele nunca tinha orado antes.

— Não fomos educados com esse costume. Que pena. Descobri que a prece verdadeira, sentida, faz muito bem ao coração.

— E você? Fez o Evangelho sozinho?

— Fiz sim. Senti falta de vocês... — demonstrou-se afetuoso, com saudade.

Minha Imagem

— Também senti a sua. E como senti... — disse de um jeito romântico.

— Só mais um dia e estarei aí — falou brandamente, de modo carinhoso, nem parecia a mesma pessoa que começou a conversa.

Continuaram conversando.

Vanessa percebeu que Felipe estava diferente, mais calmo e confiante. Com toda a certeza, a prece e a leitura do texto de elevação moral lhe fizeram bem.

Falaram por mais algum tempo e depois desligaram.

Vanessa não achou necessário retomarem o assunto de antes, até porque quis aproveitar o tempo para dizerem coisas boas um para o outro.

ೞಛ

A semana seguinte começou bem movimentada.

Felipe retornou do Rio de Janeiro e Leda já ajeitava o apartamento para se mudar o mais rápido possível.

Os dias foram passando...

Certa tarde, precisando de ajuda, decidiu socorrer-se na amiga.

A campainha do apartamento de Vanessa tocou e Diogo foi atender.

— Oi. Tudo bem? — cumprimentou-o rápido, beijando-o no rosto.

— Tudo. E você? Parece agitada.

— E estou. Olha... — pediu, saindo da frente do filho Rodrigo para que Diogo o visse. O menino estava irreconhecível, com tinta de parede nos cabelos negros, que ficaram amarelos, e o rosto, de pele morena clara, também pintado da mesma cor. Sem mencionar a roupa. — ...este é o Rodrigo, o meu filho. Rodrigo, este é o Diogo, amigo da mamãe.

— Uaaaauhhh... — disse Diogo, rindo ao franzir o rosto. Estendeu a mão, esticando só a ponta dos dedos, com certo receio, para não se sujar. — Prazer, Rodrigo. Você está parecendo um canarinho — e riu.

— Oi, tio! — sorriu lindamente. — É! Eu sou um canarinho! — riu gostoso.

— Eu estava pintando o apartamento e chegou o pessoal da loja entregando o sofá que não está passando pela porta. Enquanto tentei resolver o problema com o sofá, além de fazer isso com ele próprio, o Rodrigo estragou a tinta... — riu ao olhar para o filho. — Estou com medo do Rodrigo, por causa das janelas que estão sem tela de proteção. Preciso de socorro, Diogo. Pode me ajudar? Pode ficar com ele pra mim?

— Claro. Vai lá resolver o problema com o sofá. Fica tranquila.

— Obrigada. Deixe-me ir logo que os entregadores estão me esperando — Virou-se e já ia subir as escadas quando falou: — Diz pra Van que depois falo com ela — pensou que a amiga estivesse lá.

Ao entrar com Rodrigo, Diogo ria. Olhou-o novamente e propôs:

— Garotão, você precisa de um banho. Topa?
— E a roupa, tio?
— A gente pega uma do Rafa. Tudo bem pra você?
— Tá! — concordou.

Rafael chegou do quarto e o pai logo avisou que o amiguinho estava sujo e precisava de um banho antes que manchasse o sofá ou o resto do apartamento quando fossem brincar.

Minha Imagem

೮೦ಅ

Mais tarde, Vanessa e Felipe chegaram e encontraram Rodrigo e Rafael jogando videogame.

— Ah! O Rodrigo está aqui! Que bom! — Vanessa ficou feliz. Gostava do garoto.

Um pouco mais de tempo, Leda tocou a campainha e foi recebida.

Ao ver o filho limpo e arrumado, com uma roupa maior do que ele, admirou-se e riu.

Só depois ficou sabendo que a amiga não estava quando o deixou lá e foi Diogo quem cuidou do menino.

— Desculpa. Eu estava tão desesperada naquela hora, que... Nem pensei.

— Não se preocupe. Deu tudo certo. Só não lavei a roupa que estava suja. Coloquei em um balde.

— Jamais exigiria isso de você, Diogo. Já fez muito. Obrigada mesmo! No fim, deu tudo certo. O sofá passou pela porta. Acabei de pintar tudo e até já limpei o chão. — Olhando para o filho, Leda o chamou: — Vamos, Rodrigo. Você já deu muito trabalho para todos.

— Fica aqui e toma um lanche com a gente — convidou Vanessa.

Leda ficou indecisa, temia incomodar demais e olhou para o filho. Sabia que teria muito trabalho ainda com o apartamento e precisava preparar algo para se alimentarem. Ficar ali seria tão prático.

— Não pense, não! — disse Felipe. — Fique aqui com a gente. Sabemos como é difícil quando estamos arrumando o apartamento para mudarmos.

— Não estou arrumando para mudar. Já mudei! — riu. — Entregaram o colchão, que está no chão, o sofá, que deu o maior trabalho para passar pela porta. Tenho um micro-ondas e um fogão. Já estou morando lá em cima a partir de hoje! — sorriu satisfeita.

— É você mesma quem está pintando? — surpreendeu-se Diogo.

— *Euzinha*! — riu. — Não dá pra pagar tudo, principalmente pintor.

— Vai fazer mal dormir lá com o cheiro de tinta, não vai? — tornou ele.

— As janelas vão ficar abertas e coloquei recipientes com água por todo o apartamento. Só tenho de ficar de olho nele — olhou para o filho —, porque não tem tela nas janelas.

— Então podem dormir aqui hoje por causa do cheiro, e o Rodrigo vai dormir aqui até você colocar tela em tudo. Está decidido — disse Vanessa quase exigindo.

Leda puxou uma cadeira e se sentou, agradecendo:

— Obrigada, Van. Vou aceitar. Estou com tanto medo dele lá em cima.

— Tia! Tia! — chamou Rafael, indo para perto de Leda. — Você se lembra da Pedra do Baú?

— Lógico que lembro! Quase tive de me rastejar pra voltar e sair do Bauzinho. Que altura!

— Meu pai foi lá comigo. Andamos na pedrinha do Bauzinho!

— Ah! Pedrinha! Bauzinho! Sei... — ironizou Leda com o diminutivo, nome injusto ao monumento.

— É tia! Minha mãe até contou a lenda pra ele.

Somente Leda percebeu o olhar que Felipe deu para Vanessa, que nada notou.

— Você é muito corajoso, Rafael. Quando fui lá tive o maior medo do mundo! — tornou ela conversando com o menino de um jeito infantil.

— Ainda vou subir no topo da Pedra do Baú, tia. Lá sim, eu sei que é alto de *dá* medo. — Um momento e contou: — Ah, tia, minha avó, que é minha bisavó, você sabe...

— Sei.

— Ela fez pinhão assado e meu pai adorou. Fez também bolo de pinhão, bolinho de chuva... Tudo pro meu pai.

— Os bolos da dona Henriette são muito famosos. Não tem quem não goste.

— Meu pai queria ficar lá na fazenda, mas minha mãe não quis. Ele passeava com ela toda noite pra tentar convencer ela pra ficar lá.

Sentada, Vanessa ergueu o tronco, respirou fundo e olhou para o filho, mas não disse nada.

Em seguida, olhou para Felipe, que lhe fugiu o olhar.

Diogo fez de conta que nada ouviu e continuou brincando com Rodrigo.

— Rafael, por que não vai puxar a bicama e mostrar para o Rodrigo onde ele vai dormir? — propôs a mãe, interrompendo-o.

— Ebaaah! Legal! Vem, Rodrigo! Vem ver onde você vai dormir!

— E lá em cima, Leda? Já dá pra tomar banho? — perguntou a amiga.

— Dá... dá... Quer dizer... — riu gostoso. — Preciso comprar um chuveiro. Só tem o cano — riu mais ainda.

— Que nada. Vem tomar banho aqui — tornou Vanessa.

— Olha, amiga... Vou aceitar mesmo.

— Então vai lá e pega uma roupa e vem pra cá. Enquanto toma um banho, vou arrumando um lanche pra gente. O Felipe me ajuda! Não é, amor?! Meu amorzão é ótimo na cozinha — disse Vanessa, afagando as costas do namorado com carinho.

Ele sorriu somente.

Após o lanche, Vanessa observou que Diogo, brincando com Rodrigo, não se manifestava a ir embora.

Ela olhou para Leda e comentou:

— Vamos ter de arrumar aqui na sala pra você, né?

— Está ótimo. Já dormi aqui antes e esse sofá é muito bom. Vou pôr o Rodrigo pra dormir e cair aí com todo prazer.

— Estou indo, Vanessa — disse Felipe que estava sério, não gostando das coisas que tinha ouvido de Rafael.

Sem se constranger, Vanessa virou-se para Diogo e sugeriu:

— Já está tarde e a Leda precisa dormir aí, no sofá onde você está. Por que não aproveita e vai embora com o seu irmão?

Diogo consultou o relógio e concordou:

— Verdade. Vou indo. — Curvando-se, beijou Rodrigo: — Até amanhã, garotão! — Puxando o filho para junto de si, beijou-o e o abraçou, conversando ainda um pouco.

Para Vanessa aquela despedida pareceu demorar demais.

Algum tempo e os dois irmãos se foram.

Mais tarde, após ver os filhos dormindo, as amigas se sentaram no sofá da sala.

Vanessa havia preparado duas canecas de chá e bebericavam, lentamente, esperando a bebida esfriar, enquanto conversavam.

— Viu que situação difícil, Leda? O Rafael faz cada uma.

— Você não viu a cara do Felipe quando ele disse que o pai passeava com você toda noite.

— Não acha que era o momento do Diogo interferir e dizer que não era do jeito que o Rafael estava falando? Afinal... Ficamos lá, o quê? Duas noites. E não fomos passear coisa nenhuma.

— Logo imaginei que não. O Rafael é criança, Van. Não pode ser levado a sério. Mas o Diogo não. Ele foi covarde. Idiota.

— Fiquei em uma situação tão difícil com o Felipe. — Um instante e reclamou: — Agora o Diogo não nos dá um tempo. Não sai daqui de casa. Está sempre presente... Sei que é o pai do Rafael, mas... Puxa! Preciso de liberdade! Eu e o Felipe não temos mais privacidade e...

— Van, você não acha que o Diogo está sendo influenciado, espiritualmente falando?

— Será?

— Lógico. Esqueceu que a mulher dele morreu e... Sabe-se lá em que estado ela está na espiritualidade.

— Nenhum espírito nos influencia, caso nós não queiramos. As ideias de fazer isso ou aquilo podem vir na nossa mente, mas nós não a aceitamos.

— Sim, Van. Concordo com você, mas ele não sabe disso. Não tem orientação a respeito.

— Só sei que estou me sentindo prejudicada.

— Por que não diz isso ao Diogo? — sugeriu Leda.

— Fico sem jeito. Já é tão difícil ter que mandá-lo embora todo dia — confessou Vanessa.

— Acho que o Diogo sempre quis competir com o irmão por causa de serem gêmeos.

— Também já pensei nisso.

— Primeiro, ele roubou a noiva do irmão. Eles estavam noivos e o outro fez que fez até conseguir. Agora, está dando em cima de você, tendo o Rafael como grande aliado e não está se importando com o irmão, novamente.

— E o Felipe não reage! Talvez se ele...

— Se ele fizesse, o quê?! O Diogo é pai do Rafael, Vanessa! O Felipe não pode fazer muito.

— E como vai ficar a minha situação, amiga? Não sei se terei saúde pra equilibrar tudo a vida inteira — reclamou Vanessa.

— Se quiser, quando eu tiver uma oportunidade, posso conversar com o Diogo.

— Faria isso?

— Faria. Por que não?

— E o que você diria, Leda?

— Falaria sobre tudo o que te incomoda. A presença frequente dele aqui, a falta de espaço para você e o Felipe.

— Ele vai dizer que, tudo o que ele faz, é pelo Rafael.

Leda parou, refletiu um pouco e sugeriu:

— E se os dias de visitas fossem agendados com antecedência? Programados? Afinal, você não é obrigada a tolerar o cara aqui todo o dia, não é?

O coração de mãe falou mais alto e Vanessa esmoreceu:

— Mas... e o Rafael? Ele quer o pai aqui sempre. Você mesma viu o quanto ele melhorou, a olhos vistos e em todos os sentidos, desde quando o Diogo apareceu.

— Já sei! — quase gritou Leda. — Já sei! Dá um tempo! Essa semana vou inaugurar a farmácia e vou chamar o Diogo para pedir sugestões. Afinal, ele entende disso. Depois vou pôr minha casa em ordem. Comprar mesa, TV, geladeira... — riu gostoso, de modo contagiante. — Menina... Como é duro não ter geladeira!

— Imagino. Mas... Já te falei. Vai usando a minha. Você tem as chaves daqui. Pode ficar à vontade.

— É, só que o elevador demora muito... subir e descer escada não é fácil. Não se preocupe. Isso é por pouco tempo. Continuando! Vou pôr tudo no lugar; aí, então, o Diogo poderá continuar a ver o Rafael todos dos dias só que, em alguns dias, você manda o Rafa lá pra casa e, quando o pai dele chegar, diga pra ele subir. Dou um jeito de segurar os três lá em cima.

Minha Imagem

— Os três...

— O Rodrigo, o Rafa e o Diogo, claro!

— Ah... mas...

— Não será nada difícil. Daí, você e o Felipe terão uma folga. Quando estiver tarde, mando o Diogo embora e o Rafa pode dormir lá com o Ro.

Vanessa sorriu e perguntou:

— Você faria isso por mim?

— Claro! Somos ou não somos amigas?!

— Não. Não somos amigas. Somos irmãs!

Abraçaram-se.

☙❧

Com o tempo, o plano das amigas foi colocado em ação.

Ao toque da campainha, Leda sabia quem era.

— Oi, Diogo. Entra! O Rafa está lá na sala.

— Oi, Leda. Tudo bem?

— Tudo ótimo! Entra. Vem.

Levou-o até a sala como já vinha fazendo e, após cumprimentar os meninos, ele comentou:

— O Rafael agora não sai daqui.

— É que comprei esse videogame de última geração e eles adoram! Além disso, eu gosto muito de ficar com eles aqui. Não suporto ficar sozinha.

— Verdade?

— É sim — sorriu pensando que ele nem imaginava o que havia por trás daquilo tudo.

Os meninos brincavam sem dar atenção a eles, e Leda chamou:

— Vem aqui pra cozinha. Vou passar um café.

Algum tempo e Diogo, sentado em uma banqueta esperando que ela preparasse o café, comentou:

— Às vezes tenho a impressão de que não sou tão bem vindo e por isso a Vanessa manda o Rafael pra cá.

Ela ficou com pena pela forma comovedora com que comentou.

— Não é isso, Diogo. Que nada. É ele quem vem sozinho.

— E por que o Rodrigo não vai pra lá?

— O Ro só tem cinco anos. Acabou de fazer. Ele dá mais trabalho. A Van já está cansada o bastante. Já o Rafa obedece mais, não é tão levado quanto o meu.

— Entendo. Mas... É que aqui eu fico sem jeito. Não tenho liberdade na sua casa.

— Que nada, Diogo. Somos amigos. Eu o conheço há anos. Esqueceu? — sorriu. — E... A bem da verdade, a Vanessa precisa de um tempo, não é? — lembrou-se da conversa que teve com a amiga e falaria o combinado.

— Um tempo para ela e o Felipe, você quer dizer?

— Sim. Por que não? Afinal, eles namoram. Precisam ficar sozinhos um pouco. — Ele nada disse, e Leda, com jeitinho, perguntou: — Desculpe-me por ser indiscreta, mas... Você ainda tem esperanças com a Van?

— Esperanças?... Eu?...

— É. Pretende reconquistá-la?

— Cuidado com o que você vai falar! — vociferava Ceres, sem ser ouvida: — Essa aí é muito esperta e pode atrapalhar meus planos! A Vanessa não vai ficar com você, que vai atrapalhar o envolvimento dela com o Felipe, mas também não vai ficar com ninguém! Vocês todos me traíram! Vocês não merecem ser felizes!

Enquanto isso, sem que vissem, amigos espirituais de Leda e Diogo procuravam envolvê-los. Inspiravam Leda, clareando os pensamentos de Diogo e enchendo de paz o ambiente.

— Sabe, Leda... Essa ideia, de reconquistar a Vanessa, já me passou pela cabeça uma dezena de vezes e... Não gostei muito quando eu soube que ela e meu irmão estavam juntos.

— Por quê? Eles estavam livres, desimpedidos. Lá atrás, no passado, você fez sua escolha, Diogo.

— É. Fiz minha escolha, sim. — Breve pausa, observando-a servir o café, e prosseguiu: — Não sei por que não gostei de vê-los juntos. Às vezes penso... O Felipe sabia que eu estava viúvo quando conheceu a Vanessa. Ele poderia ter me procurado logo de cara e também contado a ela que eu estava livre.

— Foi uma surpresa para o seu irmão saber da Vanessa e do filho que ela tinha e que era seu, mas... Acredito que, a princípio, ele não fez por mal. Quando não contou pra ela não foi pra te sacanear. Acho que ele queria conhecer bem de perto a situação para depois falar sobre você, sua viuvez... Mas ela também não queria saber da sua vida. Isso foi ela quem me disse. E, com certeza, conforme o tempo foi passando, eles foram se apaixonando.

— Será que foi isso mesmo?

— Penso que sim. E... Será, Diogo, que você não está querendo ficar com ela só para competir novamente com o seu irmão? Talvez quisesse se sentir vencedor, como aconteceu no passado, quando conquistou a Ceres.

Ele abaixou a cabeça e o olhar. Depois confessou:

— Já pensei nisso também. Será que eu quero a Vanessa só porque ela está com o meu irmão? Como foi no passado? Tenho medo que...

— Quê?...

— Que eu venha a me arrepender.

— Como assim? Como se arrepender? Você se arrependeu por ter conquistado a Ceres?

— Na verdade... Não foi bem assim. Não sei se eu conquistei a Ceres ou se...

Leda ficou em silêncio, Diogo parecia amargurado e querendo desabafar.

Rodeou a xícara entre as mãos, como se quisesse aquecê-las. Olhando para a bebida fumegante, comentou:

— Sabe, Leda... Quando o Felipe era noivo da Ceres eu brinquei algumas vezes me fazendo passar por ele, mas não insinuei nada sério, grave ou... Às vezes eu estava de costas e ela falava comigo pensando ser ele e eu respondia... Outras vezes, eu fingia estar bravo com ela fingindo ser meu irmão e depois, quando ela percebia, ficava nervosa com isso. Então eu ria. Não passavam de brincadeiras simples, ingênuas, sem malícias, sem qualquer envolvimento. Isso foi no começo. Com o tempo, eu comecei a perceber que a Ceres não nos confundia mais. Ela sabia, exatamente, quem era quem. — Ofereceu um momento de pausa, olhou-a por um instante, tomou um gole de café e voltou a olhar para a xícara, continuando: — Até que, teve um dia que nós estávamos na casa de campo, em Jundiaí... Liguei o som e deitei no chão da sala, sobre o tapete, de bruços, cruzando os braços e escondendo a cabeça entre eles. Cochilei ali e... Eu estava sem camisa. Acordei com um carinho nas minhas costas. Quando me virei, era a Ceres. Comecei a olhá-la e não disse nada e ela continuou. Eu não disse nada e depois não resisti. Fiz um afago no braço dela, entende? — perguntou como se implorasse compreensão. — Eu não sei muito bem, mas não acho que ela tenha me confundido com o Felipe nesse momento. Não por tanto tempo e...

Minha Imagem

Ele se calou e fugiu ao olhar de Leda.

Diante da pausa, ela perguntou com delicadeza, mas bem direta:

— Rolou alguma coisa entre vocês dois?

— Depois de um tempo de carinho, ela se curvou e me beijou... — Diogo parecia nervoso. Era a primeira vez que contava aquilo. Esfregou o rosto, passou as mãos pelos cabelos e com algo que parecia um profundo arrependimento em seus belos olhos verdes, contou: — Eu correspondi ao beijo e a envolvi e... Aí tudo aconteceu.

— Você não teve medo que aparecesse alguém?

— Nessa hora não se pensa em nada e corre-se o risco. Depois, foi bem difícil. Quando dei por mim, vi que tinha traído meu irmão, meu melhor amigo e... Nunca havia me sentido tão mal como no instante em que olhei para o lado e vi a Ceres recostada no meu peito e me abraçando.

— E ela? Sabia ou não que era você?

— Ela disse que, a princípio, não sabia. Que eu a envolvi, a seduzi e foi então que percebeu que não era o Felipe, mas também não conseguiu se segurar e deixou acontecer. Contou que, por causa das brincadeiras, acabou se apaixonando por mim e... — nova pausa. — Tivemos que sair algumas vezes e conversar muito a respeito do que tinha acontecido. Conversamos longe de todo mundo, é claro... Com medo de sermos vistos por parentes, amigos ou conhecidos e depois alguém dizer pro Felipe que o viu com a noiva ou qualquer coisa assim e ele querer saber melhor. Nós... — não disse.

— Entendo — Leda falou, encurtando o assunto. — Com medo de serem vistos, vocês foram conversar em um motel.

Diogo abaixou a cabeça e se entregou de vez:

— Sim. Foi isso. Daí que ela se arrependia, chorava, eu ia abraçar para consolar e... Acabava acontecendo de novo, e de novo. A situação chegou a um ponto insuportável. Eu não conseguia mais olhar para a cara do Felipe e ele vivia perguntando o que eu tinha, o que estava acontecendo. Sabe, nós temos uma ligação bem forte, sabemos dos sentimentos um do outro e... Procurei a Ceres e disse que eu iria contar e ela ficou desesperada. Não sabíamos o que fazer e... Nessa altura do campeonato, o Felipe falava em casamento e procurava igreja. Então a Ceres me perguntou se eu ia ficar com ela se o Felipe soubesse. Eu disse que não sabia responder. Não tinha planejado aquilo e... Então ela me disse que suspeitava de estar grávida de mim.

— Esse filho não poderia ser do seu irmão?

— Ela disse que não. Que as coisas entre ela e o Felipe estavam bem frias. Embora eu nunca iria saber, caso ela estivesse grávida, pois temos a mesma genética — esboçou um sorriso forçoso. — Daí que sem que eu esperasse, a Ceres contou pro meu irmão sobre mim e disse que estávamos apaixonados. Mas não falou nada sobre a suspeita da gravidez.

— E ela estava grávida mesmo?

— Não. Disse que foi só um atraso. Talvez por nervosismo ou sei lá o quê. Eu só soube que ela não estava grávida bem depois. — Um momento e, sem encará-la, prosseguiu: — Então eles terminaram. O Felipe quis me matar... Sumiu de casa. Por causa da suspeita da gravidez, continuamos juntos e... Sei lá, o namoro foi acontecendo.

— Mesmo depois que ela disse que foi alarme falso?

— Sim. Aliás... Às vezes me passa pela cabeça que nem alarme falso era, que não houve atraso nenhum e que ela inventou essa história para me prender.

— O Felipe soube disso? Soube da suspeita de gravidez?

— Nunca. Nunca falei pra ninguém. Namoramos e, quando surgiu a oportunidade de ela ir trabalhar no laboratório farmacêutico na Alemanha, ela quis ficar noiva e eu concordei. Depois me convenci a fazer a faculdade de Farmácia por causa da oportunidade. Comecei a não me preocupar com as pessoas e voltei minha atenção ao dinheiro, aos bens materiais. Na faculdade, conheci a Vanessa e... O resto você sabe.

Longo silêncio entre eles.

Somente a voz das crianças e o som da TV chegavam até a cozinha.

Leda suspirou fundo. Pensou um pouco e perguntou:

— Diogo, você não acha que, hoje, sua presença constante vai atrapalhar o envolvimento dos dois?

— Eu e a Vanessa temos um filho.

— Eu sei, mas... Você gosta da Vanessa ainda?

Ele a encarou, olhou-a nos olhos e respondeu:

— Não sei. Quando eu soube que tínhamos um filho, pensei em correr pra ela e... Mas não pude. Meu irmão disse, logo de cara, que estavam namorando.

Diante da pausa, Leda perguntou:

— Quando soube do Rafael, você estava sofrendo. Havia perdido seu filho tão pequeno e a esposa. Não seria por causa disso? Não seria por carência? Porque, se gostasse mesmo da Van, teria ficado com ela lá na época da faculdade.

— Não sei que sentimento estranho é esse que me faz fazer coisas que, às vezes, eu não quero.

— Como assim, Diogo? — perguntou ajeitando-se na banqueta, ficando mais atenta e ereta.

— É algo estranho. Adoro meu irmão, mas... Preciso ficar com a melhor parte. Quero que tudo e todos fiquem à minha volta. Quero ser melhor do que ele... Isso desde criança. Eu adorava quando escolhia um brinquedo e o Felipe escolhia outro e o que eu queria era o que nós dois ganhávamos. Muitas vezes, sem que ele soubesse, eu induzia os nossos pais ou nossos padrinhos e tios para darem o que eu queria, dizendo algo que os levasse a entender que o Felipe queria ganhar a mesma coisa, que havia mudado de ideia... Ele nunca reclamava, embora o visse triste. A princípio eu sentia uma espécie de sabor de vitória, como se fosse um jogo, uma competição, mas depois vinha uma angústia, uma contrariedade. Mas não adiantava. Eu não aprendia e, quando tinha a próxima oportunidade, fazia de novo.

Leda se levantou, serviu-o novamente com mais café, que ele aceitou, e voltou a jarra para a cafeteira. Ofereceu-lhe o açucareiro e gotejou adoçante em sua xícara.

Acomodou-se novamente e comentou:

— Ainda está agindo como um menino, Diogo. Chegou a hora de crescer. Deixe seu irmão ser feliz e seja feliz você também.

— Parece que, quando vejo que incomodo o relacionamento dos dois, sinto uma espécie de prazer. Mas, lá no fundo, não é isso o que quero. Entende?

— Isso está me cheirando a obsessão.

— Como assim?

— Diogo, sei que você acredita que existimos além da matéria, além do corpo físico. Embora não tenha religião ou filosofia alguma, sei que crê em Deus e que somos suas criaturas, Seus filhos, por assim dizer. O ser humano, quando desencarna, passa a viver no plano espiritual. A vida não acaba na Terra.

— Acredito nisso. Apesar de não ter passado daí — sorriu e bebericou o café.

Minha Imagem

— Nós atraímos para perto de nós espíritos que pensam e sentem como nós pensamos e sentimos. Se alguém toca piano e está, em determinado momento, interpretando uma sinfonia clássica, um minueto de Bach, será impossível um espírito que, quando encarnado, adorava roque *pauleira*, *heavy metal* ou metal pesado ficar perto. Muito dificilmente, esse espírito suportaria ouvir clássicos por algum tempo. Assim são outras coisas, outras práticas.

— Está dizendo que eu tenho um espírito obsessor?

— Todos nós temos obsessores, meu bem — ironizou, sorrindo. — Quem dera que fosse só um! — riu. — Até Jesus foi tentado. Por que nós, pobres espíritos ainda em crescimento, não os teríamos? Os obsessores usam exatamente o que temos. Eles conhecem nossas falhas, nossas fraquezas e se comprazem no mal. Alguns podem ser inimigos do passado, outros, estão simplesmente "de passagem" por nós e se atraem a nós pelos tipos de pensamentos e conflitos que temos. Penso que você e seu irmão não são gêmeos idênticos por acaso. Só a pré-existência do espírito pode explicar a razão de dois indivíduos tão diferentes serem, geneticamente, tão idênticos. É lógico que cada caso é um caso e nunca, eu disse, nunca, podemos generalizar. Cada um tem seu gêmeo por motivos e razões diferentes.

— Sempre me perguntei por que eu e meu irmão tivemos que nascer gêmeos.

— Só o passado, algo que ocorreu em existência ou existências passadas, algo que os entrelaçou de forma positiva ou negativa, explica a razão de terem vindo juntos, disputando até o espaço dentro da barriga da mãe ou o dividindo amigavelmente.
— Ele ficou pensativo e Leda continuou: — Sabe, Diogo, eu penso que não importa se foram amigos ou inimigos. Importa é a ligação

que vocês têm, a amizade, a consideração, o carinho, o amor e tudo mais de positivo que puderem ter ou criar. Uma coisa é certa: vocês vieram juntos para se entenderem em harmonia e não para se separarem com rancor. A experiência que tiveram de viver por anos um longe do outro, a mim parece não ter sido agradável para nenhum de vocês dois.

— Não. Não foi mesmo.

— Apesar do que aconteceu, sobre seu irmão ter se sentido traído por você e pela noiva, foi ele quem o procurou para conversarem. Primeiro, por telefone e isso te fez tão bem... — falou com jeito meigo, sorrindo. — Depois, visto que não poderia te dar a notícia que precisava por telefone, o Felipe saiu daqui e foi até a Alemanha te encontrar para conversar sobre o Rafael.

— Eu sei de tudo isso, Leda. Sei que ele gosta da Vanessa e...

— E ela dele! Deve se lembrar disso — alertou.

— Já percebi isso também, mas... Não sei o que me dá. É uma força, é uma vontade que... Outro dia, eu, ela e o Rafael estávamos montando um quebra-cabeça e tive uma vontade tão forte de beijá-la. Na frente do nosso filho. Quase não me controlei... Precisei levantar, ir pro banheiro, lavar o rosto... Ainda bem que o Felipe chegou. Depois vi que eu não queria fazer aquilo. Não sei o que me deu.

Leda pensou e decidiu não mencionar que o espírito que, talvez, estivesse obsediando Diogo seria Ceres. Não diria para não perturbá-lo. Não precisava disso, até porque não tinha certeza. Além disso, em nada ajudaria.

Cautelosa, procurou só orientar:

— Eu entendo que você tem, como herança de uma vida passada, a vontade de competir e ganhar do Felipe, seja o que for. Isso está sendo um prato cheio para um espírito que não tem nada o que fazer, que gosta de briga e desavença. Ele, o espírito, de tão inferior, é irresponsável e inconsequente, por isso aproveita a sua inclinação a essa competitividade e o inspira, incentiva imensamente para sentir o que sente e querer fazer coisas que, em um estado de equilíbrio normal, você não faria.

— Acha isso mesmo?
— Lógico! Não tenho dúvidas.
— E o que eu faço, Leda?
— Comece fazendo prece. Ore. Ore de verdade. Sinta-se como se estivesse se ligando ao alto, ligando-se a Deus e peça proteção e luz para sua consciência para saber como agir.

Diogo ficou pensativo e nada disse.
Leda, inspirada, lembrou:
— O Rafael me disse que a Vanessa te contou a lenda da Pedra do Baú, não foi?
— Foi. Ela contou sim. Muito legal aquela história.
— Você a compreendeu? Entendeu seu ensinamento? Entendeu a moral da história?
— Bem... O cara, o tal Monte Barão, parece que não entendeu o amor proibido... É isso?
— Não. Não é. A lenda conta sobre um homem que se dizia, que se achava forte em sua fé. Achava que poderia suportar todos os tormentos, todas as provas, todas as tentações. Ele se acreditava bem capacitado, inabalável em qualquer dificuldade e de coração puro. O cara se achava bom pra caramba! Só que, quando foi tentado a uma prática inadequada, se viu enlouquecido de vontade. Ele foi tão orgulhoso e se achava tão capaz que não pediu socorro ao Deus de seu coração, ao Deus que ele acreditava e decidiu resolver tudo sozinho. Ele se recolheu para refletir, mas só ficou comparando essa vida como a única existência

que justificasse tudo. Achou que se estivesse fazendo algum mal, esse mal só seria para ele mesmo. Não pensou nos outros nem nas consequências de suas ações para as outras pessoas. O tal índio, o Monte Barão, duvidou do bem e do que era bom, da paz verdadeira... Duvidou do caminho certo. Pra que seguir o caminho certo? Achou que só restava escolher o que lhe agradava, pois qual o problema de satisfazer um desejo? — Breve pausa e comentou: — Muitos de nós pensamos, sem perceber, como ele: Qual o problema de satisfazer um desejo? E é aí que nós esmorecemos em nossa fé. Não pedimos ajuda a Deus. Não oramos. Depois reclamamos quando o resultado do que fizemos se transforma em uma montanha irremovível de granito, de pedra pura. — Ela o viu reflexivo e prosseguiu: — Por outro lado, ainda vemos a Ana Chata, que, mesmo querendo cuidar do irmão, mesmo querendo o seu bem, não o deteve quando o viu em conflito e percebeu o que ele poderia fazer. Não o orientou. Omitiu-se. Isso é egoísmo. Omissão é egoísmo puro! Nós erramos quando somos omissos, quando vemos alguém com a intenção de fazer o que não é certo e não alertamos.

— É o que você está fazendo agora? — ele sorriu com simplicidade ao repousar seu olhar na amiga.

Leda retribuiu com um sorriso generoso e afirmou:

— Sim. É o que estou fazendo agora. Não estou sendo egoísta por te alertar do que é necessário. Não estou sendo omissa dizendo: Ah! Que se dane o Diogo! Problema dele se fizer algo errado.

— E a Silvané? Qual a moral da história para a Silvané?

— Ela, apesar de ter todas as oportunidades de se elevar, as oportunidades de voltar seu coração ao sagrado, não quis. Preferiu cuidar do material, da aparência, de sua beleza. Ela era vaidosa. Quando a lenda diz que foi nela que o demônio encontrou um meio de destruir a fé de todos, foi porque ele, o demônio, sabia que aquele que nunca cuidou de sua elevação espiritual, não sabe o que fazer em momentos duvidosos e se deixa levar. Vemos isso quando Monte Barão se aproxima e a leva para um passeio, fala de seus sentimentos e ela aceita. Ouve. Ele se declara e ela não reage, não se opõe, não o alerta. Está totalmente despreparada e alimentando sua vaidade.

— Nessa lenda — ela comentou —, temos três tipos de pessoas: Monte Barão, orgulhoso, prepotente, que se acha capaz de tudo, mas é orgulhoso e não recorre a Deus. Ana Chata, que também é devotada, mas no momento preciso, não atua, se omite, se acovarda e, com isso, exibe seu egoísmo. E Silvané, que nunca se lembra de se elevar, de cuidar do espírito e continua mergulhada na vaidade, no que é material, no narcisismo, assim como muitos. Eis aí os três grandes, gigantescos males da humanidade: o orgulho, o egoísmo e a vaidade. Bem representados por aquelas três gigantescas rochas, pois eles petrificam, cristalizam, endurecem o coração, a mente e o espírito do ser humano não o deixando evoluir. Quem contou essa lenda, de maneira simples, quis ensinar que o orgulho endurece o espírito, o egoísmo endurece o coração e a vaidade endurece a mente. Sofrendo um desses três males, a pessoa não consegue se elevar. Não consegue evoluir.

— E engraçado que essas pedras estão juntas.

— Sim, estão. Essas rochas são visíveis de vários pontos onde conseguimos identificar cada uma delas e, se pararmos para observar bem, podemos ver que elas estão ligadas por baixo, fazendo uma ponte entre uma e outra. Podemos entender que o orgulho, o egoísmo e a vaidade se ligam. Estão sempre de mãos dadas, originando outros e diversos estados conflitantes da consciência como a inveja, a ganância, a violência, as lutas pelo poder, o materialismo acirrado, a cobiça, a mentira, a falsidade, a hipocrisia, o descaso, a ilusão...

— Eu não tinha entendido nada disso. Aliás, achei só uma lenda bonita.

— Se notarmos bem, muitas vezes agimos em nossas vidas tal qual o Monte Barão. Diante de uma tentação, da cobiça de um cargo na empresa, por exemplo, nós o queremos, passamos por cima de muita coisa, até da preservação moral. Não recorremos a Deus, pedindo orientação. **Somos orgulhosos**. Depois, futuramente, após resultados catastróficos por aquilo que, às vezes, conseguimos, lamentamos. E pior, nem sabemos o porquê sofremos e lamentamos. Quantas outras vezes, vemos um amigo, um irmão confuso, em conflito, e não o alertamos e até pensamos: que se dane. Ele sabe o que faz. **Somos egoístas**. Somos a Ana Chata. Desde que estejamos bem, estejamos confortáveis, não nos preocupamos com os outros. Egoísmo não é só deixar de fazer a caridade material, é também deixar de fazer a melhor de todas as caridades, que é a caridade moral, a caridade de ensinar o que é certo. E, por último, mas não menos importante, é nos voltarmos só para o que é material. Sermos exibicionistas, ficarmos horas tirando fotos para colocar nas redes sociais, tendo como tela de fundo nossos bens, coisas e lugares que podemos exibir como padrão de poder. **Somos vaidosos**. Cuidamos de tudo o que é material e não nos preparamos para o sagrado, para a vida moral e espiritual que não podem ser desvinculadas, nunca. — Um breve momento e orientou: — Volte-se a Deus, Diogo. Ore. Reze. Medite. Peça bênçãos e é o que vai receber. Não seja orgulhoso, não com Deus. Assim e só assim, você vai se livrar de algum espírito indesejado, se ele estiver a seu lado, e tomará a melhor decisão. Você sabe que, se atrapalhar o relacionamento da Vanessa e do

Felipe, ela não vai ficar com você e é provável que seu irmão nunca lhe perdoe. Não pense que suas atitudes só podem prejudicar você, porque não é assim que funciona. Tudo reflete em todos à sua volta. Lembre-se de seu filho. Ele pode sofrer muito pelo que você deixa acontecer. Ensine o Rafael. Facilite as coisas, fazendo-o entender o que é certo na vida, que nem tudo tem que ser do jeito que a gente acha que deve ser. Ensine-o a ser honesto, verdadeiro. Ele vai levar isso para o resto de sua existência, pois aprenderá o que é certo. Não vai errar e só assim será feliz. Faça alguma coisa por você e por ele, então comece fazendo prece. Ore.

Diogo pensou em lhe dizer algo, mas se calou. Sentiu-se envergonhado. Não percebeu que a vergonha era puro orgulho.

Na verdade, a influência espiritual de Ceres o inspirou para que se sentisse constrangido, ridículo para pedir mais explicação.

Diogo não sabia disso e atendeu ao envolvimento, afinando-se ainda mais com aquele nível espiritual.

— E então? Vamos lá pra sala tirar aqueles dois dos jogos eletrônicos? — sugeriu ela sorrindo.

— Vamos. Vamos, sim.

— Não gosto que o Rodrigo fique jogando por muito tempo. Não quero que se isole nesse mundo virtual. Vamos lá pegar um jogo educativo, feito do bom e velho papelão!... — riu, e ele riu junto.

— É verdade. Além de mais instrutivo, une os filhos a nós e isso reflete na educação deles, no convívio familiar. A criança fica mais ligada aos pais e irmãos.

— Isso mesmo!

— Vamos? — Diogo concordou tomando o último gole de café, mesmo frio, que restava na xícara.

Levantando-se, ela pediu:

— Vai lá no quarto do Ro pegar a caixa em cima da cômoda que eu vou arrumando a mesa da sala pra gente jogar.

— Deixa comigo! — animou-se o rapaz, levantando-se e indo fazer o proposto.

CAPÍTULO 18
A arma mais poderosa

COM O PASSAR DO TEMPO, o tratamento de Rafael atraía a atenção de todos.

Exames de ressonância magnética para localização de tumorações, exames de mielogramas, sessões de quimioterapia, momentos de internações, outros cuidados e muita tensão causavam preocupações e exigiam muita dedicação.

Vanessa não deixou o filho por nenhum momento. Até pediu permissão especial para acompanhar o garoto durante exames de ressonância, a fim de deixá-lo mais calmo com sua presença, tendo em vista o desconforto de se ficar por muito tempo imóvel e suportar o barulho excessivamente incômodo do aparelho que o realizava.

Certa vez, abraçada a Felipe, que a envolvia com carinho, Vanessa desabafava:

— Não aguento mais essa angústia. Por que não aparece um doador logo? — chorou.

— Calma... Vai aparecer.

Estavam no hospital, no quarto de Rafael que, preso ao soro, dormia sob efeito de remédios.

A pouca distância, Diogo os observava e não conseguia conter sentimentos ruins, estranhos, misto de inveja e rancor. Gostaria de ser ele no lugar do irmão.

Não suportando, caminhou até a janela e passou a olhar para fora.

Felipe sentiu o celular vibrar em seu bolso e afastou um pouco Vanessa de si. Pegando o aparelho, olhou seu visor para ver quem era.

Com jeito carinhoso, pediu:

— Me dá um segundinho. Preciso atender.

Dizendo isso, ele saiu do quarto e foi para o corredor.

Amargurada, Vanessa se aproximou mais da cama do filho. Segurou nas grades quase debruçada sobre elas e o afagou com imenso carinho.

— Veja. Pode ir lá e fazer o que seu irmão faria num momento como esse — sugeriu Ceres.

Diogo se virou e a viu.

Não contendo a sensação que o dominou, a inspiração recebida, ele se aproximou e ficou com metade do peito atrás de Vanessa, quase se encostando a ela.

Ao olhar para o filho por sobre o ombro da mãe, pôde sentir seu perfume suave e desejou abraçá-la.

Cuidadoso, calculando cada movimento, colocou levemente a mão em seu ombro e ela o olhou.

— Nosso filho vai sair dessa. Ele é forte, vai vencer tudo isso.

— Não aguento mais esse sofrimento — ela murmurou. — Por que não aparece um doador e... Aí o tratamento é feito de uma vez por todas?

— Vai aparecer — Diogo sussurrou. Tocando-a com jeito generoso, ele a fez ficar de frente para ele e, olhando em seus olhos, disse no mesmo tom morno: — Vai aparecer um doador. Eu acredito nisso e você também deveria acreditar.

Os olhos castanhos de Vanessa ficaram marejados e, em seu rosto abatido, as lágrimas rolaram em silêncio.

Diogo a puxou e a envolveu em um abraço, apertando-a contra si.

Alguns minutos e Felipe entrou no quarto e assistiu a cena.

Nesse momento, o irmão a afastou de si, olhou por um instante para o outro e fugiu-lhe o olhar.

Com simplicidade, abalada e comovida pelo estado de Rafael, Vanessa se virou novamente de frente para a cama e tornou a observar o filho, sem dar importância ao fato.

Felipe não gostou do que viu, mas nada comentou a respeito. Respirou fundo, aproximou-se dela e disse:

— Preciso cuidar de algumas coisas lá na agência. Acho que seria bom você ir pra casa e descansar um pouco. Está abatida. Ficou aqui já por duas noites seguidas.

— Isso mesmo, Vanessa — interferiu Diogo. — Você precisa descansar. Hoje eu fico aqui. Qualquer coisa, te ligo.

— Mas... E se ele chamar por mim?

— Estarei aqui. Se ele chamar por você, eu te ligo. Descansa. Sei como cuidar do nosso filho — ofereceu um sorriso generoso.

Felipe o olhou por um momento sentindo-se contrariado.

Aquela frase: ...*nosso filho*, pareceu ecoar várias vezes em sua mente. Sim, Vanessa e Diogo tinham um filho. Essa ligação seria infindável.

— Você é um trouxa mesmo! — riu Ceres. — Não vê que isso será pelo resto da vida? Você é um fraco! Não é páreo para o seu irmão! Além de passar por idiota, não faz nada! — E prosseguiu influenciando-o com outras frases de nível bem inferior, revolvendo sua imaginação com ideias e imagens.

Pensamentos tortuosos começaram invadi-lo até que Vanessa chamou-o à realidade:

— Você me leva então, Felipe?

— Claro! Vamos lá — concordou como se tivesse acordado repentinamente.

Despediram-se e Felipe a levou embora.

Já no apartamento, Vanessa tomou um banho e quando terminou, ele a esperava com uma bandeja contendo uma xícara de chá e torradas que estava sobre a cama.

Ao vê-lo sentado, esperando-a, agradeceu:

— Obrigada, amor. Você faz tanta coisa por mim.

Ele sorriu e não comentou nada, mudando de assunto.

— Liguei pra Leda e pedi pra ela dar uma olhada em você. Seu irmão, o Luís, ligou. Queria saber do Rafael. Disse que está enrolado e que não deu pra vir aqui...

— É... Nunca pude contar com meus irmãos. Parece que eles têm medo de eu pedir ajuda. Quando foram fazer o teste para saber se havia compatibilidade... Nossa!... Demoraram tanto para ir que... Quase tive de implorar. Antes não era assim.

Felipe fez um carinho em seu rosto e afagou-lhe os cabelos também.

Compreensivo, comentou:

— Não tem problema. Estamos dando conta de tudo, não é?

— Estou tão chateada... O Rafael queria tanto ir pra praia e eu... — não se conteve e chorou.

Felipe a abraçou e, confortando-a, disse:

— Assim que ele se recuperar nós vamos à praia.

— Estou com tanto remorso...

— Não fica assim, não. Você está cansada, estressada... Durma. Descansa um pouco e, quando acordar, vai se sentir melhor e planejar ir pra praia. Está bem? — Ela ofereceu um sorriso forçado e, afastando-se do abraço, Felipe falou: — Vê se quando levantar não fica muito tempo na internet.

— Você sabe o que estou fazendo. É através disso que eu exponho às pessoas a importância de se ser um doador. Muitos não têm ideia do valor de ser um candidato à doação. Desconhecem a dificuldade de quem precisa. Desconhecem o desespero de se perder a vida...

— Eu sei. Só que você precisa de um tempo também. O descanso é importante. Desligar-se de tudo, mesmo que por um pouco de tempo, é importante. Agora, toma esse chá. Você quase não almoçou hoje. — Beijando-lhe a testa, disse ao se levantar: — Agora preciso ir.

Despediram-se e Felipe se foi.

Bem mais tarde, Vanessa despertou e, ao olhar para o lado, Leda estava sentada na beirada da cama.

— Oi, amiga — murmurou ao vê-la.

— Oi, Van. Como você está?

Sentando-se, respondeu:

— Daquele jeito, né. Uma angústia que não passa...

— Ele vai ficar bom. Vai sair de mais essa. O Rafa é forte. O Felipe me disse que ele está melhorando.

— Leda...

— Fala — pediu diante da demora.

— Outro dia o doutor Genésio, médico do Rafael, me disse uma coisa e...

Diante da pausa que se alongou, a outra perguntou:

— O que ele disse?

— Nós dois estávamos sozinhos e... Você sabe, de tanto contato, o médico acaba sabendo da nossa vida toda, acaba virando amigo e... Ele sabe que eu e o Felipe namoramos e que o Rafael é filho do Diogo.

— Tá. E daí? — perguntou, não aguentando a espera.

— O doutor Genésio me disse assim: "você sabe que entre irmãos do mesmo pai a chance de se encontrar um doador de medula óssea é de 25%, não sabe?". Eu disse que sabia e ele comentou: "Casais novos, que têm um filho com problema desse tipo, arriscam ter mais um ou dois filhos, em alguns casos. Existem até aqueles que partem para uma inseminação *in vitro* para que haja gêmeos e aumente as chances de terem outros filhos que possam ser compatíveis com o mais velho, que está doente, precisando de um transplante de medula. O Felipe é gêmeo idêntico do pai do Rafael. Ele e o Diogo têm a mesma genética, o mesmo DNA. É como se o Felipe fosse o próprio pai do Rafael".

— Uaaauh! O que você respondeu? — admirou-se Leda ao perguntar.

— Nada. Só que fiquei pensando.

— Conversou com o Felipe sobre isso?

— Não. Na verdade, um bom tempo atrás, o Felipe tinha me falado sobre isso. Falou por três ou quatro vezes. Mas, por me ver em dúvida, não tocou mais no assunto. Principalmente depois que o Diogo grudou na gente — comentou de modo insatisfeito, por causa da presença indesejável. — Nos últimos tempos, depois que o doutor Genésio me disse isso, não parei de pensar no assunto, principalmente por não estarmos encontrando um doador.

— E quer falar com o Felipe sobre terem um filho e está sem jeito agora? É isso?

Minha Imagem

— Tenho medo que ele pense que vou fazer isso só por causa do Rafael. Ele não tocou mais nesse assunto. Eu adoro o Felipe e... No começo, quando ele me propôs ter um filho para arriscar uma compatibilidade, sinceramente, eu não estava tão segura. Depois tinha o lado dos negócios. Estávamos sobrecarregados, com muita coisa acontecendo. Problemas com o plano de saúde... Tudo era muito desgastante. Ter de cuidar da empresa, o Rafael internado... Só que, quando o Diogo chegou e já estávamos com a empresa de turismo funcionando, tudo ficou mais claro pra mim. Tive certeza de que eu quero o Felipe comigo e quero um filho dele, não só por causa do Rafael, mas... Porque eu o amo muito.

Leda sorriu largamente ao incentivar:

— Então o que está esperando?! Diga isso pra ele! Para de tomar o anticoncepcional e se empenhe em arrumar logo um bebê!

— Estou com medo de dizer isso pro Felipe. Eu...

— Eu, o quê, Vanessa?! — tornou Leda de um jeito engraçado. — Tá com medo de dizer que ama esse homem?

— Eu parei de tomar o remédio há um mês. Só que não disse nada a ele. Agora estou com medo da sua reação. Às vezes, ele fica estranho. Eu acho.

— Medo, por quê? Você está grávida, por acaso?

— Não. Quer dizer, ainda não sei.

— Então, está na hora de contar tudo isso pra ele, não acha?

— Estou com medo, Leda. Ele pode pensar que é só por causa do Rafael e...

— E, o quê?! Foi ele mesmo que propôs isso antes do doutor Genésio, não foi?

— Sim, foi... mas...

— Van, preste atenção: não é tão fácil ficar grávida assim que se para de tomar um remédio. Sabe disso. Sou sua amiga. Posso te dar a maior força em tudo. Posso fazer algumas coisas por você, mas isso, não. É você quem tem de falar com ele e o quanto antes. Vai que esse remédio já deixou de fazer efeito. — Vendo-a insegura, lembrou: — O Felipe te ama. Tá escrito na cara dele! Ele adora o Rafael. Fez e continua fazendo de tudo por seu filho. Acha que o Felipe iria titubear se você lhe contasse o que fez?

— Acho que não. Ele vai querer.

— Então conta logo. O quanto antes. Acho que ele não merece mais ser enganado. — Breve pausa e, vendo-a em dúvida, pediu: — Não engana o Felipe não, Van. Conta pra ele. Ele não merece mais isso. Não merece ser enganado por mais ninguém.

— Como assim? Do que você está falando? Por que diz que ele não merece ser mais enganado?

Leda, com um jeito inquieto, voltou-se para a amiga e comentou:

— É que estou engasgada com isso e queria dividir com você.

— O que é?

— Bem... O Diogo não me pediu qualquer segredo então... Lá vai!... O Diogo me disse que quando o Felipe namorava a Ceres, ele brincou algumas vezes e se fez passar pelo irmão, mas não houve nada sério por parte dele. Foram brincadeiras bobas, inocentes. O Diogo também percebeu que ela sabia distinguir um do outro. Só que teve uma vez que eles estavam na casa de campo, em Jundiaí, e... — contou tudo.

— Não brinca! — surpreendeu-se Vanessa.

— Não estou brincando. Estou com raiva! Indignada com aquela safada! Tá na cara que a Ceres deu o maior *chapéu* nos dois!

— Coitado do Felipe — lamentou a amiga.

— E coitado do Diogo também. A sem-vergonha deve ter inventado a suposta gravidez para não perder o Diogo e com isso o namoro foi rolando até...

O que as amigas não sabiam era que, pouco antes, Felipe havia chegado e ouviu a conversa a partir do momento em que Leda disse que ele não merecia ser mais enganado.

A porta do quarto estava entreaberta e ele se deteve quando a proposta curiosa, envolvendo seu nome, foi feita e acabou por escutar toda a história verdadeira entre Ceres, sua ex-noiva, e seu irmão.

Confuso, atordoado, decepcionado, tomou fôlego, prendeu a respiração e, em silêncio, foi para a sala.

Sentiu-se tonto e procurou se sentar.

Havia sido enganado, traído mais do que imaginou.

Ceres havia jurado que nunca tinha acontecido nada entre ela e seu irmão e que os dois estavam apaixonados.

A traição é mesmo uma dor que consome e destrói as fibras mais firmes de uma alma.

Porém algo o incomodava ainda mais.

O que Vanessa escondia dele agora?

Por que a melhor amiga pedia para ela não enganá-lo?

O que ele não merecia?

O que estava acontecendo entre Vanessa e Diogo?

Afinal, eles tinham nada mais nada menos do que um filho que servia de elo entre os dois.

Talvez Vanessa estivesse em dúvida sobre com quem ficar.

Naquele instante, o espírito Ceres torturava:

— Agora você sabe! Fiz isso porque seu irmão é melhor do que você, e ela vai fazer o mesmo! Vai trair, vai enganar!

Felipe recostou-se no sofá e fechou os olhos.

Respirou fundo para acalmar os ânimos e começou a orar. Era sua única arma. A arma mais poderosa nos momentos aflitivos.

Seu mentor se aproximou e iniciou a aplicação de fluidos calmantes, e o rapaz foi, lentamente, tranquilizando-se.

Longos minutos e se sentiu melhor.

Com a respiração calma, sem os sintomas de ansiedade e aflição que antes o atordoavam, começou a refletir.

Ele precisava saber de tudo, mas aquele não era um bom momento. Seria capaz de esperar.

Acreditava na honestidade de Vanessa. Tinha certeza de que ela iria procurá-lo para conversar.

Esfregou fortemente o rosto com ambas as mãos, como se quisesse acordar, passando-as em seguida pelos cabelos, alinhando-os.

Levantando-se, pegou as chaves e, propositadamente, jogou-as sobre a mesa anunciando sua presença.

— O Felipe chegou — disse Vanessa atenta. — Ele sempre faz isso: joga as chaves. Não diga nada, tá, Leda — sussurrou.

A amiga disfarçou.

Não demorou e o rapaz entrou no quarto.

Com meio sorriso, cumprimentou a amiga e foi até a namorada. Beijando-a rapidamente e perguntou:

— Está melhor? Mais refeita?

— Estou sim. Dormir um pouco me fez bem.

— Crianças... Vou indo. Daqui a pouco o transporte escolar chega com o Rodrigo. — Pondo-se em pé, despediu: — Van... Qualquer coisa é, só chamar. Tchau! Tchau!

— Obrigado, Leda! — Felipe agradeceu.

— Obrigada. Tchau! — agradeceu Vanessa. Ao reparar que ele estava bem sério, ela perguntou: — E lá? Como foi?

— Tudo bem — respondeu sem se estender no assunto.

Ela se levantou, fez-lhe um carinho no rosto e o abraçou pela cintura.

Felipe somente a segurou nos ombros e procurou buscar a verdade em seus olhos.

Vanessa sorriu com doçura ao encará-lo e não entendeu a razão daquele olhar tão duro e, talvez, frio.

— O que foi? O que você tem?

— Nada — murmurou, afastando-a de si. — Estou cansado. Vou ligar a TV pra relaxar e me distrair um pouco.

Ela estranhou. Não gostou da sombra de dúvida que viu em seu rosto, mas nada disse, seguindo-o.

Felipe ligou a televisão e se sentou no sofá parecendo não prestar atenção no que estava passando. Não conseguia deixar o aparelho sintonizado muito tempo em um único canal, mudando-os insistentemente.

— Quer comer alguma coisa?

— Não. Tomei café no shopping e estou sem fome.

Sua voz tinha um tom amargo e ela precisava saber o que era.

Pouco antes, convencida pela amiga, havia decidido contar sobre a conversa com o médico e a decisão de ter um filho, não só por causa de Rafael, e sim porque o amava e estava certa disso. Desejava contar sobre ter parado de tomar o remédio. Mas Felipe estava estranho, de cara amarrada e pouco papo.

Vanessa sentiu que seu medo voltou e voltou enorme.

Era um assunto delicado e importante.

O que havia acontecido com Felipe?

Ela pegou o telefone e ligou para o hospital. Queria saber do filho.

Diogo a tranquilizou e disse que passaria a noite ali, ao lado de Rafael. Contou que suas irmãs tinham ido até lá para fazer uma visita e conversaram um pouco.

Depois desligou.

Ela foi para a cozinha e mesmo ele tendo lhe dito que não estava com fome, Vanessa preparou dois lanches naturais, pegou copos com refrigerantes e levou para a sala em uma bandeja.

— Fiz pra nós — falou sorrindo ao se sentar ao lado dele.

Felipe olhou sobre o ombro e disse em tom amargo, porém educado:

— Não quero. Obrigado.

— O que foi, Felipe? Você não é assim.

— Estou com dor de cabeça e... — foi verdadeiro.

— Vou pegar um remédio.

Quando ela ia se levantar, ele a segurou pelo braço e pediu com meio sorriso:

— Não. Obrigado. Já tomei. Só quero ficar quieto um pouco. Mais nada.

Sorriu e recostou-se um pouco em seu ombro, fazendo-lhe um afago.

Vanessa se deu por vencida e se aquietou ao seu lado.

O espírito Ceres acreditou ter vencido uma batalha, mas não. Estava errada. Se Felipe não tivesse se recolhido em prece, seria pior, ele estaria reagindo.

೫⊘ಬ

Com os dias, Felipe procurava melhorar o humor e Rafael, que se recuperava, tomava toda atenção de Vanessa.

Embora se dedicasse ao filho, ela se preocupava com o namorado. Sempre lhe perguntava sobre o que o deixava daquele jeito quieto. A resposta era sempre a mesma: nada.

Apesar de receber inspiração de sua mentora Luana para conversar com Vanessa e esclarecer o assunto, Felipe vacilava e preferia ficar calado, aguardando um momento que nunca chegava. A influência espiritual não o deixava enxergar melhor a situação e ver a simplicidade das coisas.

Procurando pela amiga, Vanessa contou:

— Não sei o que deu nele, Leda. De uma hora pra outra, mudou completamente comigo. Está estranho, distante, frio...

— Será que não está chateado por causa do Diogo? Afinal, o irmão não sai mais da sua casa desde que o Rafael recebeu alta. Você não tem mais deixado o Rafa ir lá em casa...

— Não sou eu. É ele mesmo que não quer ir. De fato, o Diogo não dá um tempo.

— Reclama! Reclama pra ele!

— Justo agora que o Rafael está se recuperando?

— E daí? Deveria se impor com o Diogo. Sabe, Van... Parece que o Diogo está sob influência espiritual. Ele não é maldoso. Tem um bom coração, mas não reage, não faz nada para sair desse estado de provocação a vocês dois.

— É. Eu entendo. Percebi isso, mas não sei o que fazer.

— Falou com o Felipe sobre ter parado de tomar o remédio?

— Não. Não teve clima entre a gente. Ele está distante demais e...

— E sua menstruação, veio?

— Não. Mas... Como você lembrou, não se engravida assim que se para de tomar o contraceptivo. A menstruação está bagunçada por causa da falta de medicamento. Estou sentindo que vai descer logo, logo.

— Vê lá, hein. Acho bom falar com o Felipe.

Vanessa respirou fundo. Parecia insatisfeita com a situação. Em seguida, contou:

— O Rafael não para de falar em ir pra praia.

— Pior que o Rodrigo também não. O Diogo foi inventar de levar os dois para brincarem juntos. Daí já viu, né!

— Fiquei sabendo que o convite se estendeu pra você também — riu Vanessa.

— Estou tão sobrecarregada na farmácia, menina! Acho que vou precisar contratar mais alguém para trabalhar comigo na manipulação. Mas contratar um funcionário é tão caro neste país. Os impostos que se têm são absurdos demais!

— Por outro lado, é bom ver que o negócio está andando bem.

— Eu estava com tanto medo! Investi tudo o que tinha nisso. Agora, neste mês, já vou começar a pagar ao Diogo o que ele me emprestou. Estou tão feliz! — vibrou alegre, segurando o braço da outra. Logo fechou o sorriso e comentou: — Ai, Van, sabe... Estou tão arrependida por ter contado aquilo do Diogo e da Ceres pra você.

— Ah, não esquenta. Não vou contar pra ninguém.

— Eu traí o Diogo, né? Ele não pediu segredo, mas confiou em mim. Disse que nunca tinha contado isso pra ninguém. Estou pensando em chamá-lo e contar que te falei.

— Será que precisa?

— Seria honesto da minha parte. Pra minha consciência ficar tranquila, acho que preciso fazer isso sim. Mesmo que ele fique chateado. Estou com uma dor no coração...

— Você é quem sabe. Se depender de mim, ele nunca vai saber que eu sei. Nem ele, nem o Felipe. É horrível contar algo que já passou. Isso só provoca dores desnecessárias.

Naquele instante, Diogo chegou com os dois meninos. Ele havia levado o filho e o amiguinho ao cinema para a estreia de um filme infantil.

Animados, parecendo eletrizados, os garotos entraram contando sobre o filme.

Não se contendo, na primeira oportunidade, Leda chamou:

— Diogo, você pode vir comigo um pouquinho lá em casa?

Ele estranhou. Mesmo assim aceitou o convite e a acompanhou. Rodrigo não quis ir e ficou brincando com o amiguinho.

A sós com Diogo, Leda pediu:

— Senta aqui — indicou o sofá da sala. — Eu já venho. — Não demorou e retornou, dizendo: — Aqui está o cheque de parte do que me emprestou para alugar este apartamento.

— Pode me pagar depois, Leda. Sei que está investindo...

— Não! Não! Não! Por favor, pegue — entregou-lhe nas mãos e sentou-se ao seu lado. — Serei sempre imensamente grata por sua ajuda. Ficarei tranquila e feliz por poder te pagar o quanto antes. A farmácia está indo bem... Não posso ficar mais satisfeita do que já estou.

— Já conseguiu alguém para te ajudar na manipulação? Tinha comentado que precisava de ajuda.

— Ainda não tenho ninguém. — Olhou-o, sorriu e convidou, brincando: — Não quer aceitar o emprego? Ganhar menos, trabalhar mais... — riu.

Diogo riu gostoso e comentou:

— Minhas férias estão acabando. Já tenho tudo arranjado para trabalhar na empresa aqui no Brasil. Acho que vou para a Alemanha para vender as coisas e volto de vez pra cá. Pra te dizer a verdade... Cheguei a pensar em mudar de emprego e procurar por algo que me deixe mais perto do Rafael. Apesar de ficar aqui no Brasil, terei de viajar muito.

— Sei... — Um momento e perguntou: — Quer um chá, um café, um *refri*?...

— Quero um copo com água, por favor.

— Claro. — Ela foi até a cozinha e logo voltou trazendo o copo com água. Esperou que o amigo bebesse e depois falou em tom solene: — Diogo, é o seguinte...

Ele ficou atento e Leda estremeceu. Não sabia por onde começar.

— Fala. O que foi? — perguntou diante da longa pausa.

— Ai, Diogo... Estou engasgada... É que... Pisei na bola com você — falou estarrecida.

— Como assim? — ele sorriu. Achou graça por nunca ter visto Leda tão sensível, tão frágil e insegura. Ela sempre pareceu tão segura de si, tão correta.

— Sabe aquela vontade que comicha, que parece que coça e a gente não se segura?

— Sei. Fala logo! O que foi? — ainda riu.

— Pisei na bola feio com você. Eu contei pra Vanessa a sua história com a Ceres. Ela sempre foi minha amiga... Aí, ela estava me dizendo algo que precisava contar pro Felipe. Então eu disse que ela não poderia deixá-lo mais tempo sem saber, que ele não merecia ser enganado e... Contei sobre ele ter sido enganado pela Ceres. Contei tudo.

Diogo se surpreendeu. Não esperava por aquilo.

Um tanto decepcionado, indagou olhando-a nos olhos:

— Você contou tudo?

Leda juntou as mãos, como em prece, colocou-as frente à boca e murmurou, suplicando:

— Por favor... Me perdoa! Me perdoa, Diogo. — Ficou triste consigo mesma. Precisou conter as lágrimas e o choro ao implorar. — Não fui justa com a confiança que depositou em mim. Não sou de contar segredos e... Agi muito mal. Mas... Não estou aguentando. Preciso que me perdoe. Não estou tendo paz por causa disso e não paro de pensar no que fiz! Que baixeza a minha... Que coisa feia contar o segredo dos outros.

— Contou sobre eu não conseguir me conter e desejar interferir entre ela e o Felipe?

— Não! Isso não! Contei sobre o que aconteceu entre você e a Ceres quando ela e o Felipe eram noivos.

— Sobre os meus desejos e conflitos de hoje, não contou?

— Ora, isso não. — Estava quase chorando quando pediu novamente: — Me perdoa, por favor.

— Ah... Vem cá! — puxou-a para um abraço. — Deixa de ser boba. Talvez eu mesmo contasse isso pra Vanessa, se tivesse uma oportunidade. Assim como contei pra você — disse apertando-a contra o peito e esfregando a mão em seus cabelos, bagunçando-os ao brincar.

— Não imagina como eu estou mal por isso — confessou com a voz abafada pelo abraço. Afastando-se, encarou-o e disse: — Não quero perder sua amizade nem sua confiança.

Diogo tomou suas mãos entre as suas, apertou-as e afirmou:

— Não vai perder, minha amiga. Amigos se entendem e se perdoam. Aquele que não entende e não perdoa um amigo, nunca foi amigo de verdade. — Ainda segurando firme as mãos da outra, invadiu sua alma com o olhar e revelou: — Preciso de você. Preciso que me oriente e... Não tenho com quem falar o que está acontecendo. Estou confuso. Acho que ninguém mais pode me entender.

— Se ainda confia em mim e acha que posso ajudar, farei de tudo para me redimir com você. Pisei na bola feio, não foi?

— Deixa isso pra lá. Você está perdoada. — Riu, brincou ao esfregar a mão novamente em seus cabelos e em seu rosto.

A amiga tentou desviar, mas ele a segurou. Depois, ele a soltou, respirou fundo e, mais sério, comentou como se uma angústia o sufocasse: — Leda, estou sentindo umas coisas estranhas em alguns momentos.

— Como o quê?

— Tenho sentimentos ruins, fortes.

— Que tipo de sentimentos? — ela quis saber.

— Rancor, inveja, desejo de destruir a harmonia... querer discórdia...

— Referente a que, Diogo? — perguntou mesmo sabendo do que se tratava.

O silêncio foi longo.

Leda estava ao seu lado, sentada de uma forma que quase ficava de frente um para o outro.

O rapaz procurou por suas mãos, segurou-as, abaixou a cabeça e fechou os olhos. Estava envergonhado. Não queria responder, mas achou que só a amiga poderia entender e orientá-lo.

Num impulso, tomou fôlego e revelou:

— Pelo meu irmão... Pela Vanessa... Sinto inveja. Quero discórdia...

Silêncio.

Longos minutos e percebendo-o sem coragem para continuar, Leda indagou:

— Por que quer vê-los separados? Você gosta da Vanessa ainda?

— Você já me fez essa pergunta e a resposta é a mesma. Não. Não gosto a ponto de querê-la comigo. Não gosto como você pensa.

Ela sorriu ao questionar:

— Como sabe como eu penso?

Diogo refletiu por um momento, olhou-a nos olhos e respondeu:

— Bem... Se quer saber se sou apaixonado, se a amo... Não. Isso não. Gosto dela de uma forma normal. Mas não sei explicar o que me dá quando vejo os dois juntos.

— Você sabe que sua presença constante, de certa forma, atrapalha e incomoda os dois, não sabe?

— Sei e... Tenho até vergonha de te confessar que... Sei que minha presença incomoda, mas não consigo me conter e... — titubeou. Temia contar, mas precisava. — Adoro quando isso está acontecendo. Sei que não podem fazer nada, falar nada por causa do Rafael e... Nos últimos tempos, tenho percebido o Felipe bem insatisfeito e até tratando a Vanessa com certa frieza e...

— ...e sente prazer nisso — completou Leda ao vê-lo deter as palavras.

Diogo abaixou a cabeça, soltou de suas mãos, sentou-se direito e curvou o corpo, cruzando as mãos à frente, entre os joelhos.

Ficou parado, olhando para o chão por algum tempo antes de dizer:

— Cada dia é mais forte. Só que, quando estou sozinho, longe deles, acabo me arrependendo por fazer isso.

— Fazer o quê? — insistia que ele próprio colocasse palavras no que ela já sabia. Diogo precisava desabafar.

— Impor a minha presença, ficar muito à vontade na casa da Vanessa, provocar meu irmão... Eu fico procurando qualquer coisa, qualquer motivo para atrapalhar os dois. Adoro quando o Rafael fala de mim perto do Felipe, daquele jeito que me ressalta como pai, como quem diz: "você não é nada meu. Ele é meu pai, tem mais direito aqui..." Coisas desse tipo.

Erguendo o corpo, voltou a se virar para Leda e encará-la.

Ao encontrar um sentimento de arrependimento e um misto de ternura em seu olhar, a amiga sentiu dor em seu coração.

— O que é bom nisso tudo é você admitir que seu comportamento é errado.

— Sim, mas... O que eu faço? Não consigo me controlar!

— Procurou se harmonizar e orar?

Diogo olhou para outro canto e não respondeu, dissimulando:

— Eu digo pra mim mesmo que amanhã vai ser diferente, que nem vou visitá-los, e quando o fizer ficarei pouco tempo ou levarei o Rafa para a casa dos meus pais e... Faço planos que não consigo cumprir. — Breve pausa e reconheceu: — O Felipe é meu irmão, sempre fomos amigos até a Ceres aparecer e... ...e eu fazer aquilo com ele.

— Não, senhor! — reagiu a amiga. — Pela sua versão da história, você fez, mas não fez sozinho. Entendi que foi ela quem começou e levou a coisa adiante. Tudo bem que ela está morta, não está aqui para se defender, que foi sua esposa e mãe do seu filho. Isso não podemos negar. Mas a Ceres não foi honesta nem com o Felipe, nem com você. Pelo que me contou, ela não agiu como uma mulher decente. Vocês dois, sem dúvida alguma, são muito parecidos como gêmeos. Mas... hoje, vendo-os com mais frequência, eu sei diferenciá-los e sem muito esforço. Vejo que a Vanessa também sabe. Ela nunca se enganou, não é mesmo? — Diogo confirmou que não com um aceno de cabeça e Leda continuou: — Vocês são iguais, mas completamente diferentes. Agora não vem me dizer que estava de bruços, com o rosto escondido entre os braços e a Ceres te fez carinho e, mesmo quando se virou, ela continuou porque se enganou! Ah, não! Isso é que é ser safada!

Vai me desculpar a sinceridade. Depois ainda te beijou e... Ora, Diogo! Você deveria era ter procurado o Felipe e contado tudo na hora! — enervou-se, falando de modo agitado. — Ter contado pro seu irmão sobre a mulher sem-vergonha que estava com ele.

— Será que eu fui idiota?

— Você ainda tem alguma dúvida? — quase sorriu, sabendo que sua pergunta era quase impiedosa, sarcástica.

— Mas ela achou que estava grávida!

— Será? Hoje em dia, com tanta informação, com tantos meios, uma mulher só fica grávida quando quer. Além disso, ela era bem instruída, não era? Fazia ou havia feito faculdade de Farmácia! Ora, Diogo!

— Mas e no caso da Vanessa? Houve um descuido e...

— Quando você e a Van começaram a se envolver, ela sabia que poderia ficar grávida, pelo que me contou, mas não tomou nenhuma providência. Aliás, vocês dois não tomaram nenhuma providência e decidiram confiar só no preservativo, que falhou. Nenhum método contraceptivo é cem por cento confiável. Mas se, além do preservativo, ela usasse um contraceptivo, a segurança seria maior. Se ela, ou melhor, se vocês não quiseram diminuir a margem de risco de uma gravidez, é porque estavam dispostos a correrem o risco. E aconteceu. A culpa foi dos dois. — Um momento e opinou: — O mesmo serve pra você e pra Ceres. Além disso, ela e o Felipe deveriam se prevenir ou como ela poderia ter certeza que o filho era seu? Como se não bastasse, teste de DNA nenhum poderia tirar essa dúvida, não é? Acorda, Diogo! Admita que foi tão enganado, tão trouxa quanto seu irmão!

Ele se levantou. Sentia-se nervoso, indignado por ter sido enganado.

Virou-se para Leda e perguntou:

— Será?!

— Vem... Sente-se aqui — pediu mais calma ao espalmar a mão no sofá, ao seu lado. Vendo-o se acomodar, falou mais tranquila, encarando-o: — Acho que essa história de competitividade velada, silenciosa, entre você e seu irmão fez você desejar tudo o que é dele só pelo gostinho de ter, mesmo que depois se desfaça do que conseguiu.

— De onde vem esse meu desejo de conseguir o que é do Felipe? Sei o quanto ele é passivo, tranquilo, conscencioso comigo. Meu irmão nunca se negou a mim. Nunca o vi reclamar por algo em que tenha sido prejudicado, de alguma forma, a meu favor.

— Vem de outras vidas, Diogo. Algum acontecimento marcante, no passado, deixou você inconformado, por isso reage assim.

— E por que eu faço isso se não me lembro do passado?

— Você faz o que faz porque ainda é um espírito em evolução. Somos egoístas, orgulhosos e vaidosos quando não crescemos. Somos como crianças, mas precisamos crescer. O dia em que evoluir, vai pensar diferente. Ah!... Você disse que não se lembra, mas, em espírito, inconscientemente, sabe, sente o que aconteceu no passado para agir desse jeito.

— Estou com medo, Leda — disse de forma branda.

— Medo do quê? — perguntou meiga, num sussurro.

— De não conseguir me controlar e prejudicar os dois.

— Já pensou em conversar sobre isso com o Felipe?

— Não. Nunca! — reagiu.

— E se ele for capaz de entender?

— Não. Não vou falar nada disso com ele.

— Certo. Tudo bem. Só pensei que esse seu desejo em prejudicá-lo poderia passar completamente se conversasse com ele. O Felipe é um cara bacana, compreensivo, capaz de entender.

Calmo, tocou-lhe o braço e falou:

— Por favor, Leda. Não insiste nisso. Não estou preparado para isso.

Ela sorriu, afagou-lhe as costas e disse:

— Tudo bem. Mas uma coisa eu quero te pedir.

— Desde que não seja contar pra ele...

— Reza. Ore. Faça prece. Medite. A elevação dos pensamentos em prece é a arma mais poderosa que temos. Faça alguma coisa por você. E, se não for pedir muito, procure frequentar uma casa de oração. — Vendo-o em silêncio, tocou-o no braço e convidou: — Quer ir ao centro espírita comigo?

— Nunca fui a um centro espírita. E... a última vez que entrei em uma igreja foi no casamento da minha irmã, pois eu casei em um sítio.

— Então, está mais do que na hora de cuidar de você mesmo como espírito. Todos nós precisamos de cuidado espiritual, assim como precisamos cuidar da nossa saúde física e mental, do nosso lado profissional... Prevenções são importantes em tudo, Diogo.

— Leda... Às vezes me sinto tão inferior, tão pequeno, tão medíocre... — falou como se murmurasse, experimentando uma dor nos sentimentos.

— Você não é nada disso. Olha o que conseguiu na vida.

— Não importa o que consegui, o que tenho... Me sinto insignificante. Sempre preciso ostentar coisas, exibir situação financeira, carro e outras coisas para que os outros prestem atenção em mim.

— É você quem se vê desse jeito.

Ele silenciou por um momento e sentiu-se, de algum modo, emocionado.

Encarando-a, pediu:

— Me dá um abraço.

A amiga sorriu generosa e o abraçou. Ele a apertou com força experimentando uma imensa vontade de chorar.

Não conseguindo se conter, Diogo escondeu o rosto em seu ombro e chorou por um momento.

Leda percebeu-o soluçar, mas não disse nada nem se afastou. Foi capaz de compreendê-lo e apenas afagou suas costas.

Não puderam perceber que, na espiritualidade, seus mentores aproveitaram a oportunidade do abraço carinhoso, de verdadeira amizade, para envolver Diogo com energias mais salutares, higienizando-o de fluidos pesarosos criados por seus pensamentos desequilibrados, junto aos de energias de espíritos inferiores que o inspiravam ao erro.

Na verdade, Diogo não tinha um coração cruel. Ele só estava desorientado e bastante confuso, deixando-se levar, cada vez mais, pelas ideias infelizes daqueles espíritos que o acompanhavam.

Não era capaz de mudar, de sair da sintonia daqueles irmãos, por não se socorrer em prece, não se ligar ao Alto, lembrando-se de que é no Pai que buscamos e encontramos força para seguir no caminho de Luz.

Ao se afastar do abraço, ele não sabia o porquê de se sentir melhor.

Estava envergonhado e escondeu o olhar.

Leda sorriu e esperou.

Meio sem jeito, ele esboçou um sorriso, aproximou-se e beijou-lhe o rosto, dizendo em seguida:

— Obrigado.

— Ora... Do quê?

— Por me ouvir e me orientar. Obrigado. Não é fácil encontrar alguém como você.

— Então... Vai me agradecer fazendo o seguinte: Vamos comer uma pizza?

— Lógico! Vamos sim! — animou-se. — Podemos chamar o Rafael e a...

— Não! — interrompeu-o. Sorriu e brincou, falando sério: — Não tô a fim de comer pizza aqui e ter um monte de louça para lavar — riu gostoso. — Vamos a uma pizzaria. Levamos os meninos e... Só os meninos. Se o Felipe não chegou, deve estar pra chegar. Vamos deixar aqueles dois terem um tempinho pra eles. O que acha?

Ele devolveu um sorriso largo e concordou:

— Você está certa. É isso mesmo!

CAPÍTULO 19
Reflexo sem espelho

ASSIM QUE RETORNARAM da pizzaria, Leda e Diogo foram direto para o apartamento de Vanessa.

Rafael entrou às pressas. Leda tentou segurá-lo, mas não conseguiu, o garotinho foi mais ágil.

Naquele instante, Vanessa surgiu no pequeno corredor e, ao vê-los, forçou um sorriso.

Rafael falou sobre onde tinham ido e contou que Rodrigo havia derramado o refrigerante sobre a mesa.

Todos o ouviram com paciência e Leda esperou que terminasse, pois percebeu a amiga sem muito ânimo.

— O que foi, Van? Você está bem?

— É uma dor de cabeça daquelas — murmurou. Suas pálpebras estavam pesadas e inchadas, quase se fechando por não suportar a luz.

— Quer ir ao médico? — tornou a amiga.

— Não. Já tomei um remédio. Vai passar.

— E o meu irmão? — quis saber Diogo, pois, na olhada superficial ao apartamento, não o viu.

— O Felipe ligou e disse que não viria hoje. Foi resolver um problema na loja do shopping e... Ligaria depois.

— Então é melhor você ir se deitar. Assim o remédio faz efeito mais rápido. Eu sei que dor é essa. Também tenho enxaqueca — disse a amiga que, voltando-se para a sala onde estavam as crianças, pediu: — Rafa, vai direto pro banheiro escovar os dentes. A tia vai pôr você pra dormir hoje.

— Deixe que eu faço isso — disse Diogo.

Leda o olhou de modo desconfiado, de uma forma que ele pôde perceber algo bem diferente, como a censurá-lo.

Foi então que ela sugeriu:

— Acho bom você ir. Não é Diogo? Já está tarde e a Van não está pra conversa.

Ele entendeu o recado e concordou:

— Você tem razão. Está tarde. — Virando-se para Vanessa, perguntou ainda: — Não quer mesmo ir ao médico?

— Não. Eu conheço essa enxaqueca. Já me mediquei. Preciso descansar.

— Então... Até amanhã — disse ele.

— Até — respondeu em tom brando, retribuindo o beijo no rosto.

Indo até Leda, despediu-se.

Depois foi até as crianças e fez o mesmo.

Após vê-lo sair, Leda cuidou de pôr Rafael para dormir e só depois da amiga se deitar é que foi embora.

Ao chegar à casa de seus pais, Diogo subiu as escadas e, no corredor onde ficavam os dormitórios, pôde perceber que a luz do quarto de Felipe estava acesa.

Decidido ir até lá, bateu à porta e ouviu a voz irmão pedir:
— Entra!
— Oi... Sou eu... — disse já no quarto. — Pensei que já estivesse dormindo. — O outro não respondeu e continuou mexendo em documentos sobre a escrivaninha ao mesmo tempo em que usava uma calculadora. — Estou atrapalhando?
— Não. Só um minuto. — Algum tempo e comentou: — Pronto... Desculpe é que queria terminar esses cálculos aqui e...
— disse arrumando os papéis, batendo-os para alinhá-los e prendê-los com um clipe.
— Não foi ver a Vanessa hoje?
— Nós nos vimos de manhã. Precisei sair à tarde para cuidar de algumas coisas e cheguei tarde.
— Levei as crianças pra comerem pizza, a Leda foi junto... Demorou, mas não se contendo, Felipe quis saber:
— A Vanessa não quis ir?
— Não. Ficou te esperando...
Felipe agia de modo estranho e o irmão percebeu.

Quase não o encarava e sempre procurava algo para mexer em seu quarto, como se a presença de Diogo não fosse importante e quisesse se livrar dele.

Por falta de assunto, perguntou:
— Quando é que vai voltar para a Alemanha?
— Talvez na outra semana. Quero ter certeza de que o Rafael estará bem.
— Sei...
Notando-o muito diferente, Diogo perguntou:
— Felipe, o que você tem?

— Eu?! — dissimulou, olhando-o por um instante.
— Nos últimos dias, eu acho que você está muito estranho.
O irmão o encarou.

Era como ver o seu reflexo sem um espelho. Até o corte do cabelo aloirado e teimoso era o mesmo. Diogo parecia imitá-lo até sem querer.

Seria para Vanessa se confundir?

Seria para irritá-lo, pois sabia que nunca apreciou a gemelaridade?

Seria casualidade, talvez?

Ou então estava sendo implicante demais com Diogo?

Ainda sentia mágoa pelo irmão tê-lo traído com Ceres. Deveria tê-lo respeitado. A história que ouviu de Leda não saía de sua cabeça.

Tanto a ex-noiva quanto o irmão, na época em que soube, disseram que haviam se apaixonado e juraram nunca terem se envolvido nem se relacionado.

Quando Ceres o procurou em véspera de marcarem o casamento, encomendarem os convites, ela jurou que nunca havia se aproximado de Diogo.

Enfurecido, ele entrou no quarto do irmão e o agrediu, Diogo também disse o mesmo, que não havia acontecido nada.

Depois disso, demorou anos para se falarem novamente e ele até deu o caso por encerrado.

Agora soube de toda a verdade, ou melhor, de toda a mentira.

Como se não bastasse, Vanessa escondia algo dele. Algo que até Leda, sua melhor amiga, pediu que lhe contasse, mas ela não o fez. Estava enganando-o, talvez igual à Ceres.

Acreditou que estava sendo idiota como no passado e odiava o irmão por isso.

Felipe era capaz de deixar pra lá as divergências de infância, a predileção que percebia da família por Diogo e todas as vantagens que o irmão tirou dele. Mas agora já bastava. Não iria admitir ser traído novamente.

Apesar disso, não poderia ser precipitado. Queria saber exatamente de tudo. Gostaria de um flagrante.

Não sabia até onde suportaria aquela angústia, aquela mágoa, aquela dor.

— E então? O que me diz? — perguntou Diogo por conta da longa pausa. — Você está estranho.

— Não estou não. Preocupado com alguns negócios. Só isso.

— Precisa de ajuda? De dinheiro?

— Não. Nada disso. São de ordens burocráticas. Coisas que se resolvem só com o tempo.

Percebendo que Felipe não estava bem-disposto para conversar, o irmão finalizou:

— Tudo bem, então. Mas... qualquer coisa, sabe que pode contar comigo.

— Obrigado — disse somente.

— Boa noite — despediu-se Diogo.

— Até amanhã.

Ao sair pela porta, o irmão voltou um passo e ainda disse:

— Ah... Quando eu e a Leda voltamos, a Vanessa não se sentia muito bem. Disse que estava com enxaqueca.

— Obrigado por avisar. Vou ligar pra ela.

Diogo fechou a porta e se foi.

Felipe pegou o telefone sobre a cama e ficou olhando para o aparelho, pensando se deveria mesmo ligar.

Afinal, talvez, ela estivesse dormindo.

Num impulso, telefonou para Leda.

— Oi, Felipe. Tudo bem?

— Tudo. Eu queria saber da Vanessa. Meu irmão disse que ela não estava bem. Fiquei com medo de telefonar pra lá e acordá-la.

— É daquelas enxaquecas. Você sabe. A Van tomou um remédio e estava esperando passar. Quando subi, ela ficou deitada.

— Então é melhor eu não ligar, né?

— Liga amanhã de manhã — sugeriu a amiga.

— É... Acho que vou fazer isso mesmo. Obrigado, Leda.

— Lipe — chamou antes que desligasse.

— Fala.

— Desculpe-me por ser intrometida, mas é que... Está tudo bem com você?

— Sim. Está. Por quê?

— Nos últimos dias eu o achei tão diferente!

— São problemas com negócios — mentiu. — Não é nada importante. Só não quero levar mais nada problemático pra Vanessa.

— Entendo, só que seu jeito acaba deixando a Van mais triste.

— Fica fria. Não é nada.

— Está bem. Se está dizendo... Até amanhã, então. Beijo.

— Até. Beijo.

෴

Era uma manhã fria e nublada.

Felipe levantou bem cedo, como de costume. Tomou um banho e decidiu ir ver Vanessa.

Nem mesmo fez o desjejum. Não estava com fome.

Chegando ao apartamento, total silêncio.

Com o máximo de esforço para não fazer barulho, foi até o quarto de Rafael. Enfiou a cabeça pela porta entreaberta e viu o menino dormindo.

Indo até o quarto de Vanessa, empurrou a porta, lentamente, e a observou dormindo também.

Ficou parado ao lado da cama, em pé, observando-a por longo tempo.

Vanessa estava tão bonita em um sono profundo.

Ele a achava linda, delicada, carinhosa, gentil, forte e frágil ao mesmo tempo. Sempre foi tão honesta, tão direta. O que será que escondia?

Que segredo seria aquele?

Por que Leda disse que ele não merecia ser enganado?

De certo a amiga sabia de tudo, e ele devesse perguntar para ela.

Não. Vanessa era quem tinha a obrigação de lhe contar.

Talvez estivesse dividida entre ele e seu irmão.

Havia percebido que o estado do filho, seus desejos, suas vontades influenciavam muito na opinião dela.

Certamente Vanessa pretendia ficar com Diogo, que era o pai de Rafael. Afinal, eles eram semelhantes, iguais, qual a diferença para ela?

Mais uma vez, em questão amorosa, a vida se voltava contra ele em favor de Diogo, pensava.

Talvez fosse melhor se afastar e abrir um espaço para os dois se entenderem. Já tinham um filho. Um filho que seria um elo eterno entre os dois.

Ficando com ela, não tinha certeza se aguentaria a presença tão frequente de Diogo, que se impunha de forma tão discreta, que chegaria a se passar por vítima, se ele reclamasse. Para os olhos de todos, o irmão estaria somente cumprindo seu papel de pai amoroso, dedicado e sempre presente.

Quem sabe fosse melhor eles ficarem juntos.

Mais uma vez, aquele era o momento de renunciar a um grande amor para dar espaço ao irmão, que sempre lhe roubou os sentimentos dos outros.

Enquanto pensava tudo isso, Vanessa se remexeu um pouco e abriu os olhos.

Felipe, ainda em pé, ofereceu-lhe meio sorriso e perguntou baixinho:

— Está melhor?

— Estou — respondeu com voz rouca. — Oi, Tudo bem? — perguntou, sentando-se e estendendo a mão para pegar a dele.

— Tudo — respondeu pegando sua mão, mas não se curvou para beijá-la como era esperado. Logo contou: — Ontem à noite meu irmão me disse que você não estava bem. Não liguei por não querer acordá-la. Mas telefonei para a Leda e ela me falou que a deixou dormindo. Então vim bem cedo pra cá.

Felipe se sentou na beirada da cama e continuou segurando sua mão com frieza.

— Ontem pensei que minha cabeça fosse explodir. Parecia ter alguém com um martelo me batendo forte.

— Devia ter me ligado. Eu a levaria ao médico.

— Você estava ocupado e achei que o remédio que tomei fosse dar um jeito. E deu.

— Está melhor? Não sente mais nada?

— Melhorei sim.

— Você está abatida.

— Estou com um pouco de cólica. É estranho, não des...

Ela interrompeu o que ia dizer ao ver Rafael em pé à porta.

Felipe acompanhou seu olhar e, ao vê-lo, o menino foi a sua direção e o abraçou.

Sonolento, ainda um pouco emburrado, Rafael não percebeu que era o tio em vez do pai.

Felipe o pegou no colo, ajeitou-o no peito e o beijou no alto da cabeça enquanto o embalava bem devagar.

O garotinho o abraçava e nada disse.

— Dormiu bem, meu amor? A mamãe ontem nem o colocou pra dormir.

Rafael não respondeu e o tio perguntou:

— E aí? Dormiu bem?

— Dormi — falou preguiçosamente, resmungando com a voz baixa e rouca.

Felipe olhou para Vanessa e ambos sorriram. Perceberam que o menino pensou que ele era Diogo.

— E o que pretende fazer hoje? — perguntou o tio.

— Não sei... — murmurou de novo.

— Hummm... Deixe-me ver... Ah! Que tal a gente ir até o Aquário de São Paulo? — Olhando para Vanessa, disse: — Fica lá no Ipiranga. — Voltando-se ao garoto, explicou: — É muito legal. Tem tubarão, peixe-boi, lobo-marinho, pinguins, crocodilos...

Rafael se afastou e, sentado sobre a perna do tio, olhou-o bem e só então reparou:

— Droga! Você não é o meu pai! — reclamou bravo.

Esticando-se, desceu do colo de Felipe e foi à direção da mãe, deitando-se ao seu lado.

— Não fale assim, filho — repreendeu-o.

— Mas ele não é meu pai! Droga!

Felipe experimentou uma amargura intraduzível que não soube disfarçar. Ao seu lado, o espírito Ceres o influenciava:

— Viu só? Vai ser sempre assim. Você nunca será páreo para o Diogo. O menino nunca vai aceitar você no meio da Vanessa e do seu irmão. Ele vai lembrar a mãe do pai dele pelo resto da vida de vocês.

Felipe ofereceu meio sorriso, que não conseguiu manter por muito tempo, e se levantou.

Vanessa percebendo-o mudar, pôs-se em pé e disse:

— Vamos lá pra cozinha. Vou preparar um café.

Felipe nada disse e saiu do quarto. Ela o seguiu.

Na cozinha, enquanto preparava o desjejum, comentou:

— Acho que vamos à praia assim que o Diogo voltar da Alemanha. Seria bom você se programar para poder ir com a gente.

Novamente ele a olhou e nada disse.

Estava muito estranho, calado, quieto e frio. Não expressava sentimento algum.

— O que você tem, meu bem? — perguntou, passando a mão em seu rosto, como um carinho.

— Não tenho nada — respondeu levantando-se da banqueta. Não queria ser afagado.

— Espera, Felipe — pediu antes de vê-lo sair. — Você está distante, frio comigo. O que está acontecendo?

— Você deve saber o que está acontecendo.

— Do que está falando?

Rafael entrou na cozinha e se abraçou à mãe.

O rapaz olhou para o menino e percebeu que não era o momento adequado para conversarem. Mais uma vez, o garoto pedia atenção e deveria ser prioridade. Não havia espaço para ele. Então comentou:

— Acho que na próxima semana vou para o Rio cuidar de alguns assuntos.

Rafael se segurava na mãe, abraçando-a de uma forma que não a deixava se mover direito.

— Espera, Rafael — pediu com jeitinho. — Vai lá pra sala que a mamãe já vai levar o seu leite.

— Preciso ir, Vanessa — disse Felipe.

— Não quero leite — resmungou o garoto.

— Espera, Felipe.

— Não quero leite. Não quero café. Não quero nada... — interrompeu o menino.

— Não posso esperar. Tenho um negócio pra resolver hoje cedo. Depois a gente se vê. Tchau.

— Não. Espera um pouco.

— Você ouviu? Não quero leite. Quero só aquele biscoito que meu pai comprou. Você ouviu?

— Espera, Rafael — pediu tentando soltá-lo de si.

— Tchau — disse novamente Felipe após um último olhar para a cena.

— Felipe!

Mas ele não ouviu ou não deu importância, fechando a porta atrás de si.

Vanessa deu um suspiro fundo e não disse mais nada. Só olhou para o filho que, mais uma vez, conseguiu o que queria: afastá-los.

෬෭

E assim os dias foram passando.

Felipe distanciou-se até mesmo quando Diogo viajou para a Alemanha e ficou por lá alguns dias.

Em conversa com Leda, a amiga reclamava:

— Não sei mais o que faço com o Felipe. Não conseguimos conversar. Ele se fecha, e o Rafael não dá um tempo.

— O Lipe está com ciúme do irmão — opinou Leda.

— Pensei que, com a viagem do Diogo para a Alemanha, ele fosse voltar a ser como antes.

— Van, você abandonou muito o Felipe. Conversou com ele sobre ter parado de tomar o remédio?

— Não. Não encontrei uma brecha pra isso.

— E aí? Desceu?

— Sinto umas cólicas horríveis, mas, até agora, nada. Não desceu.

— Já deveria ter ido ao médico, não acha?

— Já marquei. Só tinha vaga na agenda pra outra semana. Já está marcado.

— Tô achando que você está grávida, Van.

— Não. Não tô não. Não sinto nada do que senti quando estava esperando o Rafael.

— Quem disse que uma gravidez é igual a outra?

— Estou sentindo muita cólica, Leda. Dor de cabeça... Não tenho enjoo nem sono. Estou tão bem-disposta.

— Ainda acho que deveria ter ido ao médico e que também deveria ter falado com o Felipe.

Vanessa sabia que Leda tinha razão. Felipe já deveria saber de tudo, mas ela não tinha encontrado coragem para contar o que havia feito sem o seu consentimento. O correto era ter conversado com ele antes de ter tomado aquela decisão. Temia, agora, que o namorado pensasse que ela só quis engravidar por causa da doença de Rafael.

ଆଓ

Naquela tarde fria, o tempo nublado não era convidativo para sair e Felipe chegou mais cedo do que o de costume à casa de seus pais.

Ao passar pela sala, antes de chegar às escadas que levavam aos quartos, a voz do senhor Weber chamou:

— Diogo!

Ele se virou e respondeu:

— Não. Sou eu.

— Ah... Pensei que fosse seu irmão.

Felipe sabia que o irmão estava para chegar da Alemanha, mas não sabia se já o tinha feito.

— Tem um minuto, Felipe? — perguntou o pai de modo ponderado, sem demonstrar sentimentos.

— Claro — disse descendo os poucos degraus que havia subido e foi à direção do escritório, onde o senhor estava.

Ao vê-lo entrar, pediu:

— Feche a porta, por favor.

Aquela situação nunca acontecia. Não com ele. Era muito difícil o pai chamá-lo para conversar. Não se lembrava de quando algo assim tinha acontecido pela última vez.

Assim que fechou a porta, Felipe caminhou alguns passos, puxou a cadeira frente à larga mesa e se acomodou. Parecia bem à vontade ao se recostar e cruzar as pernas, indagando:

— E aí? Tudo bem?

— Tudo.

— É difícil vê-lo em casa tão cedo, pai.

— Hoje resolvi terminar o expediente mais cedo. E você, como estão as coisas com as agências de viagens?

— Muito bem. Está dando certo. Fechei com redes hoteleiras boas e que estão cumprindo exatamente o prometido e com qualidade. Os clientes estão satisfeitos... Não posso reclamar.

— Que bom. Fico feliz. O Diogo está pleiteando vir trabalhar no Brasil.

Felipe ficou descontente. Nunca conseguia conversar muito tempo com seu pai, sem que o nome do irmão não fosse mencionado.

Aliás, não só o nome, mas também os feitos, os valores, os acontecimentos na vida do outro. As notícias sobre qualquer coisa referente a Diogo sempre surgiam como assunto, que, às vezes, parecia ter mais importância do que o seu.

— É... Estou sabendo — disse num suspiro meio insatisfeito.

— Ele me disse que vão fazer uma experiência. Talvez ele fique por alguns meses trabalhando aqui para ver se vai dar certo. Eles precisam de representante da empresa em todo lugar e...

— O senhor me chamou aqui para falar do Diogo? — foi direto.

O pai, pego de surpresa, não sabia o que responder e titubeou:

— Bem... É que... Queria saber como vão suas coisas e também perguntar como vai o Rafael. Faz dias que não o vejo. Se não é o Diogo a trazê-lo aqui...

— Minhas coisas estão indo bem. Quanto ao Rafael... É aquilo: controlar a doença até aparecer um doador.

— Vai ser um golpe muito grande para o Diogo se o filho não conseguir um doador.

— Não vai ser um golpe só para o Diogo, pai! Todos nós estamos sofrendo. Eu também me apeguei a ele e...

— Falei do seu irmão porque ele já perdeu um filho. Já pensou se isso acontece de novo?

— Não vai acontecer! Acredito que vai aparecer um doador compatível quando menos esperarmos.

O senhor ficou pensativo e comentou:

— Fico tão chocado com essa situação.

— Sei como é. Também me sinto impotente. Estamos fazendo de tudo, mas...

— E você e a Vanessa? Como vocês estão?

— Por que quer saber, pai? — indagou, olhando-o firme nos olhos.

— Perdoe-me por ser indiscreto, é que... Sabe, Felipe, às vezes, acho que a situação é bem estranha. Ela foi namorada do seu irmão. Tem um filho dele...

Rápido com as ideias, o rapaz respondeu com uma questão:

— O senhor fez essa mesma pergunta para o Diogo, quando ele e a Ceres chegaram aqui como namorados, noivos ou quando foram se casar? Afinal, a Ceres era minha noiva. Íamos nos casar. É uma situação bem diferente de mim e da Vanessa, hoje. Ela e o Diogo não tiveram nada além de um namoro, enquanto ele era noivo da Ceres. Eles se separaram. O Diogo fez outra escolha e se casou.

— É que agora o seu irmão está de volta. O Rafael exige a presença dele na vida da Vanessa e, ao mesmo tempo, você e ela namoram. É uma situação entranha. Veja, seu irmão é um homem livre. Eles têm um filho e... — calou-se.

— Está insinuando que eles poderiam estar juntos, pelo fato de terem um filho, e que eu estou atrapalhando?

— Será que você não está querendo se vingar de seu irmão só porque ele e a Ceres se apaixonaram?

— Por que o senhor não admite que eu e a Vanessa nos gostamos?! — irritou-se e se levantou. Não esperando o senhor Weber responder, Felipe atacou: — Olha, pai, estou cansado de ver e ouvir sobre sua predileção ao Diogo. Não aguento mais e... — deteve-se. Acreditou que o pai não o entenderia e desfechou: — Não vou perder meu tempo aqui.

Virando-se, Felipe saiu do escritório e bateu a porta ao passar por ela.

O espírito Ceres o tentava para que ficasse ainda mais nervoso. Queria vê-lo brigar e agredir o pai com palavras.

Se não fosse o bom senso do rapaz, teria se exaltado mais e discutido muito com o pai.

Felipe sentia-se desgostoso, angustiado, magoado.

Entrando em seu quarto, fechou-se lá e se sentou na cama.

O que estava acontecendo?

O mundo pareceu virar-se contra ele.

Por mais que fizesse e se empenhasse nunca seria um filho que mereceria a atenção de seus pais.

Tudo sempre era voltado para o Diogo, e ele não suportava mais isso.

Por um momento respirou fundo e se recostou nos travesseiros, procurando se acalmar.

Num momento, após leve inspiração de mentores amigos, entrou em prece pedindo a Deus bênçãos para saber qual a melhor decisão a ser tomada.

Permaneceu alguns minutos elevando a consciência, rogando orientação.

Ceres olhando-o a certa distância, não entendeu o que estava acontecendo, não via os amigos espirituais à sua volta, só uma luz a envolver o rapaz. Uma luz da qual não conseguia se aproximar. Uma luz por causa da prece verdadeira, sentida e na qual Felipe entregava-se nas mãos do Altíssimo.

Ao terminar, respirou fundo e se levantou.

Mais ponderado, foi até o armário e pegou três malas.

Estava cansado de ser tratado daquela forma pelo pai que parecia só se preocupar com o bem-estar de seu irmão.

Felipe pegou suas coisas e foi arrumando enquanto refletia no que ia fazer.

Era o momento de sair de casa. Não precisava de opiniões que indicassem para ceder espaço a Diogo. Não queria mais ouvir sugestões que sufocassem suas iniciativas, sua vida.

Afinal de contas, ele existia e toda existência merecia felicidade e paz.

Aquele também era o momento de Vanessa se decidir, caso estivesse em dúvida sobre ele.

As inspirações de sua mentora eram para que não adiasse mais suas dúvidas, sua amargura. Mesmo ansioso e irritado, teria de tomar alguma decisão e fazer algo por si mesmo.

Iria conversar com a namorada e pressioná-la para saber o que estava acontecendo. Pretendia contar sobre a conversa que ouviu entre ela e Leda. Precisava de explicações.

Enquanto refletia, colocou o máximo de coisas nas malas e o que sobrou foi deixado de lado sobre a cama. Depois mandaria buscar ou ele mesmo o faria.

Saiu do quarto com duas malas e foi até a Pick-up na garagem e as colocou lá.

Retornando, pegou a outra, deu uma olhada no quarto, virou-se e saiu, fechando as portas às suas costas.

Ninguém o viu sair com as malas nem o momento em que as colocou no carro.

Sentado ao volante, pensou:

"E agora? O que vou fazer?" — Um instante e decidiu: — "Vou para o apartamento falar com a Vanessa. Ou moramos juntos de uma vez ou terminamos e vou para um hotel." — Nesse instante ficou preocupado. Havia sido tão frio nas últimas semanas com ela que deveria estar bem chateada por isso. — "Será que ela vai me aceitar? E se estiver gostando do Diogo?"

Minha Imagem

Seus pensamentos começaram a castigá-lo, mas não saberia o resultado se não fosse atrás das respostas.

Uma insegurança amarga o dominou de tal modo que sentia o peito doer.

Apesar disso, ligou a caminhonete e foi para o apartamento da namorada.

Estacionando na rua, na única vaga que encontrou, ficou olhando para o prédio e imaginando como ia começar uma conversa.

Algum tempo ali e pôde ver, a distância e por detrás da floreira, crianças brincando no *playground*, entre elas, Rafael.

Felipe sorriu ao vê-lo bem.

Desceu do veículo, fechou-o e entrou no edifício.

O porteiro o cumprimentou. Nunca sabia quando era ele ou seu irmão. Apesar disso, não os impedia de entrar.

Ao se aproximar do parquinho, observou que Rafael o olhou por um momento demorado e só depois se aproximou e o cumprimentou:

— Oi, tio.

— Oi, Rafael. Tudo bem com você?

— Tá. — Influenciado, o menino pensou por um instante e, com um tom estranho, falou: — O meu pai tá lá em cima com a minha mãe. Ele dormiu aqui com ela hoje.

— Como é que é?! — perguntou se segurando, tentando conter e disfarçar a surpresa desagradável.

— É. Ele chegou ontem da Alemanha e veio pra cá. Pediram pra eu vir brincar agora há pouco, porque queriam conversar e não queriam que eu ouvisse. Acho que *tavam* falando de você.

Felipe sentiu-se esquentar.

Uma indignação tomou conta de seu ser.

Então era isso? Vanessa o enganava, traia-o com Diogo, pensava.

Sem dizer nada, ele se ergueu e o sobrinho perguntou de um jeito provocante, como quem diz, indiretamente, o que fazer ou não:

— Você não vai lá em cima não, né?

Felipe nada disse e se afastou, pegando o corredor que o levaria de volta à portaria enquanto Rafael sorriu, olhou-o por um breve segundo e voltou a brincar.

Atordoado, o rapaz saiu do condomínio e foi para o carro.

Não estava conseguindo pensar com clareza e isso acontecia frequentemente naqueles últimos dias.

Ceres se divertiu. Era isso o que queria.

Como se não bastasse, ela começou a inundar seus pensamentos com imagens e ideias de Vanessa e Diogo, juntos, envolvendo-se. Deveriam rir dele também.

Naquele exato momento, estavam lá em cima, talvez, amando-se.

"Sou um idiota mesmo! Um covarde!" — pensava. — "Não é a primeira vez e... Acho que isso nunca vai acabar até eu reagir!"

Um segundo e, tomado de violenta emoção, Felipe tirou a chave do contato, desceu da Pick-up e travou as portas.

Parecendo insano, entrou novamente no condomínio e foi para o corredor que dava acesso aos elevadores.

Aqueles minutos de espera pareciam infindáveis.

Pensamentos frenéticos causticavam-lhe as ideias.

Não importava o que estava acontecendo lá em cima, ele precisava saber, precisava ver, precisava colocar um ponto final naquela história.

O elevador chegou e Felipe, para entrar, quase atropelou uma mulher que saía com um cachorrinho no colo.

Eternos segundos e chegou ao andar.

Pensou em tocar a campainha, mas não.

Nervoso, quase trêmulo, procurou pelas chaves e, tentando não fazer barulho, abriu a porta com cuidado.

Não viu ninguém quando entrou.

Olhou na cozinha e depois na sala.

Nada.

Indo até o quarto de Vanessa escutou um barulho vindo do banheiro.

Entrou e parou à porta, vendo-a lavar o rosto na pia.

Vanessa pegou a toalha sem erguer a cabeça e secou o rosto. Assim que olhou para o espelho, além de seu reflexo, viu o dele.

— Ai, meu Deus! — gritou e colocou a mão no peito. Forçando um sorriso, trêmula, perguntou com a voz meiga ao se virar: — Quer me matar, Felipe?!

— Como é que sabe que sou eu quando muitos se enganam? — perguntou sério.

— Porque te conheço, meu amor — respondeu sorrindo agradável, com doçura na voz macia. Colocando-lhe a mão no peito, esticou-se para beijá-lo nos lábios, mas Felipe se afastou e ela ficou sem jeito.

Saíram do banheiro e, ainda no quarto, ele perguntou:

— E o Diogo?

— Sei lá do Diogo. Ele já chegou da Alemanha?

— Também não sei.

Imediatamente, ela decidiu esclarecer ao vê-lo fazer menção de se retirar:

— Felipe, não saia do quarto não — disse acomodando-se na cama e batendo a mão sobre a mesma, pediu com jeitinho: — Vem... Sente-se aqui, por favor.

— Precisamos conversar, Vanessa.

— Precisamos sim. É verdade. E vai ser aqui e agora. Não estou aguentando mais isso.

Ele se sentou ao seu lado e a encarou.

Sério, quase carrancudo, falou:

— Tem alguma coisa errada acontecendo e precisamos conversar.

— É mesmo. Você está muito estranho nos últimos tempos e, embora eu tenha notado, não encontrei uma brecha para conversar e...

— Onde está o Diogo?

— Não sei do Diogo. Por que está insistindo nisso?

— Pensei que ele estivesse aqui. O que tem pra me falar se refere a ele?

— Não. Quero dizer... Também — ela respondeu com simplicidade.

Felipe se sentiu gelar. Encarando-a perguntou:

— O que é?

— Primeiro quero falar sobre nós dois.

Insatisfeito, contrariado, Felipe se levantou. Sentiu uma inquietude como nunca.

— Sente-se aqui, vai... Por favor — pediu meiga, mas nervosa. Experimentava um medo, uma insegurança da qual quase perdia o controle e tinha vontade de chorar.

Ficando diante dela, encarando-a, ele perguntou friamente:

— Você e o Diogo estão se envolvendo? É isso?

— Não! Que absurdo!

— Vai negar até quando?! Vai negar como a Ceres negou?! — praticamente gritou.

— Não! Eu e o Diogo não temos nada. De onde tirou essa ideia? — defendeu-se.

— Eu ouvi! Foi por acaso. Eu ia entrando aqui no quarto quando escutei a Leda dizendo que eu não merecia mais ser enganado. Ela ainda disse para você me contar, sei lá... Mas isso eu ouvi. Sobre eu não merecer ser mais enganado, ouvi, sim! Com todas as letras! O que está acontecendo, Vanessa?!

Nervosa, pálida, nitidamente trêmula, ela não deteve as lágrimas e começou falar, mesmo sem conseguir organizar os pensamentos, as ideias:

— Estou com medo porque acho que você não queria ou que...

Tentou organizar as palavras, mas ele a pressionava:

— Do que está falando?! — ainda perguntou com dureza na voz.

Num impulso, ela tomou fôlego e contou:

— Há uns meses eu estava conversando com o doutor Genésio e falávamos de como está sendo difícil encontrar um doador compatível para o Rafael e... Aí ele me disse que entre irmãos com os mesmos pais há uma chance de vinte e cinco por cento de haver compatibilidade para doação de medula óssea e... — um soluço embargou sua voz. Ela secou as lágrimas e continuou: — Ele disse que tem casais que tentam um segundo filho ou até inseminação artificial, *in vitro*, para ver se os irmãos podem ser doadores e...

— E você e o Diogo resolveram ter esse segundo filho?!!! — gritou enfurecido, com toda força de seus pulmões.

— Não!!! — reagiu no mesmo tom. Levantou-se e, frente a ele, gritou mais ainda: — Como pode pensar isso de mim?! Quem você pensa que eu sou?!! Se estiver grávida, o filho é seu!!!

Ambos se sentiram atordoados.

Um torpor dominou Vanessa que se sentou novamente, levando uma mão à testa e a outra apoiou na cama.

Felipe, ainda sob o efeito de um choque, sentiu-se mal por ter gritado e ficou confuso com o que ouviu.

Ela havia dito que esperava um filho dele ou foi impressão sua?

Confuso, ele esfregou o rosto com as mãos, alinhou os cabelos e andou alguns passos negligentes pelo quarto, voltando frente a ela.

Observando-a nervosa, abaixou-se, colocando um joelho no chão e tocando-lhe a mão que segurava a testa, fazendo-a olhar:

Bem mais tranquilo, ao menos era o que exteriorizava, pediu com jeitinho:

— Conta essa história direito. Você acha que está grávida?

— Eu estava com medo de te contar, porque você poderia pensar que só estou fazendo isso pelo Rafael e... — Olhando-o nos olhos, afirmou: — Eu amo você, Felipe.

— Eu também amo você — aproximou-se e beijou-a rápido nos lábios. Sentando-se ao seu lado, afagou-lhe a face e os cabelos lentamente e pediu: — Conta o que aconteceu.

Vanessa pegou sua mão e colocou entre as suas.

Sentia-se trêmula, ainda insegura. Mesmo assim, revelou:

— Então o doutor Genésio comentou que você e o Diogo são gêmeos idênticos, que têm o mesmo DNA e... tudo aquilo que já sabemos. Foi como se ele sugerisse que nós dois tivéssemos um filho para tentarmos uma compatibilidade. Eu queria falar com você, mas nunca tínhamos tempo e... Eu decidi parar de tomar o contraceptivo. Ia conversar com você, mas aí... comecei a ficar com medo de você achar que eu só pensava no Rafael e...

— E daí?... — perguntou com expectativa.

— Eu sei que você já tinha me feito essa proposta, mas eu estava insegura. Não sabia direito o que queria e tinha tanta coisa acontecendo. E então... Quando o Diogo apareceu...

— O que tem?

— Tive certeza de que eu amava você e queria ficar com você e...

Felipe a interrompeu com um beijo, abraçando-a e apertando-a contra si.

Viu seu medo e sua insegurança irem por terra, assim como sua raiva e suas suspeitas.

Ajeitou-a com cuidado, aninhando-a nos braços.

Beijou-lhe algumas vezes, afagou-lhe o rosto e ela desabafou:

— Fiquei com medo. Você começou a ficar diferente e se distanciava muito, cada vez mais. Estava tão frio!

— E que história é essa de gravidez? Você acha que está grávida? — perguntou sorrindo.

— É que eu posso estar grávida. Não tenho certeza. Era isso o que queria te contar. Acho que aconteceu o seguinte: em conversa com a Leda, eu falava pra ela sobre o doutor Genésio e que parei de tomar o remédio, mas não havia dito nada pra você. Então ela disse que eu deveria falar logo, porque você não merecia ser enganado. Acho que foi sobre isso o que você ouviu.

— E você acha que está grávida mesmo? — continuou sorrindo, tratando-a com carinho.

— Não sei.

— Por que não foi ao médico?

— Vou semana que vem. Já está marcado.

— Fez algum teste? Tipo esses de farmácia?

— Fiz — riu. — Um deu negativo, o outro ficou indeciso. Nem comprei o terceiro para saber.

— Como assim? — riu junto.

— Prefiro ir ao médico. Não confio nesses testes.

— Outro dia você me disse que estava com cólica.

— Estou sentindo muita cólica, dor de cabeça... Por isso não acredito na possibilidade de gravidez. E outra coisa, depois que parei de tomar o remédio a gente se relacionou tão pouco e... Acho que não deu tempo.

— Entendo. — Afagou-lhe com carinho, afastando uma mecha de cabelo do rosto e pediu, verdadeiramente, arrependido: — Me desculpa por tudo o que pensei. Depois que ouvi o que a Leda te pediu sobre não me enganar e te contou sobre a Ceres e o Diogo eu... Pensei que pudesse ter sido traído de novo.

— Não por mim. Eu jamais faria isso com você.

— Perdi a cabeça. Vieram cada ideia, cada pensamento tenebroso, insano que... Deixa pra lá. Agora o mais importante somos nós dois nos entendermos e...

— ...e não escondermos mais nada um do outro, por mais estranha ou absurda que possa parecer uma ideia, um pensamento ou sei lá o quê.

— Desculpa por ter gritado com você.

Ela sorriu com jeitinho mimoso e escondeu o rosto em seu peito, beijando-o.

Felipe riu, brincando, perguntou:

— Quer dizer que... Você me deu o golpe da barriga, hein?

— Ai! Não fala assim! — riu ao exclamar.

Ele riu gostoso e a beijou com amor, após afirmar:

— Vanessa, eu amo você.

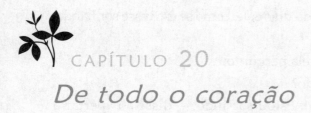

CAPÍTULO 20
De todo o coração

ALGUM TEMPO DEPOIS, no sofá da sala, Vanessa estava sentada sobre as pernas, ao lado de Felipe que segurava um recipiente com pipoca.

Um filme romântico passava na TV e, enquanto assistiam, conversavam também.

— Por que não vai a um médico particular, já que uma consulta a um especialista no plano de saúde está tão demorada? — ele quis saber.

— Os gastos estão enormes, você sabe. E outra, a consulta é na próxima semana. Falta tão pouco.

— Não está ansiosa para saber o resultado? — perguntou ele de modo estranho, admirado com sua tranquilidade.

— Não estou grávida. Pode ter certeza. Creio que deva ser um problema hormonal, por eu ter parado de tomar o anticoncepcional. Nunca tive um ciclo regulado. Minha menstruação só é pontual quando tomo remédio.

Felipe sorriu de modo diferente, como se estivesse sonhando, planejando.

Ao vê-lo iluminar, ela perguntou:

— Do que está rindo?

— Não estou rindo. Estou sorrindo — disse ao apertar a ponta do nariz dela, brincando. — É que, pra ser sincero, eu gostei da ideia de ser pai.

— Verdade?! — sorriu satisfeita.

— Verdade verdadeira!

— Se for positivo, quero ver a cara do Rafael — ela riu. — Ele sempre reclamou por não ter um irmão.

— É, mas... — Felipe deteve as palavras, acreditando que não precisasse terminar a frase.

— O quê?

— Embora, geneticamente falando, o Rafael terá um irmão legítimo, por eu e o Diogo termos o mesmo DNA, esse irmão não será filho do pai dele. Não sei se o Rafael está preparado para isso.

Vanessa ficou pensativa e comentou após refletir:

— Está na hora do Rafael entender e aceitar a vida. Nem tudo pode ou deve ser exatamente como a gente quer. Precisamos ceder, entender, ser maleáveis, respeitar os outros...

— Isso é verdade — ele concordou.

— Acho que está na hora do Rafael entender muita coisa. Eu vejo, e todo mundo pode ver, que, desde que o Diogo apareceu, ele melhorou e está aguentando firme, animado, mas o mundo não pode acontecer do jeito que ele quer. — Vanessa fez breve pausa e desabafou: — Sabe, não estou mais aguentando a presença do Diogo aqui. Isso está me irritando tanto! Era isso o que eu queria falar com você. Não sei se percebeu que acabei mandando o Rafael lá pra casa da Leda pra me ver um pouco livre do seu irmão. Só que, nos últimos dias, ele não quer mais brincar com o Rodrigo lá em cima. Acho que percebeu que o mando pra lá por causa do pai.

— Notei isso, mas não disse nada porque... Eu estava em um momento tão ruim, Vanessa — recostou-se em seu ombro e a beijou.

— Percebi. Estava me tratando tão mal.

— Desculpa, vai — pediu aproximando-se novamente e beijando-a nos lábios.

— Não sei se te desculpei, não — falou sorrindo, olhando pelos cantos dos olhos.

— Serei seu eterno escravo — ele correspondeu à brincadeira, erguendo as mãos e fazendo reverência.

Vanessa riu melodicamente e, ao seu lado, empurrou-o com o ombro.

— Voltando a falar sério — ela continuou —, o que podemos fazer para nos vermos mais livres, para termos um tempo para nós?

— Eu vir morar aqui.

— Ah... Fala sério, vai — pediu ajeitando-se e se voltando para ele.

— Minhas malas estão lá na Pick-up. É só subi-las.

— Tá brincando?! — perguntou sorrindo, meio incrédula.

Ele a encarou com semblante sério e falou firme:

— Você acha que um homem da minha idade, que está programando um filho iria brincar? Ou iria abandonar, sozinha, a mãe de seu filho?

— Você está falando sério mesmo, Felipe? — perguntou fechando o sorriso e considerando melhor o que ele falava.

— Estou. Hoje eu vim pra cá decidido a terminar ou a ficar de vez com você. Isso é decisivo pra mim agora. Você quer ficar comigo?

Vanessa sorriu e levou as mãos à boca, tampando-a, sem acreditar no que ouvia.

Num impulso, abraçou-o. Estava feliz e ainda incrédula.

Felipe correspondeu ao abraço, apertando-a por alguns instantes.

Afastando-se um pouco, ainda sorridente e incrédula, ela quis saber:

— O que te deu pra querer fazer isso?

— Eu estava lá na casa dos meus pais e, pra variar, ele me confundiu com meu irmão. Sinto que, quando ele faz isso, é por querer ver o Diogo e não a mim. Então... — Felipe contou sobre a discussão que teve com o senhor Weber e ainda disse: — Pra mim chega. Sabe, Vanessa, sempre quis usar a contrariedade da vida a meu favor. Certa vez, quando meu pai disse que eu era esquisito, pois era diferente dos meus irmãos, usei esse comentário para ser o filho estranho, por não ser dependente, por ter iniciativa, resolver meus próprios problemas, ser independente financeiramente, não precisar dele pra nada e, se precisasse, que fosse o mínimo possível. Fui trabalhar com meu pai assim que me formei, mas não trabalhava como filho. Eu era somente mais um funcionário na empresa. Decidi negócios, fiz vendas, tomei decisões. Não fiquei na dependência. Quando tudo aquilo aconteceu com a Ceres e o Diogo, eu fiquei decepcionado, acabado. Meu pai pareceu ficar do lado do meu irmão e... Achei que foi o momento de sair de casa. Peguei o que deu e fui para a Europa, por onde dei um rolé, até sentir que o dinheiro estava acabando. Então apareceu uma oportunidade e eu estava preparado. Fui à luta e as coisas deram certo até onde tinham de dar. Quando ficou ruim, voltei para o Brasil. Conheci você e o resto você sabe. Hoje, pra mim, mais uma vez é o momento de decisão, momento de mudança. Não posso e não vou mais deixar o Diogo ou a sombra dele roubar minha vida. Quero o que é meu e vou lutar por isso.

— Por que não quis vir morar aqui antes?

— Pra ser sincero, Vanessa, morar junto, dividir o mesmo espaço, assumir uma vida em comum é algo bem sério. Isso exige respeito, divisão de tarefas, compreensão, amizade, tolerância, paciência, responsabilidade, principalmente quando envolve uma criança, como é o caso do Rafael, que não é meu filho. Mesmo eu o querendo tão bem como se fosse. Só a minha vontade não conta. Pra fazer isso, pra decidir por isso, eu não queria ter dúvida de nada.

— Foi o mesmo que pensei quando decidi ter um filho seu e, ao mesmo tempo, quem sabe a bênção de um irmão compatível com o Rafael.

— Eu sei. Eu entendi. Não se põe um filho no mundo somente por pôr. Somente para suprir uma necessidade. Um filho exige muita responsabilidade e trabalho também.

— Demorei para me decidir. Queria ter certeza sobre nós e sobre ele.

Felipe riu e comentou:

— Porque, como eu já ouvi dizer, depois de feito, não podemos reclamar, não vem com manual de instrução, não dá pra devolver pro fabricante, não dá pra fazer troca, não podemos nem dizer que não queremos mais ou que mudamos de ideia e estamos arrependidos pela aquisição! — gargalhou.

— Ai, Felipe! Que horror! — bateu em seu braço, mas riu junto.

— Diga que estou errado!

— Não precisa falar desse jeito.

— Tá certo. A brincadeira foi boba. — Um instante e ele disse: — Ainda bem que sabemos o que queremos, não é?

— Lógico — aproximou-se e o beijou rápido nos lábios.

— Ainda temos que ver um jeito bom de explicar isso pro Rafael.

— Ele vai entender — ela acreditou.

Felipe fez um semblante com ar duvidoso ao erguer as sobrancelhas e envergar a boca para baixo, depois comentou:

— Hoje, quando eu cheguei aqui, logo depois de ter discutido com meu pai, estava de cabeça quente, sabe, né? Vi o Rafael lá no *playground* e fui até lá para dar um beijo nele e relaxar um pouco antes de subir pra vir falar com você. Daí o Rafael me disse que o Diogo estava aqui com você. Que havia chegado ontem e dormido aqui. Que ele estava lá embaixo pra vocês ficarem à vontade, pois precisavam conversar e, talvez, falassem sobre mim.

— O quê?! O Rafael disse isso?!

— Fica calma. Ele disse exatamente como estou te contando.

Vanessa tomou um choque.

Levantando-se, caminhou pela sala até a janela.

Voltou, parou frente a ele e exclamou brava:

— O que deu nesse menino?!

— Calma. Não fica assim. Não vai adiantar. Além do que, isso já era de se esperar.

— Uma coisa dessas não pode acontecer. Ele mentiu com coisa grave! — Vanessa ficou inconformada.

— Ele deve ter ouvido alguma coisa, alguma conversa e quis se valer disso em benefício próprio.

— Como assim? — indagou confusa.

— Quis ser mais favorecido com a presença do pai — ele supôs.

— Acho que deve ter ouvido minha conversa com a Leda. Eu falava sobre estar cheia de ver o Diogo aqui e...

— Ele achou mais fácil me ver longe para dar lugar pro pai.

— Mas isso é muito grave! — tornou contrariada.

— Na hora fiquei com raiva de você. Pensei que fosse verdade. Fui para o carro. Depois voltei. Ele não me viu retornar e subir.

— O que eu faço, Felipe?

— Vamos conversar com ele.

— Tenho de dar um castigo. O Rafael foi longe demais.

Felipe pensou um pouco e analisou as condições sem fazer qualquer comentário.

Sabia que Rafael estava sob tratamento de um câncer sério. Isso exigia sessões constantes de quimioterapia para que a doença se contivesse a fim de dar tempo para que um doador compatível fosse encontrado.

Sabia também que, caso isso não acontecesse, a saúde do menino ficaria cada vez mais comprometida, debilitada até ele não resistir mais.

Não gostaria de que Vanessa sofresse com qualquer tipo de remorso. Até porque estaria castigando o filho por algo relacionado a ele. Isso não poderia ser. Não naquelas condições em que Rafael se encontrava.

Por outro lado, o garotinho precisava entender que o que havia feito foi muito errado e perigoso.

Rafael queria o pai ao lado e isso Felipe compreendia.

A situação era difícil e delicada, mas ele seria capaz de aguentar. Aguentar mais do que uma criança.

Ponderado, tomou fôlego e opinou:

— Vanessa, não dê castigo ao Rafael. Não desta vez.

— Isso não pode ficar assim!

— Mostre pra ele que a verdade é, simplesmente, verdade. Ela sempre aparece, sempre vem à luz. Nada, neste mundo, fica encoberto. Faça-o sentir vergonha pelo que fez e se mostre triste por ele não ter agido bem.

— Pensei em tirar a TV, o videogame...

— Não desta vez.

— Mas, Felipe, você não acha que o Rafael está muito provocativo? Não só isso. Ele faz birra, quer atenção, reclama quando te confunde com o pai, ressalta o Diogo provocando você...

— Isso passa e... Sou forte. Eu posso superar. Principalmente depois de hoje. Já entendi tudo. Com o tempo ele vai entender que não quero ser o pai dele, e sim mais um amigo.

— É estranho porque, no começo, ele te tratava tão bem!

Felipe se levantou, segurou-a pelos ombros e, beijando-lhe a testa, disse:

— Não vamos ficar nervosos. Quando ele subir, contamos sobre a importância da verdade e mostramos que ele não foi legal desta vez. Faça-o pedir desculpas pra você e pra mim e... Damos o caso por esquecido. Está bem?

— Não sei não. Às vezes, acho que por causa da doença, não soube educar o Rafael.

— A verdade, Vanessa, é que todo pai e toda mãe se vê como cego guiando cego quando se trata da educação do próprio filho. Acho que é mais fácil dar palpite na educação do filho dos outros — riu. — Já viu aquelas crianças birrentas, ranhetas e que a gente fala: Ah! Se fosse meu filho, eu dava umas palmadas! — sorriu. — Nem sempre, na vida real, é desse jeito. Quando o filho é nosso, a coisa muda.

O silêncio reinou por alguns instantes enquanto ela ficou reflexiva.

Vendo-o ir até a mesa da sala de jantar, perguntou:

— O que vai fazer?

— Pegar as chaves e ir até o carro buscar minhas malas. Ou não vai me deixar morar aqui?! — perguntou espalmando as mãos para os lados, exagerando o drama.

— Claro! ...que não.

— Olha! Vou pra um *apart*, hein! — ele brincou.

— Deixa de ser bobo. Vamos lá! Vou te ajudar.

— Não. De jeito nenhum. Fica aí e faz um café fresquinho que eu já volto.

Vanessa o beijou e disse:

— Então tá bem. Vai lá. Vou fazer um café bem gostoso — animou-se.

Enquanto Felipe desceu, Vanessa foi para a cozinha e começou a preparar o café.

Ela achou ruim quando viu que o pó estava quase acabando. Havia se esquecido de comprar. Porém acreditou que daria para fazer só com aquela medida e, se precisasse de mais, iria se socorrer com Leda.

De repente se lembrou que, talvez, tivesse outro pacote de café na parte de cima do armário, pois, da última vez que foi para a fazenda, havia trazido um pouco da última torra.

Pegando um banquinho, colocando-o junto à porta, subiu nele e abriu o armário, ficando na ponta dos pés, esticando-se para alcançar um lugar mais alto.

Nesse instante ouviu o barulho da porta de entrada que foi aberta e falou alto, para ser ouvida:

— Eu poderia jurar que tinha trazido pó de café que minha avó me deu, mas não estou achando — comentou sem olhar, pensando ser Felipe quem estava ali.

— Quer ajuda?

Havia um tom diferente na voz e ela se surpreendeu, afastando-se um pouco da porta do armário que lhe impedia a visão.

Esticando o pescoço, exclamou:

— Diogo? Você aqui?!

— Mamãe, mamãe o papai chegou!

— Desça daí antes que caia — disse ele aproximando-se e estendendo a mão para pegá-la.

— Não! Pode deixar que eu desço sozinha.

— Vem cá que eu te ajudo — disse se aproximando.

— Não — exigiu tentando descer depressa do banco antes que Diogo tentasse segurá-la.

Felipe entrou e viu a cena onde o irmão tentava pegá-la e Vanessa resistia.

Ao olhar rápido e ver Felipe, Vanessa, surpresa e confusa, decidiu ceder para evitar um acidente.

De costas para a porta, Diogo não viu o irmão e ao vê-la no chão, comentou:

— Viu? Te ajudei e não está faltando nenhum pedaço.

— Oi, tio! Você voltou? — perguntou Rafael que não o tinha visto ali.

Vanessa foi à direção de Felipe e perguntou:

— Cadê as malas?

— Aqui — respondeu saindo da frente de uma e voltando até o *hall* dos elevadores para pegar as outras. Virando-se para o irmão, após entrar e colocar as malas no centro da sala, perguntou: — E aí? Fez boa viagem?

A surpresa por ver Felipe com aquelas malas ali, no meio do apartamento de Vanessa, fez Diogo perder a fala por alguns instantes.

Longa pausa e respondeu parecendo atordoado:

— É... Fiz.

— Pra que essas malas, tio? Você vai viajar? — tornou Rafael curioso.

Minha Imagem

— Não, Rafael. Não vou viajar não. Eu e sua mãe precisamos falar com você, mas não agora.

— Por quê? Aonde você vai? Vai se mudar? — insistiu.

— Rafael, o Felipe já disse que depois nós conversamos, não disse? — falou a mãe em tom firme, como se o repreendesse.

— Mas eu quero só saber aonde ele vai com essas malas! Oras!

Não dando atenção ao filho, Vanessa pediu com discrição:

— Felipe, leva essas malas lá pro quarto.

— Pra onde? Pro seu quarto, mamãe? O tio vai ficar aqui?

Insatisfeita, a mãe se virou e, em tom bravo, falou:

— Esse era um assunto para ser comentado mais tarde, Rafael. Entre mim, você e o Felipe. Seu pai não mora aqui, portanto não tem nada a ver com o que está acontecendo. Mas já que você insiste e não se controla e ainda o Diogo vai ter de saber de qualquer jeito... Sim, o Felipe e eu vamos morar juntos a partir de hoje.

— E o meu pai?! — gritou.

— O seu pai vai continuar te visitando. O que, aliás, precisamos determinar dia e horário para isso. — Virando-se para Diogo, falou: — Não pode continuar como está. Você vem e vai a hora que quer. Isso atrapalha minha rotina, tira minha privacidade e...

— Mas eu não quero! Eu vou ficar com o meu pai! — gritou Rafael que correu para o quarto.

Contrariada, Vanessa respirou fundo e olhou para cima totalmente insatisfeita com a situação.

Apesar de ter ido para o quarto levar as malas, Felipe tinha ouvido a conversa.

De volta à sala, ouviu Diogo, sem jeito, tentar se desculpar com Vanessa:

— Perdoe-me. Eu não sabia que estava incomodando. Só acho que deveriam pensar um pouco mais no Rafael. A saúde dele...

— Olha aqui, Diogo, eu, mais do que qualquer outra pessoa, sei exatamente tudo sobre a saúde do meu filho. Nunca descuidei disso.

— Eu sei. Só que o estado emocional dele também conta.

— E por causa disso vou criá-lo mal? Deixá-lo me manipular? Manipular as pessoas? Mentir? Enganar? Trapacear? Não! — foi firme. — De jeito nenhum! O Rafael era um ótimo garoto antes de te conhecer. Ele sempre foi educado, carinhoso, adorava o Felipe... Só que, depois que você apareceu, ele vem mudando, se tornando chato, exigente. Agora deu pra mentir! Independente de ter problemas de saúde ou não, a educação, o respeito devem vir em primeiro lugar. Se hoje eu ceder aqui e amanhã não me importar com outra coisa, ele vai crescer como aquelas crianças insuportáveis, aqueles adolescentes sem limites, que se acham donos do mundo, que são desrespeitosos, insolentes, cujo fim nós sabemos qual será: o de adultos incapacitados, frustrados, incompetentes e decadentes que não aprenderam no tempo certo a terem disciplina, serem educados, organizados, cumpridores dos deveres, pois é isso o que o mundo vai exigir dele, mas não terão o que oferecer. Não aprenderam porque os pais falharam. Limite e educação são coisas que se ensina desde o berço.

— Mas...

— A Vanessa tem razão, Diogo — defendeu Felipe praticamente se impondo, não o deixando continuar.

— Vai querer me dizer como devo educar meu filho? — perguntou frenteando o irmão.

— Vou. Pelo menos, aqui dentro desta, que agora é minha casa, eu vou sim. O Rafael tem que aprender a respeitar a mãe.

Se isso não acontecer agora, não vai acontecer nunca mais. Se apoiar a Vanessa, quando ela achar que o filho precisa ser educado, for interferência na educação dele, então você vai me ver interferindo sim. Eu vou apoiá-la todas as vezes que ela estiver certa — Felipe falou firme, encarando-o.

Diogo olhou para Vanessa desejando que ela se opusesse, o que não aconteceu.

Contrariado, virou-se e foi até o quarto do filho.

Vanessa aproximou-se de Felipe e o abraçou pela cintura, recostando-se em seu peito.

Ele a envolveu, afagou-lhe os cabelos e beijou o alto de sua cabeça, pedindo com voz forte e amável ao sussurrar:

— Calma. Tudo vai dar certo.

— Fiquei tão nervosa.

— Eu estou com você — disse, afagando-lhe as costas e fazendo um carinho lento e forte.

— O café! — lembrou-se. — Nem passei o café.

— Ora — riu. — Deixa o café pra lá.

Conduzindo-a para perto do sofá, sentou-se e puxou para que ficasse do seu lado, abraçando-a.

— O que vamos fazer? — ela perguntou.

— Esperar que o Rafael se acalme para depois conversar com ele. Só que longe do Diogo — Felipe opinou calmo, transmitindo-lhe tranquilidade.

— E se não funcionar? E se ele ficar revoltado ou coisa assim?

— Já pensou em deixar o Rafael fazer terapia com um bom psicólogo?

— Já. Mas...

— Acho que esse momento já deveria ter acontecido. Já deveríamos ter pensado nisso. Não só pelo fato de ele querer o pai junto de você, mas... pela própria saúde, pelas dificuldades que enfrenta emocionalmente por causa da doença.

— Você já fez terapia, Felipe?

— Já. Dei sorte. Encontrei um bom psicólogo clínico que me ajudou muito. Algumas pessoas só pensam em procurar um psicólogo quando estão enfrentando problemas emocionais. Os psicólogos não nos ajudam somente nesse momento. É bom procurar uma terapia quando estamos bem, emocionalmente falando, para nos conhecermos e sermos pessoas melhores, para descobrirmos nossa capacidade, nosso potencial e darmos o melhor de nós no que fazemos. Foi o meu caso. Procurei um psicólogo clínico quando julgava não ter problemas e isso me ajudou a ser mais determinado, atuante.

— Acredita que um psicólogo vai ajudar o Rafael?

— Sem dúvida. Principalmente um psicólogo clínico que seja espiritualista ou espírita por causa dos nossos princípios filosóficos. É só procurar na internet e dar uma olhada na Associação Brasileira dos Psicólogos Espíritas — ABRAPE.

— Será que é muito caro?

— Penso que a nossa saúde mental, emocional, deva valer bem mais do que a física. Quando a mente está boa, em equilíbrio, o corpo tem saúde.

— É. A saúde mental deve anteceder a física. — Um momento e decidiu: — Vamos lá pra cozinha. Vou fazer um café com o pó que tem.

Levantando-se, ele a seguiu.

— Por que com o que tem? — perguntou sem entender.

— O pó de café está quase no fim. Eu tinha certeza de ter trazido um pacote lá da fazenda que minha avó tinha me dado. Mas não encontrei. Eu estava procurando quando o Rafael e o Diogo chegaram. Por isso estava em cima do banquinho.

— Deixe que eu procure pra você. Só que... Cadê aquela escada?

— Na lavanderia. Pega lá.

Felipe foi até a lavanderia, pegou a escada e retornou à cozinha armando-a. Subiu e começou a olhar no armário.

Encontrou o pó e o deu para Vanessa que preparou o café.

Estavam sentados à bancada na cozinha, bebericando a bebida quente quando Diogo apareceu.

— Ah... Vocês estão aí. Eu já vou indo.

Ele ia se aproximando da porta para sair, quando Vanessa o chamou:

— Diogo, espera. — Ao vê-lo olhar, pediu com jeito educado: — Sobre o fato de estipularmos dia e horário para suas visitas ao Rafael...

— Isso vai ser preciso mesmo? Tem certeza? — perguntou um tanto contrariado na voz e na expressão fisionômica.

— Penso que vai ser melhor assim — respondeu no mesmo tom.

— Pense então na doença do nosso filho. Acho que você está sendo egoísta demais. Depois conversamos.

Dizendo isso, Diogo saiu e fechou a porta atrás de si sem dar tempo de ela responder.

Vanessa trocou um olhar com Felipe e nada disseram um ao outro.

Insatisfeita, ela abaixou a cabeça e ele lhe fez um carinho no ombro.

ઝ૭

Diogo havia descido e, quando chegou ao térreo, encontrou Leda que esperava o elevador.

Ela demorou a reconhecê-lo. Não sabia se era Felipe. Por fim, sem que ele percebesse sua dúvida, cumprimentou:

— Oi, Diogo. Tudo bem?

— Oi — beijou-a no rosto. — Quase tudo.

Percebendo-o um tanto agitado, contrariado, quis saber:

— Aconteceu alguma coisa?

— A Vanessa... Ela e o meu irmão estão... Olha, Leda nem sei o que dizer.

— Quer subir e conversar um pouco?

O amigo consultou o relógio e decidiu:

— Só um pouco.

Subiram.

Chegando ao apartamento, Leda colocou sua bolsa sobre uma cadeira e perguntou:

— Quer uma água, um *refri*?...

— Água, por favor.

— Vai sentando aí no sofá que vou pegar.

Não demorou e ela o serviu, sentando-se ao seu lado também com um copo com água na mão.

Deixou-o tomar alguns goles e, ao vê-lo curvado, com os cotovelos nos joelhos, segurando o copo entre as mãos, rodando-o, parecendo preocupado, inquieto, indagou:

— O que foi que aconteceu pra você estar assim?

O rapaz a olhou sobre o ombro e perguntou:

— Você sabia que o Felipe já está aí embaixo morando com a Vanessa?

— Não — respondeu com simplicidade, mas não deixou de estampar no rosto um sorriso de felicidade, satisfação pela amiga.

— Não sabia de nada. Aliás... Devem ter se entendido, pois notamos que o Felipe estava um pouco estranho nos últimos tempos, lembra?

— Também percebi.

— Você está a fim da Vanessa?

Diogo se ergueu, bebeu o último gole de água e, notando que ela também tinha terminado de beber, pegou o copo de sua mão e se levantou para colocá-los sobre a mesa.

Sentando-se novamente, ele virou-se para a amiga e desabafou:

— Não sei o que está acontecendo comigo, Leda. Não quero nada com a Vanessa, a não ser...

— A não ser, o quê? — perguntou diante da pausa.

— A não ser irritá-los. Principalmente irritar meu irmão. Não quero vê-los juntos e não sei por que isso acontece.

— Com certeza é uma divergência de vida passada, como já te falei.

— Aqui, agora, junto de você, eu sei que estou errado, mas quando os vejo... Quando posso, faço de tudo para me intrometer e atrapalhar.

— Você acredita mesmo em vidas passadas, Diogo?

— Estou acreditando, pois o que sinto é uma força tão intensa que me move e não sei até onde vou suportar.

— O bom, nisso tudo, é o fato de você saber que seu sentimento está errado.

— Mas, Leda, não suporto. Agora há pouco, quando soube que o Felipe vai morar com ela, eu fiquei furioso, insano. — Breve pausa e contou: — Além disso, ela quer limitar minhas visitas ao Rafael com dia e horário! — exibiu-se indignado.

— Será que você não abusou muito da liberdade que teve e por isso ela vai precisar tomar essa decisão?

— Sou o pai do Rafael! — defendeu-se.

— Eu sei. Só que isso não te dá o direito de tirar a privacidade da Vanessa. Você, praticamente, passava o dia na casa dela. — Ele nada disse e por isso Leda perguntou: — Será que você ficava aí o tempo todo por causa do seu filho ou para incomodá-los?

— Por causa do meu filho, lógico!

— Será mesmo, Diogo? — perguntou com jeitinho.

— Por que duvida de mim?

— Você poderia pegar o seu filho e levá-lo para passear, para a casa dos seus pais... Mas nem sempre fazia isso.

— É que, às vezes, ele não estava muito bem. Você sabe.

— Admita que se excedeu, Diogo.

Um momento de silêncio e comentou:

— Talvez você esteja certa. Mas não consigo controlar o que sinto. Quero me impor. Quero provocá-los.

— Tem feito o que te falei?

— Sobre o quê?

— Sobre a prece. Sobre ligar-se a Deus.

Diogo abaixou a cabeça e sentiu-se envergonhado.

Após algum tempo, revelou:

— Eu não sei rezar — praticamente murmurou. — Aprendi muita coisa na vida. Tenho duas graduações, uma pós... Sei muito sobre outras coisas, mas não sei rezar. Nem sei como começar fazer isso, nem qual o momento... — abaixou a cabeça e não a encarou.

Leda ofereceu um sorriso generoso sem que ele visse.

Pegando em sua mão, fazendo-o olhar em seus olhos, expressou no semblante um ar sereno e começou:

— Senhor Deus. Nosso Pai. Peço, neste momento, a Sua luz a se derramar sobre nós, iluminando nossa consciência para que possamos ver distintamente, avaliar e conhecer melhor tudo aquilo que estiver à nossa volta. Derrame sobre nós, Pai, o Seu bálsamo de amor e paz verdadeira. Que os nossos corações, envolvidos por Suas bênçãos, sejam fontes de caridade, compreensão e dos mais nobres sentimentos. Que estejamos receptivos às grandes inspirações a fim de que nossos atos sejam louváveis, indicando nossa evolução. Que assim seja.

Silêncio.

Algo mexeu com Diogo. Seus olhos verdes estavam imersos em lágrimas que se empossaram.

Num impulso, abraçou-se à amiga, apertando-a forte.

Um momento e se afastou. Parecia envergonhado.

— Isso é uma prece. Pode ser assim, simples, curta... Só que tem de ser de todo coração. Bem sincera e verdadeira — ela disse com jeito meigo, compreendendo o constrangimento de Diogo.

— É só isso mesmo? — perguntou com simplicidade, ainda envergonhado e sorrindo levemente, de modo que a covinha do lado direito de seu rosto se afundou.

— Só isso. Sabe, Diogo, adoro aquela passagem onde Jesus, no Sermão da Montanha, diz mais ou menos assim: "E quando orar, não seja como os hipócritas, que se comprazem em orar em pé, nas sinagogas ou nas esquinas das ruas para serem vistos pelos homens. Em verdade eu vos digo que já receberam o seu galardão. Mas, quando orar, entra pro teu quarto, fecha a tua porta e ora pro teu Pai que está no céu e te vê secretamente e te recompensará. E orando, não use de vãs repetições, como os gentios, que pensam que por muito falarem serão ouvidos. Vosso Pai sabe que lhe é necessário, antes que você peça".[*] Diogo, Deus sabe exatamente o que vai em nosso coração. Não adianta a gente ficar

---

[*] N.A.E. - Essa passagem pode ser encontrada no Evangelho de Jesus em Mateus, cap. 6 — v. de 5 a 8.

se alongando muito, procurando palavras bonitas e esquecendo o verdadeiro sentimento e o sentido da prece. Ele quer, na verdade, que a gente se ligue a Ele.

— Mas é que... Eu não sei rezar nem o Pai Nosso.

Ela sorriu com jeitinho ao mencionar:

— Tenho certeza de que você fica muito tempo na internet. Nunca pensou em procurar, na rede, o Pai Nosso?

— Não — sorriu. — Nunca pensei nisso.

— Aprenda a orar o Pai Nosso, só que com sentimento. Pensando, desejando cada palavra. Faça também sua própria prece, que é como uma conversa com Deus. Agradeça o que tem na vida. Peça luz para sua consciência, amor para seu coração. Deseje o bem de outros além do seu próprio. Tenho certeza de que isso vai começar a te ajudar.

— Eu me senti tão bem agora aqui com você. Gostaria de experimentar isso sempre.

— Isso se chama harmonia. Precisamos entender os outros, isso não quer dizer concordar com todo o mundo. Quer dizer compreender que se alguém age de modo contrário é porque essa pessoa pensa diferente e ela tem esse direito. Não se irrite com os outros. Entenda que existe gente com problemas mais sérios do que o seu. Perdoe-se das falhas, você não é super-humano, embora deva aprender com o erro e procurar não falhar mais. Admire o dia, contemple o céu, observe um pássaro... Faça coisas simples, Diogo, e faça isso pensando no bem, desejando o bem. Sorria mais. São detalhes como esses que fazem a gente se sentir melhor, mais leve, de bem com o mundo, de bem com a vida.

Longa pausa, até que ele sorriu e falou:

— Obrigado, Leda. Desculpe-me por tomar seu tempo.

— Ora, o que é isso? — sorriu.

Minha Imagem

Aproximando-se, beijou-a no rosto demoradamente.

Ao se afastar um pouco, deteve-se, experimentando um sentimento diferente, estranho que o impulsionava.

Afagou os cabelos de Leda e tentou se aproximar de seus lábios, mas ela virou o rosto, entregando-lhe a face para o beijo.

Diogo sentiu-se confuso, e ela constrangida.

Levantando-se, Leda sorriu como se nada tivesse acontecido, embora estivesse nervosa e inquieta.

— Bem... Daqui a pouco o Rodrigo chega e eu preciso preparar o jantar. O dia hoje foi tão corrido!...

Ele esperou um convite para ficar e jantar, mas não aconteceu, por isso, decidiu, sem encará-la:

— Preciso ir.

— Quando precisar, podemos conversar novamente.

— Vou me lembrar disso. — Indo à direção da porta, disse: — Quero ir ao centro espírita com você. Me convida, da próxima vez que for.

— Sinta-se convidado. Na próxima terça-feira. Saio daqui às sete e meia da noite.

— Pode deixar. Estarei aqui. — Sorriu com simpatia e se despediu: — Tchau, Leda. Até outra hora.

— Tchau — aproximou-se e beijou-lhe o rosto como de costume.

Assim que Diogo saiu, Leda apoiou as costas na porta enquanto sentia o coração bater forte e descompassado.

Levando as mãos ao rosto, esfregou-o e passou-as em seguida pelos cabelos.

Respirando fundo, perguntou-se em voz alta:

— Leda, o que está acontecendo com você?!

Não obteve resposta.

Continuou intrigada. Não sabia o que pensar.

CAPÍTULO 21
Uma conversa produtiva

JÁ ERA FIM DE TARDE.

Após disputar espaço com nuvens acinzentadas, o sol frio de inverno mal conseguia atravessar a fina cortina da sala.

Vanessa foi até a janela balcão, abriu-a e se dirigiu para a pequena sacada, onde sentiu o vento gelado e cortante acariciar seu rosto e soprar seus cabelos.

Apoiou os braços no peitoril e perdeu o olhar ao longe.

Estava preocupada com o filho. Pensava no que havia acabado de ler nos últimos quatro parágrafos do Capítulo XIV, de *O Evangelho Segundo o Espiritismo*, que abriu ao acaso, a fim de procurar uma resposta às suas questões, às suas dúvidas.

Meditava:

"É verdade. Toda criança apresenta seus instintos bons ou maus, trazidos de outras existências. Por mais que a gente saiba, é bom lembrar que o orgulho, o egoísmo, e por que não dizer a vaidade, são as causas originárias de todos os males que devem ser combatidos pelos pais e responsáveis desde a mais tenra idade. Eu sei que o meu filho, apesar de ser ainda uma criança é um espírito secular, repleto de experiências boas, ruins e com harmonizações a fazer. Se ainda reencarnamos neste mundo é por interesse no próprio progresso espiritual. Como eu li, todo bom jardineiro arranca os brotos de ervas daninhas à medida que os vê. Se deixar o orgulho e o egoísmo crescerem, não posso me espantar se, com o tempo, o pagamento vier em forma de ingratidão. É bom lembrar que os pais que fazem de tudo para o adiantamento moral do filho e não conseguem êxito, não terão do que lamentar mais tarde, pois suas consciências devem estar tranquilas. Eu entendo que, para esses pais, Deus reserva grande consolação pela certeza de aquele ser apenas um atraso momentâneo e que poderá ser harmonizado em outra existência. Deus é bom. Ele não deixa que as provas, as experiências difíceis sejam acima das nossas forças para que possamos cumpri-las. Aqueles que não resistem às tentações e, em vez de repeli-las, nelas se comprazem, certamente enfrentarão o choro e o ranger de dentes em existências futuras. Mas Deus, por ser bom e justo, não abre as portas só para aqueles que se arrependem. Deus abre também os braços paternais para o filho que a Ele retorna e se lança aos Seus pés. Como diz: 'As grandes provas são quase o indício de um fim de sofrimento e de um aperfeiçoamento do Espírito, desde que sejam aceitas por amor a Deus'. No lugar de me queixar, é o momento de agradecer a Deus e aproveitar para vencer a prova com o Rafael, superando a dificuldade, dando o melhor de mim. As mais penosas das provas são as que afetam o coração. Só que Deus não quer que sua criatura sofra para sempre. Para isso, a criatura deve destruir em si a causa do mal, entendendo que é preciso corrigir e aceitar o passado e se programar para o futuro.

Só então a grande justiça de Deus se revela". — Pensava em tudo isso e em seu dever de mãe zelosa, que desejava o adiantamento do filho que já experimentava uma prova bem difícil. Se ela estava ao seu lado, era porque tinha forças e capacidade para ajudá-lo, orientá-lo, ensiná-lo em tudo o que fosse possível.

Ficava triste pela situação do filho. Se pudesse gostaria de trocar de lugar com ele, mas não podia.

Partia-lhe o coração pensar em ser firme para ensiná-lo.

Sabia que Rafael, apesar da doença, era um garoto inteligente, esperto e, por conta disso, estava sendo manipulador e egoísta, certamente. Doía-lhe admitir isso, porém precisava encontrar uma forma de ensiná-lo a ser melhor. Ensiná-lo para que evoluísse e se adiantasse na escala evolutiva.

Perdida em seus próprios pensamentos, sobressaltou-se de leve ao sentir a mão forte de Felipe repousar em seu ombro.

Ele a envolveu e sussurrou-lhe ao ouvido:

— Não acha que é melhor entrar? Está frio aqui fora.

Ela sorriu, virou-se e respondeu:

— Estou acostumada. Vim de um lugar onde a temperatura é bem fria. Esqueceu?

Felipe a beijou na testa e, abraçados, entraram.

Já na sala, ela perguntou:

— Você viu o Rafael?

— Não. Ele está lá no quarto até agora? Vamos falar com ele?

— Não. Vou esperar — decidiu. Depois, falou em tom triste: — Uma hora vai ter de sair de lá. Vai ser o momento de ele ceder. Em alguma circunstância, ele vai precisar de alguma coisa.

— Não acha que está sendo dura demais?

— Você não imagina como isso é difícil pra mim, principalmente por conta da saúde dele. Só que o Rafael precisa aprender e eu não vejo outro jeito.

Felipe, com pena do garoto e preocupado com Vanessa, procurou lembrar para prepará-la:

— Se ele está assim agora, acho que vai ser bem difícil quando souber que vai chegar um irmãozinho. Não acha?

— Você vai me dar um irmão?! — gritou Rafael que não tinha sido visto por eles. Sem esperar por uma resposta, o menino esbravejou: — Eu não quero um irmão!!! Só aceito um irmão se for filho do meu pai!!! Entendeu?!! Quero esse cara fora daqui!!!

Felipe olhou para Vanessa que reagiu firme:

— Rafael! Venha aqui!

— Não vou!!! Quem você pensa que é?!! Eu vou embora dessa droga desse apartamento!!! Vou morar com o meu pai!!! Ele já disse que esse lugar é pequeno!! É pobre! Odeio você!!! Odeio vocês dois!!!

— Chega, Rafael! — a mãe foi firme.

O menino saiu correndo e foi para o seu quarto, batendo a porta com toda a força após entrar.

Vanessa sentiu-se mal com a situação. Não era isso o que imaginava.

Imediatamente, foi atrás do filho, mas, ao abrir a porta do quarto do menino, não suportou uma tontura forte que a desequilibrou e a fez esmorecer.

Num reflexo lento, tentou se segurar em uma pequena escrivaninha enquanto os irritantes gritos do filho exigiam que saísse de seu quarto.

Felipe não a escutou falar nada e ouviu um barulho estranho. Correndo até onde estavam, viu-a sentada no chão, tentando reagir.

— Vanessa! — chamou, abaixando-se ao seu lado. No segundo seguinte, precisou gritar: — Cale a boca, Rafael! Sua mãe está passando mal!

Num susto, o garotinho, como se despertasse de um estado bem eufórico, silenciou ao ver o tio com sua mãe nos braços, tirando-a de seu quarto. Ele estava quase de costas para a porta e não percebeu a mãe no chão.

Já sobre sua cama, na suíte, Vanessa se remexia um pouco e, no abrir e fechar dos olhos, em movimentos lentos, parecia nada enxergar.

Felipe pegou o telefone e ligou para a amiga:

— Leda! Corre aqui um pouco! A Vanessa desmaiou.

Em poucos minutos, a amiga estava lá e trouxe o filho consigo. Não tinha como deixar o menino sozinho em seu apartamento.

— O que houve, Lipe?!

— Não sei. Acho que ela ficou nervosa com o Rafael e...

Nesse momento, Rafael entrou rápido no quarto. Passando entre eles, subiu na cama, em desespero e começou sacudir a mãe numa tentativa de acordá-la.

— Espera, Rafael. Não faz isso — pediu Leda, segurando-o com jeitinho.

Felipe revirava a bolsa de Vanessa para encontrar seus documentos e a carteirinha do plano de saúde.

Ao pegá-los, colocou em seu bolso e voltou-se para a cama, pedindo ao pegar Vanessa nos braços:

— Abra a porta pra mim, Leda, e chame o elevador. Toma conta do Rafael, por favor.

Rápida, a amiga fez o que ele pediu e desceu junto para ajudar abrir o carro.

Rafael, que os acompanhou, só chorava.

Ao retornar, Leda fechou o apartamento da amiga e levou os meninos para o seu, esperando por notícias.

Rafael, bem triste, quis telefonar para o pai para contar o que aconteceu e ela deixou.

Depois de algum tempo, Diogo chegou:

— Oi, Leda. O que houve?

— Não sei direito. O Lipe me telefonou pedindo que fosse lá porque a Vanessa desmaiou. Disse que ela ficou nervosa com o Rafael, mas não sei direito o que aconteceu.

— Eles foram sozinhos para o hospital?

— Foram. Precisei ficar com os meninos.

Ao escutar a voz do pai, Rafael chegou correndo à sala e se jogou nos braços de Diogo, que o agasalhou com um abraço, sentando-se no sofá.

O menino chorava aflito:

— Minha mãe vai morrer!...

— Não vai não. Deixa disso — pedia, beijando-o no alto da cabeça.

— Ela vai ficar boa, Rafa. Vai sim. Num chora — pedia o amiguinho, passando a mão em suas costas.

— A culpa é minha... eu disse que ia embora de casa porque ela vai me dar um irmãozinho...

Quando ouviu aquilo, Diogo olhou para Leda que comentou:

— Não sei de nada. Não olhe pra mim assim — disse em pé, abraçando Rodrigo a sua frente.

— Calma, filho — pediu em tom carinhoso. — Foi só um mal-estar. Ela vai ficar boa assim que o médico lhe der um remédio. Você vai ver.

Não adiantava. O menino era só choro e resmungo, e Diogo o confortava.

As horas foram passando e um sono pesado envolveu Rafael, que dormiu no colo do pai, contagiando também Rodrigo, que dormiu no colo de sua mãe.

Leda levou o filho para o quarto e retornou dizendo:

— É melhor colocá-lo lá no quarto. Eu arrumei a cama, você pode trazer o Rafa?

— Claro — concordou, pegando-o nos braços e a seguindo.

Após colocar o filho para deitar, Diogo o beijou e o cobriu com carinho.

Ao saírem do quarto, Leda apagou a luz e deixou a porta um pouco aberta.

Voltaram para a sala. Só restava esperar.

Não disseram nada por longo tempo. Somente o volume baixo da televisão preenchia o ar.

Tomada por um desassossego, Leda comentou:

— Que demora!

— E se ligarmos para o Felipe? — ele propôs.

— Podemos atrapalhar a consulta ou algum exame. Você não acha?

— É verdade — ele concordou.

O tempo foi passando.

Leda se levantou e foi para a cozinha dizendo:

— Vou fazer um chá pra nós. Está frio e é bom pra esquentar. Não gosto de tomar café à noite porque, se eu tomar, não durmo depois.

Após alguns minutos, Diogo foi atrás dela. Chegando à cozinha, procurou uma banqueta e se sentou.

Não demorou muito e ele quebrou o silêncio.

— Leda... Sobre o que aconteceu hoje... Não sei explicar direito...

— Não precisa se explicar. Não aconteceu nada — disse ela, indo para perto dele abrir o armário ao lado e pegar duas canecas de chá.

Minha Imagem

Ao tê-la próximo, Diogo segurou em seu braço, tirou-lhe as canecas das mãos e colocou-as sobre a bancada.

Leda sentiu-se envolvida por uma sensação estranha. Permaneceu imóvel, petrificada, enquanto ele afagava-lhe o braço e a olhava como se nunca tivesse ficado tão perto.

Ela ficou confusa, sentindo algo como se o estômago estivesse se contorcendo.

Diogo não estava disposto a esconder seus pensamentos. Não esqueceu o que sentiu e o que lhe aconteceu naquela tarde.

Achou interessante a sensação de nervosismo que experimentava naquele momento em que segurou o braço de Leda e o afagou, observando-a de uma forma como nunca fez antes. Ela não era mais aquela menina, a colega de faculdade com quem tanto brigou.

Os anos tinham passado e ambos amadureceram com as experiências da vida.

Nesse reencontro, ele percebeu que eram pessoas mais sensatas, amistosas, capazes de se entenderem e se ajudarem. Não eram mais inconsequentes. Não tinham mais aquele descaso um pelo outro.

Parado em pé, à sua frente, invadiu sua alma com um olhar firme. Notou a beleza que ela não destacava com maquiagem alguma.

Os traços suaves, o nariz afilado, quase arrebitado, e os olhos puxadinhos no rosto de pele morena, indicavam uma boa mistura de etnias. Os cabelos lisos, soltos e cortados de forma arredondada, na altura dos ombros, sempre tinham um aspecto limpo e suave, por diversas vezes, ele sentiu um aroma gostoso de xampu, como se ela tivesse acabado de lavá-los.

Havia reparado também em seu corpo bonito, de formas arredondadas, com curvas acentuadas, marcando bem a silhueta mantida por meio de alimentação balanceada que ela fazia questão de seguir.

Sua voz firme era gostosa de ser ouvida e ele podia se lembrar dela como se a escutasse em pensamento, sem nunca se cansar.

Num impulso e com delicadeza, ele levou as costas da mão ao seu rosto de pele aveludada e acariciou, murmurando com voz forte:

— Não sei direito o que está acontecendo comigo, eu...

Ela abaixou a cabeça e o olhar ao sentir a mão dele em sua nuca, como se fosse puxá-la para si. Espalmando com leveza a mão em seu peito, sussurrou:

— Não, Diogo. Não faça o que está pensando em fazer.

— Por quê? — perguntou quase triste, decepcionado, curvando-se para ver seus olhos negros.

Leda se afastou. Sem encará-lo, virou-se e revelou:

— Amei de verdade um único homem em minha vida e Deus o levou. Desse amor restou um filho. Um fruto abençoado.

— Leda, o Almir já morreu e...

— Mas não morreu no meu coração — interrompeu-o de imediato.

— Eu sei que você está sentindo algo por mim. Eu pude ver isso nos seus olhos cada vez que conversamos bem perto, quando me consolou, me abraçou, quando me ensinou a orar... — falou de um jeito comovedor, aproximando-se de suas costas.

— Diogo, não queira me confundir. Você não é homem pra mim. Essa atração pode ser puramente... física. Já faz tempo que está sozinho e eu também. Se estou tentando te ajudar, não significa que eu tenha de me envolver com você.

Ele se aproximou mais, cercando-a no canto da cozinha.

Minha Imagem

Frente a ela, bem próximo, percebeu o quanto Leda estava nervosa, trêmula e fugia-lhe o olhar.

Delicado, segurou seu queixo com cuidado e ergueu seu rosto, mas ela não o encarava.

Levando a outra mão em seus cabelos, afagou-os e segurou sua nuca.

Quando se curvou para tentar beijá-la, ouviu:

— Não. Por favor, não faça isso — pediu em tom brando, ao mesmo tempo em que o empurrou e saiu de onde estava, afastando-se.

Indo até o fogão desligou o fogo da chaleira que fervia e falou com voz fria, sem encará-lo:

— Vou ter de pedir para você ir embora. Por favor.

— Não, Leda. Não pode fazer isso.

— É você quem não pode fazer isso. Não pode fazer tudo o que quer. Não pode achar que deve fazer o que te der na telha. Isso é egoísmo, meu amigo. Precisa aprender a respeitar os outros. Não sou como seu irmão, muito menos como a Vanessa. Eu me valorizo e costumo me preservar. Não serei mais um brinquedinho seu, Diogo.

— Você está me ofendendo.

— Tudo o que quis na vida você conseguiu sem sequer pensar no sentimento das pessoas. Mas comigo não é assim. Se não é capaz de me compreender, pense o que quiser, mas... Por favor, vá embora.

— Leda, eu gosto de você.

— Não, Diogo. Você gosta só de você mesmo.

— E se estiver errada?

— Se eu estiver errada, o tempo vai provar isso a mim e a você.

Atordoado com a decepção, o rapaz não sabia o que fazer.

O espírito Ceres ria e debochava da situação.

— Está vendo, seu idiota? Você bem que merece essa humilhação, essa vergonha. Tá pensando que pode fazer o que quiser com qualquer uma? Não, Diogo, você ainda vai ser muito humilhado, principalmente se depender de mim. Essa fulaninha aí veio com o papo de prece, de oração de sei lá mais o quê... É outra idiota que não sabe o que quer. Imbecil!

Naquele instante, o telefone tocou.

Leda foi para a sala e atendeu:

— Vocês já chegaram! Que ótimo. Está tudo bem? — Ouviu algo, depois disse animada: — Estou indo aí, Lipe! — Virando-se para ele, sem encará-lo, avisou bem séria: — Eles chegaram. Vou até lá.

— E os meninos?

— Não acredito que vão acordar a essa hora. Mesmo assim, eu volto rápido.

— Não é melhor eu levar o Rafael?

— Não. Deixa o Rafa dormir aqui esta noite. Sei que acorda cedo e eu também. Amanhã o levo pra lá. Agora está bem frio e ele está dormindo bem quentinho... O Rafa é esperto, se acordar vai direto pra lá.

Ela deixou as luzes acesas e foi até a porta de saída onde o esperou por alguns segundos.

ഓരു

Não demorou e, no apartamento de baixo, foram recebidos por Felipe que não cabia em si.

Assim que os viu entrar, ele anunciou sorridente:

— Vou ser pai!

— Você está brincando?! — perguntou Leda bem alegre indo ao seu encontro e abraçando-o forte.

— Verdade! Eu não ia brincar com isso.

— Parabéns, Lipe! — exclamou ela, beijando-o no rosto. — E a Van? Onde ela está? — quis saber olhando em volta.

— Ah!... Chegamos do hospital e ela quis tomar um banho, claro. Vai lá, ela já deve estar no quarto.

Diogo, a certa distância, pareceu surpreso com a notícia. Ele experimentou um sentimento estranho, de inveja, talvez. Aproximando-se do irmão, estendeu-lhe a mão, esboçou um sorriso e cumprimentou:

— Parabéns, cara! Que bom que está feliz!

Felipe o puxou para um abraço, não reparando a expressão quase sisuda que se fez às suas costas.

Na espiritualidade, Ceres estava contrariada e influenciava Diogo.

— Nossa, meu! Estou tremendo até agora — disse Felipe, afastando-se. Em seguida, pediu: — Senta aí. — Acomodando-se em uma pequena poltrona, ele contou: — Nós já desconfiávamos da gravidez e... quando o médico confirmou no ultrassom... Nossa! Me deu uma coisa. Comecei a chorar e rir ao mesmo tempo. Que emoção, cara!

— Sei como é. — Um momento e Diogo perguntou: — Vocês planejaram ou foi por acaso?

— Pra dizer a verdade, quando eu soube que em caso de irmãos que tendo os mesmos pais, é bem mais fácil encontrar um doador para medula óssea, eu sugeri para a Vanessa que tivéssemos um filho. Apesar de eu não ser o pai do Rafael, geneticamente, tenho o DNA de pai dele. — Ao ouvir aquilo, Diogo começou a concatenar as ideias e experimentou uma sensação diferente, alguma coisa pareceu quebrar o sentimento de inveja que o invadia. Mais atento, continuou ouvindo Felipe, que contou: — Então eu propus pra Vanessa. Por que não tentar? No começo ela relutou, mas depois...

— Vocês planejaram um filho pensando no Rafael? Em um irmão compatível com ele para doação e transplante de medula óssea? — perguntou o outro com voz embargada. Algo lhe travou na garganta.

— Também — afirmou Felipe mais sério, percebendo-o emocionado. — Queríamos um filho e, se esse irmão ajudar o Rafael, teremos duas bênçãos.

— Quer dizer que... que... seu filho pode salvar a vida do meu?

— Há uma grande chance pra isso acontecer. Vamos rezar para que sejam compatíveis.

— E você vai deixar? Vai aprovar a doação? — perguntou Diogo ainda incrédulo.

— Claro que vou — afirmou sério, decidido. Entendia que o irmão tivesse alguma dúvida sobre aquilo. — Sinto o Rafael como meu filho, cara. Nunca vi isso de forma diferente, apesar de respeitar todos os seus direitos de pai.

Diogo se curvou, apoiando os cotovelos nos joelhos e segurando a cabeça com as mãos que lhe cobriram o rosto enquanto soluços o dominaram.

— Ei, cara! O que é isso? — perguntou Felipe, sentando-se ao seu lado e puxando o irmão para um abraço. Envolvendo-o, emocionou-se junto e escondeu o rosto de Diogo em seu ombro, estapeando-lhe as costas.

Diogo reviu todos os seus sentimentos.

Minha Imagem

Considerou-se pequeno, egoísta e injusto com seu irmão.

Minutos se passaram e, ao se afastarem, secando o rosto com as mãos, sorriram um para o outro. Um sorriso sem jeito, talvez estivessem envergonhados. Nunca tiveram aquela experiência, aquele contato tão próximo, tão amigável.

Eram as dificuldades de Rafael que os uniam e os faziam vencer rivalidades seculares.

Toda hostilidade de Diogo caía por terra ao considerar a prestatividade e o amor do irmão.

— Eu não imaginava que você fosse capaz de fazer isso por mim, por um filho meu, depois de tudo o que já te fiz, Felipe.

— Sabe, Diogo, nos últimos tempos, principalmente depois que conheci a Vanessa e a Leda, eu tenho aprendido muito. Aprendido que rancor e mágoa de nada me valeram e todas as experiências ruins do passado só serviram para mostrar que eu fui forte o bastante para sobreviver e seguir em frente por novos caminhos. Nada mais. Guardar sentimentos e lembranças ruins só vão fazer mal para o coração, literalmente falando — sorriu. — O melhor é seguir em frente procurando não errar mais e esquecendo o passado. Hoje tenho uma vida nova. Estou com a Vanessa e adoro essa mulher. Vou ser pai! — enfatizou e riu com gosto. — Tudo está dando certo. — Sorriu largamente e continuou: — Minha vida é outra. Meus objetivos são outros. Hoje me reconheço como um cara capacitado que não ficou preso em sentimentos mesquinhos, pequenos, medíocres, patéticos. Assim vivo mais feliz, Diogo.

O outro ficou pensando e Felipe soube aguardar.

Longo tempo e Diogo revelou:

— Apesar de você ser a minha imagem é um cara completamente diferente de mim. Eu tenho um problema sério.

— Qual? — quis saber Felipe diante da demora.

— Parece que nada do que eu tenho me preenche.

— Como assim, Diogo? Você tem tudo. Um excelente emprego, trabalha no que gosta, ganha muito bem... Pode ter tudo do bom e do melhor.

— Devo admitir que sou orgulhoso e egoísta. Tudo o que tenho é para manter as aparências.

— Como assim? Não estou entendendo — Felipe quis saber.

— Quando eu compro um carro, penso em ver a cara dos outros quando me virem com o último tipo, o mais caro da categoria... Quando viajo, só penso nas fotos com os melhores ângulos dos monumentos famosos para eu pôr nas redes sociais para os amigos verem para onde fui, e falo do tempo de viagem e de onde fiquei. Isso exibe o quanto posso gastar. Adoro falar de mim, dos meus cursos superiores, dos cursos de aperfeiçoamento, dos países onde eu os fiz... Enfim, vivo me alimentando de aparência, da imagem que eu passo para os outros. Não tiro férias para me divertir. Não viajo sem uma máquina fotográfica. Não compro um tênis, sequer, sem pensar na aparência e na marca que exiba o preço. Por isso sou uma pessoa vazia.

— Acho que não consigo entender direito isso.

— Você não entende porque não é uma pessoa orgulhosa e egoísta.

— Sempre achei que eu era o egoísta, pelo fato dos nossos pais gostarem mais de você — revelou Felipe constrangido.

— Isso só acontecia por minha culpa. Eu sempre provoquei situações para chamar a atenção deles para você ficar de lado. Sou mesquinho. Não sei se eu seria capaz de pensar em ter um filho para salvar o seu — calou-se. Curvo, ficou olhando para o chão, envergonhado, por ser o que admitiu.

Felipe sobrepôs a mão no ombro do irmão e esse o olhou para ouvi-lo:

— O bom disso tudo é que você se conhece. Quando nos conhecemos, sabemos do que somos capazes, assim, somente assim, nos prevenimos de problemas. Conhecendo-se desse jeito, sabe o quanto precisa aprender a ser humilde, compreensivo, caridoso.

— Caridoso? — intrigou-se Diogo.

— Sim. Caridoso. Caridade não é só ajudar os outros com dinheiro e bens. Caridade consiste também em não querer humilhar alguém, não querer se mostrar superior ou melhor do que os outros. A pessoa que tem valores não precisa se exibir. O verdadeiro sentido da caridade, como nos ensina a Doutrina Espírita, é ter benevolência, misericórdia e perdão das ofensas para com todos, principalmente para com aqueles que estão mais próximos, com quem dividimos o mesmo teto, seja em casa, no trabalho ou com amigos. Caridade não é só dar esmolas. O mais necessitado nem sempre é aquele que precisa de dinheiro. Existem necessidades, carências, que nenhum bem material supre. Às vezes, a atenção, o companheirismo, uma palavra amiga e moralmente correta são formas de caridade que não têm preço. A criatura caridosa procura elevar o inferior aos seus próprios olhos mostrando seu valor, sua capacidade. Muitas vezes não é possível amar os inimigos. Quando Jesus nos ensina isso, Ele quer dizer para perdoarmos e pagarmos o mal com o bem. Quando somos dominados pelas ideias de vingança somos piores e bem mais inferiores do que os nossos inimigos. — Ao ver o irmão pensativo aguardou um momento e exemplificou: — Quando aprendemos isso, no começo, não é fácil aplicar, viver o amor, a caridade, mas podemos. Chegando à nossa casa, em vez de se irritar com aquele parente difícil, é melhor não ligarmos e ter paciência de ouvi-lo. É colaborar com a organização, entender que o outro também está sobrecarregado, que o outro sofre, tem sentimentos, necessidades. É ouvir um funcionário e compreender que ele tem dificuldades, limites, amarguras, infortúnios. Caridade é não revidar a imprudência, a estupidez, o mau humor, com aqueles que cruzam nossos caminhos todos os dias. Para isso, meu amigo, precisamos nos vigiar, fazer uma reforma interior, uma reforma íntima. Essa transformação devemos fazer para evoluir ou nunca sairemos dessa escala evolutiva. Por isso é bom começarmos o quanto antes.

— Entendo, mas... Felipe, por que eu tenho sentimentos contrários ao bem, ao amor, à caridade, mesmo por pessoas que não me fizeram nada de mau? Aliás, não quero sentir o que sinto. Isso é contrário à minha natureza, mas não consigo. Apesar de me ver em situação digamos... ...superior, pelo menos financeiramente, quero que o outro seja ainda mais inferior a mim.

O irmão pensou um pouco e disse:

— Vou te explicar algo, mas se isso não servir para o que quer saber, vamos procurar uma resposta depois. É assim: todos fomos criados por Deus. Todos, sem exceção, fomos criados simples e ignorantes. Se Deus criasse anjos, esses seriam espíritos puros e perfeitos. Seriam aqueles que nunca enfrentaram problemas. Então, Deus não seria justo com todos os filhos, pois criou filhos que nunca sofreram e outros, nós, que passamos por poucas e boas. — Ele viu o irmão sorrindo, concordando, e continuou: — Eu comecei a acreditar em reencarnação quando passei a entender a proposta filosófica do Espiritismo. Seria Deus um Pai muito cruel e injusto se me fizesse perfeito enquanto o outro cara ali, o vizinho de frente, é deficiente visual e enfrenta vários desafios que eu nem imagino. Se temos instintos bons ou maus, se somos melhorzinhos ou deficientes, ah! Meu amigo, tudo isso nós trazemos de outras existências.

— Mas o que isso tem a ver com o que te perguntei?

— Calma, vou chegar lá — respondeu Felipe ao sorrir. Em seguida, prosseguiu: — Somos espíritos milenares e viemos reencarnando e reencarnando para aprender e evoluir. Só que não só aprendemos e evoluímos. No meio disso tudo, nós cometemos erros, prejudicamos os outros e, isso só acontece por causa do nosso orgulho, do nosso egoísmo, da nossa vaidade, razões de todos os males da humanidade. E Deus, bem, Deus, por ser um Pai bom e justo, não vai deixar você ou eu seguirmos em frente sem harmonizarmos o que desarmonizamos. Então, reencarnamos novamente e quantas vezes forem necessárias para equilibrarmos o que desequilibramos. Nem que para isso tenhamos de sofrer um pouco. Infelizmente, a maioria de nós só aprende quando sofre. E é nessas idas e vindas ao plano terreno, é nessas reencarnações que nós nos reencontramos, nós nos reunimos, fazemos amigos, reforçamos laços ou, infelizmente, prejudicamos e magoamos aqueles que nos rodeiam. Quando cometemos erros, criamos rancores e mágoas que não solucionamos, nós levamos conosco, para o plano espiritual, esses sentimentos ruins como o ódio, o desejo de vingança, a mágoa pelo que nos fizeram, o arrependimento do que fizemos... Então, no plano espiritual, nós nos sentimos injustiçados ou arrependidos. Daí que, com a bênção do esquecimento, em uma próxima encarnação, certamente, faremos parte da mesma família, seremos parentes próximos ou então pessoas muito ligadas por alguma causa, situação, amizade, trabalho... Essa proximidade se dá por afinidade, para consertarmos, harmonizarmos, corrigirmos as besteiras que fizemos em vidas anteriores ou entendermos a razão de termos sido magoados. Pode e acontece que, no meio disso tudo, reencarnemos junto daqueles que experimentamos mágoa, rancor, ódio ou muitos outros sentimentos inferiores, e essas razões estão escondidas na bênção do esquecimento. E é junto desses que nós experimentamos um sentimento estranho, diferente e que não queremos sentir porque não temos razão para isso. — Felipe sorriu ao se dar como exemplo: — Façamos de conta que eu fui seu inimigo no passado. A seu ver, no passado, eu destruí sua honra, sua fortuna, sua família. Daí, você e eu desencarnamos sem resolvermos isso. Hoje, por qualquer motivo, digamos que você quer me prejudicar, não quer meu bem nem meu progresso pessoal. Só que se sente mal por pensar em me destruir, por não querer meu bem, pois sou o seu irmão e irmão gêmeo — riu. — Esses sentimentos ruins que você tem vêm do passado, de algo que ainda não trabalhou em você. Se é uma pessoa sem evolução, ou pior, que se deixa levar por inspirações de espíritos inferiores e traz consigo o ódio violento, o desejo de vingança, que se traduzem em sentimentos quase insignificantes de inveja, de desdém, de crítica, de querer prejudicar, de falar mal, então vai ter que aprender que as paixões nesses desejos inferiores só vão te causar mais sofrimento e atraso. Mas, se não quiser mais sofrer e preferir o adiantamento moral, será necessário compreender que, como diz o Evangelho: "Para se chegar a Deus só existe uma senha: a caridade. Mas não há caridade sem o esquecimento das ofensas e das injúrias; não há caridade com ódio no coração e sem o perdão". E a caridade começa com a humildade. — Breve pausa. Diogo estava admirado, surpreso com o que ouvia. De modo simples, Felipe continuou: — Então, toma cuidado. Pense um

Minha Imagem

pouco no que me falou. A pessoa que vive de aparências constrói uma imagem de si para que os outros a vejam como um ser superior, mas ela, não sendo superior, não é capaz de viver uma vida simples, sem ostentação. Ela não quer ser como os demais *mortais*. A pessoa assim cria essa imagem dela mesma, por não suportar olhar para si e ver, de verdade, o que se tornou, pois, se se visse, talvez, tivesse vergonha de seu coração duro, impuro. Tudo o que ela procura mostrar ou ostentar é para que se sinta longe de si mesma, longe de seus sentimentos, por não acreditar no potencial do seu "Eu", no seu potencial de transformação. A pessoa que vive mostrando e exibindo as coisas cria uma máscara de aparências para que os outros construam uma ideia falsa do que realmente ela é. Inconscientemente, ela pensa: "Eles nunca verão quem eu sou ou o que eu tenho de verdade para mostrar, só aparentemente".

— As pessoas me veem através das coisas que eu exibo e não o que sou por dentro: a minha alma, o meu coração, o que sou como pessoa — completou Diogo abaixando o olhar.

— É verdade. — Um momento para que o irmão refletisse e Felipe falou: — Já que você se conhece e, pelo que entendi, sabe que esses sentimentos ruins, esses desejos incompatíveis te fazem e vão continuar fazendo mal, o melhor é se evangelizar. Leia o Evangelho, aprenda com Jesus os mais elevados conceitos morais. Depois, comece harmonizando, trabalhando e refazendo o mais próximo, comece por você mesmo. Ame-se. Faça o melhor para você sem prejudicar os outros.

Havia algum tempo que o espírito Ceres não suportou a conversa produtiva e se retirou jurando vingança a Felipe que, além de esclarecer Diogo, também oferecia grande exemplo de amor incondicional.

Seu ato de pensar em ter um filho, não só pelo desejo de ter um, mas também para ajudar o filho do irmão, foi um ato de extremo amor verdadeiro e foi o que mexeu com o coração de Diogo que, a partir de então, começou a enxergá-lo de outra maneira, com outros sentimentos, reconhecendo sua nobreza de caráter.

— Sempre fui orgulhoso e egoísta, né?

— Esse não é um privilégio só seu, não, Diogo. Todos temos orgulho e egoísmo para trabalharmos ou não estaríamos aqui encarnados. Só que alguns têm mais outros menos.

— Você tem um Evangelho aí pra me arrumar? — pediu Diogo inesperadamente.

— Tenho, claro — Felipe se levantou, procurou em uma gaveta no *rack* da sala e, ao encontrar, deu-o ao irmão. — Aqui está. O que não falta aqui é *O Evangelho Segundo o Espiritismo*. A Vanessa sempre compra bem barato no Centro Espírita e acaba distribuindo para conhecidos. — Vendo o irmão com o volume nas mãos, orientou: — Vê se reza, cara. Faça prece para se elevar a Deus.

— É. Eu sei, ou melhor — riu —, eu não sei. Nossos pais nunca nos ensinaram a rezar, né?

— Não mesmo. Como isso faz falta. Sabe, quando vi o Rafael orando pela primeira vez, me emocionei. Ele, tão pequeno, sabia orar, conduzir uma prece e eu... Nunca tinha aprendido a fazer isso.

— Se os pais soubessem como é importante educar os filhos crendo em Deus, crendo no poder da prece, muitas decepções poderiam ser evitadas. Muitas tragédias não ocorreriam... — Um momento e Felipe revelou: — No meu último ano em Londres, eu me vi em uma situação bem complicada e fiquei tão sem rumo. Acabei entrando em uma igreja. Fiquei lá sentindo uma angústia...

Minha Imagem

Então comecei a pensar no porquê da vida, no porquê das coisas e, principalmente, no porquê de viver aquela situação. Então fechei os olhos e foi como um sonho — sorriu. — Até hoje não sei se eu sonhei ou se tive uma visão... Em todo o caso... Eu vi um cara com uma roupa normal, usava um traje esporte-fino e ele me disse que aquilo tudo que eu sofria era por invigilância minha. Para eu ser mais evoluído e não fazer o que havia feito antes. Disse para eu pensar em deixar tudo pra trás, pois eu estava preso no material. E foi o que eu fiz.

— O que tinha acontecido? — perguntou Diogo que nunca tinha se interessado pelos problemas do irmão.

— Eu te contei mais ou menos que montei um negócio com um amigo e com a Brenda — falou baixinho. — Aquela com quem morei por uns três anos.

— Sei — respondeu Diogo interessado.

— O Afonso, meu sócio, e ela estavam agindo meio estranho e... Fiquei desconfiado. E... por tudo o que já tinha vivido, decidi cair fora. Vendi minha parte e terminei com ela. Viajei um pouco e voltei para o Brasil.

— Não ficou pra ver? Não teve certeza?

— Não. Nem quero. A verdade é que eu não gostava mesmo dela e não dava mais mesmo. Eu ia terminar de qualquer jeito e aquela desconfiança só me fez antecipar as coisas.

— Agora você está bem, né, Felipe? Tem uma vida totalmente nova...

— Só uma coisa ainda me preocupa. Não contei sobre meu relacionamento com a Brenda pra Vanessa — falou baixinho. — E... Na última semana, vi o número dela duas vezes no meu celular.

— Não atendeu?

— Não estava perto. — Breve pausa e concluiu: — É que agora estamos bem felizes com a notícia da gravidez, mas... Assim que houver uma oportunidade vou contar tudo.

— Talvez nem seja necessário. Não é mesmo? — sugeriu Diogo.

— Não sei. Vou pensar.

— Troque o número do celular — tornou o outro.

Felipe não respondeu. Iria pensar no assunto.

CAPÍTULO 22
Tudo resultou de um duelo

DURANTE TODO O TEMPO EM que os irmãos ficaram conversando na sala, Vanessa e Leda confidenciavam no quarto em voz baixa para não serem ouvidas.

Após contar como tinha sido no hospital e a surpresa de confirmar a gravidez, Vanessa escutou da amiga o que havia acontecido entre ela e Diogo.

— E aí, Leda?

— E aí que eu não sei, menina. Tive de falar tudo aquilo pra ele e mandá-lo embora. Aí o Felipe ligou e nós descemos. Aí... Eu não sei, vai ser difícil encarar o Diogo agora.

— Leda — ao vê-la olhar, continuou: — Já pensou na possibilidade de você e do Diogo...

— Nem vem! — interrompeu-a. — O Almir é alguém muito especial na minha vida.

— Acho que você não está só atraída pelo Diogo. Acho que tem um sentimento mais forte.

— É só atração. E atração, passa.

— E se essa for a oportunidade de ter alguém? De amar e se sentir querida... Não é fácil viver sozinha. Você tem um filho, só que, um dia, o Rodrigo vai crescer e tomar o rumo dele. Não vai poder prendê-lo a você a vida toda.

— Eu sei, Van.

— Se fosse pra você ficar ligada ao Almir, ele não teria ido embora. Hoje, ele segue no plano espiritual. Sabe disso. Você é nova, bonita, tem tanto pela frente. O Almir é um espírito com entendimento. Sabe que você não merece ficar sozinha.

Leda ficou pensativa, depois comentou:

— Vanessa, o Diogo tá enrolado. Não sabe o que quer da vida, e eu tenho muito o que fazer. Preciso dar um duro danado naquela farmácia para pagar minhas dívidas e dar boa comida, casa e escola pro meu filho. Então, vamos esquecer tudo isso. Não preciso de mais preocupações. Só estou aqui fazendo hora pra ele ir embora e...

Poucas batidas à porta e Felipe espiou, perguntando:

— Posso entrar?

— Entra, bem — consentiu Vanessa. Ao vê-lo sorridente, perguntou: — Seu irmão já foi?

— Já. E eu já fui lá em cima dar uma olhada nos meninos, viu, dona Leda! — repreendeu-a e fingiu-se zangado.

— Ai, Lipe... Garanto que estão dormindo — disse, levantando-se.

— Estão sim. Nem se mexem.

— Então vou indo, gente. Mais uma vez, parabéns! Estou muito feliz por vocês. E... Olha... — sorriu docemente e falou com voz meiga: — Vamos rezar para que seja compatível com o Rafinha.

Minha Imagem

— Assim seja! — falou Vanessa emocionada. — Mesmo assim... Aceito o que Deus decidir.

— Beijo, amiga! — disse Leda, aproximando-se e curvando-se para beijá-la.

Em seguida, despediu-se de Felipe que a acompanhou até a porta dizendo:

— Tá muito frio. Amanhã cedo vou lá pegar o Rafael.

— Vai sim. Às seis e meia já estou saindo.

— Vou antes. Tchau.

— Tchau — respondeu, subindo correndo as escadas, sem esperar pelo elevador.

ಸಂಬ

Na manhã seguinte, bem cedo, Felipe foi pegar Rafael, que estava ansioso para ver a mãe.

— Olha, Lipe, ele só tomou uma caneca de leite com chocolate. Não comeu nada. Nem o mamão — contou a amiga ao entregar o menino.

— Pode deixar, Leda. Lá em casa a gente vê isso. Obrigado.

— Nada. Quando eu chegar vou lá ver a Van.

— Certo. Tchau! — Virando-se para o garoto, que segurava sua mão, pediu com jeitinho, ensinando-o: — Agradece à tia, Rafa.

— *Brigado*, tia.

— Por nada, meu amor — respondeu sorrindo e o beijou no rosto até ouvir um estalo forte.

Logo se foram.

Para animá-lo, chegando à escada, Felipe perguntou:

— Quer vir de cavalinho? — Sabia que o sobrinho adorava aquilo.

Rafael subiu e nem disse nada, escalando as costas do tio, que o pegou firme e desceu os degraus como se trotasse.

Chegando ao apartamento, o menino desceu e entrou correndo.

No quarto, encontrou Vanessa ainda deitada.

— Mamãe... — chamou em tom baixo, quase temeroso.

— Oi, meu amor. Dormiu fora de casa essa noite, hein! Tá ficando malandrinho, né? — brincou.

Ele subiu na cama, engatinhou até a mãe e a abraçou com carinho.

Vanessa o beijou muito. Acariciou-o, reparando em seus belos traços, tão bonitos quanto os do pai e os do tio.

Seus cabelos loiros estavam nascendo e seu rosto, mais rechonchudo e rosado, davam-lhe um ar mais saudável.

Ela sorriu.

Felipe entrou e contemplou a cena, sorrindo pela beleza do momento.

— A tia Leda me disse que você estava bem — contou o menino.

— E estou. Estou ótima. Só com preguiça de levantar. Tá frio! — falou com jeitinho.

— Fiquei com medo, mamãe.

— Foi só um mal-estar. Já passou. Agora, Rafael, a gente precisa conversar.

O garoto abaixou a cabeça e ela o afastou de si, fazendo-o sentar a sua frente.

Ela, Felipe e o filho sentaram formando um triângulo sobre a cama e, após trocar olhares com o companheiro, Vanessa falou:

— Ontem você disse ao seu tio que o seu pai havia dormido aqui. — O menino abaixou mais ainda a cabeça e a mãe continuou:

— A mentira não é só uma coisa feia, Rafael. A mentira é perigosa e vergonhosa. O que você inventou poderia ter gerado uma briga feia entre mim e o Felipe ou entre o Felipe e o Diogo. Eles poderiam até se machucar ou se matar. Você sabia?

— Não — respondeu tímido.

— Nunca sabemos qual vai ser o resultado de uma mentira. Além do que, a verdade sempre aparece ou, então, ela não se chamaria verdade. E, quando a verdade aparece, aquele que mentiu vai passar a maior vergonha. Como você está passando agora. — O filho ouvia calado. — Além disso, Rafael, se você começar a mentir, vai se tornar uma pessoa em quem ninguém vai confiar nem acreditar. Ninguém gosta de mentirosos. O que fez foi muito perigoso. Muito errado. Agora precisa pedir desculpas para o Felipe. — Diante da demora, ela pediu no mesmo tom calmo e segura de si: — Vamos. Peça desculpas e diga que não vai mais mentir.

— Desculpa, tio. Não vou mais mentir pra você.

— Está desculpado. Eu acredito que não vai mais fazer aquilo. Só que... Você precisa pedir desculpas também pra sua mãe, pois inventou algo que a comprometia e a deixou magoada e decepcionada com você.

— Desculpa, mamãe... — e a abraçou.

Vanessa o envolveu com todo o carinho e sorriu para Felipe que lhe deu uma piscadinha.

— Está desculpado, Rafael. Você é muito esperto e inteligente. Tenho certeza que aprendeu. Não é mesmo? — Ele acenou com a cabeça positivamente e ela continuou: — Agora tem outra coisa. Você sabe que eu namorei o seu pai e depois nos afastamos. Não deu certo entre nós. Ele seguiu a vida dele e eu a minha. Depois de muitos anos, conheci o Felipe, irmão do seu pai. Eu e o Felipe começamos a namorar. Nós nos gostamos muito. Eu não gosto mais do seu pai nem ele de mim, a não ser como amigos. Quero que isso fique bem claro pra você. Não existe nenhuma chance de eu e do Diogo voltarmos. Isso não vai impedir você de ver seu pai quando quiser e vice-versa. Só que eu e o Felipe temos o direito de levarmos nossa vida e, para vivermos bem, o Diogo vai precisar ter dia e horário para vir aqui em casa.

— O tio vai morar aqui?
— Vai. Já está morando aqui.
— E o meu pai?
— Como eu disse, aqui em casa ele vai ter de respeitar os dias e horários que nós vamos combinar ainda. Quando você estiver bem, se o Diogo quiser e puder ficar com você o dia todo, desde que eu e o Felipe aprovemos onde ele vai estar, e quiser te levar, pode. Entendeu?
— E se eu não puder sair e ele quiser ficar lá embaixo comigo e não for dia e hora dele vir aqui, pode?
— Pode — confirmou a mãe, paciente.
— E se eu não estiver bom e quiser que ele venha aqui, pode?
— Pode.
— E se ele quiser me levar lá na casa do vô, pode?
— Pode. Também pode. Rafael, não será uma prisão com visitas, rigorosamente, marcadas, filho. Eu só não quero o Diogo socado aqui o dia todo, como vem acontecendo. Eu perco a minha privacidade, minha liberdade. Quero sentar na sala de camisola e colocar as pernas pra cima e não posso. Quando você não está bonzinho, depois dos remédios — referiu-se à quimioterapia —, pois eu passo noites em claro e, quando você dorme, eu também preciso dormir um pouquinho para, quando acordar e precisar de mim, eu estar bem, aí quero ir dormir de tarde, após o almoço, e não posso porque ele está aqui.

— Eu queria que você ficasse com o meu pai.

— Mas eu não gosto do seu pai como gosto do Felipe.

— Mas eles são iguaizinhos — falou o menino de modo inocente.

— Então por que você não trata o Felipe como seu pai, hein? Eles são iguaizinhos — falou no mesmo tom e sorriu de modo maroto.

— Eu gosto do tio, mas...

— É a mesma coisa, filho. Eu gosto do seu pai, mas... Amo o Felipe.

— E eu amo você, Rafael. Você é como um filho pra mim — disse o tio afagando-o com carinho na cabeça e nas costas.

Os olhos do garotinho ficaram marejados. Ele se aproximou e se recostou na mãe.

— Você gostava tanto do tio, Rafael. Por que está fazendo isso com ele agora? — perguntou ela.

— Porque... Meu pai vai achar que eu não gosto mais dele e vai embora de novo.

Vanessa e Felipe se entreolharam e ele falou:

— Você está muito enganado. O seu pai vai ficar feliz quando vir que o seu coração é enorme por caber eu e ele aí dentro. Seu pai sempre vai ser o seu pai. Eu serei aquele amigão que gosta de você como de um filho. Quero muito o seu bem, Rafael. Se você me considerar como um pai, ótimo! Mas se você me considerar um amigo, melhor ainda.

O menino se mexeu e foi para junto de Felipe, abraçando-o pela cintura.

O tio o envolveu com carinho e o ajeitou no colo, beijando-lhe a cabeça.

— Vocês se dão tão bem, filho! É tão bonito ver isso!

— Meu pai falou que você e ele são tão iguais, mas tão iguais, tão iguais que se fizer exame de sangue em você e nele e em mim, não vão saber quem de vocês dois *são* meu pai.

— ...é meu pai — corrigiu a mãe.

— Isso. Quem de vocês dois é meu pai.

— Ele tem toda a razão. A genética prova que eu também sou seu pai. Embora eu não seja. Mas, em meu coração, você é meu filho.

— Então eu posso dizer que tenho dois pais?

Felipe riu e disse:

— Pode. Pode sim.

O garoto sorriu satisfeito.

— Filho... Ainda tem outra coisa. — Rafael a olhou e Vanessa, após respirar fundo, disse apreensiva por sua reação: — A mamãe vai te dar um irmãozinho ou irmãzinha. Você entendeu?

— Você vai ter um nenê?

— Vou.

Rafael sorriu e se afastou do tio, abraçando a mãe.

— Ele tá aqui na sua barriga, né? — perguntou com jeitinho mimoso, sorrindo e passando a mão bem de leve no ventre da mãe.

Vanessa se emocionou e, com lágrimas correndo no rosto, beijou-o no alto da cabeça e afirmou:

— Ele ou ela está aí sim. Igual você ficou um dia, aí dentro e... bem quietinho até nascer.

Felipe não suportou. Emocionado, foi para junto deles, abraçando-os com carinho, embalando-os e envolvendo-os com amor, como se quisesse guardá-los dentro do peito.

Na espiritualidade, os mentores Enéas e Luana contemplavam aquele momento de pura expressão de amor.

— Como é bom vê-los equilibrados e harmoniosos — Luana comentou.

— "Portanto, eu vos digo que, qualquer um que se encolerizar contra seu irmão, será réu de juízo." — Enéas repetiu os ensinamentos do Mestre Jesus. Continuando: — "Em verdade vos digo que até que o céu e a Terra passem, nenhum jota ou til se omitirá da Lei, sem que tudo seja cumprido. E quando trouxer a tua oferta ao altar, e aí te lembrares de que teu irmão tem alguma coisa contra ti. Deixa ali diante do altar a tua oferta e vai reconciliar-se primeiro com o teu irmão, e depois vem e apresenta a tua oferta. Concilia-te depressa com o teu adversário enquanto estás no caminho com ele, para que não te aconteça que o adversário te entregue ao juiz e o juiz te entregue ao oficial e te encerre na prisão".

— As experiências que testemunhamos nos levam a entender o quanto é importante a caridade de se esquecer as ofensas que nos fizeram. Aqui vemos a caridade de Felipe e Vanessa, que mostram o poder do amor quando se perdoa verdadeiramente mesmo com a bênção do esquecimento na presente reencarnação. Por outro lado, vemos que nenhum jota ou til passa sem ser corrigido, sem ser cumprido, pois para ter a consciência tranquila, Rafael precisou voltar e unir os irmãos, harmonizar corações, deixar a situação exatamente no ponto em que, por livre-arbítrio, no passado, interferiu com venenosas opiniões. Ele não pode se elevar como espírito sem antes fazer isso, como Jesus ensinou.

— Se Rafael perdesse essa chance de reconciliação, sofreria muito com o remorso e a falta de perdão a si mesmo — tornou Enéas. — E não há coisa pior do que não se perdoar pelos erros do passado.

— A maior e pior falta de perdão é para consigo mesmo. Esse é o terrível confinamento à prisão que Jesus nos fala. Quando é difícil a correção de uma falha, o arrependimento é a mais penosa punição, é o cárcere da alma. Perdoar-se é uma das coisas mais difíceis para o ser humano de espírito mais elevado.

— Vamos lembrar que o perdão é irmão do poder. Se não posso corrigir minha falha por não estar no caminho de meu irmão, então, posso fazer o melhor por outros irmãos, principalmente, esclarecendo-os e ajudando-os a não errarem como eu errei.

— Isso é verdade — concordou Luana que, ao olhar para o espírito Ceres, opinou: — É o que você deveria fazer, minha querida.

— Vocês aqui?! — Um instante e indagou: — Fazer o quê?

— Já que hoje está no caminho deles, poderia se dedicar a aprender, a fim de ensinar outros irmãos. Nossa vida deve ser útil de alguma forma, isso faz parte da caridade — explicou Luana.

— Não sei o que eu poderia fazer para ser útil. Ainda tenho mágoa — tornou Ceres.

— Não sabe o que fazer para ser útil porque ainda não aprendeu como fazer. Para isso é importante deixar de ficar atrás dos encarnados e buscar por lugares melhores, mais adequados ao seu nível espiritual, colocando-se em condição de aprendiz — disse Enéas.

Nesse instante, a atenção de todos se voltou para a aproximação de um espírito que chegava sorridente.

Perto de Enéas e Luana, ele os cumprimentou prazerosamente e logo esperou ser apresentado.

— Ceres, este é Almir. Um grande amigo nosso — disse Luana.

Ela olhou e acenou levemente a cabeça com cordialidade.

— Há tempo não o vemos, meu querido. Por onde andava? — quis saber Enéas.

— Aprendendo um pouco mais. Nos últimos meses, dediquei-me mais assiduamente aos cursos no plano espiritual e isso me manteve longe da crosta — explicou Almir, sempre sorridente.

Por um segundo, Enéas e Luana trocaram olhares com Almir, passando-lhe rápidas e preciosas imagens e informações em nível de pensamento, em sintonia que só eles alcançavam, a fim de conseguirem, com seu auxílio, fazer Ceres entender sua situação no plano espiritual.

Olhando um pouco mais para o espírito Ceres, Almir comentou em tom bondoso:

— A irmã ainda não decidiu cruzar a porta definitiva para o plano espiritual. Prende-se aqui, nesta soleira, demorando-se na indecisão por conta dos erros e dos apegos inúteis que só lhes causam dores no coração. Quando encarnada, em vez de cumprir o planejado no programa de serviço reencarnatório, só procurou satisfazer o egoísmo e o orgulho, pensando que a vida verdadeira fosse somente a que vivia.

— Cometi erros sim. Menti, enganei, talvez, as coisas não fossem para ser como foram. Mas também já fui passada pra trás, sofri muito.

— Já pensou que aqui, nestas condições, só vai conseguir sofrer ainda mais? — tornou Almir generoso.

— Tento inspirá-los. Já ouvi falar que espíritos podem fazer isso. Mas... Não sei o que acontece. Quando penso que estão me ouvindo, eles voltam e fazem tudo diferente.

— Por que perder tempo com isso? Está exausta, sofrida, com necessidades espirituais. — Um momento e perguntou: — Como está se recompondo aqui, no plano espiritual?

— Não sei... Quando durmo, acordo melhor.

— Entendo. Uma fadiga mórbida toma conta de você e se sente tão exausta que se deixa abater por uma espécie de sono — tornou Almir.

— Acho que é mais ou menos isso. Percebo que, quando me aproximo muito de alguns encarnados, sinto-me melhor — ela explicou.

— Só que a dor no coração e o peso da consciência, isso não consegue aliviar. Seria muito bom se deixasse os encarnados viverem a vida deles e, enquanto isso, você ir buscar ajuda em lugar apropriado para não se demorar tanto neste vale inútil de indecisão — aconselhou Almir.

— Não estou indecisa. Sei o que quero. Estou indignada porque tudo dá certo pra eles e pra mim... Você não sabe o que tem me acontecido nesta vida nem em outras.

— Por que não vem comigo e me conta. Adoro ouvir histórias — pediu Almir sorrindo e trocando olhares novamente com Luana e Enéas.

— Ir para onde?

— Daremos uma volta. Faremos uma caminhada... Por que não? O dia está tão lindo!

Ceres viu-se um tanto atordoada envolta em uma energia que desconhecia, algo suave e tranquilo.

Sem saber por que, acompanhou Almir.

Num instante, saíram do prédio e ganharam a rua.

Não eram muitos os espíritos que caminhavam sob a luz forte naquele horário do dia.

Aqueles que o faziam, acompanhavam encarnados em seus desejos e pensamentos.

Uns com ideias boas, renovadoras, com estímulos saudáveis.

Mas, infelizmente, a grande maioria não era de espíritos tão bons. Inspiravam seus acompanhados à raiva, à vingança, ao egoísmo, à vida leviana, ao sexo promíscuo, à indiferença, à desvalorização, aos descasos, às críticas...

Era a primeira vez que o espírito Ceres observava aquilo daquela forma.

Calmo, muito paciente, Almir pediu:

— Conte-me sua ligação com os encarnados de hoje.

— Em meados do século XVIII, eu e minhas duas irmãs estávamos encarnadas em uma família proletariada na Inglaterra. Eu era a mais velha, Vanessa a do meio e Leda nossa irmã bem mais nova. Sabe, éramos bem pobres. Nosso pai era ferreiro e só tinha a nós após a viuvez. Três filhas e mulheres, não era algo para se orgulhar muito naqueles tempos em que ninguém queria moças pobres para se casar. A Vanessa era a mais bonita de nós três. Não só isso. Ela era educada, agradável, carismática. — Ao demonstrar um sentimento de inveja, pareceu confessar sem perceber: — Queria ser como ela, mas não conseguia. — Breve pausa e prosseguiu: — Um dia, a Vanessa foi levar uma refeição para o nosso pai. Chegando lá, conheceu um rapaz que estava encomendando uma espada. Era um moço bonito. Ele não era da realeza, mas trabalhava para a coroa. Tratava-se de Diogo, um aspirante a oficial da Marinha Britânica que já havia viajado por oceanos, lutado para impedir a expansão do poder napoleônico, conhecido o Novo Mundo, combatido a pirataria... Os olhos de Diogo se imantaram em Vanessa como se ele estivesse enfeitiçado. Não demorou muito e ele começou a cortejá-la. Calei meu sofrimento, meu ódio e minha inveja atrás de um falso sorriso, falsa aceitação, falsa amizade à minha irmã. Queria ser eu no lugar dela. — Nova pausa e confessou: — Por muitas vezes tentei atraí-lo e...

— E?... — perguntou Almir diante da pausa, notando um tom de arrependimento na narração, como se Ceres se desse conta do que falava experimentando um pesar no que havia cometido.

— Tentei de tudo para tirá-lo de Vanessa. Cheguei a jurar que, se ele não fosse meu, não seria dela. Vanessa e Diogo se casaram. Apesar disso, não respeitei minha irmã nem o considerei como cunhado. Quando ela ficou grávida... Em uma oportunidade, tanto fiz que me envolvi com Diogo e... Quando ele acordou do meu lado, ficou horrorizado, perguntando-se como havia feito aquilo. Mandou-me embora. Disse que nunca mais queria me ver, me ofendeu, xingou... Fiquei louca. Quase insana. Humilhada e ferida em meu orgulho. Depois disso, passei a atormentá-lo, ameaçando contar para minha irmã o que havia acontecido entre nós dois.

— O que gostaria que ele fizesse? Abandonasse a Vanessa para ficar com você?

— Sim. Eu queria isso. Embora soubesse que não seria possível. Ele a adorava. — Um instante e contou: — Diogo ficava muito tempo no mar e não estava em terra quando o filho Rafael nasceu. — Ao vê-lo olhar com atenção, Ceres explicou: — O Rafael, que é filho dele e da Vanessa hoje, e está doente, foi o mesmo filho de ambos no passado. Então... Quando o Rafael tinha aproximadamente cinco anos, o Diogo saiu para o mar a serviço da Marinha Real e não voltou. O tempo foi passando. Dias, meses, anos e nenhuma notícia dele. Foi aí que Felipe, também irmão de Diogo naquela época, começou a ajudar Vanessa e o sobrinho, não os deixando passar dificuldades. Felipe era dono de uma casa de comércio. Vendia cestos, grãos, tecidos... aceitava encomendas... Após terem passado cinco anos do desaparecimento de Diogo e de toda a tripulação de seu navio, uma nau com sessenta e quatro bocas de fogo — referiu-se aos canhões —, que foi para o Mediterrâneo proteger aliados britânicos e de onde nunca mais ninguém foi visto, Felipe e Vanessa assumiram um romance e se uniram. Quem não gostou disso foi Rafael que, aos dez anos de idade, ainda esperava o retorno do pai. Dessa união entre Felipe e Vanessa, nasceu uma filha e depois dois meninos gêmeos. Lindas crianças. Rafael sempre insatisfeito e queixoso, não considerava os irmãos. E quanto mais crescia, mais se revoltava, odioso, nunca reconhecendo tudo o que recebia do tio: atenção, carinho, educação, provisões...

 Quando Rafael estava com dezessete anos, o inesperado aconteceu. Diogo ressurgiu do nada. Ele contou que sua nau enfrentou tempestade e se partiu. Seus homens morreram e ele foi parar em uma praia de pescadores, só que, sem memória. Não sabia nem mesmo o próprio nome. E lá, nessa ilha de pescadores, ficou por anos. Até que, com o tempo, lembrou-se de quem era, de onde era e voltou. — Nova pausa, parecendo recobrar as lembranças, e prosseguiu: — Envelhecido, barbudo, quase irreconhecível, só faltou matar Vanessa do coração ao ressurgir do nada no porto. Ao saber que ela havia se unido ao seu irmão, Diogo se revoltou. Tudo ficou muito pior quando o filho, o Rafael, contou-lhe mentiras sobre os maus-tratos que ele recebia de Felipe, provavelmente, por ser seu filho. Inconformado, Diogo pareceu um selvagem em sua cólera e em seu ódio. Queria lavar sua honra com sangue. Rafael, um jovem que, com tão pouca idade, era incrivelmente ambicioso, venenoso e ardiloso, idealizava ficar com os bens do tio, por conta da sua morte. Por essa razão, instigava o pai. Mentia, manipulava, influenciava-o ao duelo. Prática comum naqueles tempos. E, por conta disso, a animosidade de Diogo aumentava. Felipe tentou conversar e até propor ao irmão ideia de perdão, só que essa proposta o revoltava ainda mais.

 Como entender e perdoar aquele que destruiu sua honra e sua família? — Ceres continuou. — Diogo estava convicto. Não perdoaria, nunca, o irmão, e duvidou que se este estivesse em seu lugar, faria isso. Felipe, repudiava a ideia de duelo e disse que se morresse seria por assassinato e não em contenda. Revoltado e com a ajuda do filho Rafael, Diogo entrou na residência do irmão e assassinou os dois filhos gêmeos, ainda crianças. Ao saber do ocorrido, Vanessa enlouqueceu. Felipe, tomado por um momento de insanidade, aceitou o duelo com o próprio irmão e foi Rafael o intermediário de tudo.

— Penso que Felipe estava cansado de tanta opressão e queria pôr um basta, não acha? — opinou Almir.

— Também acho que foi isso. A luta deveria ser justa, mas não foi. Diogo, treinado e acostumado a batalhas, sabia que o irmão nunca tinha pego em uma arma, fosse qual fosse. E no tinir das espadas, podia-se observar muito bem a destreza de um e a inabilidade do outro.

— Você assistiu? — perguntou Almir.

— Sim. Assisti. — Pareceu lembrar. — Sem demora, Felipe abaixou a arma e ficou de peito limpo, frente ao irmão. Quando Diogo o varou no coração. Olhando ainda em seus olhos, Felipe balbuciou: "eu te perdoo, meu irmão". — Longa pausa e prosseguiu: — A vida de Vanessa estava acabada. Mortos os gêmeos e o marido, restava-lhe uma filha pequena e mais nada.

Diogo jamais a conquistou de volta.

Rafael, como queria, ficou cuidando dos bens que lhe restaram do tio. Vanessa e a filha uniram-se à Leda e foram trabalhar como criadas em casa de pessoas nobres.

Não demorou muito e Vanessa morreu. Muitos até disseram que foi de tristeza, melancolia.

O arrependimento tirou a paz de Diogo que queria, de alguma forma, voltar atrás e corrigir os erros. Mas não conseguiu. Nunca mais teve uma única noite de paz.

Minha Imagem

Leda cuidava da sobrinha, que a ajudava nos serviços pesados da casa onde trabalhavam como criadas.

— E você? O que fez?

— Eu... Bem, já fazia alguns anos, eu tinha me casado com um ajudante de meu pai que já estava bem velho e doente. Acompanhei a luta de minhas irmãs e nunca as ajudei. Fiquei revoltada quando Diogo, arrependido, muito arrependido, procurou Leda e pediu para ajudar a filha de Vanessa e Felipe. Com o tempo, isso os aproximou. Fiquei revoltada. Diogo me desonrou, mas nem assim quis ficar comigo. Sofri muito por causa dele. Uma aflição e angústia que parecia não ter fim. Quando me casei, na noite de núpcias, precisei embriagar meu marido para... — calou-se. — Então, quando vi Diogo se recompondo, melhorando, casando com Leda, a cólera e o ódio tomaram conta de mim. Eu já estava velha e acabada... Nessa época, meu pai morreu e meu marido, ferreiro, arranjou um ajudante. Um menino com seus treze ou quatorze anos. Eu, dissimulada e de coração duro, seca...

— Como assim? Seca?

— Não tive filho. Era seca. Revoltada com a vida, com Deus, com todo o mundo por causa disso.

— A felicidade dos outros te incomodava.

— Sim — admitiu Ceres pensativa. — Revoltada, decidi agir na sombra. Pedi a esse menino, ajudante de meu marido, que me ajudasse a preparar um acidente. E ele, com minhas instruções, manipulou a roda da carroça em que Diogo, Leda, o filho pequeno deles e a filha de Vanessa viajariam. Conforme eu desejava, o acidente aconteceu. A filha de Vanessa e Felipe morreu junto com Diogo. Leda e o filho de colo sobreviveram.

— E o que você sentiu? — quis saber Almir.

— Satisfação. Uma falsa satisfação. Uma felicidade que durou um dia. Rapidamente veio o arrependimento e uma angústia...

— Eu já ouvi dizer que: "se quer ser feliz por um dia, vingue-se. Se quer ser feliz por uma vida inteira, perdoe".

— Acho que é verdade. A frustração é péssima conselheira, Almir.

— O que aconteceu com sua irmã caçula. Você sabe?

— Fui perdendo o contato com ela. Soube que conheceu um homem já bem maduro. Um boticário viúvo. Foi trabalhar em sua casa e levou o filho e... Se casou com ele e viveu bem. Ele criou o filho dela e... Não tive mais notícias de minha irmã. Então eu envelheci amarga e sozinha. Morri doente. Esquecida em um cômodo enquanto meu marido estava nas tabernas, embriagado e com prostitutas.

O silêncio reinou absoluto.

Estavam em uma praça de árvores frondosas onde os pássaros gorjeavam e uma brisa fria e suave soprava deixando a temperatura bem amena.

Crianças brincavam e a paisagem era tranquila.

Almir contemplou a cena e em tom tão calmo quanto antes, contou:

— Sou eu, o boticário que se casou com Leda naquela época.

— Você?! — surpreendeu-se Ceres.

— Sim. Sou eu. Você já deveria ter entendido que os que não cumprem a lei do amor, punem-se sozinhos. Quando reencarnamos, certamente, é para nos despojarmos, livrarmo-nos dos débitos passados. Débitos de experiências anteriores. Encarnados, esquecemo-nos de nossos objetivos de evoluir e, em vez de nos harmonizarmos e fazermos o bem, a maioria desarmoniza e erra ainda mais. Na presente reencarnação, você forçou o casamento com Diogo e...

— Quer jogar na minha cara que menti, enganei, traí?!

— Quando temos uma má tendência, quando fazemos algo errado e sabemos que é errado, precisamos nos alertar, trabalhar em nós mesmos a fim de não nos inclinarmos a tais desejos e ações. Certamente, isso vai nos prejudicar muito na escala evolutiva e esse prejuízo se traduzirá em sofrimento.

Ceres pareceu mais maleável, reflexiva e, após alguns instantes, quis saber:

— Nesta última encarnação, se eu não tivesse forçado o casamento com Diogo, o que poderia ter acontecido?

— Diogo, sem estar noivo de você, levaria Vanessa para casa e Felipe iria conhecê-la. Era certo ele levar a namorada para conhecer a família quando ela estivesse grávida de Rafael.

— Mas eu e Felipe estávamos juntos, poderíamos até estar casados.

— Talvez Felipe estivesse viúvo.

— Eu morreria de qualquer jeito, mesmo se estivesse casada com Felipe?! — surpreendeu-se.

— O filho que morreu em seus braços, o Raphael, era o mesmo menino que a ajudou a provocar o acidente em que desencarnaram Diogo e a filha de Vanessa, naquela época.

— Então... Eu teria um filho com Felipe e esse filho seria o Raphael, e nós, de qualquer jeito, morreríamos?

Almir não comentou a resposta óbvia e completou:

— Felipe e Vanessa, nesta vida, continuariam de onde pararam — tornou Almir.

— Mas... E o filho da Vanessa e do Diogo? O Rafael voltou doente, precisando de transplante de medula óssea.

— No livro *O Evangelho Segundo o Espiritismo* encontramos um ensinamento valioso: "Chega um dia em que o culpado está cansado de sofrer, o seu orgulho foi por fim dominado, e é então que Deus abre os braços paternais para o filho pródigo que se lança aos seus pés". Rafael viveu muito atormentado depois de tudo o que provocou entre o pai e o tio. Não somente naquela época, mas também na espiritualidade. Sempre procurou um jeito de unir os irmãos que separou, para harmonizar o que desarmonizou e deixá-los resolver a situação de modo mais civilizado. Toda a fomentação de brigas, intrigas, raiva, contrariedade e muitos outros sentimentos inferiores, além do envenenamento com mentiras e calúnias entre Diogo e Felipe, intoxicou o seu ser, o seu espírito. Sabemos que o corpo material manifesta o que existe no espírito. Então, o planejamento reencarnatório para os irmãos Diogo e Felipe, como gêmeos, aconteceu para estreitar os laços, provocar mais aproximação. Diogo, inseguro, sem ter opinião forte, deixou-se enganar por você que, com os resquícios de orgulho ferido, por ter sido rejeitada no passado, não perdeu tempo quando mentiu e traiu para satisfazer sua vaidade, sem saber que seu destino não seria modificado por isso. Aproveitando a oportunidade, Rafael, filho de Vanessa e Diogo no passado, reencarnou entre ambos para reparar as faltas e purificar-se como espírito. Sua doença, desde a época em que se manifestou, até agora, foi oportuna. Foi isso que fez Vanessa e Felipe se encontrarem e se aproximarem. Além disso, eles exibiram evolução, através do amor incondicional e do esquecimento das ofensas. Para o próprio Rafael é a oportunidade de aprender e se elevar com os ensinamentos recebidos. Quando suas más tendências se manifestam, a mãe prestimosa e Felipe, como se fosse um pai amoroso, orientam-no e o instruem com amor, ensinando-lhe o que é certo moralmente e o aproximando de Deus.

— Mas a doença do Rafael é tão séria!

Minha Imagem

— Tão séria quanto o resultado do veneno destilado no passado. A mentira foi o veneno provocador do duelo criminoso que resultou na morte de Felipe. Além de ter se valido dos bens materiais que lhe restaram como herança injusta. Sabe, Ceres, "Deus não dá prova superior às forças daquele que a pede, só permite as que podem ser cumpridas. Se alguém não consegue cumpri-las, não é que lhe falte possibilidade: Falta vontade!", ensina-nos *O Evangelho Segundo o Espiritismo**. Todo esse problema com a saúde de Rafael, hoje, também uniu os irmãos.

Longos minutos serviram para Ceres refletir. Depois olhou para Almir e perguntou:

— E você? O que faz aqui?

— Estou de passagem. Vim visitar meus queridos encarnados. Vibrar para que sigam em paz. Logo também vou em paz.

— Por que não está encarnado ao lado de Leda?

— Eu e Leda nos harmonizamos muito bem por encarnações e reencarnações. Ajudamo-nos sempre. Também errei no passado distante. Encarnações seguidas serviram para eu saldar alguns débitos cuidando da saúde dos outros, produzindo remédios como boticário... Mesmo tendo reparado muita coisa, acabei adquirindo um débito terrível quando, por não querer ser cobrado e temendo ser despejado e sem ter para onde ir com minha família, eu ateei fogo na casa de meu cobrador, matando-o. Na época, nunca descobriram o culpado. Eu me revolvi em remorso. Na última encarnação, desencarnei com a prova do fogo, quando a farmácia onde eu trabalhava, por um acidente, incendiou e eu não consegui sair. Primeiro, fiquei tonto com a fumaça. Os gases dos materiais fizeram com que eu perdesse o sentido.

---

* N.A.E. Cap. XIV, item 9.

Caí e, quando senti o calor aumentando, não vi mais nada. Despertei e vi minha mãe. Entendi, imediatamente, que havia desencarnado. Fiquei um tanto contrariado. Eu amava a vida. Tinha mulher, a Leda, e um filho pequeno, o Rodrigo, além de uma vida boa. Por ter sido espírita, quando encarnado, logo lembrei da lei de causa e efeito. Mesmo ainda não recordando o que havia feito no passado, eu sabia que merecia aquela separação, aquela interrupção da existência terrena com aquela prova. Passou o tempo. Comecei a estudar, aprender, até que tomei conhecimento de algumas das existências passadas. Posso garantir que o conhecimento da Doutrina Espírita, quando encarnado, ajudou-me incrivelmente. Quando se tem conhecimento e fé, ao desencarnar, tudo fica bem mais fácil, bem melhor.

— Quando encarnada não tive muito conhecimento da espiritualidade. Li alguns livros, romances mediúnicos, mas não me aprofundei...

Naquela conversa com Almir, ela estava sendo envolvida, mesmo sem perceber.

Alguns minutos, pensativa, quis saber:

— E o Raphael, meu filho?

— Ele está bem, mas não quer vir à crosta no momento. Com mais entendimento do que você, sabe que aqui não é um bom lugar.

— Então... O que faço para vê-lo?

— Deseje. Queira se afastar daqui e me seguir.

O espírito Ceres estava cansada, fatigada. Ela não era um espírito mau, somente não tinha instrução. Encontrava-se confusa, frustrada e via-se sem saída.

Fechando os olhos, não viu quando Enéas e Luana, perto deles, começaram a envolvê-la com energias sublimes.

Minha Imagem

Nesse momento, os amigos pensaram que Ceres iria ceder, mas ela abriu os olhos, fitou Almir por um instante e disse:

— Não concordo. Somente eu enfrento dificuldades. Tudo para a Vanessa dá certo e para mim não. Como se não bastasse uma vida infeliz em outros tempos, essa última encarnação foi interrompida, cortada com um desencarne prematuro. Enquanto ela está lá.

— Ceres...

Ela não o deixou terminar e se foi.

CAPÍTULO 23
Pensar no amanhã

COM O PASSAR DO TEMPO...

Os avós paternos de Rafael aproveitaram aquele fim de semana para visitar o neto e também para saber, diretamente de Felipe e Vanessa, sobre a gravidez e a decisão de morarem juntos, pois o filho não lhes disse nada.

Eles tomaram conhecimento do fato por Priscila, a filha mais nova, a quem Diogo havia contado tudo.

Existia um clima, uma expectativa estranha no ar.

Rafael, contente, desembrulhava um brinquedo.

Era um carrinho de controle remoto que tanto queria.

— Gostou, meu bem? — perguntou dona Elza, a avó que sempre o mimava.

— Puxa vida! Puxa vida! Era esse mesmo que eu queria! *Brigado*, vovó! — e enlaçou o seu pescoço com força abraçando e beijando-a. Virando-se para a mãe, o menino perguntou: —

Posso ir lá em baixo pra *pôr ele* pra correr? Lá tem mais espaço. E quero mostrar pro Rodrigo.

— Daqui a pouco começa esfriar e...

— Deixa, Vanessa — pediu Felipe falando baixinho, não querendo desautorizá-la, mas desejando ver o sobrinho satisfeito e alegre.

— Está bem. Pode ir.

— Oba!!! Vou chamar o Rodrigo! — e saiu correndo porta afora.

Virando-se para a senhora, Vanessa comentou em tom satisfeito:

— A senhora está mimando muito o seu neto, dona Elza.

— Que nada! Sinto um prazer tão grande quando vejo o Rafinha feliz. Ele tem um jeito alegre, que é contagiante.

— Minha mãe sempre foi assim com os netos — disse Felipe. — Quero ver quando chegar mais um — ele comentou para provocar o assunto. Já tinha imaginado que os pais sabiam da novidade.

— Mais um?! Contem logo! Que história é essa?! — pediu o senhor Weber.

Felipe com um largo sorriso que não cabia no rosto, anunciou:

— A Vanessa está grávida. Quero dizer: nós estamos grávidos! — riu gostoso, inclinando-se para ela e fazendo-lhe um carinho.

Por um momento Vanessa se sentiu constrangida. Um dia eram namorados, no outro, descobriu que estava grávida. No fundo, ela gostaria que fosse diferente. Gostaria de estar casada. Seria melhor, talvez se sentisse mais confiante, mais segura.

— Parabéns! — disse o pai, levantando-se e indo cumprimentá-los.

Dona Elza fez o mesmo.

— Foi uma surpresa — disse Vanessa timidamente.

— Já sabe o que é? — quis saber a senhora.

— Não, mãe. Ainda não dá pra saber.

— Então... Foi por isso que decidiram se unir? — perguntou o senhor.

— Não exatamente... Ao menos eu já estava pensando nisso. Não sei ela — Felipe riu gostoso. — Agora não tem jeito. A Vanessa vai ter de me aturar, junto com meu filho — riu novamente.

— E o Rafael, como recebeu a notícia? — tornou a avó curiosa.

— Melhor do que esperávamos. Conversamos com ele e ficou tudo bem. Está ansioso e não vê a hora do irmão ou irmã nascer — disse Felipe que, em seguida, declarou: — Parece que vocês já sabiam.

— Sim, a Priscila nos contou. Foi o Diogo quem disse pra ela — esclareceu dona Elza. — A Pri também disse que o Diogo estava emocionado, pois existe uma chance bem grande dos irmãos serem compatíveis.

— Sim, existe uma boa chance de compatibilidade e a medula óssea pode ser doada a partir do cordão umbilical — contou o filho.

— Será uma bênção — disse a mulher.

— Pelo fato de você e do Diogo serem gêmeos univitelinos, o bebê e o Rafael são como irmãos legítimos, não é mesmo? — indagou o senhor Weber.

— Sim. Isso mesmo — respondeu Felipe.

Vanessa permanecia calada. Envolvida pelo espírito Ceres começou a ter pensamentos estranhos.

Sentia-se envergonhada com a situação.

Afinal, ela teve um filho com Diogo e agora estava grávida de Felipe e os pais de ambos ali, bem à sua frente, como quem cobrando satisfações. Pensava.

Além disso, nem casados eram. Essa situação começou a incomodar e incomodar muito.

Ela seria mãe solteira novamente e do irmão do ex-namorado, pai de seu primeiro filho.

A presença de Ceres a afetava muito.

Seu rosto esbranquiçado ficou frio e ela sentiu-se mal.

O que os pais de Felipe pensariam a seu respeito?

Que ela era leviana demais? Ou aproveitadora?

Enquanto sua imaginação a deixava cada vez mais constrangida, a conversa continuava.

— Por acaso, vocês planejaram ter um filho por causa do problema do Rafael? — perguntou a senhora parecendo tomar cuidado com as palavras. Cautelosa para não ofendê-los.

Felipe não esperava por aquela pergunta vindo dela e, com simplicidade, olhou para Vanessa desejando que ela falasse. Não sabia o que ela gostaria que seus pais soubessem.

Vanessa pareceu tomar um susto. Num impulso tentou responder, porém sua voz demonstrou despreparo. Tremeu e gaguejou:

— Na... Não... Quero dizer... Sabíamos dessa possibilidade, mas...

Vendo-a com dificuldade, Felipe decidiu falar como se fosse socorrê-la:

— Na verdade, quando nós começamos a namorar, sabendo dessa possibilidade, eu propus a Vanessa que tivéssemos um filho, pois começamos a ver como é difícil encontrar um doador. Mas ela ficou insegura e não quis. Na época, estávamos com muito trabalho, muitos cuidados com o Rafael e ela acreditou que logo um doador pudesse aparecer. Com o tempo, percebendo que o nosso relacionamento ficou mais estável, deixamos acontecer.

— Tomara que dê certo — disse a mulher, unindo as mãos como se estivesse em prece e olhando para o alto implorando por tal bênção.

— Vai dar certo. Vai sim — afirmou o senhor Weber.

Sorrindo, ao olhar para Vanessa e vê-la com o semblante sério, Felipe entendeu que aquele assunto era desagradável.

Foi então que ficou pensando em um jeito de mudá-lo, mas a avó ainda quis saber:

— O Rafael sabe dessa possibilidade?

— Não. Achamos que seria melhor ele não saber, pois se acaso não houver compatibilidade de doação de medula óssea, ele não vai ficar magoado com o irmão. Por ser criança é ainda incapaz de entender certas coisas.

— Bem lembrado — concordou o avô.

Vanessa sentiu-se socorrida pelo companheiro e sorriu. Percebeu que Felipe pareceu ler seus pensamentos e sentiu-se mais confiante, mais forte.

No momento seguinte, a senhora comentou:

— Gosto tanto do jeitinho educado e atencioso do Rafael. Você o educou tão bem, Vanessa. Ele lembra muito o gênio do Diogo quando pequeno. Era exigente e teimoso, mas bastava conversar um pouco e explicar a situação que ele entendia e aceitava tudo.

— É desde o berço que devemos educar os filhos. Se fizermos isso, veremos que eles são capazes de amar, aceitar, entender e fazer o que é certo. Uns aprendem rápido, outros não. Mas não é difícil nem impossível desde que nós, mães e pais, sejamos equilibrados, amorosos, atenciosos. Além disso, sempre acreditei que é importante a criança compreender a existência de Deus e sua evolução como espírito criado para a eternidade. Aprendi assim e isso me fez muito bem, principalmente nos momentos em que acreditei que uma situação era irremediável, sem saída — disse Vanessa.

— Você foi criada em qual religião? — quis saber o senhor Weber.

— Fui criada na Filosofia Espírita. Embora o Espiritismo nunca tenha sido nomeado como sendo uma religião pelo seu codificador, Allan Kardec. O Espiritismo nos ensina a verdadeira religiosidade, que é religar-se, ligar-se a Deus.

— Pensei que o Espiritismo fosse uma religião. Eu ignorava ser uma filosofia — tornou o senhor.

Vanessa ofereceu leve sorriso, sentindo prazer ao explicar:

— As religiões têm dogmas, que são o conjunto de normas, regras, rituais, sistemas incontestáveis e indiscutíveis de qualquer crença religiosa, que formam o ponto de princípio de fé, definido por religiões. O codificador da Doutrina Espírita, Allan Kardec, deixou bem claro em *O Livro dos Espíritos* logo na Introdução — item I — ao estudo da Doutrina Espírita que "Como especialidade *O Livro dos Espíritos* contém a Doutrina Espírita; como generalidade liga-se ao Espiritualismo, do qual representa uma das fases. Essa a razão por que traz sobre o título as palavras *Filosofia Espírita*". Em nenhum momento, nos livros da Codificação Espírita, o codificador a chamou de religião.

O assunto instrutivo começou a incomodar Ceres que, não suportando a conversa, retirou-se.

— Nunca entendi muito bem a diferença entre Espiritismo e Espiritualismo — comentou dona Elza.

— É simples — tornou Vanessa —, Espiritismo, Doutrina Espírita, é tudo o que está contido nas obras da Codificação Espírita, nos cinco livros codificados por Allan Kardec: *O Livro dos Espíritos*, publicado em 1857; *O Livro dos Médiuns*, publicado em 1861; *O Evangelho Segundo o Espiritismo*, publicado em 1864; *O Céu e o Inferno*, publicado em 1865 e *A Gênese*, publicado em 1868. Estudando esses livros conheceremos o Espiritismo. Quem deseja algo mais rápido, para ter uma ideia, recomendo o livro *O que é Espiritismo*, de Allan Kardec, que é uma conversa muito interessante. — Um momento e explicou: — Já, Espiritualismo é o princípio de crença na existência da alma durante a vida e após a morte e a crença na existência de Deus. O espiritualismo crê na existência de uma vida espiritual. Porém, nem todos espiritualistas, nem todos que acreditam na existência da vida após a morte, acreditam na reencarnação, explicada tão bem pelo Espiritismo e por outras filosofias espiritualistas. A religião conduz as pessoas através da fé cega, inquestionável, incontestável, indiscutível. A explicação que dão para algo aparentemente inexplicável é que aquilo aconteceu pela vontade de Deus ou, então, que isso ou aquilo é pecado, é obra do demônio. Acreditar no poder do demônio, como alguns pregam, é acreditar em um Deus impotente, fraco... Já, as filosofias nos fazem pensar e repensar. Acreditar que um acidente aleijou alguém pela vontade de Deus, é crer em um Deus injusto, cruel, que fica feliz com a desgraça. Muitas filosofias reencarnacionistas, ou seja, filosofias que creem na reencarnação, como o Espiritismo, leva-nos a pensar e repensar. Portanto, leva-nos a entender a Lei de Causa e Efeito, ou seja, se eu me lesei e fiquei aleijada nesta existência, não foi porque Deus quis, e sim porque eu me permiti, porque, algo que fiz de errado, no passado, causou um desequilíbrio e foi tão forte, tão penoso, foi de tamanho arrependimento que, para viver em paz comigo mesma, eu me permiti aleijar a fim de experimentar o que fiz alguém sofrer.

— É bem interessante essa forma de pensamento — comentou o senhor Weber. — Para muitos é bem mais prático assumir que está aleijado ou com problemas porque Deus quer.

— Estudando e conhecendo bem a profundidade do Espiritismo, vamos descobrindo que não precisamos, necessariamente, sofrer o que fizemos sofrer, na mesma medida, em alguns casos. Eu acredito na benevolência de Deus e na intervenção de espíritos superiores, quando uma pessoa se eleva acima das possibilidades — disse Vanessa.

— Como assim? — perguntou dona Elza, bem interessada.

— Vejo espíritas conformados com suas situações e acomodam-se pensando que experimentam aquilo porque precisam, porque têm que saldar débitos do passado. Por exemplo... — Vanessa pensou um pouco e sem perceber que era inspirada por seu mentor, exemplificou: — Suponhamos que uma mulher que teve uma infância pobre e difícil. Sempre trabalhou duro. Casa-se e continua com dificuldades, muitas vezes, bem maiores do que experimentado antes. Os filhos sempre doentes, sem alimentação adequada, sem educação, sem estudo... Ela, frequentadora de um centro espírita, entende que passa por dificuldades porque precisa experimentar aquela situação que, talvez, tivesse provocado no passado. Ela se esquece de que todos nós reencarnamos para evoluir. Evolução espiritual é lei e vamos continuar de onde paramos. Não existem saltos na evolução. Acomodar-se e deixar as coisas como estão é, muitas vezes, uma questão de preguiça. Essa mulher, que sofre e lamenta, poderia, por exemplo, deixar de reclamar e cuidar mais dos filhos no quesito higiene, para que não ficassem tão doentes. Empenhar-se para que tenham escolaridade, pois com isso as oportunidades, certamente, serão bem maiores para eles. Deveria dar-lhes educação, ensinando princípios básicos de boa moral, boa conduta, serem pacientes, mansos, prudentes. Tudo o que, mais tarde, vai facilitar suas vidas. Ninguém emprega alguém mal-humorado, malcriado, respondão, que fala palavrões, intolerante e lhe dá um cargo ou função de destaque. Muitos pais fecham os olhos para os pequenos delitos diários dos filhos como mentir, furtar, ser respondão, falar palavrões e, mais tarde, esses pais vão sofrer muito ao verem o sofrimento de seus filhos que erraram porque eles não os corrigiram.

— Mas... Quanto à má alimentação? Nem sempre é possível dar comida farta — falou a senhora.

— Tem pais que se acomodam. Não se movimentam. É como se usassem os filho para reclamarem ainda mais. Sou do interior, vocês sabem. Meus avós têm uma fazenda e... bem, ela não era muito produtiva. Eles tinham comércio na cidade e essa era a principal fonte de renda deles. Fechados os comércios, voltaram-se para a fazenda. Desde pequena, eu ajudei minha avó em tudo. Aprendi que trabalho dignifica, principalmente, quando vem acompanhado de amor, educação, estudo, princípios morais. Quando eu era criança minha avó pedia para eu tirar pó de um chalé e isso não me matou. Com o tempo, levar as roupas para lavar, varrer ou passar, isso também não me matou, mas... — sorriu. — Havia algo muito especial que ela fazia. Todas as vezes que me pedia qualquer coisa, fazia com um jeitinho todo especial e dizia: "Por favor, minha querida, faça tal coisa para me ajudar" — sorriu docemente e ofereceu uma pausa. — Sempre, todas às vezes. Depois ela dizia: "Muito obrigada. Você me ajudou muito". E eu sentia uma satisfação tão grande! — enfatizou. — E ainda ela dizia: "Foi graças ao nosso trabalho, juntas, que terminamos mais cedo e agora a vovó pode contar uma historinha pra você". A leitura, para as crianças, faz com que elas sejam mais criativas, imaginativas, atenciosas, felizes. Leitura desenvolve a mente, capacita, direciona, traz discernimento, a facilidade de julgar as coisas com sensatez. E... conforme eu crescia, minha avó foi ensinando, a mim e aos meus irmãos, a utilidade de sermos educados, generosos, compreensivos. Quando um hóspede mal-educado reclamava, falava coisas indignas, minha avó dizia, conforme *O Evangelho Segundo o Espiritismo*: "É um gênero de caridade, saber ser surdo quando uma palavra zombeteira escapa da boca habituada a escarnecer" — riram e ela completou: —, e dizia depois: "Não liguem, meus amores, não respondam nada. Vamos só marcar o nome dele na lista dos indesejáveis".

— Lista dos indesejáveis? — indagou o senhor Weber.

— Sim — sorriu e explicou: — Nós tínhamos, lá na pousada, uma lista dos hóspedes indesejáveis que funcionava da seguinte forma: depois de um episódio desgastante para nós com algum hóspede, colocávamos seu nome na lista e quando ele, em outra época, queria se hospedar nunca havia vaga. Isso era raro. Até porque existem reclamações de hóspedes que nos ajudam a corrigir falhas, melhorar o ambiente, renovar alguma coisa. Essas sugestões eram ótimas, saudáveis, bem-vindas. Devemos sempre estar abertos para boas ideias. Mas tinham alguns que... Não valia a pena ouvir. Fui criada dessa forma simples, educada e feliz. Sempre fui amada. Embora estudasse e trabalhasse, fui educada com princípios morais e meus avós sempre foram dedicados quanto a isso.

Perto de onde morávamos — prosseguiu: — havia uma família em um sítio. O casal, às vezes, trabalhava como caseiro ou prestava serviços de carpinagem, roça, colheita e outras coisas em propriedades vizinhas. Eles eram bem pobres e, em alguns momentos, passavam muita dificuldade. Porém, quando se chegava ao sítio deles não havia uma horta sequer. Não plantavam milho ou mandioca ou outra coisa que precisasse de muitos cuidados. Eles eram acomodados e se diziam infelizes naquela situação porque Deus queria. Sinceramente, duvido que Deus possa querer uma situação daquela a alguém. Os filhos não estudavam, não tinham educação, eram mal nutridos e viviam aprontando na redondeza, algo como furtar uma galinha para comer, cabra ou ovelha para vender. Lembro que, quando eu era pequena, era bem difícil ir para a escola e os filhos deles tinham a mesma dificuldade. Tínhamos que andar muito. E as crianças deles não iam à escola por esse motivo, mas eu ia. Eu andava pra caramba! Em época sem fartura, minha avó sempre tinha galinha e ovos, mas eles não. As galinhas que ganhavam, matavam e comiam, nunca pensavam no amanhã. Minha avó sempre teve uma horta no quintal, milho, mandioca e feijão plantados, e eles não, mesmo ganhando os grãos... Eram acomodados e preguiçosos. Não pensavam no amanhã. Só iam à igreja e ao centro espírita quando tinham cestas básicas para pegar. Não oravam, não rezavam, não tinham religião, não pensavam no amanhã. Lembro que no início da pousada, meus avós, eu e meus irmãos, passamos por situação bem difícil, mas meus avós nunca foram preguiçosos e nos ensinaram a pensar no amanhã. Minha avó fazia e faz, até hoje, peças de artesanatos, lembrancinhas, crochê, tricô à mão, tudo para pôr nas lojinhas do hotel, para vender. Para isso ela chamava algumas conhecidas que recebiam pelo trabalho. Uma vez ela chamou essa mulher para participar dos serviços e ganhar alguns trocados, mas a mulher disse que não ia, não tinha jeito para fazer essas coisas. Eu tinha roupas usadas, doadas, feitas à mão por minha avó ou compradas em bazares, quando não usava as roupas que sobravam e não serviam em meus irmãos. Só que minha avó se sentava com a gente e, amorosamente, explicava a situação, a necessidade sem nunca culpar ninguém, sem nunca culpar a vida ou a Deus por qualquer dificuldade. Lembro-me dela nos incentivando aos estudos para pensarmos no amanhã, para termos uma vida melhor. Quando eu comecei a fazer faculdade pela primeira vez, cheguei aqui, a São Paulo, e vi as meninas com roupas da moda, de grife, enquanto as minhas... — riu de si mesma. — Nossa! Fiquei um pouco triste por isso, mas disse a mim mesma: é por enquanto. Vou vencer isso também. Minha amiga, amiga até hoje, a Leda, era quem me emprestava algumas peças de roupa para eu sair vestida melhor. Daí que vi uma colega que, na mesma situação que eu, começou a se corromper, a se prostituir para ter mais dinheiro e, consequentemente, alimentar sua vaidade com roupas e visual bonitos. Ela até me convidou para conseguir dinheiro com as mesmas práticas. Só que, diferente dela, eu tive educação e princípios morais desde cedo. — Dona Elza se surpreendeu com a rápida história e ergueu as sobrancelhas, admirando-se. E Vanessa continuou: — Eu sabia que aquilo era errado e que nunca teria paz na consciência se aceitasse tal proposta para sustentar luxo, vaidade, visual bonito, o que pedia a sociedade jovem e consumista.

Bem... Acabei abandonando o curso de Farmácia quando aconteceu tudo aquilo e descobri que o Diogo tinha uma noiva. Fui embora para o interior e me acabei. Achei que era a pessoa mais triste, infeliz, ferida e machucada do mundo. Descobri que estava grávida e achei que minha vida tinha chegado ao fim. Não saia nem da cama. Não tinha forças. Até que, depois de me ver assim por um mês, minha avó chegou ao quarto e disse firme: "Levanta! Se não vai estudar, vai me ajudar com a pousada. Gravidez não é doença, minha filha, e você precisa pensar no amanhã, pois agora tem um filho vindo aí e ele vai precisar muito de você. Não vai poder contar comigo ou com seu avô pelo resto da sua vida não". — Sorriu. — E foi abrindo a janela e tirando a coberta de cima de mim. Levantei e parecia que eu me arrastava ao andar. Voltando aos trabalhos da pousada, me recuperei e saí daquele estado deprimido. Cuidei de mim e da gravidez. Quando o Rafael nasceu, eu estava bem. Com muito medo da responsabilidade de ser mãe, mas estava bem. Minha avó me ensinou a cuidar dele e depois deixou comigo. Tive ideia de ampliar o hotel fazenda. Queria inovar e meu avô sugeriu que eu fizesse faculdade. O Rafael estava com um ano quando estudei feito louca para conseguir novamente passar em um vestibular de faculdade pública. Meus avós me ajudaram, tomando conta do meu filho enquanto eu estudava para ter um amanhã, um futuro melhor para mim e para ele. Frequentei a segunda faculdade com as mesmas roupas simples e de cara lavada. Eu estava decidida a fazer o curso. Não estava ali para outra coisa. Dessa vez, voltei formada. Cheia de ideias e orgulho. Não demorou muito e multipliquei o capital e até comprei um hotel em Campos do Jordão, depois de um financiamento que paguei bem rápido. Tive um bom lucro logo de cara. Para conseguir o que eu consegui na vida, embora meus pais tivessem morrido quando eu ainda era bem pequena, precisei usar tudo o que tinha aprendido com meus avós, que foi pensar no amanhã, ser perseverante, educada, gentil, calar quando um menos inteligente fala demais, estudar, ficar atenta... Se meus avós, que estavam no lugar de meus pais, não tivessem se empenhado e pensado no meu, no nosso amanhã, não tivessem me educado, me dado princípios morais, estudo, ensinado a ser perseverante, eu não teria conseguido o que consegui. — Breve pausa. — Ah! Dois dos filhos daqueles vizinhos que moravam no sítio e não pensavam no amanhã, estão presos. Um outro bebe muito, quebra tudo onde estiver e... Resumindo, eles sempre passam por necessidades. Não conseguem nem mesmo arrumar emprego, pois as pessoas têm medo de serem lesadas de alguma forma ou que lhes tirem o sossego. — Nova pousa e, sorrindo, disse: — As roupas boas, o carro e uma vida bem melhor vieram para mim, no momento em que deveriam chegar. Não precisei ficar contrariada pelo que não tinha, nem me precipitar, me corromper para ter o que queria. Hoje tenho orgulho de mim mesma e procuro ensinar meu filho com os mesmos princípios. Se eu tivesse parado, pensando que nasci para sofrer, teria tido meu filho, me acomodado e estaria lavando roupa, louça e limpando até hoje a fazenda. Por isso eu digo, Deus não é cruel. Ele nos dá oportunidades e nós precisamos saber aproveitá-las. Só que, para isso, precisamos ter garra, querer fazer. Penso que ser pai, ser mãe é função e trabalhos assumidos por vinte e quatro horas, para poder dar limite, educação, instrução, carinho e amor. Não se pode ser pai ou mãe só por três ou seis horas por dia. Essa função é de período integral. Não se pode delegar a outro, pois, se Deus assim quisesse, teria acontecido como aconteceu com os meus pais.

— E os pais que precisam trabalhar? — perguntou dona Elza.

— É lógico que temos de trabalhar, estudar... Sempre fiz isso. Mesmo assim, me dedico muito. Sempre estou atenta para educar, orientar e instruir meu filho. Nosso dever, como pais, é ensinar os filhos a terem, a princípio, responsabilidade, respeito, moral, limite. Acho que os pais que têm filhos e lhes dão total liberdade, não os ensinando a terem respeito pelas outras pessoas, permitindo que perturbem os vizinhos com sons altos, carros *tunados*, ou seja, carros equipados com som de alta potência, que tanto incomodam os cidadãos nas vias públicas, hospitais, residências... filhos que não respeitam algum doente ou bebê dormindo... Que saem de madrugada perturbando tudo e todos... Ou que pegam suas motos barulhentas e fazem o mesmo... E os pais não dizem nada. Não ensinam... Não orientam que beber faz mal, que o uso de entorpecente é errado e que isso vai levá-lo à desgraça. Não ensinam seus filhos que as tragédias acontecem por culpa do desrespeito e da intolerância... Esses pais vão chorar por terem de visitar os filhos na cadeia ou no cemitério. Por culpa deles. Por não terem lhes dado princípios desde o berço. Dar mesada gorda ou um cartão de crédito com limite alto é o mesmo que dar uma arma na mão de um jovem sem moral, sem respeito, sem noção, pois com isso ele só vai fazer besteira.

— Concordo com você — afirmou o senhor Weber. — Quanto à parte religiosa ou filosófica... Bem, nesse ponto fui falho com meus filhos. Mas no quesito educação e respeito ao próximo, fiquei atento. Nunca deixei que minhas filhas se iludissem com carreira de modelo nem meus filhos com a carreira de jogador de futebol. Hoje, vejo muitos pais se deixando iludir e, infelizmente, iludindo os filhos com carreira de atriz, ator, modelo ou jogador de futebol, mas eles nunca pensam na possibilidade de isso não dar certo. Hoje, vejo que não fui um pai perfeito. Nem sempre eu sabia o que fazer nem como agir, porém fiz meus filhos estudarem e para isso sentei e estudei junto. Nunca gritei ou exigi que soubessem, que aprendessem por conta própria. Quando eles demonstravam dificuldade, sentava junto e ensinava, com paciência.

— Isso é verdade — confirmou Felipe.

— Quando percebia que estavam indo mal na escola, sempre procurei um modo diferente de ensiná-los. Se eu berrasse ou gritasse, eles pegariam raiva do estudo.

— Livros, revistas, gibis ficavam espalhados pela casa inteira — comentou dona Elza. — Eram um incentivo à leitura. Eu lia para eles sempre e, assim que aprenderam a ler, pedia que lessem algo para mim e os elogiava. Meus filhos sempre nos viram ler, isso os motivava. A leitura tornou-se uma prática, um hábito comum lá em casa. Podemos conhecer o mundo através dos livros.

— Sempre os ensinei a pensarem no amanhã, pensarem no futuro — tornou o senhor.

— Entendo que as pessoas que não pensam no amanhã, não pensam em ter um futuro melhor, não seguem filosofia alguma, pois só vivem aquele instante, só querem tirar vantagem do momento — tornou Vanessa. — O Espiritismo, como outras filosofias, e poucas religiões espiritualistas, mostram que o que fazemos hoje, vai repercutir em nosso amanhã. Hoje eu escrevo uma página do meu amanhã e com isso terei benefícios.

— Eu gostaria de lembrar o que aprendi recentemente — comentou Felipe. — Allan Kardec dizia que o Espiritismo é Filosofia e Ciência e, se um dia a Ciência contradissesse o Espiritismo, deveríamos ficar com a Ciência. Esse assunto de pensar no amanhã, fazer hoje para se ter um futuro melhor, é assunto científico, comprovado. O Teste de Controle de Impulsos, ou mais conhecido como *O Teste do Marshmallow*, foi uma experiência do psicólogo Walter Mischel, na década de 60, com crianças de aproximadamente quatro anos de idade na Universidade de Stanford. Esse psicólogo aplicou um teste em crianças — filhos de professores e funcionários da universidade. Ele colocou uma criança por vez em uma sala pequena e, sobre a mesa que havia nessa sala, pôs um doce bem chamativo, um marshmallow. O doutor Walter Mischel conversou com a criança explicando que iria deixá-la ali sozinha com o doce. Se, quando ele voltasse, a criança tivesse resistido à tentação e não comido o doce, ela ganharia mais um, igualzinho àquele e poderia, então, comer os dois. Mas se ela não resistisse e comesse o doce antes de ele voltar, ela não ganharia mais nada. Deixadas ali, sozinhas, algumas crianças comiam o doce tão logo o psicólogo saía da sala. Em compensação, outras eram capazes de esperar mesmo que, para isso travassem uma luta intensa para aguentar e resistir à tentação. Algumas tapavam os olhos para não verem o doce. Outras apoiavam a cabeça nos braços, conversavam consigo mesmas. Algumas brincavam com as mãos e os pés para se distraírem. Outras, ainda, cantavam para o tempo passar mais rápido e até tinham aquelas que tentavam dormir. Eles foram capazes de esperar longos e intermináveis quinze ou vinte minutos. Isso é um tempo imenso para uma criança dessa idade. Os que aguardaram o retorno do psicólogo receberam a recompensa e ganharam os dois doces. Isso mostrava a capacidade de conter as emoções, os impulsos e isso repercutiu em suas vidas mais tarde. Com o tempo, esse psicólogo acompanhou o desempenho dessas crianças e observou que o progresso delas em todos os sentidos, o bem-estar e progresso pessoal, estavam relacionados ao tempo de espera em que resistiram à tentação para comerem o doce. Mais de vinte anos depois da experiência, aqueles que, ansiosos, não esperaram e foram os primeiros a comerem o doce, tiveram problemas, alguns envolveram-se com drogas, alguns com criminalidade, outros não tinham autoestima, tinham ganho de peso corporal, ansiedade crônica, neuroses... Os que tiveram autocontrole e não comeram

Minha Imagem

o doce, sacrificando aqueles instantes, com a certeza de que depois teriam a recompensa de receberem dois doces para comerem, tornaram-se adultos com melhores ganhos futuros. Tinham bem-estar, equilíbrio, sucesso profissional, realizações...
— Breve pausa e Felipe prosseguiu: — Como aprenderam isso? Com os pais. Alguns contam isso como se esse comportamento de "esperar para comer o doce para ganhar outro depois" fosse um comportamento da natureza da criança, mas não é só isso. Esse comportamento pode e deve ser ensinado pelos pais que conversam, que dialogam, que explicam a necessidade das coisas a serem feitas. É importante explicar e exemplificar que vale a pena um sacrifício para se ter um resultado bem melhor no futuro. Vale a pena se empenhar para se ter ganhos futuros. Os testes mostraram que aqueles que são capazes de resistir às tentações, tornam-se pessoas eficazes, eficientes, capacitadas para enfrentarem frustrações; não se paralisam ou regridem sob tensão; ficam menos abaladas quando pressionadas; têm menos probabilidade de desmoronarem psicologicamente falando; aceitam desafios e vão até o fim; não desistem, mesmo diante de dificuldades; são independentes e confiantes, além de confiáveis e firmes; são pessoas de iniciativa e que mergulham em empreendimentos e realizações. Isso é científico.

Vendo todos reflexivos, Felipe prosseguiu:

— Allan Kardec, quando, sob a orientação dos espíritos que o ajudaram com a codificação Espírita, ensinou que vale a pena não cair nas tentações da vida. Quando falamos em tentações, falamos em tentações de toda sorte, sejam elas quais forem. Para termos um futuro melhor, um amanhã melhor, ele nos ensina a prestar atenção e fazer, hoje, o que é certo. Devemos nos sacrificar no presente para termos ganhos futuros. Isso é em todo sentido.

Quando estudamos, frequentamos escolas ao mesmo tempo em que trabalhamos, estamos nos sacrificando para que o futuro seja melhor. As pessoas não costumam economizar, guardar, sacrificar um pouco o momento para ter um amanhã melhor, depois reclamam por não terem dinheiro, estarem no vermelho, com o cartão estourado... Assim, infelizmente, muitos ensinam os filhos, como se lhes dissessem: vivam o momento. Não se preocupem com o amanhã! Comam, bebam, não respeitem ninguém. Não respeitem a vida. Não respeitem a própria vida! Que se danem os outros! Os incomodados que se mudem! Quanto engano. Quanto erro. Esses pais não pensam no amanhã. Não pensam nas consequências e que mais tarde ou vão chorar pelos erros dos filhos, ou vão sofrer amargamente a ingratidão. Tudo é questão de educação.

 A economia do nosso país é questão de educação — continuou Felipe calmo. — Não fomos educados a pensar no amanhã. Ninguém guarda. Ninguém economiza para o amanhã. Aqui, no Brasil, assim que muitas famílias saíram da pobreza extrema e puderam consumir mais, o brasileiro pulou da subnutrição para o sobrepeso corporal e a obesidade infantil, praticamente, quadruplicou. O Ministério da Saúde aponta que 49% dos brasileiros têm sobrepeso e estão próximos da obesidade. No quesito estudo, o quadro é apavorante. Aqui, o aluno é promovido sem saber ler, é só frequentar a escola, e, muitas vezes, mesmo não indo à aula, ele é aprovado ou promovido, como alguns dizem. Por culpa do governo e dos pais, o professor perdeu o brilho, perdeu os seus direitos e precisou ofuscar suas qualidades. Ele não pode ensinar ou será agredido. Tem professor que já levou um tiro e até morreu porque um aluno levou uma arma para a sala de aula e atirou pelo simples fato de não querer aprender, de querer fumar maconha na sala de aula. Esse aluno não teve essa ideia de repente, não.

Minha Imagem

Ele foi incentivado a muitos outros erros desde o berço para fazer isso. E cadê os pais? Onde está a responsabilidade deles? Acredito que, em casos assim, o pai deveria ser punido no lugar do filho. Os pais têm que pensar no futuro de seus filhos e ensinar o quanto isso é importante. Sem saber pensar no futuro os jovens não entendem para que servem as escolas e acham que não precisam de instrução. Preferem música de baixa qualidade moral, danças com roupas escandalosamente sedutoras para... para que mesmo? — silêncio. — Nem eles sabem para que as músicas chulas, por que as roupas indecentes. Não sabem porque não pensam no amanhã. Vivem o momento. Os pais que dizem fazer qualquer sacrifício por seus filhos, largam-nos, não educam, não instruem. Esses pais dizem fazer tudo pelos filhos, mas desde que isso não os faça perder o jogo, o futebol, a novela que está ótima! — ironizou. — Fazem de tudo, menos ter paciência e educar, instruir, mostrar o que é certo e o que é errado na vida, explicando, milhares de vezes se for preciso, todos os assuntos com muita paciência. Os pais fazem tudo, menos procurar orientação e ajuda com psicólogos, pedagogos e educadores para que esses profissionais os ajudem com seus filhos. Não são os filhos que precisam de psicólogos, muitas vezes são os pais, para aprenderem como agir, como educar, como ensinar, como se controlar, como fazer direito. Não é vergonha nenhuma pedir ajuda, querer aprender. Não é só procurar ajuda, é preciso procurar por profissionais competentes e não pessoas curiosas e intrometidas. Ainda mais nos dias de hoje quando a televisão e a internet são os maiores inimigos da família, dos bons princípios, da boa moral.

— Isso mesmo, Felipe — interrompeu a mãe. — Não há estímulo maior à violência, à discórdia, à vingança do que alguns programas de televisão. Novelas mostram que é certa a vingança, pois, se não houver vingança, a impunidade triunfa. Todos querem que as más ações sejam vingadas e não corrigidas. Querem que tudo seja lavado a sangue, se for preciso.

— Quem acredita nisso, não crê em um Deus bom e justo — comentou Vanessa.

— Concordo com você — tornou a mulher. — As pessoas confundem ficção com realidade. Como se não fosse só isso, é bem na hora do jantar, em que as famílias deveriam se reunir com harmonia e paz, que a televisão decide, caprichosamente, passar cenas de briga, violência, palavrões, xingamentos, agressividade e toda a pior espécie de canalhice e sujeira. Isso estimula as pessoas, os espectadores ao desequilíbrio, à irritação, a vida promíscua, a se acostumar com o que é podre. Nem estou mais assistindo a essas novelas que só sabem acionar o lado primitivo do ser, não querendo que as pessoas evoluam. Em minha opinião, gritaria é falta de respeito ao espectador. Além disso, tudo de errado é ensinado como certo. Se a vida do autor da novela é podre e ele acha que a leviandade, a promiscuidade é coisa comum e coloca cenas de baixo valor moral em suas novelas, para uma família de verdade, isso não é comum, não é normal.

— É isso mesmo. Dificilmente vemos uma programação que eleva o ser, que dê exemplos e princípios de evolução moral e espiritual, que liga e une a família — concordou Vanessa. — Se as pessoas tivessem noção de reencarnação, a vingança, a promiscuidade não estariam silenciosamente embutidas nos programas líderes de audiência. Isso choca as pessoas de espírito mais elevado, por isso elas não perdem tempo com programas assim. No entanto, os menos elevados apreciam a desgraça, querem dar atenção e saber detalhes. Quando se fala em vingança e cenas de sexo, então!... A euforia sádica parece brotar das entranhas da alma dos mais atrasados que se atraem por isso. As brigas e intrigas dão audiência por causa da falta de instrução, de orientação. A vida leviana de um que casa ali, outro descasa lá; um trai, outro ajuda... Na televisão isso é apresentado como normal, mas na vida real, tudo é bem diferente, bem difícil. A TV não apresenta as dores da alma nem as doenças do corpo. Tudo é programado, planejado. Ninguém corre risco.

— Outro dia eu disse lá em casa que a televisão se tornou um penico sobre a mesa de jantar do brasileiro. Eles pensam que a casa da gente é um bordel. Coisa mais nojenta. Só estão ensinando coisas erradas. Ensinando que a família não vale nada, em vez de manter a tradição da família e dos bons costumes. Onde é que isso tudo vai parar se continuar assim? Se continuar desse jeito, algumas emissoras de TV devem ser assistidas no banheiro, lugar de detritos, ou no necrotério, que é lugar de esquartejamento e sangue — comentou o senhor Weber, contrariado.

— Justamente no horário de refeição. Horário sagrado de reunião familiar, quando o correto é elevar os pensamentos ao Pai, agradecer pela oportunidade de vida, pela alimentação do momento e pedir que bênçãos santificantes se derramem sobre aqueles alimentos a fim de que satisfaçam nossas necessidades físicas, mentais e espirituais. Nessa hora, temos o que o senhor falou: detritos, sangue e sexo. Isso deixa o ambiente sobrecarregado, saturado de energias pesadas, vindas de comentários das reportagens de crimes ou de gritos, brigas, discórdias e todo e qualquer tipo de lixo moral. Os alimentos se impregnam dessas densas e funestas vibrações e depois as pessoas os ingerem. Muitos que acreditam nos fluidos das hóstias ofertadas após as bênçãos nas igrejas católicas, acreditam no poder da água fluidificada em tantos templos religiosos, porém, após as bênçãos, não pensam na energia de seus alimentos expostos a vibrações tão vis, podres, impuras recebidas através das energias vindas do que passa na TV. Se uma água fluidificada nos faz bem, alimentos impregnados com tais vibrações nos vão fazer mal — concluiu Vanessa bem informada. — Sem comentar que educamos tanto os nossos filhos para, depois, com um único programa inapropriado, uma única cena imoral, jogarmos toda educação por terra. Eu mesma, não ligo mais a TV nesses canais. Nem quando estou sozinha. Não preciso assistir a isso. Na minha casa só entram filmes e programas selecionados.

Eles ignoravam que, na espiritualidade, Enéas, Luana e outros espíritos de igual entendimento os acompanhavam.

Atento, Enéas comentou:

— Vanessa tem toda razão. Quando os encarnados se dispõem a deixar entrar em seus lares, por meio de programas de TV ou músicas, apresentações agressivas, de baixo valor moral, que interpretam a violência, a vulgaridade, o sexo promíscuo, as carnificinas e tudo o que de mais inferior existe, espíritos impuros, inclinados ao mal, com conselhos pérfidos, insuflam discórdia, desconfiança, sensualidade, desgraça humana. Eles se ligam, apegam-se às pessoas de caráter fraco que também apreciam, de alguma forma, as baixezas apresentadas na TV, música, internet, livros, induzindo-as à perdição, à prática de pensamentos e atos que retardam seu adiantamento moral fazendo-os sucumbir. Deixam-se levar diante das provas que aparecem. Isso é o deixar-se cair em tentação. Por causa do que a televisão apresentou como sendo normal, ou a pessoa viu na internet e causou-lhe excitação, ou ouviu na música que a seduziu, muitas e muitas pessoas que não necessitavam sofrer se atraíram à vida leviana, ao sexo vulgar, promíscuo, casual. Isso porque a pessoa não se vigiou, aceitou e pagou para ver. Só que depois o arrependimento chega de forma violenta à sua consciência e ela entra em conflito íntimo, desequilibrando-se de todas as formas, sofrendo doenças psíquicas, mentais, transtornos psicológicos, sem contar as doenças físicas. A grande máquina de manobra da espiritualidade inferior, hoje em dia, são os meios de comunicação. Despreparada, a criatura assiste, ouve, lê e, sem perceber, deixa-se envolver por espíritos de extrema inferioridade moral que se comprazem em vê-la retardar a evolução ou, então, por terríveis inimigos do passado que, no "silencioso" e "invisível" plano espiritual, incentivam-nas e se envolvem com elas, aproveitando-lhes as energias e as vibrações inferiores, multiplicando tais fluidos e inclinando-as, cada vez mais, à sedução por inúmeras baixezas.

— Nos momentos de tais apresentações na TV, internet, leitura de livros e revistas do gênero e músicas, somente espíritos malignos, ignorantes e inconsequentes se reúnem e vibram nesse ambiente, inclusive no familiar. Se os encarnados pudessem ver ou sentir o que fazem esses espíritos inferiores, certamente mudariam a sintonia. Eles poderiam ver que, na espiritualidade, gargalhadas sinistras, produzidas por criaturas espirituais assombrosas, de expressões animalescas, rasgam o ambiente, enquanto a paisagem espiritual fica totalmente escura, cinzenta, pálida, não importando qual seja a luz no ambiente físico. Atraindo seres monstruosos, irônicos. Eles mobilizam extremas energias negativas, sombrias, plasmando nas paredes, miasmas como massas ou barros cinzentos, fétidos, impregnações espirituais produzidas por mentes terríveis, por ideias mentais, *formas-pensamento* — comentou Luana.

Tássio, amigo espiritual que estava presente e os visitava, contou:

— Conheci um caso que gostaria de expor para conhecimento e estudo. Em um lar, cujo ambiente familiar era bom e equilibrado, a família, composta de pai, mãe e três filhos, sendo dois rapazes e uma moça, viviam bem. Eram católicos praticantes. Frequentavam a igreja do bairro, participavam de cultos de orações, faziam preces no lar, inclusive durante as refeições, ao amanhecer e antes de dormir. Em resumo, ligavam-se ao Pai Criador. Isso por muitos anos. Até que a televisão começou a fazer parte das refeições, pois após um progresso financeiro e uma reforma, a tão sonhada sala de jantar foi feita e de lá uma televisão podia ser assistida. Assim, a família não conversava mais, embora estivesse reunida. Toda a atenção se voltava para a TV e o silêncio era solicitado para que o programa exibido não fosse interrompido. A oração, tão importante em momento sagrado como o da refeição, com o tempo, foi deixada de lado. Aos poucos, lentamente, um filho ou outro não estava presente e os demais não se importavam e não pensavam no ausente, ligando-o à família no momento sagrado da refeição, quando deveriam incluir seu nome na hora de prece, pedindo seu envolvimento e proteção, onde quer que estivesse. Então, em alguma apresentação de destaque, no clímax da novela ou do filme, a mãe e a filha chegavam a abandonar a mesa de jantar para assistir à dramaturgia mais de perto. Aquelas cenas de briga, intriga, sedução, traição, inveja, discórdia, gritos, vingança foram atraindo desencarnados de nível bem inferior que apreciavam tudo aquilo, como já disseram.

Com o tempo — continuou Tássio —, um filho não queria mais ficar ali na mesa de jantar para ir para a frente do computador, enquanto outro procurava por outra televisão na casa, para jogar videogame. E o marido, insatisfeito, por não ter com quem conversar, para contar como foi o seu dia, passou a se sentir abandonado, indesejado, pois a programação apresentada na TV era mais importante do que ele. Influenciado, equivocado, ele não disse nada e calava suas reclamações sem tomar qualquer atitude.

Influenciada por espíritos inclinados ao mal, que dão conselhos pérfidos, a jovem começou a querer usar roupas semelhantes às das atrizes que exibiam seus corpos a fim de seduzir, conquistar e isso levava, inevitavelmente, à sexualidade inferior. As pessoas ignoram que toda roupa sedutora, sensual, leva à sexualidade inferior, ou então, por que alguém usa tais roupas tão minimizadas, se não quer expor-se ao sexo de baixa moral, ao sexo promíscuo, casual? — Breve pausa que ofereceu a reflexão e Tássio continuou: — Então, a filha, com ideias de querer exibir-se tal qual o que via na TV, passou a usar roupas sensuais, tomando posturas chamativas, apelativas ao sexo, maquiagem chamativa, leituras de baixo valor moral, atraindo, para junto de si, espíritos levianos que, quando encarnados, foram prostitutas ou mulheres ligadas à vulgaridade, ao sexo de baixo nível.

Enquanto isso, a mãe começou a se sentir confusa. Diante do que era apresentado na televisão e tudo o que havia aprendido referente à moralidade, na religião que era adepta. Os espíritos que frequentavam aquele lar a atordoavam, magnetizando seus pensamentos e não a deixando reagir. Criavam distrações e a deixavam atenta aos programas fúteis de *reality* shows que nada traziam de benefícios a ela ou à sociedade. Ao mesmo tempo, o marido passou a ficar atraído com o que via na TV. Espíritos levianos o faziam crer que homem tem que gostar de mulher nua, reparar nas curvas, no corpo bonito. Homem tem que... Então ele, a cada dia, deixava-se envolver por tudo ao que assistia, desejando as mulheres que apareciam como atrativo e para desatenção, a fim de que os espectadores se distraíssem e não vissem a inutilidade do que era apresentado. Esse marido, esse pai de família, permitiu-se envolver cada vez mais por espíritos inferiores, vulgares, sedutores. E, só ver mulheres seminuas pela TV, não foi suficiente. Então, no serviço, através de internet, ele passou a buscar sites, apresentações que alimentassem o desejo desequilibrado ao qual ele se permitia na área do sexo.

O filho mais velho seguia os mesmos caminhos do pai, enquanto o outro irmão se interessava pela violência dos *games*, dos jogos e também pelas músicas baixas. Então, os jogos e as músicas começaram a parecer fracos, sem atrativos. Ele precisava de algo mais forte, de mais desgraça, mais sangue para obter mais descarga hormonal, para ter bem-estar.

Os videogames violentos, as músicas violentas e de cunho de baixo pudor, junto com os estímulos de espíritos inferiores, levou esse jovem a ficar atraído por outros jovens de péssima companhia que, aos poucos, inseriram-no nas drogas, no prazer da violência e em outras práticas.

A irmã, moça jovem e bonita, entendeu, pelo que via na televisão, revistas e livros vulgares, que era necessário ser sensual, que era normal se envolver sexualmente com um e com outro através do sexo casual. Achou que promiscuidade era normal.

O filho mais velho envolveu-se com sexo desequilibrado, necessitando diversificar a tal ponto que chegou à prática da pedofilia.

O homem, antes bom marido e pai amoroso, não resistiu às tentações. Sem admitir que estivesse sendo fraco, covarde e incapacitado, começou a frequentar casas de prostituição e relacionou-se sexualmente com prostitutas, desgostando-se do lar e da família, sem se preocupar com a esposa fiel, trabalhadeira, prestativa. Envolvendo-se com a pior e mais inferior das classes espirituais. Além disso, passou a ingerir bebida alcoólica e a fumar.

No auge disso tudo — prosseguiu Tássio —, espíritos trevosos, chefes de legiões, ordenaram, na espiritualidade, aos seus subalternos, para que fossem instalados naquele lar, outros espíritos sofredores, prisioneiros da loucura e da dor, doentes, vitimados, torturados em circunstâncias das mais dolorosas, presos nas grades escuras do horror, débeis mentais por tanto sofrimento.

O que antes era um lar se tornou um inferno impregnado das mais diversas substâncias sombrias.

As energias funestas, trazidas pelo marido através do ato sexual, após ele ter se relacionado com mulheres vulgares, impregnavam a esposa que, sem perceber, adoecia mental e fisicamente.

O marido não entendia que energia sexual é energia criadora de algo sublime, excelso, ou de algo repugnante, doentio, inferior, espiritualmente falando.

Na esposa, antes mulher saudável, religiosa e ativa, miasmas densos e tenebrosos, energias pérfidas e desequilibradas, alteravam-lhe a mente que se prendeu na tão temida doença da Depressão e da Síndrome do Pânico.

Os filhos, mais interessados com práticas inferiores, viciosos naquelas ações de energias incrivelmente negativas, não se importavam com a mãe e não lhe davam atenção.

Gritos eram os meios de comunicação. Brigas eram o relacionamento. Ódio, rancor, descaso eram os sentimentos familiares trocados a partir de então.

Aos poucos, doenças físicas se manifestaram no corpo da mulher, como resultado de seu estado espiritual. Dores tensionais, problemas intestinais, infecções, ulcerações, gastrite, problemas renais, tumores e muitos outros problemas de saúde, sem contar que, mentalmente, ela era aflição, pânico e tortura. Isso até podia ser notado em seu semblante.

O marido, desgostoso, sem saber o que fazer e sem entender que foi o maior provocador daquele estado, piorava a situação. Homem fraco, envolvia-se cada vez mais com prostitutas e, como se não bastasse, arrumou uma amante.

O ambiente físico não era mais tão organizado e limpo como antes. No plano espiritual, a cada dia, era pior. Era de pura imundície. Pelo chão, arrastavam-se a esmo espíritos de aspecto repugnantes, mostrando, em seus corpos espirituais, formações animalescas, principalmente na área do sexo. A atmosfera era sufocante, tóxica, impregnada de uma espécie de vapor tórpido, escurecido, resultado dos pensamentos desequilibrados dos encarnados e desencarnados que se instalavam ali em deplorável condição.

Como que hipnotizados, todos estavam esquecidos, alheios às preces, à religiosidade, a Deus, e concentrados em práticas que os comprometiam e os atrasavam na evolução. Cada qual, no seu desvio moral, sintonizava com as emissões vibratórias dos espíritos inferiores que imantavam seus pensamentos, iludindo-os com falsos prazeres inferiores, fazendo-os servir de instrumentos passivos de desejos e paixões vis para sugar-lhes as energias e escravizá-los encarnados e após o desencarne, no futuro.

Certo dia — continuou Tássio —, uma irmã da mulher, que não a via tinha muito tempo, foi lhe fazer uma visita por conta das doenças e do transtorno psicológico que tanto a debilitava.

Médium, estudiosa do Evangelho, ao entrar na casa da outra, foi capaz de se arrepiar ao sentir o fluxo de energia inferior que corria no ambiente.

Tudo isso, até ali, podíamos assistir só de longe. Não fomos chamados, de verdade, de coração e alma, para qualquer auxílio.

Então, a irmã, médium evangelizada, orou primeiro para si, ligando-se ao Alto por meio de pensamento puro, silencioso, pedindo proteção. No mesmo instante, como que um cordão de luz finíssima de cores múltiplas nos tons de azul, branco e rosa, pareceu descer do alto ao topo de sua cabeça. Sua aura ficou abrilhantada, formando algo como um escudo. Seu mentor, digníssimo espírito com entendimento, fez-se presente tal como defensor firme, seguro e fiel, capaz de cumprir seus deveres sem vacilar. No decorrer da prece silenciosa, com o auxílio e a imposição do excelso espírito amigo, luzes invisíveis aos olhos projetaram-se por sobre a médium discreta e sorridente, que parecia ouvir a irmã lamentar suas inquietações e tristezas.

Os espíritos inferiores que tentavam contra a médium não podiam lutar contra as energias vigorosas, salutares e positivas que a cercavam em corpo e alma. Os centros cerebrais da médium eram pura e inabalável ligação ao Altíssimo. Serena, imperturbável naquele covil de criaturas sórdidas do invisível, ela permaneceu tranquila, sem qualquer exibição de seus atributos. Médium digna e educada, permaneceu envolvida por sua ligação mental com recursos magnéticos e balsâmicos.

Ao ver a outra esgotar as queixas inúteis, a médium de nome Euvira, bondosamente perguntou onde estava a fé da qual a irmã sempre se valia? Lembrou-a de que era necessário reverter aquele quadro e, às vezes, para dar uma virada na vida, era necessário voltar ao princípio, nascer de novo, como nos ensinou Jesus. Disse para a irmã que era o momento de mudar ou nunca sairia daquele estado. Para melhorar seria necessário admitir as falhas, os erros; seria necessário se conhecer, perdoar-se e agir. Tomar uma atitude. Parada ali, sem nenhuma atitude, nada de novo e de bom poderia acontecer. Era o momento de rever conceitos e práticas, corrigindo vícios... Matar todo o passado e começar de novo. Euvira aconselhou a irmã a reagir e começar do mais próximo. Vencer o peso que a deixava presa à cama e, usando toda a sua força, começar a mudar a si mesma, melhorando os pensamentos, deixar de pensar e verbalizar reclamações inúteis. Comentários de medo e doença atraem medo e doença. Orientou-a a se arrumar, arrumar a casa, cuidar da alimentação e das coisas, como antes. De certo seria difícil, mas não impossível. Euvira ainda disse para a irmã procurar um Centro Espírita que pudesse lhe oferecer assistência espiritual, pois, certamente, espíritos em estado semelhante ao dela a acompanhavam, pois os semelhantes se atraem. Pediu ainda que orasse, pensasse no Pai Criador, pensasse no Cristo que tantos ensinamentos nos deixou.

Disse ainda que ela estava em um processo de autocomiseração, dó de si mesma. Ninguém pode fazer por você algo que você deve fazer por você mesmo.

Orientou a irmã a unir a família, selecionar o que lia, ouvia, assistia, para que suas mentes se voltassem à tranquilidade, ao bem, ao que era bom e saudável.

Naquele instante em que Euvira falava, uma novela de horário considerado nobre, começou. A euforia sádica dos atores que representavam personagens desequilibrados que gritavam, brigavam, tramavam, odiavam, traíam era motivo de interrupção da conversa. Os produtores daqueles programas pouco se importavam com a desmedida sujeira atirada na tela da TV, que deixavam os lares imundos pelos nomes inapropriados, as cenas porcas e pobres de moral.

Ao mesmo tempo, o marido, em outro cômodo, assistia ao jornal ou documentário trágico de crimes cruéis, desnecessários de serem assistidos, até porque atraíam espíritos sofredores que penaram com vivências semelhantes, ou então, espíritos que se satisfaziam com aquelas práticas sádicas e cruéis.

Inteligente, Euvira associou imediatamente a razão de eles deixarem, em seu lar, tudo aquilo acontecer, ou seja, se permitiam a entrada de tais cenas através da televisão, da internet, músicas, revistas ou livros, permitiam igualmente, pelos pensamentos, que espíritos do mesmo nível ou piores, entrassem em seu lar e tomassem conta da casa mental de cada um.

Vendo que, naquele instante, não podia conversar sobre assunto tão sério, pois a televisão era mais importante, a médium decidiu voltar em outro momento. Não poderia deixar a irmã sem orientação.

Em outra oportunidade, Euvira visitou a irmã novamente e lhe falou tudo a respeito da aceitação que fazemos em nossas vidas através das escolhas de nosso lazer e meios de distração. Ela falou e falou...

A irmã não lhe deu muito ouvidos, a princípio, até que um dos filhos foi morto ao praticar um crime violento e, quase ao mesmo tempo, o filho mais velho foi preso por conta da pedofilia. Ela quase enlouqueceu e se perguntava: Por que Deus permitiu isso?

— Deus não tem nada a ver com isso. Foi a escolha de cada um — interferiu Luana.

— Exatamente — continuou Tássio. — Então ela procurou a irmã pedindo orientação. A partir de então, essa mulher e o marido, mesmo a contragosto, a princípio, começaram a frequentar uma casa espírita e, aos poucos, as palestras evangélicas os alertaram dos males, das perturbações causadas por esses ardilosos meios que, hoje em dia, são utilizados por "legiões das sombras", espíritos malfeitores, para induzir, seduzir, atrair os encarnados a práticas que, aos poucos, fazem com que caiam em tentação e se envenenem com atitudes desequilibradas, que os induzem aos erros e os fazem sofrer a curto, médio ou longo prazos.

Diante do silêncio de Tássio, curiosa, Luana quis saber:

— E o que aconteceu com a família depois?

— O casal solicitou diversas assistências espirituais, assistências com passes e desobsessão na casa espírita que passaram a frequentar. Pediram vibrações para o lar e realizaram diariamente o culto do estudo do Evangelho. O marido, arrependido, afastou-se das práticas de baixo valor moral, mas precisou viver com o peso nos pensamentos e o sofrimento consciencial pelo que fez, entendendo, através das palestras, o quanto tudo o que praticou foi prejudicial, errado. Aos poucos, a esposa se recuperou física e psicologicamente. A filha, rebelde a princípio, se tornou "filha pródiga" quando engravidou e descobriu estar contaminada com vírus incurável. A criança, por bênção, não nasceu contaminada, mas a moça vai precisar cuidar da saúde pelo resto de seus dias, entendendo que como nos diz um grande espírito: "O amor é livre, mas o sexo é compromissado". O filho mais velho, que foi preso, sofreu impiedosamente na cadeia. Solto, transtornado, tentou se recuperar de um estresse pós-traumático que o debilitou física e psicologicamente. Não consegue trabalhar, tem medo horripilante de sair e crises terríveis, pesadelos infernais que ocorrem quando está acordado, a qualquer hora do dia ou da noite e o fazem chorar e querer se esconder. Precisa de medicação e tratamento psiquiátrico e psicológico, além de assistência espiritual.

Os pais sabem que, por conta de invigilância e irresponsabilidade paternais, precisam ajudá-los, hoje, em tudo.

O lar está incomparavelmente melhor, mais equilibrado. Essa família não precisava experimentar o que sofreu. Nem mesmo o outro filho precisava da morte prematura. No entanto, ao se afastarem das preces e orações que os ligavam ao Pai, ao implantarem programas inadequados ao equilíbrio, às práticas imorais, que os levaram a pensamentos e ações que resultaram em tão grande sofrimento, se desequilibraram. Eles, hoje, ao menos já começaram a corrigir o que erraram nesta vida, mesmo sem ter corrigido a que vieram. Outras famílias, no entanto, lamentavelmente, não entendem o que os estão destruindo.

— Programas inadequados na TV, na internet, músicas e livros de baixo valor moral, que inclinam à sensualidade, à sexualidade, destroem alguém sem se perceber — comentou Luana.

— Exatamente — observou Enéas, muito calmo. — Se os encarnados acham que quando estão assistindo, ouvindo, lendo algo obsceno, promíscuo e ninguém vê, só estão pensando em nível de encarnado, pois o que fazem aqui, toda a espiritualidade acompanha.

CAPÍTULO 24
Alergia quase fatal

AO ENTRAREM NO CARRO para irem embora, o casal Weber e Elza comentou:

— Acho que o Felipe deu sorte. Como essa moça é dedicada, sábia... — disse dona Elza.

— Confesso que a julguei de forma errada. Pensei que fosse uma aproveitadora e... Depois até cheguei a pensar que, para corrigir tudo, o Diogo era quem deveria ficar com ela por causa do filho — disse o marido.

— O errado nessa história toda foi o Diogo, sem dúvida. Primeiro ele se envolveu com a noiva do irmão. Isso acabou com o Felipe, devemos admitir. Depois, já noivo da Ceres, foi namorar a Vanessa. Engravidou a menina e nem quis saber.

— Ela não contou que estava grávida. Foi isso o que eu entendi.

— Mas, se eles não se preservavam, a preocupação não poderia ser só dela. O Diogo deveria tê-la procurado para saber.

Minha Imagem

E também para lhe dar explicações sobre a palhaçada que fez ao se comprometer com duas ao mesmo tempo.

— Isso é passado, Elza. Hoje gostei de ver o Felipe e a Vanessa juntos. Agora parece que ele criou juízo. Ela será uma boa mulher para ele.

— Ai!... Estou ansiosa! Tomara que o nenê seja compatível com o Rafael!

— Será sim. Se Deus quiser.

Continuaram conversando.

Enquanto isso, no apartamento, Felipe comentava com a mulher:

— Nunca vi meu pai tão interessado em mim. Quando comecei a falar sobre a empresa, as lojas nos shoppings, ele ficou tão atento! Nunca tinha feito isso quando eu falava de outros assuntos. Tudo, sempre, era sobre o Diogo.

— Esquece o passado, Felipe. Curta seu pai agora — opinou ela.

— Naquela hora, quando eles começaram a fazer perguntas sobre a gravidez, falaram sobre compatibilidade... Isso parece que te incomodou ou foi impressão minha?

Ela parou pensativa e decidiu contar:

— Fiquei envergonhada.

— Por quê?

— Ora... Eles são os seus pais e...

— E daí? — perguntou sem entender o que ela queria dizer.

— Eles são seus pais e pais do Diogo. O que devem pensar de mim? Namorei o seu irmão, tive um filho dele e... De repente, você veio morar aqui e estou grávida...

— Hei! Espere aí! Não foi assim do jeito que você está falando.

— Para eles pode parecer isso. Sei lá. Dá a impressão que sou...

— Que nada. De onde tirou essa ideia? — ele perguntou.
— Tirei da situação que vivo hoje. Você não percebe?
— Vanessa, preste atenção: tudo bem que não é muito comum o que vivemos hoje. Nem todo irmão acaba namorando e se comprometendo com a ex-namorada do outro. Mas você só está vendo isso. Está se prendendo ao superficial e não aos detalhes.
— Como assim? — ela não entendeu.
— Ora, você namorou o meu irmão já faz anos. Era inexperiente, imatura. Ficou grávida dele e nunca mais o procurou nem o viu. O Diogo nem mesmo ficou sabendo que tinha um filho. Depois desse tempo todo, foi que me conheceu. — Um momento em que a olhou, depois continuou mais tranquilo, com sua voz calma e forte: — Quando eu comecei a gostar de você, o fato de ter um filho do meu irmão me incomodou um pouquinho. Mas o que eu sentia era mais forte. Então pensei: se o Rafael fosse filho de um outro cara eu não iria me incomodar, não faria diferença, certo? Por que, então, devo me incomodar por ser filho do meu próprio irmão? Sangue do meu sangue — sorriu. — Que, geneticamente falando, é meu filho.
— Aaaah!... Não me venha com essa conversa de que o Rafael é seu filho, tecnicamente falando! — zangou-se.
— Tá bem! Mas que é, é! — riu gostoso. — Mas isso não importa. Assim como também não me importa o fato de você ter namorado meu irmão ou outro cara qualquer. O que eu tenho a ver com isso? Foi antes. Foi no passado. Antes até de me conhecer. Você não traiu, não enganou, não mentiu, não trapaceou, não se corrompeu com vida leviana... Nunca fez nada que me ferisse ou me magoasse. Nem a mim nem a meu irmão. Nós, simplesmente, nos conhecemos e nos apaixonamos. Estamos livres e desimpedidos. Você sempre me respeitou e deixou isso sempre bem claro

para nós e para os outros. O fato é que não vejo com o que você tem de se envergonhar. Meus pais sabem disso. — Breve pausa e completou: — Sabe, Vanessa, não podemos controlar os pensamentos de ninguém. Se estamos certos, se nossa consciência está tranquila, não vamos nos preocupar com os outros — Aproximando-se, Felipe lhe fez um carinho no rosto, afastou-lhe uma mecha de cabelo, colocando-a atrás da orelha e beijou-lhe a testa.

Vanessa sorriu junto e em seu rosto resplandeceu uma beleza encantadora.

Com jeito meigo, ela fugiu ao seu olhar enquanto sorria docemente.

Felipe reparou o quanto ela era bonita, amável, carinhosa, maleável para entender situações.

Ele a abraçou embalando-a de um lado para outro enquanto ela o envolvia pela cintura, recostando o rosto em seu peito.

Beijando-lhe o alto da cabeça, procurou seus lábios, beijando-os. Depois, segurou em seu rosto para olhá-lo e murmurou:

— Eu amo você. Nada mais me importa.

— Amo você também, Felipe.

Beijaram-se.

ഌര

O tempo foi passando rápido...

Uma olhada no relógio, que não havia despertado, e Leda viu que já eram dez horas da manhã.

Um feixe de luz forte rasgou a penumbra do quarto, iluminando seus olhos expressivos de modo a provocar quase uma dor.

Ela colocou a mão na frente do facho de luz e se mexeu para se sentar.

Um lapso de memória quase não a deixava nem lembrar do próprio nome.

Que dia era?

Sábado ou segunda-feira?

O que teria mesmo de fazer?

Por que o relógio não despertou?

— Nossa... Que sensação estranha... — com voz rouca, murmurou consigo mesma ainda tentando se lembrar das atribuições que tinha naquele dia.

Uma coisa era certa: havia perdido a hora.

Rodrigo tinha o hábito de acordar cedo, mas onde ele estava?

Não adiantaria pressa.

Que dia era mesmo?

Cambaleou ao se levantar, pegou um robe e entrou no banheiro.

A cabeça estava muito pesada e se sentia tonta.

Foi até a pia e jogou água no rosto. Encarou o espelho tendo, ainda, a escorrer pela face a água fria e transparente.

Não conseguia se ver direito, talvez, por causa da penumbra.

— O que aconteceu comigo? Parece que estou dormente... Meu rosto está inchado, meus olhos não querem abrir e... Não consigo pensar, acordar...

No plano espiritual, Rosa, sua mentora, procurava despertá-la.

Uma sensação estranha e um sono irresistível parecia atraí-la para a cama.

— Acenda a luz — inspirou o espírito Rosa como a soprar-lhe no ouvido, ecoando em sua mente o que fazer.

Sem ouvir o que lhe era sugerido, tendo como sua aquela ideia, Leda precisou de uma força descomunal para dar um passo e erguer a mão para acender o interruptor.

Olhando-se novamente, observou melhor o quanto seu rosto estava inchado e bem alterado.

— Meu Deus... O que é isso? — tornou a perguntar em voz baixa.

Leda voltou para a suíte e se apoiou na cama, colocou os chinelos e saiu do quarto.

Empurrou e abriu a porta do quarto do filho, que também estava escuro, mas não o viu.

Cambaleando, caminhou pelo corredor e chegou até a sala e a luz natural pareceu agredir ainda mais seus olhos, tanto que precisou pôr a mão na frente do rosto.

— Rodrigo... — chamou baixinho, não tendo forças para falar mais do que isso.

Foi até a cozinha e nada.

O filho não estava.

Precisava fazer grande sacrifício para pensar e tomar decisões.

Respirava mal, tinha de se esforçar para isso.

Voltou à sala e decidiu ligar para a amiga que morava no apartamento abaixo.

O telefone de Vanessa só chamou. Tentou o celular, mas nada. A ligação caia na caixa postal.

— Preciso de ajuda... — murmurou ao reconhecer que não estava nada bem.

— Liga para o Diogo. Ele está mais perto — sugeriu novamente sua mentora.

Não são só os espíritos inferiores que nos inspiram, mas também todos aqueles do nosso nível espiritual.

Leda se lembrou de Diogo, mas não tinha forças para tomar decisões nem ser ágil. Sentou-se no sofá como se se largasse.

Outros amigos espirituais, junto com Rosa, começaram a ceder energias salutares para fortalecê-la.

Movendo-se e respirando com dificuldade, confusa, pegou o celular sobre a mesa e buscou o número de Diogo.

Ligou.

— Alô! Leda? — perguntou ele ao ver sua identificação no visor do aparelho.

— Diogo... — murmurou fraca e se calou em seguida.

Diante da demora e estranhando o tom de voz, ele pediu:

— Estou ouvindo. Fala.

— Não sei o que tenho. Estou estranha. Preciso de ajuda.

— Você está falando do celular. Onde você está, Leda?

— Em casa... — murmurou com voz fraca.

— Estou indo aí, tá? Abra a porta, que estou chegando. Deita e fica quietinha, mas continue falando comigo. Entendeu?

— Entendi... Estou indo abrir a porta — falou enquanto se segurava nas paredes para fazer o pretendido.

— Isso. Eu estou perto. — Um momento e perguntou: — Abriu a porta?

— Abri — respondeu com a voz bem baixa, que ele quase não ouvia.

Após longa pausa, pediu:

— Leda, fique atenta, tá? Conversa comigo. O que aconteceu? Sabe me dizer por que está assim?

— Não. Acho que...

— O quê? Acha o quê?

— De madrugada tomei um remédio...

— Que remédio?

— Agora não sei.

— Como não sabe?! — preocupou-se ele ainda mais.

— Não lembro o nome. Não tô conseguindo pensar... — Um momento de pausa e o chamou: — Diogo...

— Fala!

Silêncio.

— Leda! Tá me ouvindo?

— Tô... — sussurrou. Deitada no sofá, seus olhos teimavam em fechar mesmo contra sua vontade.

— Estou estacionando o carro — disse ele.

— Tá...

— O Rodrigo não está aí com você?

Ela demorou muito para responder, apesar disso, forçou-se a dizer:

— Não. Não sei dele.

— Como não?!

— Não sei...

— Estou na portaria. Já vou subir.

Diogo cumprimentou o porteiro que o recepcionou com um:

— Bom dia, seu Felipe!

Não deu importância, principalmente por, naquele momento, estar mais preocupado com Leda.

O elevador demorava tempo demais. Pensou em subir pelas escadas, mas eram muitos andares.

Por fim chegou e ele subiu para o andar desejado.

Entrando no apartamento, chamou por ela e logo a viu no sofá com o corpo largado sobre as almofadas.

— Leda!... — exclamou murmurando. Observando-a de perto, viu suas pálpebras inchadas e vermelhas, assim como seu rosto, pescoço, lábios, mãos. — Isso é reação alérgica, com certeza.

— Diogo... Não estou bem... — falou com a voz baixa, fraca e com dificuldade até para respirar.

— Onde está sua bolsa?
— No meu quarto. No armário da direita.

Ele foi até a suíte e não foi difícil encontrar a bolsa.

Retornando para a sala, disse enquanto foi pegando-a e enlaçando o braço de Leda em seu ombro:

— Seus documentos e o cartão do plano de saúde estão na sua carteira, certo?
— O documento está, mas... Não tenho plano de saúde.
— Como não?! — perguntou e parou, olhando-a firme.
— Não. Não tenho. Só o Rodrigo — murmurou.
— Vamos. Darei um jeito — comentou e saíram.

No *hall* do elevador, ele a abraçou e a recostou em si, enquanto Leda, por mais que tentasse ser forte, enfraquecia.

Passando pela portaria, o porteiro se surpreendeu ao vê-los com dificuldade e o ajudou a abrir os portões e depois o carro que estava estacionado quase em frente.

Diogo a acomodou no banco do passageiro, olhou-a por um momento e logo assumiu o volante, indo para o hospital que conhecia.

ಬಂದ

Deitada em um leito hospitalar, com Diogo ao seu lado, Leda abriu os olhos e depois os fechou.

Ainda se sentia sonolenta, mas, aos poucos, foi capaz de reagir contra aquela moleza que antes a derrotava.

Remexendo-se um pouco, ela o viu sentado em uma cadeira ao lado, segurando em sua mão, enquanto apoiava a testa em seu leito, sem vê-la.

— Diogo... — murmurou.

O rapaz ergueu a cabeça e sorriu largamente.

— Oi. Você está bem? — perguntou, expressando satisfação.

— Acho que sim — respondeu ela e olhou para o seu outro braço que estava preso ao soro e a outra medicação. Reparando melhor, notou que o quarto hospitalar era bem acolhedor, confortável e bonito. De forma alguma aquele seria um hospital público, onde esperava ser socorrida. Virando-se, perguntou com simplicidade: — Que hospital é esse? Pra onde você me trouxe?

— Para o hospital Sírio Libanês. Era o único que eu conhecia. O que me veio à mente.

Leda reagiu preocupada. Tentou arregalar as pálpebras ainda inchadas e remexeu-se como se quisesse sentar, reclamando, parecendo brava:

— Pelo amor de Deus, Diogo! Como é que vou pagar por um hospital desses?! Onde você estava com a cabeça?!

— Em você — respondeu com simplicidade. Levantando-se, ficou ao seu lado e explicou: — Queria o melhor pra sua saúde. Não se preocupe com dinheiro. Eu vou pagar o hospital.

— Não era um caso tão sério. Como é que vou te pagar? — preocupou-se, menos irritada.

— Era sério sim. Você poderia ter morrido e sabe disso tanto quanto eu. Quando fui ao seu quarto pegar sua bolsa, vi a caixa de remédio sobre o móvel e a trouxe junto para o médico ver. Você tomou um anti-inflamatório e não sabia que era alérgica. Isso é perigoso demais, Leda.

— Nossa... — falou baixinho. — Nunca fui alérgica a nada.

— Nunca se sabe, até ter certeza. Nunca se toma um remédio sem avisar alguém. Você sabe disso. Fez Farmácia. Isso nos foi ensinado. É algo básico.

— Eu sou sozinha. Meu filho é pequeno. Era madrugada e eu estava com muita dor.

— O que sentia?

— Enxaqueca. Daquelas bem fortes. À noite, antes de me deitar, tomei um analgésico comum. O que sempre todo. Mas não passou. Nem dormi direito. Levantei e liguei para uma farmácia 24 horas que faz entrega em domicílio. Pedi um medicamento que sempre ajuda com dores assim. Logo que o *motoboy* entregou, tomei de imediato. Estava desesperada. Estava quase claro e fui me deitar de novo.

— E quase se matou.

— Ai, não diga isso. Tenho um filho pra criar e... — Um instante e se lembrou: — E o Rodrigo? Você sabe dele?

— Está com a Vanessa. Assim que viemos pra cá, liguei pra eles. Disseram que telefonaram para o seu apartamento logo cedo convidando o Rodrigo para ir ao Aquário de São Paulo. O Rodrigo disse que foi até seu quarto, pediu para ir e você deixou.

— Não me lembro disso. — Pensou um pouco e considerou: — Deveria estar meio atordoada com o efeito do medicamento.

— O inchaço da glote, laringe, dificulta a oxigenação do cérebro e isso provoca sonolência.

— Eu sei o que é — reconheceu a gravidade do caso. Sentou-se direito após acionar a cama para melhor acomodação. Depois o olhou nos olhos e agradeceu com jeito meigo e leve sorriso doce: — Obrigada por me ajudar. Por me socorrer.

Diogo sorriu, levou a mão até seu rosto fazendo-lhe um carinho e comentou:

— Não posso dizer que foi um prazer, mas achei legal você ter se lembrado de mim.

Com movimentos leves, ele passou-lhe a mão pelos cabelos suaves, ajeitando alguns fios que lhe caíam sobre a face.

Diogo se aproximou mais e segurou o rosto de Leda com uma mão, enquanto a outra apoiou em suas costas e lhe fez um carinho, recostando-a em seu peito.

Beijou-lhe o alto da cabeça, encostando a face sobre ela e, cerrando os olhos, ele respirou fundo e confessou:

— Fiquei com tanto medo.

— Do quê? — perguntou com voz abafada pelo abraço.

— Tive medo de perder você. Fiquei apavorado. Quando demos entrada aqui, você estava inconsciente. Sua pressão arterial caiu. Ficou vermelha, inchada, irreconhecível. Eles a levaram para a UTI para reanimá-la. Precisou de cortisona e doses de adrenalina direto na veia. As reações eram graves, quase gravíssimas. O choque anafilático poderia ter sido fatal. Fiquei cada vez mais apavorado quando o médico me trazia boletins do quadro e quase não falava de sua melhora. Dizia que era preciso aguardar. Então eu comecei a orar. — Passou a mão em seu rosto, dizendo: — Descobri que você é muito importante pra mim, Leda.

Ela o olhou e sentiu uma emoção forte ao experimentar o coração bater rápido.

Diogo se curvou e parou ao tocar suavemente seus lábios nos dela. Antes de beijá-la, murmurou:

— Adoro você...

Beijou-a com carinho, depois a apertou junto a si.

Se pudesse, iria guardá-la em seu peito para protegê-la e amar.

No minuto seguinte, poucas batidas e a porta do quarto foi aberta.

Era o doutor Aguiar, médico que cuidava de Leda.

— Como está a nossa garota?! — perguntou de modo simpático, o homem alto e magro que usava óculos e tinha alguns papéis nas mãos.

— Está bem acordada agora — respondeu Diogo sorridente, afastando-se do abraço com Leda.

— A mocinha deu um susto e tanto em todo mundo, não foi? — Ela sorriu constrangida e nada disse. O clínico comentou:
— Fiquei sabendo que é farmacêutica.

— Pois é, doutor. Algo assim acontece nas melhores famílias... — ela brincou. — Quando eu acordei e me vi com reações alérgicas, nem conseguia pensar direito. Só sabia que precisava de ajuda.

— As pessoas ignoram que as reações imunoalérgicas, ou reações alérgicas, são imprevisíveis, obrigando médicos e pacientes ficarem bem atentos, até mesmo quando a pessoa já fez uso de medicamento igual. Quase ninguém leva a sério, pois não sabe que essas reações alérgicas podem ser discretas, quase imperceptíveis, depois muito graves e até potencialmente fatais. Qualquer indivíduo, alérgico ou não, pode sofrer uma intolerância ou alergia medicamentosa. E é ainda pior quando existe a combinação de medicamentos que contribuem para o aumento de efeitos colaterais.

— Sempre tomei dipirona e foi o que fiz, à noite, quando a dor de cabeça começou. Por não passar, e visto que já haviam decorridas mais de sete horas da ingestão do remédio, tomei um anti-inflamatório, pois sei que ele auxilia no tratamento da dor — contou Leda.

— Certamente a primeira substância alterou o equilíbrio do seu organismo, provocou alguma reação leve ou acentuada e você não percebeu, não observou. A dipirona é medicamento anti-inflamatório. Com o anti-inflamatório mais potente que usou depois, a reação se potencializou. É certo que sofreria a reação alérgica de qualquer jeito, só que ela se deu de forma mais violenta. Como você deve saber, é ao longo do tempo que a sensibilidade alérgica acontece, em muitos casos, mesmo após alguns contatos com a substância sem que sejam desenvolvidos os sintomas. Nenhum medicamento é completamente seguro no quesito efeito colateral. Sempre poderá haver uma surpresa. A automedicação é muito perigosa, principalmente por parte de pessoas sem conhecimento farmacológico que não reparam nas primeiras reações de alergia, que podem ocorrer no uso corriqueiro de um remédio. O pior é quando a pessoa o testa para ver se é alérgica mesmo. Testes ou repetições de uma medicação à qual se é alérgica são muito perigosos, porque, certamente, a reação virá mais grave.

— Eu sei disso — lamentou Leda em tom constrangedor.
— As reações adversas, ou reações alérgicas, podem variar de simples coceira, erupção na pele, mal-estar, vômitos ou náuseas. Ou podem ser maiores com urticária, angioedema, edema da glote que provoca asfixia, fotossensibilidade, reações respiratórias diversas chegando a reações graves ou gravíssimas, que é o choque anafilático, síndrome de Lyell, síndrome de Stevens Johnson...

— Sim, as reações são muito variadas, levando a óbito e a sensibilidade é imprevisível e varia de pessoa para pessoa — tornou o médico. — Geralmente, quem é alérgico a um tipo de analgésico ou anti-inflamatório não hormonal, é alérgico a outros do mesmo grupo. Por isso é essencial consultar um médico Alergologista. Ele saberá orientar, pois, para medicamentos como dipirona, não existem, hoje, testes que confirmem categoricamente a alergia. Somente um médico Alergologista poderá orientar bem após uma avaliação do caso, uma vez que existem outros medicamentos capazes de substituir os que provocam reações. — Reparando a atitude do rapaz que segurava a mão de Leda e fazia-lhe um carinho suave, o médico sorriu e comentou: — Agradeça ao

Diogo. Seu caso foi muito grave. Mais um pouco... Se não fosse por ele...

Leda sorriu docemente ao erguer o olhar para Diogo que correspondeu e apertou sua mão de leve.

Virando-se para o médico, ela perguntou:

— Vou ser liberada agora?

— Melhor amanhã — respondeu o médico.

— Amanhã?... — reclamou ela.

— Amanhã é segunda-feira, dia ideal para iniciar a semana. Estará cheia de vigor. Por isso é melhor descansar.

— Como assim? Amanhã é domingo!

— Não, menina. Hoje é domingo — tornou o médico rindo.

— Você veio pra cá ontem de manhã. Sábado. Foi quando telefonou pra mim. Não lembra? — perguntou Diogo.

— Não... Como assim, eu não lembro?!

— Descanse, dona moça — tornou o doutor brincando. — Voltarei amanhã. Já deixei prescrita a medicação que deverá tomar daqui a pouco. Como sabe, remédios para o seu estado dão sono. Não se preocupe. Aproveita e relaxa! — disse sorridente e deixou o quarto.

Após a saída do médico, ela reclamou:

— Não dá pra relaxar quando penso na conta deste hospital.

Diogo riu, fez-lhe um carinho e falou:

— Pare de pensar nisso, Leda. Deixa de ser orgulhosa e aceite o que eu posso te oferecer.

෴

No dia seguinte, Leda estava ótima.

Nem parecia ter corrido o risco que correu.

Em seu apartamento, ela contava para Vanessa e Felipe:

— Se não fosse o Diogo estar aqui perto...

— O meu carro estava com uma luz de freio queimada e eu lembrei de ter visto um autoelétrico aqui perto. Apesar de ser sábado e esses lugares estarem cheios, decidi arrumar. Foi bem rápido. Quando o serviço ficou pronto, eu ia entrando no carro para ir embora, o celular tocou. Vim correndo pra cá — contou Diogo.

— Eu já tinha ligado pro seu apartamento e pro seu celular, Van.

— Logo cedo eu liguei pra cá e o Rodrigo atendeu. Eu o convidei para ir ao Aquário de São Paulo. Faz tempo que a gente estava ensaiando pra ir e decidimos no sábado de manhã, assim que acordamos. Então ele disse que ia pedir pra você. Depois o Rodrigo retornou a ligação e disse que você estava deitada, mas ele entendeu que o deixou ir. Quando falou que ia se trocar e te acordar pra tomar café, eu falei para se trocar e descer para tomar café com o Rafael, pois você estava deitada. Fiquei tranquila. Achei que quisesse dormir até mais tarde.

— Eu ia é dormir pra sempre — brincou a amiga.

— Que perigo, Leda — comentou Felipe.

— Perigo foi a conta daquele hospital! Quase enfartei ao ver. Não adianta eles me salvarem de uma coisa e me fazerem morrer de outra.

— Deixe de ser boba — disse Diogo rindo. — Não sei por que está se preocupando com isso. Aliás, por que é que não tem um plano de saúde, Leda?

— Por que, no momento, é muito caro pra mim. Só o Rodrigo tem plano. Primeiro preciso me estabilizar com a farmácia, depois... No momento não dá.

Breve pausa e Diogo sugeriu:

— Mudando de assunto... Estamos adiando muito ir à praia. Que tal no próximo fim de semana?

Felipe e Vanessa se entreolharam e ela gesticulou com os ombros, como se lhe dissesse que por ela tudo bem.

— Pode ser — concordou o irmão. — Vamos pra Bertioga?

— Sim. Vamos. A casa está vazia — tornou Diogo.

— Faz muito tempo que não vou à praia — comentou Felipe.

— Você vai, né, Leda? — perguntou Vanessa.

— Eu...

— Claro que vai! — respondeu Diogo, interrompendo-a. — Vamos todos. Precisamos aproveitar o estado bom do Rafael.

— Mas não está um pouco frio, gente? — questionou Leda.

— Não é só com calor que se vai à praia. Deixa disso — disse Diogo rindo. — Quem sabe poderemos prolongar, ou melhor, antecipar o fim de semana. Poderíamos ir na quinta-feira à noite e...

— Ah... Na quinta eu não posso — disse Leda.

Continuaram a conversa e fizeram planos de viagem.

ಸಂ

A semana seguia seu curso normal.

Cada um voltado para suas tarefas, embora ansiosos pela viagem que fariam no fim de semana.

Na quinta-feira, próximo ao horário do almoço, Diogo saía da bela residência de seus pais quando o controle remoto do portão da garagem mostrou-se com a bateria fraca e não funcionou.

— Droga! — reclamou. Estava com pressa.

Após várias tentativas, conseguiu abrir e sair com o carro para a rua, mas não conseguiu fechar o portão.

Minha Imagem

Desceu do carro, foi até o interfone e pediu à empregada que fizesse o favor de pegar outro controle no interior da residência para fechar o portão.

Ao retornar para o veículo, viu uma mulher alta, de pele muito alva, descer de um carro e caminhar em sua direção.

Bem vestida, com roupas que não eram comuns de se verem por aqui. Cabelos repicados, ruivos, também cortados em estilo inusitado, talvez visto somente em algumas revistas. Maquiagem que ressaltava os olhos e a boca.

Ela se aproximou sorrindo e disse com forte sotaque inglês:

— Quanto tempo. *Pensar* nunca mais me ver, Felipe?

— Oi... Acho que você está me confundindo — ele sorriu ao dizer.

— Como assim? — perguntou com voz forte e bonita.

— Não sou o Felipe. Sou gêmeo dele. Meu nome é...

— Diogo! Então você *ser* Diogo! — sorriu, exibindo os belos dentes alvos com uma gargalhada gostosa. — Já ouvi muito falar de você, Diogo! — reforçava o seu nome no tom da voz. — De fato... Você *ser* incrivelmente parecido. Pensei *ser* Felipe, só tivesse *cortar* os cabelos.

— E você é?... — perguntou ele, mesmo já desconfiando.

— Brenda. Desculpe a gafe. Meu nome *ser* Brenda — estendeu a mão para cumprimentá-lo.

Diogo, discretamente a olhou de cima a baixo.

Era uma mulher exótica, muito bonita, de sorriso fácil e bem comunicativa, cativante. Seus olhos azuis de uma cor bem pura davam realce aos cabelos avermelhados que combinavam com as poucas sardas graciosas.

— Prazer, Brenda.

— O prazer *ser* meu. Que bom *conhecer* você. Espero *ter* ouvido falar de mim.

— Sim, já — confirmou ele que começou a sentir-se mal com a situação.

O que ela poderia querer?

De certo estava ali à procura de seu irmão, mas Felipe não disse que haviam terminado tudo?

O que ele deveria fazer?

Uma emoção estranha o dominou. Sentiu-se mal.

— Eu *chegar* da Europa ontem. Era para vir antes, mas não deu. Hotel, aluguel de carro... descobrir endereço. Faz anos que não *vir* para Brasil e *estar* sem prática.

— Você está à procura do meu irmão?

— Sim. *Quere* falar com ele.

— É que o Felipe não mora mais aqui.

— Não?! — estranhou. — E, onde *poder* encontrá-lo?

Diogo se preocupou. Não sabia o que dizer.

Foi sincero:

— Olha, Brenda... Sei que você e o Felipe terminaram um relacionamento e ele se desfez de tudo o que tinha lá na Europa e veio para o Brasil. Hoje ele tem uma vida nova, tem alguém e...

— Como assim?! — ela surpreendeu-se e ficou séria.

— Como assim, o quê? Vocês não terminaram? — perguntou ele intrigado.

— Ele *ter* alguém? *Ter* outra? Ele não *poder*!

— É... Eles... — calou-se. Temeu dizer algo que não deveria.

Brenda, bem séria, parecendo controlar a contrariedade, suspirou fundo e olhou para os lados procurando se acalmar.

Mais tranquila, perguntou:

— Onde posso encontrar Felipe?

— Olha... Vamos fazer o seguinte: deixe o endereço e o número do telefone de onde você está hospedada e eu passo pra ele. Está certo?

Desconfiada e esperta, ela concordou:

— Está bem. — Abrindo a bolsa, pegou um cartão do hotel e deu a Diogo dizendo: — Estou aqui. — Pegando uma caneta, fez uma anotação e completou: — O meu número de telefone celular *ser* esse. *Pede ele* me ligar, tá?

— Sem dúvida. O quanto antes.

— Obrigada, Diogo — sorriu. Um sorriso treinado onde não mostrou os dentes. Apertou-lhe a mão e se virou. Foi para o carro.

Diogo suspirou fundo e sentiu a tensão sair de seus ombros que estavam encolhidos sem ele perceber.

Precisava falar com Felipe para o irmão não ser pego de surpresa, mas Vanessa não poderia saber.

Aquele era um assunto que não poderia ser tratado por telefone. Sabia disso. Mesmo assim, ligou para o celular do outro.

— Fala Diogo! — disse o irmão ao atender.

— Precisamos conversar. É muito importante. Alguém veio te procurar, agora, aqui no portão de casa.

— Quem?

— Brenda.

Felipe sentiu-se gelar. Não havia comentado sobre seu relacionamento com Brenda para Vanessa.

Quando pensou em fazer isso, não era um bom momento. Depois acabou se esquecendo, não dando importância.

— E daí? — perguntou ansioso, sem poder falar muito.

— Deixou o telefone e o endereço de onde está — disse Diogo.

— Você pode... — deteve as palavras quando viu Vanessa chegar à sala. Olhou-a e não sabia o que falar.

Diante da demora, Diogo decidiu:

— Não vai dar pra você anotar, entendi que tem gente perto. Então eu passo aí, você desce e pega o cartão comigo.

— Está bem. Até mais.

— Quando eu chegar, dou um toque no seu celular.

— Certo. Até mais — tornou Felipe, que ficou com um semblante sério, preocupado.

Ao vê-lo pensativo, Vanessa, com lindo sorriso no rosto, quis saber com simplicidade:

— Era seu irmão?

— Era — respondeu simplesmente em tom seco.

— O que ele queria? — perguntou, virando-se, quase sem dar importância ao assunto.

— Ele vai passar aqui e... Vai me dar um contato de... Parece que alguém que conhece quer um pacote grande. Não entendi direito. Depois falo com ele.

— Hoje vou levar o Rafael à consulta. Ele não vai à escola. Por isso não vou com você à agência.

— Tudo bem.

Vanessa o sentiu diferente. Muito estranho.

Passando por ele, acariciou-lhe o rosto com a mão suave, puxou-o, lhe deu um beijinho rápido e foi para o quarto.

Felipe ficou inquieto. Sentiu o coração mais opresso ainda. Havia experimentado esse sentimento pouco antes de o irmão telefonar. Foi um pressentimento.

Algum tempo e seu celular vibrou sem o toque, pois rapidamente o programou assim. Ele olhou. Era Diogo.

Felipe pegou o elevador e desceu.

Ao encontrar com Diogo na calçada do edifício, o irmão lhe ofereceu:

— Toma. Ela me deu isso.

— Não contei nada pra Vanessa — comentou Felipe amargurado.

— É coisa do passado, não é?

— Claro.

— Então, talvez, nem precise. O que ela poderia querer?

— Essa é a minha preocupação. O que a Brenda poderia querer aqui? — Breve pausa e contou: — O que temos para acertar não precisa ser pessoalmente. Ela tem o gênio forte. É insistente e imprevisível.

— Felipe, preciso ir. Estou atrasado. Tenho uma reunião com alguns diretores e...

— Vai lá! Vai lá!

— Depois conversamos.

— Obrigado, Diogo.

— Tchau — estapeou-lhe as costas e beijou-lhe o rosto.

O porteiro ficou confuso ao vê-los. Ele nunca sabia quem era quem e sacudiu a cabeça sem entender.

Felipe retornou e subiu.

Chegando ao apartamento, procurou por Vanessa que se arrumava e disse:

— Tomara que o Rafael esteja quietinho lá na sala. Já vamos sair.

— Ele está lá sim. — Olhou-a por um instante e se sentou na cama. Depois disse: — Vanessa, você nunca perguntou sobre mim.

Ela parou o que fazia, sorriu e o olhou, questionando:

— Como assim?

— Sei da sua vida toda, mas você não sabe muito sobre mim.

— Lógico que sei, Felipe! Você já me contou — sorriu.

— Eu não te falei que tive alguém quando morei em Londres e...

— Ei!... — murmurou sorrindo e se aproximou. — Sou ciumenta. Não vai dar asas para a minha imaginação, não é? Depois não vou parar de pensar nisso. Vou achar que quer rever a pessoa e... Será que precisa me contar mesmo?

Felipe pensou rápido.

Ela tinha razão. Seu passado não deveria incomodar aquele momento tão bom que estavam vivendo.

Ele precisava resolver o que tivesse para resolver com Brenda e se livrar dela sem incomodar Vanessa.

Afinal, era com ela que queria ficar.

Era com ela que teria filhos e decidiu passar o resto de sua vida.

Além do que, Vanessa estava grávida e toda mulher, nesse estado, fica sensível.

Aquilo tudo poderia abalá-la e ele não queria isso.

Felipe se levantou, sorriu, puxou-a para um abraço e a beijou.

CAPÍTULO 25
Comércio de órgãos

NAQUELE DIA TUDO ESTAVA sendo difícil para Felipe, que não conseguia se concentrar em nada.

Telefonar para Brenda não era a coisa mais fácil a fazer. Ele simplesmente não queria conversar com ela. Estava tudo acabado entre os dois.

O que ela poderia querer? O que tinham para resolver, se é que tinham, não precisava ser pessoalmente.

A ideia de ela e Vanessa se encontrarem o apavorava. Não sabia bem por quê. Só sentia.

Uma coisa tão simples se complicava por força e envolvimento de Ceres, que não deixava o casal em paz.

A contragosto, telefonou para o celular de Brenda, mas não foi atendido.

Não queria ir procurá-la no hotel. Aliás, não queria conversar com ela de jeito algum.

Assim passou o dia, sem conseguir resolver nada.

Na sexta-feira, todos estavam empolgados com a viagem.

Planejaram descer a serra do mar logo no fim da tarde.

Leda até deixaria a farmácia mais cedo sob os cuidados de um funcionário de sua confiança.

Felipe, como raramente acontecia, ficou livre e à disposição para viajar. Mas uma inquietude o incomodava. Ainda estava preocupado com Brenda.

Ela não atendia o telefone e ele não quis procurá-la no hotel.

Decidiu esfriar a cabeça e não pensar mais naquilo.

Talvez Brenda tenha desistido e voltado para Londres, por isso não atendia o telefone.

Isso seria muito bom.

A agitação de Rafael e Rodrigo, animados pelo passeio, não o deixava refletir direito. E Vanessa ainda o desviou de seus pensamentos quando disse:

— Eles vão com a gente e voltarão no carro com o Diogo e a Leda.

— A Leda vai com o Diogo?

Vanessa deu um sorriso maroto ao responder:

— Vai. Vai sim.

— Por que essa risadinha? Aqueles dois estão se entendendo, é?

— Acho que sim. Deixa quieto pra ver como é que fica.

Felipe sorriu simplesmente e foi levar as malas para o carro.

Durante o caminho para a praia, ele quase não conversava.

Vanessa, ao seu lado, precisou se virar para corrigir as crianças e pedir silêncio por várias vezes.

Os meninos não paravam de falar e brincar, enquanto Felipe permanecia totalmente quieto.

Minha Imagem

Ela percebeu que algo estava diferente, mas não era um momento propício para conversarem.

De repente, um motorista imprudente fez uma manobra inesperada e Felipe, um tanto distraído, perdido em seus pensamentos, quase não conseguiu reagir para desviar.

— Felipe!!! — gritou Vanessa segurando em seu braço.

O cantar dos pneus no asfalto assustou a todos.

As crianças silenciaram.

Ele olhou, viu-os bem e logo seguiu viagem.

— Vai devagar — ela pediu com jeitinho.

— Eu não estava correndo. Foi aquele idiota que fez uma ultrapassagem forçada, sem visibilidade e jogou o carro pra cima de mim.

— Tá certo, mas... vai devagar.

— Como ir mais devagar?! Quer que eu pare?! — respondeu irritado. Quando a viu olhando-o fixamente, reconheceu seu erro por falar daquela forma ríspida e considerou: — Desculpa. Fiquei nervoso — olhou-a rápido e voltou a dirigir.

No resto do percurso, quase não conversaram direito.

O espírito Ceres se satisfazia com o clima tenso e continuava influenciá-los com ideias e pensamentos contrários à harmonia.

Vanessa se sentiu magoada, mas não disse nada.

O que estaria acontecendo?

Por que Felipe estava daquele jeito?

Saberia esperar. Conversaria com ele depois.

Chegaram a casa e os garotos, animados, correram para a praia que ficava bem perto.

Diogo e Leda os acompanharam.

Estando a sós com Felipe, Vanessa o segurou pelo braço quando o viu na cozinha e perguntou:

— O que está acontecendo?

— Nada. Por quê?

— Como por quê? Você está diferente, me tratando... Você está distante. O que foi, Felipe?

— Não é nada. Só algumas coisas que aconteceram e...

Aproximando-se, envolveu-a em seus braços e nada disse. Apesar do abraço, ela o sentia estranho ainda.

— Isso é por enquanto, Vanessa. Ele tem outra. Está se envolvendo com outra e você está sendo enganada novamente, igual o Diogo fez no passado — inspirava Ceres, não deixando a outra em paz.

⁂

No dia seguinte, após o café da manhã, todos foram à praia. Apesar do sol radioso naquele imenso céu azul, estava um pouco frio para a água.

As crianças só molharam os pés e depois ficaram brincando na areia, fazendo esculturas.

Felipe se deitou em uma espreguiçadeira e ficou quieto.

Diogo e Leda aproveitaram para fazer uma caminhada e Vanessa, sob a sombra do guarda-sol, ocupou uma cadeira e sorriu ao ver que os dois estavam se entendendo.

O barulho das ondas era inebriante, encantadoramente relaxante e trazia paz.

Notando Felipe se remexer, ela perguntou:

— Tudo bem com você?

— Está.

— Você está tão quieto.

Ele nada respondeu. Não queria estar ali ao lado da mulher que amava sem resolver o que quer que fosse com Brenda.

Mas não poderia dizer nada para Vanessa, afinal, ela mesma disse que não queria saber sobre seu relacionamento com alguém do passado.

Ao mesmo tempo, Vanessa se preocupava.

Ao contar para a avó que estava grávida, Henriette não pareceu satisfeita.

Lembrou-a da difícil responsabilidade de ser mãe e que já tinha criado um filho sozinha. Sabia o quanto isso era difícil.

Ela argumentou que Felipe estava feliz com a novidade e que ficaria sempre ao seu lado. A avó perguntou por que, então, não se casavam. Isso seria o mais correto. Traria mais segurança a ela.

Vanessa já havia pensado nisso, mas ela e Felipe nunca falaram a respeito.

Não sabia o que ele pensava sobre casamento.

Realmente era estranho. Ele quis ir morar com ela e Rafael, falou das responsabilidades desse ato, foi o primeiro a sugerir que tivessem um filho, mas, sobre casamento, sobre regularizar oficialmente uma condição, não falava.

Felipe havia dito que teve um envolvimento com outra pessoa. Aliás, ele disse que teve um relacionamento.

Ele quis falar sobre o assunto. Quem sabe contar o que aconteceu, mas ela não o deixou terminar.

Como foi idiota, pensou.

Talvez o que ele diria justificasse seu comportamento estranho agora.

— Felipe — chamou-o com voz mansa.
— Huummm — resmungou de olhos fechados.
— Quer dar uma volta?
— Agora não.
— Você está bem?

Ele respirou fundo e se sentou. Espremeu os olhos por conta do sol e procurou uma pontinha de sombra, junto de onde ela estava para se recolher. Olhou-a e respondeu:

— Estou bem sim. Um pouco preocupado com algumas coisas, como já te falei. Só isso.

— É que você está muito quieto. Não é costume seu ficar assim. Estou me sentindo mal. Não sei se foi alguma coisa que eu tenha dito ou feito ou...

Ele tocou o seu braço e sorriu ao pedir:

— Para de se culpar. Sou eu que não estou bem.

— Quer conversar? Quer falar a respeito?

— Melhor não. Não hoje.

— Quando a gente fala dos problemas, nós rachamos, dividimos o peso deles e tudo fica mais leve. Quem sabe se conversar... — Ele ficou quieto, pensativo e ela insistiu: — Felipe, está arrependido de alguma coisa? Por eu estar grávida, por estar preso a mim...

— Não. Pare com isso, Vanessa. — Olhou-a nos olhos e afirmou: — Amo você. Amo o bebê. Está tudo certo entre a gente. Fique tranquila quanto a isso, tá?

Rafael veio correndo mostrando uma conchinha bem bonita que tinha encontrado e os interrompeu.

Felipe lhe deu atenção e decidiu levantar e ir até onde brincavam para ajudá-los na construção de um castelo. Parecia ter feito isso para fugir daquele assunto.

Enquanto ela ficou se deixando envolver pelas sugestões de Ceres.

— Acredita mesmo que não é nada? Aguarde. Fique aguardando. Daqui a pouco terá uma grande e desagradável surpresa. Será trocada, traída como foi com o Diogo.

Minha Imagem

৪০০৪

Naquele mesmo dia, no fim da tarde, Felipe chamou Vanessa para um passeio.

Caminharam de mãos dadas pela areia, fugindo das ondas que chegavam mansas até a praia.

Ela sorria alegre enquanto falava revivendo o momento em que soube que estava grávida.

Comentava também sobre artigos e documentários relacionados à gestação. Enxoval e brinquedos, as últimas pesquisas sobre recém-nascidos e assuntos do gênero.

Felipe sorria ao observá-la falar daquela forma tão agradável, realizada, satisfeita e feliz.

Os últimos raios de sol iluminavam seu rosto dando um toque dourado todo especial. Uma brisa suave acariciava-lhe os cabelos, agora bem mais compridos do que quando a conheceu.

Quando Vanessa se mexia, a luz do sol batia em seus expressivos olhos castanhos que ficavam com tom esverdeado, bem bonito de se ver.

Felipe a contemplou e não conseguiu segurar um largo sorriso ao admirá-la, reparando o quanto era bonita, naturalmente expressiva e, além disso, esperava um filho dele.

— O que foi? — ela perguntou rindo.

— Nada. Só estou admirando você.

— Está zombando de mim.

— Não! Não diga isso. — Ele a abraçou, quando ela tentou fugir, brincando. Felipe a alcançou, envolveu-a pelas costas, beijou-lhe o pescoço e sussurrou ao ouvido: — Amo muito você.

— Também amo você — afirmou, virando-se e dando-lhe um beijo rápido.

Naquele momento, ele parecia melhor do que mais cedo.

Pegando-a pelas mãos, frente a ela, começou a olhá-la como se a examinasse, inclinando o corpo para trás para ver melhor e falou em tom alegre:

— Me deixe ver essa barriga. Já está aparecendo bem.

— Lógico que não.

— Está sim.

— Para, bobo!

— Não vou parar não. Quem mandou arrumar um bobo para ser pai do seu filho? — Ela sorriu. — É... Acho que aquele apartamento vai ficar pequeno. Precisamos ver algum outro.

— Você não acha que, em vez de um apartamento, uma casa seria melhor? Estou mais acostumada a morar em casa. Apartamento pra mim...

— Pode ser. Precisamos pensar nisso logo. O tempo passa rápido.

Lado a lado, voltaram a caminhar de mãos dadas. Ao vê-lo de cabeça baixa, olhando para a areia úmida em que andavam, ela perguntou:

— Felipe — ele a olhou de modo simples e ela perguntou bem direta: — Você já pensou em se casar?

Surpreso, ele esboçou um sorriso e respondeu:

— Já — e olhou para frente, sem dizer mais nada.

Vanessa esperava por algum comentário mais estendido, o que não aconteceu.

Achou estranho e se sentiu chateada. Não disse mais nada.

Mais adiante, ele parou. Colocou-a a sua frente, ficando de lado para o sol que, naquele instante, tocava o mar, provocando um rajado alaranjado na água, parecendo estender-se como um tapete em direção de ambos.

Minha Imagem

Tocando em seu rosto de pele suave e delicada, Felipe a fez encará-lo e disse em tom brando, com sua voz forte e calma:

— Eu amo você e quero ficar com você. Vou providenciar tudo para que fiquemos unidos também perante a lei. Quero te dar a segurança que precisa para se sentir bem.

— Desculpe-me falar nesse assunto, mas é que...

— Eu sei. — Sorriu, interrompendo-a: — Já deveríamos ter falado nisso. Será questão de tempo. Ao voltarmos, vamos providenciar, o quanto antes, uma casa maior e regularizar nossa situação. Está bem?

— Lógico.

Felipe se aproximou e a beijou com carinho.

Insatisfeita, Ceres não suportou o clima de paz e harmonia e se afastou.

Mas em seu íntimo considerou que havia perdido uma batalha, mas não a guerra.

ഓൻ

Ao retornarem para a casa, as crianças brincavam com carrinhos enquanto Leda e Diogo, a distância, permaneciam sentados em uma namoradeira na varanda.

Vanessa e Felipe se sentavam frente a ambos e começaram conversar, observando as crianças.

Em dado momento, Diogo comentou:

— O Rafael está tão bem, não é?

— Na próxima semana, ele terá de repetir os exames. Não gosto disso. Fico tão tensa — disse Vanessa, olhando para o filho.

— Ele só precisa de um doador de medula óssea. Ninguém precisa morrer para ele viver. Seria tão simples se encontrássemos alguém.

— Se fosse algo que desse para comprar, mas não é o caso. Além de não ser um produto que se põe à venda, é necessário que haja compatibilidade — disse Felipe.

— O comércio de órgãos e tecidos humanos, além de sangue e medula óssea, é proibido no Brasil, mas possível em países como os Estados Unidos. Lá, entenderam que uma quantia de três mil dólares é justa para um doador de medula óssea, por exemplo — contou Leda.

— Como assim?! — surpreendeu-se Vanessa.

— Bem, visto que o número de pessoas necessitadas de um transplante como o de medula óssea, por exemplo, é bem grande e tende a aumentar a cada ano, e o número de doadores não é suficiente e não tem prognóstico de aumentar, o jeito foi a liberação do comércio de órgãos humanos como solução do problema. Aqui, no Brasil, já existe quem defenda essa ideia, pois a liberação do comércio de órgãos legalizada inibiria o tráfico ilegal que movimenta bilhões de dólares por ano, só aqui no Brasil.

— Já ouvi falar disso — admitiu Diogo. — Têm alguns que só agem por dinheiro e existe uma máfia violenta por trás disso que não é só a vontade de salvar vidas.

— Aquele que é capaz de vender um órgão, não é capaz de compreender as consequências de seu ato — opinou Felipe. — Órgãos que se doam em vida como rins, sangue, medula óssea, parte do fígado, é algo que nos foi dado de graça. Dado por Deus.

— Um rim no Irã custa em média cinco mil dólares e há países com estoques bem fartos como China, Índia e Paquistão. Apesar de que, na China, o comércio é proibido. O problema maior, que eu vejo, é a coação, além do comércio — tornou Leda.

— Como assim? — perguntou Vanessa sem entender.

— Em países onde se sabe que o tráfico de órgãos não é combatido nem mesmo vigiado, médicos desumanos, inescrupulosos, infiéis aos juramentos, não têm decência e se sujeitam a esse tipo de atividade. Sabe-se que 95% dos doadores são mulheres. Algo que dá pra desconfiar, por conta de imposição machista de algumas religiões em que a mulher deve obediência total ao senhor, seu marido. Isso é coação. Índia e Paquistão são dois deles. Dá pra desconfiar, não é?

— Que horror! — opinou a amiga. — Aprendemos a dar de graça o que de graça recebemos, como lembrou o Felipe.

— Não sei se concordo plenamente com isso, Vanessa — observou Diogo. — Se aparecesse um doador de medula óssea compatível com o Rafael, eu pagaria a ele pela doação, se ele quisesse. Acho que seria justo. Se isso fosse feito, teríamos mais candidatos à doação de medula e os bancos de sangue não estariam sempre vazios.

— Concordo com você. Eu também pagaria para um doador, se ele aparecesse — disse Felipe calmo como sempre.

Enquanto Vanessa pensava e revia seus conceitos, Leda protestou:

— Mas isso vai virar um comércio sem fim! Pode chegar ao ponto de quem pagar mais, leva!

— Então é o governo quem deve bancar. Impor normas, preços, valores — tornou Vanessa. — É fácil ser contra o pagamento da doação de sangue ou de medula óssea quando não se tem um filho precisando. Vivemos em um país onde os governantes, que ganham milhões por mês, têm tratamento vip nos melhores hospitais, com os melhores médicos. Sendo que esses mesmos governantes ou políticos, ou ex-políticos, deveriam ser cuidados no sistema de saúde pobre, fraco e falho que proporciona ao povo. Mas não. Eles deveriam ter vergonha quando em um hospital de alto nível, um grupo de médicos dá entrevistas sobre o estado de saúde do ex-político, que nada fez pela nossa saúde. Tive tanto problema com o plano de saúde quando o Rafael ficou doente, tanto problema com médicos incompetentes e negligentes e isso piorou o estado do meu filho. Foi graças ao Felipe que conseguimos médicos e hospitais melhores. Penso que, mesmo que tenhamos de dar de graça o que de graça recebemos, tem gente que ainda não entende isso e não é por essa razão que outros precisam morrer sem chance. Por isso acho que o governo deveria, sim, oferecer uma recompensa para, no mínimo, doadores de sangue e medula. E um auxílio para as famílias que doarem órgãos de parentes em óbito que, quando em vida, concordaram com a doação.

O espírito Ceres se aproximou de Leda e a envolveu, fazendo-a discordar.

— Não sei se concordo com você, amiga — contrapôs Leda sem pensar no que a outra vivia. — Sou contra qualquer tipo de comércio quando o assunto é órgão humano.

Ao lado da outra, Ceres influenciava-a:

— Viu como ela não pensa no seu problema nem na sua dificuldade? Como pode ter amizade com alguém assim? Ela deveria era te apoiar! Onde já se viu? Não pensou no seu filho. Não considera as suas dificuldades! Parece que suas dores nada significam para ela!

— Você diz isso, Leda, porque seu filho é saudável e não tem que rezar toda noite para que apareça alguém compatível ou que o irmão, que ainda vai nascer, seja compatível com ele para doação — reagiu Vanessa. — É isso o que vivemos de forma muito angustiosa. Se houvesse pagamento de recompensa para um doador de medula, teríamos mais pessoas candidatas no banco de doação. Isso seria mais chance e não teríamos tanta gente na fila de espera. É agonizante esperar por um doador e não poder fazer nada quanto a isso. Eu vivo na internet, nas redes sociais fazendo pedidos, propagandas, mas parece que isso não ajuda muito. Não como deveria.

Leda abaixou o olhar. Não sabia o que dizer. Sentiu-se confusa. Sabia que a outra tinha razão. Não entendeu por que disse aquilo.

Vanessa também ficou chateada. Não queria se indispor com a amiga. Era o seu coração de mãe que, em desespero, clamava por uma alternativa, por uma salvação para seu filho.

Ela se levantou e foi para dentro de casa, deixando-os lá fora.

Alguns minutos de silêncio e Diogo, para não ver Leda triste, observou calmo:

— Não liga. Sua amiga está grávida e sensível.

— Isso mesmo, Leda. Não esquenta a cabeça — concordou Felipe que se levantou, passou a mão em seu ombro e foi atrás de Vanessa.

Chegando à sala, viu Vanessa sentada no sofá.

Aproximando-se perguntou:

— Você está bem?

— Fiquei chateada. Não gostei de ter brigado com a Leda. Mas ela insistiu naquilo e...

— Vocês não brigaram.

De repente, Leda, recuperando o bom senso, aproximou-se e se acomodou ao lado da outra.

Felipe sorriu. Sabia que iriam se entender e para isso seria melhor que ficassem sozinhas.

Deu um beijo na cabeça de Vanessa e foi para fora, junto do irmão.

— Ei? — chamou Leda com suave sorriso e um tom de arrependimento na voz baixa. — Não acha que estamos sacrificando nossa amizade por um assunto que... Eu errei. Não deveria ter falado daquele jeito com você. Desculpa. Me desculpa, por favor.

— Desculpe-me por ter falado daquele jeito com você também. É que... Tem coisa me incomodando muito... e aquele assunto não foi tão agradável.

— Então esquece aquele assunto. Não somos nós que vamos encontrar solução para ele. Falar nisso só vai deixar a gente mais chateada ainda. — E abraçou a amiga com carinho. — Pensei um pouco e vi que tem toda razão. Me desculpa, tá? Eu não sei o que me deu.

— Deixa disso.

Vendo a outra mais animada, Leda quis saber:

— Vai, fala. O que está te incomodando?

— Agora à tarde o Felipe melhorou, mas antes... ele estava tão estranho. Quieto, frio... Nem sei dizer. Perguntei o que era e ele disse que não era nada.

— Deve ser alguma coisa com a empresa que não quer comentar com você para não preocupá-la. — Um momento e perguntou: — O Lipe está igual há alguns dias atrás?

— Não. É que eu estou sentindo uma coisa tão ruim!

— Você está grávida, Van. É assim mesmo. Está sensível.

A outra sorriu e segurou em suas mãos com carinho, como se agradecesse pelo apoio.

Em seguida, perguntou:

— Me conta, Leda. E você e o Diogo?

A amiga sorriu. Fez um gesto meigo encolhendo os ombros e respondeu:

— Ah... Estamos nos entendendo.

— Que bom. Fico feliz por você.

— Sabe, Van, às vezes fico com medo. Não queria mais ninguém na minha vida. Só que... A gente está se dando bem.

— O Diogo mudou muito desde que chegou até agora. Acho que foi por sua causa.

— Será?

— Lógico, Leda.

— Tenho medo de sair machucada dessa história. Estou recomeçando minha vida. Tenho um filho pequeno...

— A verdade é que nunca sabemos quando e se um relacionamento vai dar certo, se não arriscarmos. E o risco consiste em deixarmos acontecer para conhecermos a outra pessoa.

— É. Eu sei. Mesmo sabendo disso, estou com medo.

— Medo é sinal de responsabilidade. Também tenho medo.

— Você e o Felipe estão muito bem.

— Não sei não. Nos últimos dias, quando o vejo estranho...

— Ele adora você, Van.

— Isso não quer dizer muito. Você pode adorar uma pessoa e, de repente, fazer uma besteira muito grande. Aí, então, só lamentar quando perdê-la.

— É verdade. Tem gente que só valoriza o que tem ou quem está ao seu lado, depois que perde.

— Não sei se estou assim insegura por causa da minha avó. Quando eu telefono, ela fica querendo saber sobre minha estabilidade com ele, se vamos nos casar... Isso me incomoda. Gera dúvidas.

— Conversou com o Lipe?

— Hoje à tarde, enquanto caminhávamos na praia, falei sim. Daí que ele também achou importante regularizarmos a situação. Mas... Sabe quando alguém fala e a gente sente que tem algo errado, parece que a pessoa não está muito segura do que diz?...

— Sei.

— Quando falei em casamento... Se ele já tinha pensado em se casar, ele respondeu que sim, mas não falou comigo em casamento. Falou sobre regularizarmos a nossa situação. Foi estranho. Aliás, já não fiquei satisfeita porque achei que essa ideia deveria vir dele, não de mim.

— Entendo. — Uma pausa e Leda aconselhou: — Van, procure se acalmar. Dê um tempo ao Lipe. Talvez o assunto casamento não seja algo agradável a ele. Lembre-se do que já passou quando esteve próximo de se casar com a Ceres.

— Já me lembrei disso.

— Então relaxa. É questão de tempo para ele entender que hoje não é a mesma coisa do passado. Não está com a mesma pessoa. Vocês estão juntos. Estão bem e esperam um filho. Está tudo certo, Van.

Vanessa sorriu, disfarçando seus sentimentos. Algo a incomodava e apesar disso, não quis mais falar a respeito.

Deixou escapar um leve suspiro e mudaram de assunto.

৪৩০৪

Os poucos dias de passeio à praia pareceram suficientes para o descanso de todos, com exceção de Felipe, que sentia algo bem incômodo.

Ao retornarem, Vanessa continuou estranhando o seu comportamento quieto, pensativo, bem preocupado.

— Por que não procura o que está roubando tanto a atenção do Felipe? Vai, procure! Ele está misterioso, não está? Vive com o celular no bolso e não o deixa tocar, só vibrar. Por quê? Veja para quem ele liga ou será que o telefone dele está trancado, travado e você não tem acesso? Será que ele não quer que mexa nas coisas dele? Por quê? — inspirava Ceres, não lhe dando paz.

Aproveitando-se que Felipe estava no banho, Vanessa pegou o celular e buscou por todas as chamadas, pois percebeu que Felipe não largava aquele aparelho nos últimos dias.

Notou várias ligações feitas para um número onde não aparecia o nome a quem pertencia e outras ligações não atendidas em nome de Brenda, só que essas de dias atrás.

Desconfiada, ligou para o número não identificado. O telefone chamou e caiu em uma caixa postal pertencente à Brenda, uma voz com sotaque forte e que parecia rir levemente ao falar.

— Ora, ora! Então eu estava certa! Ele tem outra! — dizia Ceres, rodeando-a. — Você está sendo enganada, traída! Coitadinha de você! — e riu sarcasticamente.

Quem seria Brenda?

Vanessa sentiu uma dor muito forte cravar-lhe no peito enquanto Ceres não parava de influenciá-la.

Felipe estava misterioso, fazendo e recebendo ligações misteriosas. O que significava aquilo?

Imediatamente recordou-se de quando Diogo a enganava e ela não queria acreditar.

Uma sensação de mal-estar a dominou.

Felipe teria outra pessoa?

Seria capaz de se envolver com outra mulher mesmo sabendo que ela esperava um filho dele? Mesmo sabendo o quanto ela havia sofrido quando foi enganada por Diogo?

Ela colocou o aparelho celular no mesmo lugar, mas não conseguia disfarçar o nervosismo.

Ao vê-lo sair do banho secando os cabelos com uma toalha, ficou olhando-o apreensiva.

Não sabia o que dizer nem se deveria perguntar alguma coisa.

Melhor seria esperar. Poderia mesmo ser uma cliente, dessas que tratavam pessoalmente com ele para querer descontos em pacotes grandes para viagens. Porém, em casos assim, era comum ele comentar com ela e Vanessa não se lembrava do nome Brenda.

Observando-o quieto e pensativo, decidiu não dizer nada. Saberia esperar.

Talvez sua avó tivesse toda razão. Aquela vida de, simplesmente estarem juntos, não a fazia se sentir segura. Felipe poderia se ver livre, não se sentir com responsabilidade.

No instante seguinte, um pensamento cruel castigou-lhe a mente.

E se Felipe fosse casado?

Talvez tivesse se separado e vindo ao Brasil e aí a conheceu. Por isso não falava em casamento.

Dias antes, ele quis falar sobre sua vida, sobre um relacionamento que teve, mas ela não o deixou comentar sobre o assunto.

O que ele teria para contar que fosse relevante naquele momento?

Angustiada, em silêncio, entrou no banheiro após ele sair da suíte.

Foi rápida no banho. Não parava de pensar. Queria falar com ele e esclarecer aquela situação.

Ao sair da suíte, ouviu a TV ligada na sala onde Rafael estava e a voz de Felipe, que falava baixo ao telefone, vinda da cozinha.

Na ponta dos pés, ela se aproximou e ouviu:

— E os meninos? Estão bem? — ele perguntou. Ouviu algo e disse: — Estou com saudade deles. Deveria tê-los trazido com você para passear... para me ver — e ficou ouvindo a resposta.

O que era aquilo?

Sobre o que ele falava?

Enquanto o espírito Ceres infernizava os pensamentos de Vanessa, a conversa continuou entre Felipe e a mulher:

— Olha, Brenda... Não temos muito o que conversar e... — silêncio. Felipe ouviu alguma argumentação, depois contrapôs: — Tudo bem. Eu posso assinar os papéis pra você, só que... — nova pausa. — Está bem. Está bem — pareceu insatisfeito. Queria terminar logo com aquela conversa. — Amanhã cedo vou ao seu hotel e resolvemos isso. Depois quero paz, tudo bem? Não quero qualquer outro encargo.

Vanessa começou tremer. Sentia-se mal ao pensar muitas coisas.

Como Felipe foi capaz de enganá-la?

Ele era casado e tinha filhos! Disse ter saudade dos meninos...

Os papéis que precisava assinar deveriam ser do divórcio.

Como ele pôde enganá-la esse tempo todo?

O que fazer agora?

Se lhe perguntasse, ele seria capaz de mentir. Já havia lhe enganado até então.

Vanessa começou a sentir um torpor e o coração acelerado rasgando-lhe o peito.

Precisava se acalmar, pensar no filho que esperava, mas não conseguia.

Voltando para a sala, sentou-se no sofá ao lado de Rafael, que estava totalmente voltado ao videogame que jogava.

Ela recostou-se, apoiou a cabeça olhando para cima, esperando melhorar.

Ao sair da cozinha, virar o pequeno corredor e vê-la na sala, Felipe pareceu se assustar. Não a esperava ali.

Ele dobrou o celular e o guardou no bolso da calça do agasalho que usava e foi em sua direção.

Parecia desconfiado ao vê-la olhando-o fixamente.

— Tudo bem? — ele perguntou com a voz mansa, pausada e ar de suspeita.

— Tive uma tontura. Só isso — ela deu como desculpa.

— Ainda sente alguma coisa? — tornou ele.

— Não. Já passou.

Ele ficou cismado.

Esperava que Vanessa perguntasse com quem estava conversando. Ela sempre fazia isso sem perceber, mas agora não.

Teria ouvido parte de sua conversa com Brenda?

E o que ouviu?

Não saberia se ela não lhe dissesse, e não seria ele a perguntar.

— Quer uma água ou...

— Não — interrompeu-o e se levantou. Fugiu-lhe o olhar e disse: — Vou subir um pouquinho para conversar com a Leda.

— Você está bem? — ele insistiu em saber.

— Sim. Estou — respondeu mais firme. Olhou-o longamente, aquele olhar duro que o esfaqueou na alma e se foi.

Felipe sentou no sofá e esfregou o rosto com as mãos.

Ficou confuso. Não sabia se estava fazendo a coisa certa.

Talvez devesse conversar melhor com Vanessa.

Aliás, já deveria ter feito isso antes.

๛

Minha Imagem

No apartamento de Leda, Vanessa contou tudo para a amiga.

— Não pode ser, Van.

— Como não?! Ele perguntou dos meninos! Disse estar com saudade! O que devo pensar?

— Nada. Você não deve pensar nada até conversar com o Lipe — Leda, mais sensata, aconselhou.

— Cale a boca! Sua idiota! — vociferava Ceres sem ser ouvida. — Ele mente pra ela e vai continuar mentindo!!!

— Ele vai mentir — tornou Vanessa, que recebia as influências espirituais da outra.

— Como pode saber? Ãh?! — dizia Leda mais cautelosa.

— Ele tem mulher, tem filhos... Como eu pude ser tão idiota? — questionava a amiga.

— Se ele fosse casado, os pais e os irmãos dele saberiam, não acha?

— Leda, o Felipe sempre foi a ovelha negra da família. Saiu de casa. Sumiu... Nunca deu satisfação de nada e...

— Sumiu com razão, né? Depois do que o irmão fez com ele... Não é porque eu estou com o Diogo que vou dar apoio ou achar que foi certo tudo o que ele fez no passado.

Ceres ficava irritada com Leda, mas havia algo nela que não a deixava se aproximar muito. Só conseguia influenciar a outra.

Vanessa, inconformada, tornava a contrapor:

— Não é disso que estou falando. Pense comigo: o Felipe não deu e não dá satisfações de sua vida pra ninguém e eu estou inclusa. Ele foi para a Europa e só deu notícias aos pais anos depois. Veio morar comigo e não disse nada pra ninguém. Aliás, nem eu sabia que ele vinha morar comigo. O Felipe nunca me falou em casamento, só em termos um filho por causa da possibilidade de ajudar o Rafael.

— Vocês precisam conversar, amiga — falou carinhosamente, fazendo-a analisar a situação.

— Estou com medo, Leda.

— Fique calma. Vamos pensar em uma saída.

— Acho que vou seguir o Felipe amanhã. Quero ver quem é essa Brenda.

Sentada no sofá sobre as pernas e ao lado da amiga, Leda afagou-a com leveza e aconselhou:

— Pense no seu estado, Van.

— Não quero ser enganada mais ainda, Leda.

— Vai ver que não é nada. Pode se enganar, em vez de ser enganada. Já pensou nisso?

— Vou seguir o Felipe — decidiu Vanessa firme.

— É amanhã que ele marcou de se encontrar com ela?

— Sim, é.

— Vou com você — tornou Leda categórica.

— Não. Você tem a farmácia, o Rodrigo...

— O Ro eu mando pra escola logo cedinho. A farmácia não é mais importante do que minha amiga — sorriu. — Posso resolver o problema da farmácia com um telefonema. Tenho um funcionário. Esqueceu? — sorriu docemente.

Vanessa a abraçou experimentando a força de uma grande amizade.

CAPÍTULO 26
Lamentável perda

FOI UMA DAS NOITES MAIS longas que Vanessa passou em claro.

Não entendia como, ao seu lado, Felipe poderia dormir tão tranquila e profundamente.

Antes de o relógio despertar, ela se levantou, tomou um banho e arrumou-se.

Arrumou Rafael que, sonolento como sempre, desceu e esperou o transporte escolar.

Encontrando-se com Leda, que também colocou o filho no mesmo transporte, comentou:

— O Felipe está tomando café. Vou subir e pegar minha bolsa e nos encontramos na garagem.

— Vamos com meu carro ou você acha melhor pedirmos um táxi?

— Não sei... — Vanessa titubeou.

— Vamos com o meu carro — Leda decidiu. — Saímos do prédio e ficamos ali na esquina esperando. Ele terá de passar por lá e aí o seguimos.

— Ele não pode perceber, hein! — disse a outra com olhar nublado e imensa tristeza na voz como se implorasse.

— Vai dar certo — apertou suas mãos e ofereceu leve sorriso triste. Sabia da dor e da angústia que a amiga sentia. — Agora vá rápido. Estou descendo pra garagem.

Assim foi feito.

O espírito Ceres acompanhava tudo e praticamente nem precisava interferir, Vanessa estava angustiada e nervosa o suficiente para fazer tudo errado e não ir pelo caminho mais sensato, que era o de conversar com Felipe sobre tudo o que sabia e desconfiava.

Não demorou, Vanessa e Leda aguardavam, no carro parado na esquina, a saída de Felipe.

A rua onde moravam era de mão única, permitindo, tão somente, que ele ao sair, passasse frente à esquina onde elas esperavam.

— Deixei o Felipe se arrumando.

— Onde você disse que iria?

— Conversar com o médico do Rafael. Ele ainda lamentou não poder ir junto. Disse que tinha agendado um compromisso inadiável. Desgraçado — murmurou com raiva.

Espíritos zombeteiros e infelizes que se comprazíam com o mal-estar de encarnados, atraídos pelas vibrações e pensamentos, aproximaram-se de Vanessa e estimulavam-na com energias inferiores e sentimentos duvidosos.

— E se o Lipe vir o seu carro na garagem?

— Ai... Eu não pensei nisso — tornou Vanessa preocupada. Logo considerou: — Que se dane. Já estou aqui e não dá pra fazer nada.

— Olha lá ele! — quase gritou Leda. — Está saindo. Abaixa aí! — exclamou, sussurrando no minuto seguinte. Imediatamente ligou o automóvel para ficar pronta para seguir o outro.

Sem qualquer desconfiança, calmamente, Felipe saiu da garagem, deixando o prédio, passou frente à esquina onde elas estavam, sem notá-las, e seguiu para o seu destino.

Sem perceber que foi seguido, estacionou a Pick-up próximo de um considerável hotel e seguiu para a recepção.

Leda fez o mesmo, apesar da dificuldade para encontrar uma vaga.

— E agora?

Vanessa não respondeu e, automaticamente, desceu do veículo.

— Droga! — protestou Leda que correu atrás da amiga, mas antes teve de fechar o seu carro. — Vanessa! Vai com calma — pediu quando chegou ao seu lado.

Vanessa olhou no relógio, esperou alguns minutos e entrou no luxuoso edifício.

Ao ser recepcionada por um funcionário, friamente ela manteve a classe e explicou:

— Fiquei de me encontrar aqui com uma conhecida. Ela é hóspede. Cheguei bem mais cedo e não quero incomodá-la. Posso aguardar? — sorriu simpática.

— Sim, senhora. A sala de espera fica ali. Não quer mesmo que a anuncie?

— Não. Seria deselegante incomodá-la antes do horário que marcamos. Estamos tratando de negócios. Você entende — e sorriu.

— Vou aguardar. Não tenho pressa — e foi para o local indicado.

— Van... O que está fazendo? — sussurrou Leda.

A amiga não respondeu e foi para a sala que ficava ao lado do corredor principal, perto da recepção.

Ela se acomodou em confortável sofá que tinha, na lateral, um arranjo de exuberante folhagem, capaz de disfarçar sua presença se fosse observada da recepção.

Leda se acomodou ao seu lado e murmurou:

— Como é que ele deixou você ficar aqui?

— Por que nenhum funcionário de hotel se mete com gente séria, elegante, bem-arrumada, que mantém classe e compostura. Isso basta pra você? Se não basta, ele viu que estou grávida e, com grávida, ninguém se mete.

Leda começou ficar aflita à medida que o tempo passava.

Mais de uma hora depois e viram Felipe passando sozinho pela recepção e deixando o hotel sem olhar para trás.

Nesse instante, o gerente do hotel se aproximou de ambas perguntando:

— Tem certeza de que não quer que avisemos sua conhecida que está aqui?

Vanessa olhou para Leda, voltou-se para o homem e respondeu:

— Pensando bem... O nome dela é Brenda. Não sei o sobrenome, mas vai se lembrar dela — sorriu falsamente —, tem um forte sotaque britânico.

— Sim. Claro. Um momento, por favor, e... Quem devo anunciar?

— Vanessa.

— Um minuto, senhora — pediu o gerente e se foi.

— Van?!... — sussurrou a outra.

— Fica quieta. Estou uma pilha de nervos.

— Vanessa, isso não está certo. Pense no seu estado. Você não deveria se rebaixar. Não precisa encarar a outra. Pense!

— Quem deveria ter pensado nisso era o Felipe. Agora eu quero descobrir tudo. Já estou aqui mesmo!

Os minutos pareciam horas.

De repente, uma mulher alta, de cabelos ruivos e repicados em um corte angular que fazia uma ponta na lateral atrás da cabeça coberta com uma boina preta, posta de modo torto, bonito, apareceu. O salto alto delgava-lhe ainda mais a silhueta revestida de uma saia preta e comprida, com blusa vermelha de gola alta, meia-manga e um colete preto nas costas e com diversas cores formando desenhos angulares na frente, dando um toque especial em todo seu visual. A pele bem alva se destacava ainda mais com as cores das roupas.

Antes de saber de quem se tratava, Vanessa teve a impressão de que aquela era Brenda.

E sua certeza confirmou-se quando viu o recepcionista apontar para ela naquela sala.

A mulher bem-vestida e bem maquiada, virou-se e a olhou de modo surpreso, sem saber quem era.

Voltou-se ao recepcionista por um instante, agradeceu e foi a sua direção. Foi neste momento que Vanessa pôde ouvir sua voz, o mesmo sotaque que escutou na caixa postal do telefone que ligou.

O batom vermelho destacava os dentes alvos no sorriso simpático.

Aproximou-se e, ao vê-las se levantar, perguntou com sua voz forte e bonita:

— *Querer* falar comigo?

— Sim — respondeu Vanessa trêmula, tentando sustentar classe e educação na polidez da voz altiva. — Meu nome é Vanessa. Você deve ser Brenda — e estendeu a mão.

— Prazer. *Ser* eu Brenda. Há que devo?...

— Serei bem direta, Brenda. Quero saber o que você quer com o Felipe.

— Como?... Por que eu lhe *dar* essa satisfação? *Ter* razão pra isso?

Influenciada por Ceres, Vanessa não se concentrava no que dizia e fazia as perguntas erradas.

— Estou grávida dele, vivemos juntos. Isso lhe basta?

— Por que não *perguntar* a ele o que ele *querer* comigo? — falava sempre sorrindo, parecendo até ter um comportamento sarcástico, prazeroso em deixar a outra irritada com suas respostas prontas.

Nervosa, irritada e sem saber o que dizer para obter o máximo de informação, Vanessa perguntou:

— Vocês têm filho, não têm? Foram casados e você veio aqui por causa do divórcio, não é isso? — antecipou-se. Não conseguia pensar direito e se deixava envolver pelo espírito que a acompanhava.

— Não *cuidar* de *divórcia* algum com ele. Eu *cuidar* de documentos da nossa empresa, em Londres. Não me *divorciar* dele e... Quanto aos dois meninos... Felipe os ama e... — riu. — Mas por que eu *estar* dando satisfações a você? — perguntou de modo debochado. Olhou-a com desdém, de cima a baixo, depois falou com jeito enojado: — Com que criatura Felipe se *meter* desta vez! — sorriu. — Mas ele *voltar*, ele sempre *voltar* para mim e para os meninos.

Virou-se e largou a outra em pé, no meio da sala.

Saiu andando com um gingar fogoso, fazendo pouco caso da situação.

Leda segurou o braço da amiga que a olhou sem dizer nada e propôs:

— Chega. Vamos embora, Van.

— Você ouviu? — murmurou.

— Venha, Vanessa.

E a puxou hotel afora.

Vanessa se deixou guiar automaticamente até o carro da outra.

Estava perplexa, atordoada. Não conseguia pensar.

— Van, você está bem? — perguntou assim que entrou no veículo.

— Me leva embora — murmurou.

Uma decepção avassaladora destruía Vanessa.

Seus pensamentos ficaram tumultuados com infindáveis questionamentos e dor.

Aliás, todo o seu corpo parecia doer.

Ceres não poderia estar mais feliz. Valeu a pena esperar tanto tempo para ver a outra experimentar um pouco da dor da desilusão, da mesma decepção, a de ser trocada por outra, que ela havia passado um dia.

Leda levou Vanessa para seu apartamento, colocou-a sentada no sofá e preparou um chá bem doce.

Lágrimas compridas correram na face pálida de Vanessa, que via toda sua vida sem sentido, sem razão de ser.

— Como fui idiota! — falou pela primeira vez desde que chegaram. — Minha avó tinha toda razão. Eu deveria ter exigido um relacionamento mais sério! Não devia, simplesmente, ter confiado no Felipe.

— Beba o chá. — Vendo-a bebericar na xícara, Leda opinou: — Não tome decisões precipitadas. Será melhor conversar com ele.

— Você mesma ouviu! Eles têm filhos! Ela confirmou! Não tem o que discutir!

— Vanessa, preste atenção. Essa Brenda, talvez, não tenha nada a perder. Talvez, você ouviu o que ela quis que entendesse. Converse com o Felipe. Eu não sei por que, mas essa história... do jeito que ela falou... não está me cheirando bem. Veja seu estado.

Não pode ficar assim nervosa. Está trêmula, abalada. Pense no seu filho.

A amiga parecia não prestar muita atenção às suas palavras e questionava:

— O que foi que fiz da minha vida? Nada! Parece que todo mundo quer tirar proveito de mim, quer me enganar, não se importa com os meus sentimentos. Estou me sentindo tão mal! Não quero morrer, mas acho que eu nunca deveria ter nascido.

— Vanessa! Preste atenção!

— Em quê, Leda?! Prestar mais atenção em quê?! Na droga da vida que construí pra mim?!

— Não é assim, você sabe.

— Não sei. Não sei de nada.

Vanessa se levantou e colocou a xícara sobre a mesa.

— Aonde você vai? — quis saber a outra.

— Vou descer — disse, respirando fundo e secando o rosto com as mãos.

— Eu tenho de ir pra farmácia agora. Você vai ficar bem?

— Vou. Não se preocupe.

— Liga pro Lipe e pede pra ele voltar pra casa. Conversem.

— Vou ver — disse friamente. Passando as mãos pelos cabelos, torcendo-os e jogando-os para trás das costas, respirou fundo, parecendo mais firme. Virando-se para a amiga, agradeceu: — Obrigada por ter ido lá comigo.

— Vanessa, você está bem? — perguntou desconfiada.

— Vou ficar bem.

— Quer que eu ligue para o Felipe e peça pra ele...

— Não! De jeito nenhum! — interrompeu-a. — Estou bem. Não se preocupe. — Indo em direção à porta, despediu-se: — Tchau, Leda.

— Tchau. Quando eu chegar, à noite, vou lá te ver ou... Se perceber que cheguei, sobe aqui — disse indo até ela e observando-a descer as escadas sem esperar pelo elevador.

༺༻

Bem mais tarde, após chegar do serviço, Leda recebeu a amiga em seu apartamento.

Vanessa escutou um barulho e, ao perceber que a outra havia chegado, subiu. Não esperando que a outra descesse. Não gostaria que Felipe chegasse e encontrasse Leda com ela.

— E aí, Van? Como você está?

— Péssima. Estou me sentindo muito mal. Meus pensamentos não param.

— Conversou com o Lipe?

— Não. Estou esperando que chegue e... Preciso de um favor seu.

— Pode falar.

— Fica com o Rafael pra mim enquanto eu converso com o Felipe?

— Claro! Nem precisava pedir. Pode mandar o Rafa subir.

— Ele está no banho — Vanessa estava nitidamente nervosa, trêmula e não era capaz de disfarçar.

— Você está bem? — perguntou a amiga que segurou em seu braço e a olhou bem nos olhos.

— Estou magoada. Tão ferida...

Leda a abraçou forte e afagou-lhe a cabeça.

Logo a conduziu para que se sentasse, puxando uma cadeira da mesa da sala de jantar.

Acomodando-se à sua frente, Leda tomou suas mãos e a fez olhar, dizendo:

— Procure não ficar nervosa. Você está grávida e sabe que tudo o que sente o bebê também vai sentir.

— Não é fácil eu me controlar.

— Eu sei. Eu imagino que sim. Porém sei que você é capaz. Respire fundo e converse com ele calmamente. Ouça-o.

— Vou procurar ficar calma.

— Promete? — sorriu, um sorriso simplesmente triste.

— Vou tentar, mas... Não sei. Tenho vontade de matar o Felipe. Mandar ele ir pro inferno sem querer explicações.

— Isso não é racional e você sabe. Seja inteligente — tornou Leda, boa conselheira. — Mande o Rafinha aqui pra cima.

— Hoje o Diogo vem visitá-lo.

— Sem problemas. Eu ligo pro Diogo e peço pra ele vir direto pra cá.

Vanessa pegou suas mãos, olhou em seus olhos e agradeceu:

— Obrigada, Leda.

— Conta comigo.

— O Rafael já deve ter saído do banho. Tenho de ir lá.

Vanessa se levantou e Leda a acompanhou até a porta.

Chegando ao seu apartamento, viu que o menino estava indo para a sala ligar a televisão.

— Rafael, filho... — o menino ficou olhando-a enquanto a mãe pareceu esquecer momentaneamente do que ia falar. — É... Hoje você vai ficar um pouco na casa da tia Leda, brincando com o Rodrigo. Tudo bem?

— Meu pai vai vir hoje.

— Ele vai pra lá também.

— Eba!!! — gritou feliz e decidiu: — Vou levar o filme do Homem de Ferro pra assistir lá com eles!

— Isso. Leva sim — incentivou Vanessa, que não conseguia se concentrar no que o filho, animado, dizia.

Minha Imagem

Satisfeito, Rafael pegou o DVD do filme e foi saindo, seguido pela mãe.

Frente à porta do apartamento da amiga, Vanessa parou por um instante, após ver o menino entrar à procura do amiguinho, disse para a outra:

— Estou tão nervosa, Leda.

— Quer um chá? Vem... Entra só um pouquinho.

— Não...

— Venha. Vamos.

E a puxou pelo braço levando-a direto para a cozinha, ao lado da porta de entrada.

Vanessa encostou-se ao armário e ficou olhando a amiga ferver água.

— Preciso descer logo. Está quase na hora do Felipe chegar.

— Você está bem?

— Estou amargurada.

— E o nenê?

— Está... Deve estar bem.

— Está sentindo seu nervoso. A carga de adrenalina está sendo muito forte.

— *Tadinho...* — e acariciou o ventre de pouca proporção, parando com a mão sobre ele por alguns segundos.

Leda serviu-lhe uma caneca com chá e novamente aconselhou:

— Procura não se alterar. Fale, ouça, mas não se altere.

— Estou me sentindo tão insegura, tão sem valor... É tão cruel ser enganada. Você se sente péssima, se sente a mais inferior e irrelevante das criaturas.

Leda pensou em dar alguma opinião, mas achou melhor não dizer nada. Teve medo de falar algo que pudesse magoar ainda mais a amiga, até porque ainda não sabia qual era a versão de Felipe para aquela história.

Tomaram o chá em silêncio.

Em seguida, Vanessa decidiu ir.

ಶಿಂಡ

Amargurada, desceu as escadas ouvindo o ecoar de seus passos no recinto vazio.

Tensa, abriu a porta do apartamento e entrou.

Havia deixado as luzes da sala acesas, mas não as do corredor que levava aos quartos. Isso significava que Felipe havia chegado.

Indo até a suíte, sua suspeita se confirmou. Ele estava no banho.

Acreditava não merecer aquilo. Ele bem que poderia ter se explicado, contado um pouco mais de sua vida, mesmo quando ela disse que não queria saber, pois aquele era um assunto bem sério, que não poderia ser omitido. Não imaginou que o relacionamento que teve com outra pessoa pudesse ter sido tão importante, resultando em dois filhos.

Vanessa não conseguia parar de pensar.

Todos estamos sujeitos à obsessão espiritual e são em momentos de tristeza que devemos nos socorrer em prece, pedindo a Deus proteção e discernimento, a fim de sabermos como avaliar bem uma situação.

Vanessa, envolta com grande preocupação, não se vigiou e se tornava alvo de espírito de pouca elevação, que se ocupava em atormentar aquele que não busca proteção Divina.

Enquanto ouvia o barulho do chuveiro ligado, pensava em como iria iniciar aquela conversa.

O que diria?

Por onde começar?

Nesse instante, o telefone celular de Felipe tocou no bolso de uma jaqueta que estava sobre a cama.

Vanessa sentiu um frio correr-lhe pelo corpo e seu estômago pareceu encolher.

Quanto mais ouvia o toque insistente do telefone chamar e chamar, seus pensamentos ficaram ainda mais confusos.

Num impulso, pegou a jaqueta de Felipe e a apalpou, procurando pelo aparelho.

Ao tê-lo nas mãos, viu escrito no visor: Brenda.

Ela atendeu.

— Alô — sua voz estava trêmula. Olhou para a porta do banheiro para ver se Felipe iria sair por ela, pois havia desligado o chuveiro.

— Quem *falar*? — perguntou a voz bonita e forte com sotaque inglês.

Sentindo uma faca apunhalar seu coração, respondeu fragilizada, tentando ser firme:

— Vanessa.

— O Felipe, por favor.

— O que você quer com ele? — perguntou impostando a voz em tom sério, enérgico.

— Ora! Ora! Eu *esquecer* de você. Como *ser* mesmo seu nome? — perguntou sabendo que iria provocá-la.

Uma onda de adrenalina correu por todo corpo de Vanessa. Foi algo tão forte que suas pernas bambearam.

Tateou a cama e espalmou a mão, apoiando-se antes de se sentar.

Trêmula dos pés à cabeça, sentiu a visão turva e perdeu as forças dos braços, deixando o telefone cair.

Nos ouvidos, um tinir estranho. Em seguida, algo como o bloquear da audição.

Tentou falar, mas não conseguiu.

Nesse momento, uma dor muito forte na altura dos rins se enraizava para frente do corpo e para baixo do ventre.

— Felipe... — balbuciou, segurando a barriga. — Felipe... — chamou mais alto.

— Vanessa? — surpreendeu-se ele ao abrir a porta que ficava frente à cama do casal.

Ao vê-la tentar se encolher, Felipe a ajeitou enquanto perguntava:

— O que foi? O que está sentindo?

Vanessa olhou-o por um instante.

Em seus olhos, lágrimas grossas brotaram e escorreram pelos cantos.

Como num sopro, murmurou:

— Me ajuda... O nenê...

๛ൟ

Algum tempo depois, Felipe, nervoso, aguardava na sala de espera de um hospital.

Sentado em uma cadeira, ele estava de cabeça baixa, curvo, com as mãos entrelaçadas na frente do corpo, quando Leda, bem preocupada, chegou.

— E a Van? — perguntou a amiga aflita.

— Está sendo atendida. Estava com muitas dores quando chegamos e... Foi levada nem sei pra onde. Só me mandaram aguardar aqui. Ninguém aparece pra falar nada. — Um momento e perguntou: — E os meninos?

— Deixei com o Diogo e vim o mais depressa que pude. Por que não me chamou quando ela passou mal?

— Não quis perder tempo.

— Ela estava muito nervosa quando deixou o Rafael lá em casa. Mas não pensei que chegasse a tanto. Ainda disse para ela procurar não se alterar quando conversasse com você.

— Do que está falando, Leda? — indagou estranhando a conversa, franzindo o cenho ao encará-la.

— Vocês discutiram?

— Não. Nem conversei com a Vanessa quando cheguei. Que história de discussão é essa? Não tivemos qualquer motivo pra isso — falou nervoso, quase alterado.

Leda o fitou longamente, procurando a verdade nos olhos de Felipe.

Em pé, na sua frente, murmurou:

— Ela... — inibiu-se. Logo tomou coragem e contou: — A Vanessa me procurou. Ela estava desconfiada de você.

— Desconfiada de mim?! Desconfiada do quê?! — enervou-se, sentindo-se gelar.

— Disse pra mim que você estava muito estranho, quieto, pensativo. Contou que, não sei como, mas... Pegou seu celular e viu várias ligações de uma tal de Brenda. Então ela ouviu uma conversa sua e dessa Brenda, em que marcaram de se encontrar hoje pela manhã. A Van estava disposta a segui-lo. Tentei fazer com que desistisse da ideia, mas não teve jeito. Eu não poderia deixar que ela fosse sozinha. Então, fomos juntas. Segui você até aquele hotel. Ficamos esperando na recepção enquanto você ficou lá em cima por mais de uma hora. Depois que foi embora, a Van quis falar com a tal Brenda. E ela confirmou, para nós duas, que vocês dois não estão cuidando de divórcio e que você ama os dois filhos.

— Que divórcio?!!! Que filhos?!!! — gritou sem se preocupar com o local. Uma atendente os olhou com reprovação e Felipe, mesmo nervoso, falou mais baixo: — Nunca fui casado! Não tenho filho nenhum a não ser o que ela espera!

— Não foi isso o que a Brenda nos fez entender, Lipe.

— Desgraçada! — exclamou, sussurrando. Virou-se procurando respirar fundo para diminuir a tensão.

A amiga se aproximou e olhou-o nos olhos para perguntar:

— O que você tem com essa Brenda, Lipe?

— Nada. Hoje, absolutamente nada. Vivemos juntos por cerca de três anos, em Londres, mas não nos casamos. Éramos sócios. Ela já tinha sido casada e teve dois filhos que moravam, e ainda moram, com o ex-marido. Um cara bem de vida. Quando as crianças ficavam com ela, lógico, eu estava junto. Eu gostava dos meninos. Só isso.

— Por isso que a Vanessa ouviu você dizer ao telefone que estava com saudade deles e que ela deveria tê-los trazido — concluiu em voz alta.

— Sim. Acho que... conversamos isso sim. Eu me separei da Brenda, mas não deixei de gostar das crianças. Faz algumas semanas que eu quis falar a respeito disso pra Vanessa, mas ela não quis saber do assunto. Então respeitei, pois também não era nada sério.

— Porque quis falar da Brenda com ela, se não era nada sério?

— Por que a Brenda começou a me ligar. Às vezes, eu não via e outras as ligações não completavam. Eu não tinha ideia do que ela poderia querer e fiquei preocupado. A Brenda poderia aparecer de repente e a Vanessa não entender.

— E foi o que aconteceu, né?

— Foi. — Desconsolado, Felipe contou: — No começo o meu envolvimento com a Brenda estava tranquilo, mas depois notei um comportamento estranho. Eu não gostava de algo que percebia entre ela e nosso outro sócio. Não gosto de pessoas muito extrovertidas. Tenho asco, nojo de traição e você deve saber por quê. Eu gostava dela, mas não passava disso. Então decidi terminar o relacionamento e vender minha parte na sociedade.

— E ela não quis terminar com você?

— Teve de querer. Nada me prendia a ela. Não me preocupei. Nunca a senti muito ligada a mim. Ela era uma mulher independente, segura de si e bem liberal. Ela e o sócio decidiram comprar minha parte, mas não tinham todo o valor. Então me pagaram boa parte da aquisição e eu vim para o Brasil. O restante, ficaram de me pagar depois e, junto com isso, eu passaria definitivamente a sociedade a eles. Isso poderia ser feito de outra forma. Ela não precisaria vir ao Brasil. Mas não. A Brenda despencou de Londres, aqui, pra me trazer os documentos definitivos para assinar e o cheque com o valor restante e fazer toda essa confusão. Na verdade nem pensei que fossem me pagar, pois, nos últimos meses, a crise econômica na Europa é o destaque no mundo e...

— Nesse instante, lembrou-se de Yve, a senhora que lhe fez essa previsão sobre a crise econômica, por isso ele animou-se, mais ainda, em vender sua parte na empresa.

— E com isso, vindo aqui para o Brasil, a Brenda quis tentar reconquistar você.

Felipe a encarou e afirmou com simplicidade:

— Foi. Mas não houve nada. Eu amo e respeito muito a Vanessa. Fui até o hotel, mas conversamos somente. Assinei os documentos e peguei o cheque. Não dei ouvidos a ela.

— Se tudo foi tão simples assim, Lipe, por que não contou antes à Vanessa? Poderia até ter ido lá com ela — disse Leda.

— Tentei contar, mas ela não queria saber e... Pensei em poupá-la porque mulher grávida fica sensível. Cheguei a falar sobre isso com o Diogo, que também achou que eu não deveria incomodar a Vanessa com coisa tão sem importância pra mim.

— E por que ficou estranho, quieto como a Van diz?

— Porque eu não queria me encontrar com a Brenda. Ela faz parte do meu passado e... Eu sabia que ela ia querer voltar comigo, porém eu não estava a fim desse assunto. O que me importa hoje é a Vanessa e nosso filho.

Leda passou-lhe a mão no braço como uma forma de apoio. Felipe se calou.

Ambos se sentaram. Só lhes restava aguardar.

❦

Horas depois...

Um médico, ainda com roupas do centro cirúrgico, aproximou-se.

Por conta da touca e da máscara que estava puxada sobre o queixo do homem, Felipe quase não reconheceu o médico obstetra que cuidava de Vanessa.

Levantando-se, ele se prontificou:

— Doutor Ângelo?...

— Olá, Felipe — disse calmo.

— E a Vanessa, doutor?

— Está sendo levada para o quarto. Ela está bem, embora precise ficar em observação.

— E o nenê? — perguntou Felipe temeroso, com o coração apertado e a voz trêmula.

— A Vanessa teve um descolamento de placenta. Fizemos de tudo, mas... Sinto muito, Felipe. Ela estava com dezesseis semanas, não deu pra tentar nada. — Como uma forma de animá-lo, ainda disse: — Ela é jovem. Vocês são jovens. Poderão ter outros filhos.

O médico observou Felipe engolir em seco, enquanto lágrimas brotavam em seus olhos. O rapaz procurou erguer a face para que elas não caíssem, procurando respirar fundo.

Leda chorou em silêncio.

Todos sentiram aquela perda. Não só pela importância da vida do nenê que iria chegar, mas também pela chance de compatibilidade que Rafael perdia junto.

O médico, igualmente aborrecido, pois sabia de todo o caso, consolou Felipe e se foi, porém antes disse:

— Pode vê-la, agora.

— Obrigado, doutor.

— Amanhã eu volto e nos falamos — disse abraçando Felipe que ficou em silêncio.

Ao vê-lo distante, Leda propôs:

— Vamos lá, Lipe.

Ele aceitou sem dizer nada e a seguiu.

Em instantes, ambos subiram até o quarto onde Vanessa estava.

Sonolenta, ela mal os viu e adormeceu.

෴

Leda voltou para casa e Felipe passou aquela noite, ali, ao lado de Vanessa.

Pela manhã, ele estava em pé, acariciando-lhe a mão e o rosto quando ela abriu os olhos lentamente.

Em instantes, ao recordar de tudo, uma lágrima escorreu por sua face e Felipe a tocou com seus lábios, sentindo o sal daquele momento amargo.

Ele também chorava em silêncio, entretanto, não sabia o que dizer.

Ia afagar-lhe novamente, mas Vanessa puxou levemente a mão que ele segurava, pedindo:

— Quero ficar sozinha.

— Como? — estranhou.

— Vá embora. Quero ficar sozinha.

— Vanessa...

— Vá embora, Felipe! — alterou-se. — Vá embora! — chorou.

— Você está enganada. Não é nada disso que...

— Vá embora! — gritou e tentou se curvar, mas voltou à posição de antes, como se não estivesse se sentido bem.

— Calma — pediu ele. — Eu vou. Fique calma.

Atordoado, ele saiu do quarto sem saber o que fazer.

Já no carro, sentou-se ao volante e inclinou a cabeça para trás, fechando os olhos.

Sentia-se esgotado.

Sabia que precisava explicar tudo a ela, mas aquele não era o momento propício.

Precisava de Leda.

A amiga, sim, poderia ajudar.

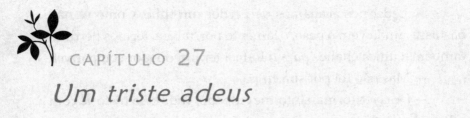

CAPÍTULO 27
Um triste adeus

FELIPE NÃO CONSEGUIA conter a ansiedade mista a um sentimento indefinido de dor e contrariedade.

Com tantos pensamentos inquietantes nem viu de que forma chegou ao edifício onde morava.

Não se deu ao trabalho de estacionar o carro na garagem e o deixou na porta do prédio, parado frente à portaria.

Ao entrar, cumprimentou o porteiro que não sabia exatamente como chamá-lo: Diogo ou Felipe.

Entrando no elevador, foi direto ao apartamento de Leda que, assonorentada, foi recebê-lo.

— Entra, Lipe. Pensei que estivesse lá no hospital. É tão cedo.

Felipe consultou o relógio: 6h30 da manhã e justificou:

— A Vanessa não quis conversar comigo quando acordou e me mandou embora.

— Mas ela não pode. Deveria ouvir primeiro o seu lado.

— Leda, nós acabamos de perder um filho. Como se não bastasse, ainda vem o peso, o lamento por, talvez, termos perdido também a única chance para o Rafael ter um doador compatível.

— Mas não foi por sua culpa.

— De certa forma, sinto-me culpado. Toda essa história com a Brenda rendeu desconfiança, dor, nervosismo e... Não posso tirar a razão da Vanessa. Ela está arrasada. Julga que a culpa é minha e... Só tem um jeito.

— Qual?

— Se você puder vir comigo.

— Para onde?

— Vamos falar com a Brenda. Vou fazer um cara a cara e... Depois você conversa com a Vanessa e conta tudo. Assim ela vai ouvir e entender.

— Certo. Vamos sim. Só me dá um tempo para eu me trocar.

— E os meninos? — perguntou Felipe.

— Vão ficar bem. O Diogo vai ficar com eles. Hoje é sábado e...

— Quer que eu ligue pra ele e peça pra vir pra...

— Bom dia, Felipe — cumprimentou Diogo vindo do corredor e chegando à sala.

— Oi. Bom dia — cumprimentou sem jeito. Depois se desculpou: — Perdoe-me por incomodar tão cedo.

Leda aproveitou e foi para o quarto.

— Não é incomodo algum — disse o irmão. — Eu escutei a conversa e... Como a Vanessa está?

— Está se recuperando. Mas, emocionalmente, não está bem. Perdemos o bebê. Isso é tão triste que... — gaguejou. Sua voz embargou.

— Imagino — tornou o outro. — Vem cá na cozinha. Enquanto a Leda se arruma, vou tentar fazer um café. Faz tempo que não encaro uma cozinha. Vamos ver o que sai?

Minha Imagem

— Então deixa comigo — propôs Felipe.

Ambos tomavam uma xícara de café, quando Diogo comentou em tom solene:

— A Leda me contou tudo. A Brenda aprontou feio pra você.

— Tenho vontade de matar aquela mulher. Você nem imagina.

— Não se importe com gente fraca. Concentre suas energias naquilo que realmente importa.

— Não imagina como estou me sentindo, cara. Meu filho... A Vanessa... Nem pude abraçá-la para sentirmos juntos a perda do nenê. Sabe o que é isso? — emocionou-se e abaixou o olhar.

— Felipe — chamou-o e apoiou a mão no ombro do irmão —, junto com o seu filho, morreu uma grande chance de salvar o meu. Eu sei o que você está sentindo.

Os belos olhos verdes de Diogo e Felipe estavam mergulhados em lágrimas quando um olhou na alma do outro.

Num impulso, os irmãos se abraçaram tentando encontrar algum conforto na amizade que os unia.

A doença de Rafael os entrelaçou além do necessário.

A perda do filho de Felipe os fez partilhar sofrimento e, naquela solidariedade, o abraço tentava tornar a dor algo mais suave.

O choro e os soluços, entrecortados de suspiros pelas emoções tristes, não foram detidos até que se gastaram e se esvaiu um pouco da dor.

Afastando-se, cada qual secou o rosto com as mãos e Diogo estapeou levemente a face do outro e tentou oferecer um meio sorriso ao dizer:

— Força, meu irmão. Você tem muito o que fazer. — Vendo Felipe encará-lo, incentivou: — Vai lá com a Leda. Depois de tudo esclarecido, vai ter de dar apoio à Vanessa, e, aos poucos, as coisas vão pro lugar.

— É isso o que pretendo — respondeu esfregando o rosto e olhando para o alto suspirou fundo.

Leda, que a certa distância os observava e não queria interromper, aguardava o momento para se aproximar.

— Vamos? — convidou ela.

— Toma ao menos uma xícara de café. Se estiver ruim, foi o Felipe quem fez — brincou Diogo.

Ela pegou uma xícara e se serviu.

Diogo pegou um biscoito e colocou em sua boca, forçando-a a comer algo. Quando foi fazer novamente, ela pediu:

— Não. Chega, obrigada. Não sou de comer muito pela manhã. — Virando-se para Felipe, propôs novamente: — Vamos?

— Vamos sim.

Felipe olhou para Diogo e ofereceu um sorriso triste. Pegou-lhe no braço agradeceu sem qualquer palavra. Trocaram sentimentos de apoio e força junto a elevadas energias de solidariedade e amor.

Despediram-se em silêncio.

∞∞

O caminho para o hotel parecia ter duplicado de tamanho.

Visivelmente nervoso, Felipe procurava não manifestar seus sentimentos ficando calado, e a amiga respeitava sua condição permanecendo quieta.

Chegaram ao hotel e ele pediu para ser anunciado.

Brenda solicitou que subisse, talvez, por não entender que estivesse acompanhado.

— Ora!... Mas que surpresa! — disse ela sorridente, disfarçando a surpresa ao recebê-los em seu quarto. — Entrem. Só não reparem. Eu *estar* arrumando malas para ir embora. Meu voo *sair* às 12 horas.

Após ver a porta ser fechada as suas costas, Felipe, nitidamente irritado e inquieto, exigiu:

— Diga, na frente dela, o que você veio fazer aqui no Brasil atrás de mim!

— Ora... Mas...

— Fala logo, Brenda! — gritou. Não conseguiu se controlar.

— Calma — pediu sorrindo cinicamente, espalmando as mãos para o alto, como se se rendesse. — Eu *explicar*. Calma. — Olhou para Leda e contou: — Eu *vir* aqui pegar assinatura dele para documento definitivo e dar último pagamento sobre parte *de* sociedade dele na empresa. Só isso. Certo?

— Responda se já fomos casados, Brenda! — tornou Felipe ainda furioso.

— Casados? *No... No...*

— E filhos? Temos filhos?

— *No*. Não. Por quê? — perguntou, sustentando o mesmo sorriso irônico e impostando classe.

Leda sentiu-se esquentar e, indignada, perguntou:

— Por que você disse à Vanessa que não estava se divorciando dele e que Felipe amava os dois meninos?!

— Foi ela quem *perguntar* se eu *cuidar* de *divorcia* e eu *responder* que não *estar* cuidando de *divorcia* algum. E quem disse que eu e Felipe *ter* filhos também foi ela e... — riu. — Eu só *ouvir* ela e eu *dizer* que ele *amar* os meninos. Eu só *dizer* verdade. Do que me acusa? — riu ainda mais.

— Sua cachorra! Desgraçada! — gritou Leda indo em direção da outra que a provocava até com o olhar.

Controlando-se para não fazer o mesmo, Felipe segurou a amiga e pediu:

— Não faça isso. Temos algo mais importante pra fazer agora.

Brenda não parou de achar graça.

Com desprezo, Felipe a mediu ao olhá-la como se tivesse nojo. Puxou Leda e abriu a porta para saírem.

Já no carro...

Ele se debruçou ao volante enquanto a amiga manifestava sua raiva:

— Nunca pensei em ver alguém agindo assim! Tão baixa! Cachorra! Ela é pior do que um verme! — Não contente, Leda deu um tapa forte no ombro do amigo e, revoltada, inquiriu: — Como é que você pôde se meter com gente tão baixa?!

Felipe se ergueu e a olhou, respondendo desconsolado:

— Também já me perguntei isso.

Leda parou por um momento e teve piedade do rapaz. Imaginou o quanto ele estava triste e arrependido. Ela não tinha o direito de agravar a situação.

— Desculpa. Não deveria falar assim. Até porque... é passado.

— Vamos comigo ao hospital? A Vanessa não quer me ver, mas você ela pode ouvir.

— Vamos logo, então.

೫೦೦೩

Chegando ao hospital, Felipe não entrou no quarto e Leda foi ver a amiga.

Abraçaram-se e choraram.

— Não fica assim.

— Não imagina como estou, Leda.

— Van, eu avisei sua avó. Achei que ela precisava saber.

— E ela? — perguntou ainda chorosa.

— Disse que ia vir pra cá. Acho que hoje mesmo.

— Estou precisando dela. Quero um pouco de colo, sabe.

Leda afagava levemente os cabelos da amiga, que considerava como irmã e, após longos minutos de silêncio, decidiu falar:

— O Felipe foi ao meu apartamento hoje cedo.

— E o Rafael? — perguntou Vanessa sem dar atenção ao que a outra dizia.

— Ficou lá em casa. Deixei o Diogo tomando conta dele e do Rodrigo. Os dois ficaram dormindo. Nem falei nada pro Rafa. Deixei pra depois.

— Quero tanto abraçar meu filho...

— Então, né... Como eu ia dizendo, o Felipe...

— Não quero saber do Felipe — interrompeu-a. Ainda sob a influência do espírito Ceres, recusava-se a tentar entender o que havia acontecido.

— Acho melhor me ouvir. Só assim vai entendê-lo, Van.

— Ele me enganou, Leda. O que mais eu posso querer saber?

— Não enganou não! — defendeu firme. — Digamos que o Lipe omitiu informações, mas isso porque ele não queria deixar você preocupada, nervosa...

— E o que ele conseguiu?!

— Ouça primeiro o que eu tenho pra dizer. Por favor? — pediu com jeitinho.

Vanessa silenciou e a escutou.

— Então foi isso. Ele está lá fora esperando você chamar para conversar.

— Não quero conversar com ele — disse friamente sem se importar com o que foi contado.

Vanessa estava amarga, com o rosto inchado, olhos vermelhos e voz rouca.

Extenuada, sentindo-se sem forças, afundou ainda mais a cabeça no travesseiro alto e virou levemente o rosto olhando para a janela.

Por mais que falasse, a amiga não conseguia fazer com que mudasse de ideia.

Dando-se por vencida, Leda achou melhor não contrariá-la. Ficou somente ao seu lado, afagando-a vez e outra.

Muito tempo depois, decidiu:

— Van, preciso ir.

— Tudo bem. Obrigada e... Cuida do Rafael pra mim.

— Claro que vou cuidar. Mas... Não acha melhor conversar com o Lipe? Conversa, vai. Nem se for por um momento.

— Sim. Peça pra ele entrar — resolveu friamente.

Leda sorriu. Beijou-a no rosto quando a abraçou e saiu em seguida.

Felipe, com o coração apertado e olhos nublados, entrou no quarto e se pôs ao lado de Vanessa.

Quando se curvou para beijá-la, murmurou:

— Oi, amor...

Ela virou e ofereceu-lhe o rosto que ele hesitou por um instante, pois esperava encontrar seus lábios, mesmo assim a beijou na face.

Vanessa, bem diferente, parecia fria demais e, sem trégua, impiedosamente, pediu:

— Quero que pegue suas coisas lá do apartamento. Acho que amanhã estou de alta.

— Vanessa, espere um pouco. Você não deu uma única chance para eu me explicar — falou firme. — A Leda disse que te contou tudo.

— Daria pra você respeitar o meu pedido?
— Você não vai me ouvir?
— Por favor, Felipe.

Ela pediu com olhos mergulhados em lágrimas, que escorreram pelos cantos.

Com um nó na garganta, ele disse:

— Por amar você, eu a respeito. Vou fazer o que me pede. — Tocando de leve em sua mão, disse tão somente: — Adeus.

Após sua partida, ela chorou.

Em seus pensamentos sombrios, influenciada por espíritos imperfeitos, Vanessa parecia irredutível. Preferia sofrer a ter a caridade de entender.

ೞೆಬ

Naquela mesma tarde, Felipe tirou suas coisas do apartamento.

Henriette e o marido, senhor Dionísio, chegaram preocupados com a neta e passaram a noite no hospital.

Depois de receber alta, Vanessa voltou para o apartamento e para os braços calorosos da avó querida.

— Calma, Vanessinha. Às vezes a gente não entende que são nessas situações amargas e difíceis que crescemos, que evoluímos. A dor na alma é uma coisa tão cruel que a gente pensa que nunca vai passar, que nunca vamos nos curar do que sentimos. Tudo é muito recente, filha. Espere o tempo passar um pouquinho.

— Eu perdi meu bebê, vovó... — lamentou abraçando-se à avó que, sobre a cama, permaneceu sentada ao lado.

— Calma. Ele pode voltar, sabe disso. Você é jovem, Vanessinha, tem saúde. Daqui a pouco vai estar recuperada e poderá ficar grávida de novo.

— Mas... E a chance do Rafael? Era minha última esperança — chorou.

Dona Henriette não sabia o que dizer.

Apertou o abraço e beijou a neta na cabeça.

A senhora já sabia, por Leda, o que havia acontecido entre Felipe e Vanessa, mas não quis se manifestar sobre o assunto. Não era o momento.

Sabia que a neta estava confusa e amargurada. Saberia esperar.

ಸಿಂಡ

Com o passar dos dias, Vanessa se recuperou e Felipe a procurou, mas ela não queria conversar sobre o que havia acontecido.

— Sou capaz de entender que não quer falar sobre nós dois, mas... Temos de tratar de assuntos sobre a empresa. Tenho decisões a tomar, negócios a resolver. Preciso da sua opinião — disse Felipe ao vê-la.

— O Rafael terá de fazer novas sessões de tratamento e você sabe muito bem como isso é difícil para todos, principalmente para ele. Apareceram tumorações que os médicos acham melhor não retirar com processos cirúrgicos e... Decida o que precisar na empresa. Pra mim... Meu filho é mais importante.

— Isso mesmo! O Felipe não merece consideração. Agora é que ele quer conversar?! Por que não a procurou antes para falar sobre a tal Brenda? Cuide de você. Não lhe dê ouvidos! — dizia Ceres destilando inveja e discórdia.

— Posso visitar o Rafael? — ele perguntou.

— Por favor, Felipe. Já me basta o Diogo.

— O Rafael gosta de mim, Vanessa! Sou como um pai pra ele e o considero...

— Por favor, Felipe! — interrompeu-o. Pensou um pouco e, para se ver livre dele, disse: — Eu ligo pra você no dia em que uma visita for conveniente. Está bem?

— Posso telefonar pra ele?

— Pode. E... Quanto à empresa... — disse para se ver livre — Não terei cabeça pra nada. Você sabe como é.

— Sim. Sou capaz de entender isso.

— Obrigada — falou tão somente, abaixando o olhar.

Ninguém conseguia entender muito bem a atitude de Vanessa com relação a Felipe. Nem mesmo a melhor amiga.

Pela postura mental, Leda não era atingida pelos pensamentos e desejos hostis do espírito Ceres. Ela era capaz de ignorar qualquer ideia aversiva que surgisse com referência a Diogo. Ele, por sua vez, aprendia com Leda e se fortalecia.

Juntos, ele passou a elevar os pensamentos, aprender mais sobre o lado espiritual e melhorar-se espiritualmente.

Começou a frequentar uma casa espírita e a entender os processos evolutivos a fim de buscar paz.

Com isso, Ceres não conseguia atingi-lo.

Por outro lado, Vanessa pareceu se esquecer dos princípios em que viveu e aprendeu, deixando-se influenciar. Não parava para refletir. Não buscava elevar os pensamentos em prece.

૭૦૦૨

O tempo foi passando...

O assunto entre Vanessa e Felipe pareceu ter sido esquecido. As dificuldades com a saúde de Rafael eram de máxima prioridade e não havia espaço para mais nada no pensamento de todos.

Após vários tratamentos, ao longo do tempo, o estado de saúde do menino estava bem comprometido. Ele teve complicações infecciosas, hemorrágicas, a medula não voltou a produzir células normais e não conseguiam controlar a doença no Sistema Nervoso Central.

O câncer avançava e a Medicina parecia perder aquela batalha.

Um doador compatível não era encontrado e nada poderia ser feito.

Um desespero tomava conta de Vanessa, Diogo e também de Felipe, muito afeiçoado ao sobrinho.

Nos últimos meses, Felipe estava sempre por perto, mas não tocava no assunto sobre ele e Vanessa. Nem tentou se reconciliar. Estava presente, como havia prometido para ela: como amigo fiel.

O caso de Rafael era muito grave e precisava de toda atenção.

Henriette veio para São Paulo a fim de ajudar a neta, mas isso não melhorava muito o estado emocional de Vanessa, que sentia estar cada vez mais próxima a hora de se despedir do filho.

— Ela está tão abatida, Felipe! Muito magra, com olheiras... A Vanessa parece definhar a olhos vistos! Veja só! — falava baixinho, longe da neta.

— Já falei, dona Henriette. Todos falamos. Não sei o que podemos fazer. Ela praticamente se mudou para o hospital nesses meses. Não quer que revezemos para ficar com o Rafael e... Muito mal, o Diogo consegue passar uma noite inteira, aqui, sozinho, para ela ir pra casa e descansar um pouco.

— Eu sei, filho. Também não consegui ficar aqui para ela descansar em casa um pouco.

— Tenho a impressão de que a Vanessa quer aproveitar cada segundo ao lado do filho e... Não posso tirar sua razão — tornou o rapaz.

Com olhos marejados, ambos observavam, a certa distância, Vanessa debruçada nas grades do leito, afagando o filho que recebia medicamento enquanto dormia.

— Vamos tentar convencê-la a ir para casa hoje? — propôs a senhora.

— Claro — ele concordou.

— Quem sabe se eu e o Diogo ficarmos aqui, juntos, ela confia e vai pra casa. Você pode ficar com ela e cuidar dela pra mim?

— Lógico. Sem problemas.

A senhora sorriu de modo triste e foi para perto da neta.

Ao afagar-lhe as costas com carinho, Vanessa se virou lentamente para ver quem era.

Ao vê-los próximos, afastou-se um pouco e lhes deu atenção.

— Filha, estamos preocupados com você.

— Estou bem, vovó.

— Hoje eu descansei bastante, estou bem-disposta e posso ficar à noite toda com o meu bisneto. Eu quero que vá pra casa, Vanessinha, tome um banho, coma alguma coisa e se recomponha.

— Quero ficar aqui, vovó. Estou bem.

— Vanessa, sua avó tem razão — reforçou Felipe.

Um vulto que se aproximou, chamou sua atenção.

Era Diogo que disse:

— Concordo com eles. Você está visivelmente fraca, abatida. Se ficar doente, como é que pretende cuidar do Rafael?

— Não vou ficar doente.

— Não seja teimosa, filha. Eu tava falando pro Felipe que, eu e você, Diogo, podemos muito bem ficar aqui. O Felipe te leva agora pra casa e amanhã cedo vocês voltam.

— Será bom ir para casa, se alimentar em condições melhores, dormir bem acomodada em uma cama... Já faz tempo que está neste hospital. Faz isso só esta noite. O Rafael será bem cuidado pela sua avó e pelo pai. Eu te levo pra casa.

Vanessa voltou a olhar para o filho.

Rafael estava bem inchado, pálido, com os lábios ressequidos e pálpebras avermelhadas. Dormia com os olhinhos semiabertos, assim como a boca.

Estava longe de se parecer com o garoto ativo e saudável que foi.

Vanessa, por sua vez, estava cansada.

Fazia meses que, praticamente, morava ali no hospital.

Ela dava a impressão de ter perdido o viço, a beleza, o brilho no olhar.

Sentia-se impotente, fraca, praticamente sem esperanças.

Delicadamente o doutor Genésio, médico que cuidava de Rafael, tinha avisado que o quadro do menino era muito difícil de ser revertido, mesmo aparecendo um doador de medula óssea compatível naquele momento. Era muito tarde.

Todos sabiam que, bem pouco poderia ser feito, inclusive ela, mas, como mãe, recusava-se aceitar, embora não comentasse isso.

Vanessa fechou os olhos e sentiu-se tonta, sabia que precisava se recompor de verdade, então admitiu:

— Está bem. Eu vou. — E, para ter certeza, perguntou: — Vocês não vão dormir, né? Vão ficar de olho nele, né?

— Pode ir tranquila! — disse Diogo firme.

— Filha! O que é isso? Está duvidando de mim? — perguntou a senhora em tom inconformado.

— Cuidem dele, por favor. — Aproximando-se mais, curvou-se e beijou Rafael e, afagando-lhe o rostinho com carinho, disse: — Fica com Deus, meu amor. Amanhã cedo a mamãe volta. Vou trazer umas historinhas novas pra ler pra você. Eu te amo, viu? — e o beijou novamente.

Com olhos marejados, virou-se para Felipe que a envolveu e a conduziu para saírem.

Estava tão atordoada, tão mental e fisicamente cansada que nem lembrou de se despedir da avó nem de Diogo, que acenou para o irmão pedindo para levá-la logo, antes que mudasse de ideia e resolvesse ficar.

Felipe a acomodou no carro, no banco ao lado do motorista, e colocou-lhe o cinto de segurança.

Ela fechou os olhos e apoiou a cabeça no encosto do banco. Nem notou o caminho de volta para o apartamento.

Ao chegarem, Felipe a acompanhou até o quarto e pediu:

— Toma um banho bem demorado que vou ver o que tem pra comer.

Enquanto Vanessa lhe obedecia, ele foi para a cozinha e procurava algo nos armários e na geladeira quando a campainha tocou.

Era Leda.

— Oi, Lipe. Tudo bem? — beijou-o.

— Oi, Leda. Tudo. E você?

— Estou bem. Liguei pro Diogo e ele me disse que a Van resolveu vir pra casa hoje.

— Foi sim. Finalmente.

— E ela?

— Está no banho. Estou aqui na cozinha vendo se tem algo pra preparar, mas... Acho que vou ter de encomendar.

— Que nada! Fiz uma sopa. Vou lá em cima buscar e já volto.

— E o Rodrigo, melhorou? — perguntou, pois, no dia anterior, soube que o menino havia tido febre.

— Está melhor. Foi a garganta inflamada junto com a gripe. Já está bem melhor depois dos remédios.

— Que bom.

— Deixe eu ir lá. Já volto. Não quero deixar o Rodrigo sozinho por muito tempo.

— Vai lá! Vai lá! Obrigado!

— Por nada! — disse ao sair.

Alguns minutos e Leda voltou com uma panela envolta em um pano de copa e um saco com pães.

— Olha, Lipe. Está quentinha!

— Nossa! E ainda lembrou do pão! Você quebrou um galhão!

— A Van ainda está no banho?

— Está.

— Queria falar com ela, mas... Não posso demorar muito. Não quero descuidar do Rodrigo. Talvez não dê pra eu falar com ela hoje, mas amanhã cedo eu venho aqui.

— Não se preocupe. Ela vai entender.

— Faz a Van tomar um pouco da sopa e põe minha amiga pra deitar. Não vou vir aqui quando o Rô dormir se não vocês vão ter de ficar me esperando até tarde e... Já viu, né?

— Não se preocupe. Você já fez muito.

Antes de sair, Leda se virou e perguntou em tom melancólico:

— E o Rafinha?... Eu o vi ontem, perguntei pro Diogo, mas...

— Ele está do mesmo jeito.

Leda começou a chorar, mas não ficou para que o amigo visse. Saiu, fechando a porta atrás de si. Nem lhe deu tchau.

Felipe soube entender.

Algum tempo e Vanessa surgiu.

Enquanto ele colocava a toalha na mesa da sala de jantar, perguntou:

— E então? Está mais relaxada?

— Estou.

— Um banho em casa é bem diferente do hospital, não é?

— Sem dúvida.

Ele a conduziu para que se sentasse à mesa e Vanessa se deixou.

— A Leda veio aqui e trouxe essa sopa e esses pãezinhos — contou servindo o prato fumegante à sua frente.

Ela ergueu o olhar e ficou observando. Depois falou:

— Minha avó me dizia que, na cidade grande, as pessoas não se importam umas com as outras, não sabem como os seus vizinhos se chamam e, quando estão doentes, um vizinho não faz uma sopa ou caldo para cuidar do outro. Isso não é verdade. A prova esta aí. Minha vizinha, minha amiga, minha irmã...

— Pessoas boas nunca ficam sozinhas. Recebemos dos outros aquilo que damos. Se você tem uma amiga assim é porque você é uma boa amiga. Agora, coma um pouco — pediu Felipe.

Ao olhar para o prato novamente, ela disse:

— Estou sem fome.

— Só um pouco. Toma só um pouquinho. Não pode ficar assim — disse e afagou seus cabelos úmidos.

Em seguida, sentou-se ao seu lado onde também colocou outro prato com sopa quente.

Para Vanessa, era um enorme sacrifício engolir cada colherada que punha na boca.

Felipe não sabia o que dizer e achou melhor o silêncio a uma conversa que pudesse trazer lembranças ou aguçar tristezas, pois tudo recordava Rafael.

Vez e outra, uma lágrima corria no rosto pálido de Vanessa que estava desesperançada, até que não conseguiu comer mais.

— Toma mais um pouco.

— Não. Obrigada.

— Quer assistir a TV ou quer que eu ponha um filme?

— Não. Obrigada, Felipe.

— Que tal subir um pouquinho lá na casa da Leda? — propôs, pois sabia que ela gostava muito de conversar com a amiga.

— Também não.

Felipe se levantou e pôs-se ao seu lado, dizendo ao tocar-lhe os ombros:

— Então vem. Melhor se deitar. Precisa descansar. Escove os dentes e durma um pouco.

— Quero levar o telefone lá pro quarto. Se alguém ligar...

— Claro. Vai indo que eu levo. Só vou pôr esses pratos na pia.

Assim foi feito.

Felipe foi para o quarto e levou o telefone.

Vendo-a sentada na cama olhando para o chão, pediu:

— Deita. Acomode-se direito.

Vanessa se remexeu e procurou pelos travesseiros.

Ele se sentou ao seu lado e ficou observando-a.

Quando seus olhos se encontraram, ela começou a chorar e estendeu as mãos parecendo implorar um abraço.

Felipe juntou-se a ela e a envolveu com carinho, afagando-a durante o pranto sentido.

Era capaz de entender sua dor, seu sofrimento.

Ele também estava, irremediavelmente, triste pelo estado de Rafael e pela falta de esperança.

— Por quê? — ela perguntou com voz chorosa.

Felipe a ajeitou nos braços, como quem aninha uma criança, para vê-la melhor e tentou dizer:

— Às vezes, é difícil entender. Mesmo sabendo que Deus não erra, queremos explicações para entender o sofrimento.

— Sempre tive esperanças de que um doador compatível fosse aparecer... Mas não. Diante de tanta demora, sem sequer te consultar, decidi engravidar... não só por ele, mas também por amor... — chorou. — Mesmo assim...

Felipe começou a chorar e a apertou contra o peito, embalando-a ao beijar-lhe a cabeça.

— Nosso filho poderia estar aqui e o Rafael curado. Não poderia? — tornou ela, indagando com o lamento.

— Poderia... — murmurou chorando. Um momento e pediu: — Não pense em mais nada. Procura descansar — falou em tom amoroso, tentando não deixá-la vê-lo chorar.

— Eu queria falar sobre isso com você. Todo esse tempo, desde que perdi o nenê e... Eu...

Diante da demora, por percebê-la exausta, sugeriu:

— Descansa. Podemos conversar outra hora.

Felipe estava triste e com pena, porém sua amargura era calma.

Embalou Vanessa lentamente até que, vencida pelo cansaço, ela dormiu.

৪০০৪

A luz fria, que vinha das frestas estreitas da janela, acordou Felipe que tinha Vanessa dormindo ao lado, abraçando-o pela cintura e debruçada em seu peito, como há muito não via.

Não quis se mexer para não acordá-la, e afagou levemente os cabelos notando a serenidade com que seu rosto largado recostava-se em seu peito.

Ele a amava e estava comovido com a situação, mas não podia fazer muito e precisava ser forte.

Desejava que tudo aquilo fosse diferente. Não gostaria de estar ali, abraçando a mulher que amava por conta de sofrimento.

Olhou o relógio.

Quase oito horas da manhã.

Havia dormido além do esperado, mas isso deveria fazer bem à Vanessa.

Inesperadamente, o telefone tocou.

— Droga — reclamou baixinho e se virou para pegar o aparelho. — Alô.

Vanessa despertou rápido e ficou na expectativa. A ligação estava alta e pôde ouvir a voz de Diogo dizer:

— Felipe!... O Rafael... Meu filho... — chorou. — Meu filho se foi... Meu filho acabou de ir...

Vanessa se afastou e ficou de joelhos sobre a cama.

Levando as mãos a cobrir a boca, começou a chorar, olhando em desespero para Felipe que não sabia o que fazer.

— Diogo — disse o irmão —, nós estamos indo *pra'í*. Fica calmo.

— Vem, Felipe. Vem logo. Não sei o que fazer. Vou ligar pro pai.

— Liga. Vou já *pra'í*.

Ajoelhada sobre a cama, Vanessa estava curvada, e Felipe a abraçou.

Deu um grito abafado ao sufocar o choro em Felipe que a agasalhou, envolvendo-a.

— Meu filhinho... E eu não estava lá...

— Calma. Talvez... Talvez tivesse de ser assim. Quem sabe ele não quisesse vê-la desse jeito. Não quisesse que você o visse partir. Ele precisava lembrar de você de outra forma.

Aos poucos, o pranto foi cessando e ela perdeu o olhar em um canto.

— Vanessa. Olha pra mim — pediu Felipe com lágrimas nos olhos enquanto segurava seu rosto com ambas as mãos. Ela o encarou, e ele disse: — Seja forte. Seja a mãe que o Rafael sempre conheceu: forte acima de tudo.

— Quero ir pro hospital.

— Claro. Troque-se e vamos pra lá.

ಸಂಞ

Muita dor e muita tristeza no enterro de Rafael.

Amiguinhos da escola, que tão pouco frequentava por conta do tratamento, acompanhados de seus pais e as professoras que tanto se apegaram a ele, compareceram para homenageá-lo levando rosas brancas e também prestando solidariedade aos pais tão necessitados de conforto para seus corações amorosos.

O Evangelho Segundo o Espiritismo nos ensina que sempre "existe o bem onde julgamos haver o mal e a sábia previdência onde acreditamos ter a cega fatalidade do destino. Nada se faz sem um fim inteligente."*

O planejamento de Rafael era exatamente esse.

Havia unido aqueles em que provocou ódio e discórdia.

Além disso, na vida de todos aqueles por quem passou, fez a diferença. Muitos conhecidos, pais de seus amiguinhos, professores, parentes e até estranhos que souberam de seu caso, de sua necessidade, tornaram-se doadores quando entenderam que um ato de caridade consiste não só unicamente em doar dinheiro, mas também doar de si, no sentido exato do termo, fazendo como o Mestre Jesus ensinou: "Dar de graça o que de graça recebestes".

---

* N.A.E. *O Evangelho Segundo o Espiritismo* — Cap. V — item 21.

Rafael, predestinado a não conseguir para si um doador, conseguiu, para muitos outros nova oportunidade de vida saudável e feliz.

Mesmo com sua curta existência, ele fez a diferença neste mundo.

Na espiritualidade, foi recebido nos braços amorosos da avó materna, mãe de Vanessa, que velava por ele como mentora querida. Rafael foi encaminhado ternamente para lugar adequado e próprio de sua elevação.

Na espiritualidade, todas as entidades queridas estavam felizes por recebê-lo de volta, livre dos transtornos do corpo físico e liberto dos deveres tão bem cumpridos.

Ele, espírito, estava satisfeito e desejoso de que os encarnados seguissem em frente, na verdadeira tarefa do bem, com moral elevada.

Vanessa podia entender isso, mas sofria pela separação sempre cruel para uma mãe amorosa.

Voltando ao seu apartamento, ela não quis comer nem conversar.

Tomou um banho e se deitou, mas antes orou pelo filho.

Diogo, amparado por Leda, não sabia a razão de ter de sentir a tão terrível perda de um segundo filho. Ele não sabia, não lembrava, pela bênção do esquecimento, a tristeza de ter feito sucumbir os dois filhos de seu irmão. E, daquela forma, aprendia a lição.

Ele sofria e, amparado por Leda que o orientava, seria capaz de se erguer melhor, entendendo que seus filhos, por bênção Divina, estavam amparados por Deus. Aquela dor, aquela marca, cravou-lhe grande lição no espírito.

CAPÍTULO 28
Cada um tem seu destino

NA MANHÃ SEGUINTE, ainda vestida com o pijama, Vanessa estava sentada no sofá da sala do apartamento com uma caneca de chá entre as mãos.

Tinha o coração cruelmente despedaçado pela dor daquela separação e nada poderia ser dito ou feito para que tudo fosse amenizado.

Rosto vermelho, inchado de tanto chorar, olhava a fumaça que se esvaía da caneca e o seu pensamento estava vazio, cansado, sofrido demais para se concentrar em algo.

O espírito Ceres a observava e foi nesse momento que uma ponta de angústia a tocou.

Ceres lembrou-se do próprio filho, o pequeno Raphael, que havia desencarnado em seus braços naquele acidente.

Onde ele estaria?

De certo haveria uma espécie de céu, um lugar especial para crianças, na espiritualidade, pois ela nunca o viu.

Os sentimentos, as dores de Vanessa começaram a mexer com ela. Como amava o filho que se foi! Como gostaria de tê-lo consigo, abraçá-lo ali na espiritualidade.

Não conseguia deixar de observar Vanessa que, vestida por uma dor que adormentava o ânimo, igualava-se a ela naquele desgosto calmo, penalizante.

Não demorou e o espírito Ceres sentiu a presença de um vulto ao seu lado.

Ao olhar, viu um rapazinho cuja aparência estava daquela forma a fim de ela lembrar-se dele. Era um espírito familiar e Ceres o observava tentando se lembrar quem era. Pelo menos, por aqueles longos minutos não se lembrou.

Cabelos cacheados, aloirados, olhos bem claros e sorriso franco. Algo lhe pareceu conhecido.

Em segundos, uma emoção forte invadiu-lhe os sentimentos enquanto uma alegria, que imaginava jamais poder sentir novamente, brotou em seu coração.

— Raphael?! Meu filho?! É você?! — sorriu.

— Mamãe... — e estendeu-lhe os braços ternos, envolvendo-a com todo o carinho e amor.

Ceres, espírito sem instrução, cansado pelas manhas e artifícios que usou para manipular e fazer sofrer, como se o sofrimento dos outros lhe fosse uma forma de prazer, entregou-se aos braços fraternos que a agasalharam por todo instante de choro e desespero.

Longos minutos...

— Meu filho... quase não o reconheci — disse afastando-se um pouco e tocando-lhe a face, querendo ter certeza para acreditar. — Por que só agora apareceu?

— Porque só agora pensou em mim com verdadeiro amor. A dor de Vanessa despertou sua sensibilidade. A dor, nossa ou dos outros, é o que muitas vezes nos ensina a amar, a fazer o que é certo.

— Quando morri fiquei revoltada. Perdi você! Separaram você de mim mesmo morrendo junto comigo. No começo, fiquei junto do seu pai, que não me esquecia, não parava de pensar em mim. Eu era jovem. Tinha uma vida e muita coisa para fazer, mas... Fui ceifada! Não sabia o que fazer na espiritualidade.

— Por que não orou? Por que não elevou os pensamentos a Deus? Era só disso que precisava.

Ceres sentiu-se desarmada e confessou:

— Fiquei com raiva. Odiei a ideia de ver os outros continuarem com suas vidas e eu, como espírito, não poder fazer o mesmo. Com o tempo fui esquecida. Não tinha mais o que fazer. Eu os vi se ajeitando sem mim. De alguma forma, que não sei explicar, recordei de uma existência passada e fiquei com mais raiva ainda.

— Deveria ter percebido que essa existência terrena atual foi para reparar aquela. — Ceres abaixou o olhar e sentiu-se envergonhada. — Deus não nos dá o direito de interferir na vida alheia, embora possamos, de posse do livre-arbítrio, fazê-lo. Mas, sem dúvida, seremos responsáveis e teremos de reparar tudo.

Um arrependimento em forma de dor e angústia pesou nos sentimentos de Ceres que o encarou ao dizer:

— Eu estava feliz ao ver a Vanessa se decepcionar. Ela, de certa forma, sofreu o mesmo que eu quando acreditou que estava sendo traída, enganada por Felipe. Fiz o que fiz e... Agora, vendo-a desse jeito... Chego a pensar que ela perdeu o bebê que esperava por minha culpa porque... Se isso for verdade, então o Rafael, seu irmão por parte de pai, morreu sem ter conseguido um doador e, então minha culpa aumenta. E agora? O que faço? Preciso reparar tudo isso, não preciso? — preocupou-se.

Ceres não era um espírito ruim, só não tinha orientação e, sob nova ótica, passou a ver melhor aquela situação.

— Deixe isso para Deus, que não precisa da nossa ajuda. Muitas vezes nós atrapalhamos o Pai Celeste em vez de ajudar — sorriu. — Venha comigo.

— Não. E ela? Estou com pena dela que está sofrendo por minha culpa. Ela perdeu os filhos por minha culpa.

— Não, mamãe. Espere. Não foi bem assim. É lógico que você ajudou o desequilíbrio emocional de Vanessa, que já não era bom por conta da preocupação com o filho doente. O Rafael tinha outra missão. Ele não poderia ficar. Se ficasse, seria um elo entre Vanessa e Diogo. Rafael só veio unir Felipe ao irmão e deixou tudo como deveria ficar. Se ele continuasse, talvez, outros problemas surgissem. Se quer saber, Rafael vai voltar como filho de Vanessa, mas não agora.

— E o filho que ela perdeu por minha culpa? Eu a deixei nervosa quando a influenciei a ficar desconfiada de Felipe ter outra.

— Nem aquele filho precisava passar por experiência difícil, nem Vanessa merecia mais qualquer dificuldade com filho. Por isso aquele aborto espontâneo foi necessário. Ela havia acompanhado o Rafael a exames onde foi empregada radiação incompatível à gestação e isso prejudicou o desenvolvimento do feto e ela não sabia disso. O sacrifício do aborto foi necessário. Mas esse filho também vai voltar, talvez, até como gêmeo de Rafael — sorriu. — Gêmeo idêntico, quem sabe — sorriu novamente.

— Vanessa e Felipe precisam se entender, precisam se acertar.

— Então, deixe a vida cuidar deles. Cada um tem seu destino. Venha comigo. Você é quem precisa de cuidados. Venha comigo enquanto estou aqui. Em breve, muito breve, é possível que eu reencarne.

— Você, Raphael?

— Lógico. Tenho muito o que fazer ao lado do meu pai e de Leda, minha nova mãe. Desejo dar a eles a alegria de que os privei no passado quando... você sabe o que fiz. Eles merecem ser felizes. Serei um bom filho e um ótimo irmão para o Rodrigo — sorriu e estendeu a mão caridosa que Ceres aceitou, acompanhando-o.

Vanessa, ainda sentada do mesmo jeito, não percebeu o que havia acontecido.

Sua avó chegou à sala e, ao vê-la daquele jeito derrotado, aproximou-se, acomodou-se ao lado e propôs:

— Vanessinha, filha, não quer tirar esse pijama para sairmos um pouco?

— Tem algum lugar que preciso ir? — perguntou atordoada ao olhar para a avó.

— Que tal dar uma volta no quarteirão?

— Não. — Encostou a caneca vazia no sofá, olhou para a senhora novamente e recostou-se nela, lamentando: — Ai, vovó... Tá doendo tanto... — chorou.

— Eu sei, meu amor. Eu sei... — Lágrimas brotaram nos doces olhos de Henriette que envolveu a neta em seus braços ternos e a afagou, dizendo: — Eu sei como é grande a dor de perder um filho. Eu sei. Mas você é jovem, tem muita coisa pela frente. E o que é bom, acredita que não terminamos aqui. A vida continua, filha. O Rafael está amparado. Sabe disso.

— Gostaria que ele estivesse comigo.

— Ele está em seu coração. Nunca, ninguém vai tirá-lo daí. — Afastando Vanessa de si, secou-lhe o rosto com as mãos e orientou: — Levante, seja forte. É isso o que o seu filho sempre viu em você e é isso o que ele quer continuar vendo: uma mãe forte, capacitada, que serve de exemplo para ele.

— Quero... quero voltar pra casa. Quero ir pra fazenda.

— Quando?

— O quanto antes.

— E como ficam as coisas aqui? Tem o apartamento, o Felipe... o Diogo, a Leda. Você deve satisfações a eles que a ajudaram muito.

— Não sei como eles ficam. Não consigo pensar direito. Não agora. Minha cabeça está pesada. Preciso descansar. Não sei...

A campainha tocou interrompendo-as e Henriette se levantou para atender.

Era Felipe que a cumprimentou com um abraço apertado após entrar.

Ele também trazia no rosto sinal de choro e sofrimento.

Ao chegar à sala, olhou para Vanessa, que o fitou por um instante, e não deteve as lágrimas.

Felipe se sentou ao seu lado, beijou-lhe a face fria e a abraçou. Vanessa se recostou em seu peito e continuou em silêncio.

Alguns minutos e Henriette perguntou:

— Aceita um café, Felipe?

— Aceito sim, dona Henriette. Obrigado.

Vanessa se afastou do abraço e ele perguntou:

— Como você está?

No tempo em que demorou em responder, ele notou sua palidez, seu rosto magro e as olheiras bem fundas e escuras.

A custo ela falou:

— Ainda estou passada.

— O que vai fazer agora? — tornou ele.

— Quero voltar pra casa. No momento não tenho planos, mas... Não quero ficar em São Paulo. Vou voltar para São Bento do Sapucaí.

— É possível que a rotina do hotel fazenda vá te ajudar.
— Acredito que sim — tornou ela.
Longa pausa e Felipe quis saber:
— Como nós ficamos?
— Não sei, Felipe.
— Eu te amo, Vanessa. — Ela não respondeu e fugiu-lhe o olhar. Pareceu nem tê-lo ouvido falar. Felipe lutou com as emoções, tomou fôlego e perguntou, quase friamente: — E a nossa sociedade na empresa?
— Não sei. Não consigo pensar nisso agora. Aliás... Se quiser comprar ou vender para outra pessoa a minha parte... Fique à vontade. — Nesse instante, ela sentiu uma forte dor na alma. Algo que a contrariava. Queria que fosse diferente, mas não tinha forças para dizer nada. Sua vida perdeu a cor, perdeu o brilho. Não conseguia reagir.
— Tá certo — ele disse ao se levantar.
Henriette chegou com uma bandeja com as xícaras com café. O rapaz aceitou e bebeu em pé mesmo.
— Obrigado — ele disse.
— Já vai, Felipe? — estranhou a senhora.
Sem encará-la, ele respondeu:
— Já, sim. — Voltando-se para Vanessa, curvou-se e a beijou no rosto. — Tchau. Sabe como me encontrar. — Erguendo-se, aproximou-se da senhora e a beijou no rosto se despedindo: — Até logo, dona Henriette. Se precisar de mim para qualquer coisa... É só me ligar.
— Até mais, Felipe.
Ele se foi.
A avó voltou-se para a neta e questionou:
— Filha, sei que você está acabada e sofrida neste momento, mas é preciso lembrar que a sua vida, aqui, vai ter de continuar.

Eu percebi que o Felipe foi e é alguém muito importante para você. Pense bem no que está fazendo, Vanessinha.

Vanessa não respondeu.

Pegou a caneca sobre o sofá e se levantou como se precisasse de um esforço sobre-humano para fazer isso.

ೞ☙

Mais de um mês depois...

Repleta de emoções tristes, Vanessa já estava com tudo arrumado para voltar à sua cidade.

Não sabia muito bem por onde, mas precisava retomar a vida.

Havia um vazio que não se preenchia.

Pensou em retomar os assuntos do hotel e seguir trabalhando.

Em conversa com Leda, após contar sobre sua decisão, a amiga perguntou:

— E o Felipe?

— Pedi para ele vender minha parte na empresa. Não sei se vai comprar ou se...

— E vocês dois, Van?! Como ficam?

— Não sei o que estou sentindo, Leda.

— Como não sabe?! — zangou-se. — Você adora esse homem e... Por causa de uma idiota, imbecil que lançou um veneno entre vocês dois, vai deixá-lo?! — A amiga não respondeu e Leda atacou: — Sabe o que parece?! Parece que você usou o Felipe!

— Eu não usei o Felipe! — reagiu.

— Ficou com ele só o tempo que precisou e para o que precisou.

— Leda! Veja como fala comigo!

— Sou sua amiga! Estou falando o que penso e o que vejo.

— Assim você me ofende!

— Pode se ofender, mas preste atenção: o Felipe te ama. Fez tudo por você e pelo seu filho. Nem mesmo se importou quando você ficou grávida e... Desculpe-me, mas... Deve admitir que não o consultou e pareceu só pensar em você e no seu filho, quando engravidou pela possibilidade de ajudar o Rafael.

— Aaaah! Não!

— Eu não terminei, Vanessa! — impôs-se. — Se não foi isso o que fez, foi o que pareceu. E esse homem aceitou e entendeu tudo e nunca te questionou nada. Aí, aparece uma qualquer, que mente e engana, e você usa isso para se afastar do cara, pois não quer entender o óbvio. Ora, Vanessa! Isso é muito cruel!

— Você não tem o direito de falar assim comigo, Leda!

— Sou sua amiga. Estou dizendo a verdade! — gritou.

— Eu amo o Felipe!

— Então é muito idiota!!! Por que é que não está com ele?!!

Vanessa sentiu-se enfraquecer e sentou-se lentamente no sofá. Num sussurro, respondeu com voz fraca:

— Não sei... Estou me sentindo tão mal, tão estranha, tão destruída. Não tenho ânimo pra nada.

Leda acomodou-se ao seu lado, tomou-lhe a mão e falou bem calma:

— Então explica tudo isso pra ele, Van — pediu de modo piedoso, com pena do estado da amiga. — Todos somos capazes de entender que você se empenhou muito com o Rafael. Fez tudo por ele. Que sofreu muito quando não foi encontrado um doador e, mais ainda, quando perdeu o seu nenê, filho do Felipe, que era a última chance... Tudo isso te desgastou, te cansou, acabou com você, que se sentiu em ruínas depois de uma luta tão longa contra tantas adversidades. Agora, está depressiva e essa sua reação de não estar disposta, de não querer nada nem ninguém é normal, é puramente normal em uma depressão pós-luto. Mas veja o lado dos outros. Veja o lado do Felipe que estava com você durante essa guerra, o tempo todo se doou tanto quanto pôde, como o próprio pai do Rafael. Se você o ama, como diz, divida com ele esses seus sentimentos de indecisão e desânimo. Não seja orgulhosa. Peça ajuda, mas não queira que os outros a carreguem nas costas ou que entendam as coisas que você não explicou.

— Me sinto fraca, sem esperança... Nada parece importar agora.

— Está depressiva, mas isso vai passar. Só que quando passar, não quero que se arrependa pela oportunidade perdida. O Felipe pode não ficar pra ver e não entenderá depois. Você foi muito dura com ele. Pense nisso.

— Vou pensar. — Olhando nos olhos da amiga, falou: — Obrigada, Leda. Obrigada pelo apoio que sempre me deu, por me entender e mesmo quando não entendeu, ficou do meu lado. Foi minha amiga, minha irmã...

— Ora... Que isso? — falou sem jeito. Em seguida contou: — Nossa amizade vai continuar, só que... a distância — seus olhos ficaram marejados.

— Como assim?

— Eu e o Diogo decidimos nos casar.

— Que notícia ótima. Quando?

— Em breve. E daí que... Ele recebeu um convite para voltar a trabalhar na Alemanha e vai aceitar. Eu e o Rodrigo vamos com ele.

— Leda! — exclamou emocionada, feliz.

— É... — sorriu e chorou. — Estou decidida.

Minha Imagem

Vanessa a abraçou emocionada e a amiga correspondeu.

Ao se afastar, Leda falou de um jeito engraçado, rindo e reclamando:

— Ai... Eu não queria chorar — passou a mão no rosto.

— Vai ser bom pra você, pro Rodrigo e pro Diogo. Vocês merecem ser felizes.

— ...e pro bebê que vai nascer também.

— Você está grávida, Leda?!

— Segundo o teste de farmácia que fiz ontem, estou.

— E o Diogo?

— Está muito feliz. Nós estamos. Van, espero que entenda porque não vamos esperar muito para nos casarmos, né?

— Como assim? Por que eu não entenderia?

— O Rafael se foi há tão pouco tempo e você pode achar que eu e o Diogo não estamos nos importando com isso. É que o Diogo aceitou o convite para trabalhar lá e queremos ir casados e, ao mesmo tempo, eu não queria esperar muito por causa da barriga.

— Não estou pensando nada. A vida continua e precisa seguir. Diga para o Diogo que não estou incomodada com nada. O que mais importou foi tudo o que ele fez pelo filho e o que carrega no coração. Quero que sejam felizes. Só isso — abraçou-a novamente. Em seguida, quis saber: — Vai esperar para o nenê nascer aqui ou...

— Não. Pretendemos ir para a Alemanha antes de ele nascer. Hoje nós vamos ao cartório e... Assim que nos casarmos, vamos embora.

— Fico feliz por vocês.

— Obrigada, amiga. Mas não deixe de ser feliz também. Converse com o Felipe.

Uma onda de desânimo e tristeza pairava sobre Vanessa, que forçou um sorriso e a abraçou.

Poucos dias depois e Felipe, após uma ligação de Vanessa, foi até o apartamento a seu pedido.

Ela estava disposta a conversar com ele, conforme Leda havia orientado.

Também pretendia voltar para sua cidade para se recompor emocionalmente e queria lhe contar tudo isso.

Após se cumprimentarem, ela pediu que entrasse.

Felipe notou algo estranho. O apartamento estava frio. Vazio de sentimentos leves. Havia um clima triste no ar.

— E sua avó?

— Ela já voltou. Meu irmão esteve aqui e a levou para São Bento, junto com algumas coisas.

— Você está decidida a voltar mesmo?

— Estou — respondeu, puxando uma cadeira e se sentando à sua frente. Com o coração apertado, olhou em sua alma invadindo seus olhos e revelou: — Felipe... Nos últimos tempos eu... Sabe, fiquei sobrecarregada e triste. Senti como se tivesse perdido uma batalha, uma luta difícil e dura, na qual, apesar de tudo, eu estava repleta de esperança. Queria que você entendesse que...

— Vanessa — ele a interrompeu —, não vamos tornar as coisas mais difíceis do que já estão. Você não me deve explicações nem eu. Tudo o que tínhamos para falar um ao outro, já foi dito. Então... — foi firme e decidido, um mecanismo de defesa para não sofrer mais. — Quando você vai embora? — perguntou, levantando-se.

— Hoje... Talvez... — respondeu ainda confusa, não entendendo a reação de Felipe. Seu estado deprimido não a deixava organizar as ideias.

— Quero te desejar boa sorte na nova vida e... Assim que eu tiver uma solução para a nossa sociedade na empresa, eu a procuro. Certo?

Perplexa, Vanessa não acreditava no que via e ouvia.

Pensou que Felipe iria compreender, ouvi-la, pelo menos.

Nem parecia a mesma pessoa terna e atenciosa que conheceu.

Confusa, ela se levantou, segurou as emoções e respondeu com voz fraca:

— Tá bem.

— Já estou conversando com o pessoal da imobiliária sobre o apartamento. Parece que já tem alguém para sublocar. Quando você for, deixe as chaves na portaria.

— Tá bom — murmurou.

— Boa sorte e... Adeus — e beijou-lhe o rosto quando ela abaixou o olhar.

Antes de sair, ele observou-a por um momento sem que percebesse e se foi.

Vanessa sentiu-se vazia, só como nunca.

Havia perdido tudo de mais importante que já teve.

Um frio na alma anunciou um flagelo de emoções. Algo tenebroso e indescritível.

O que fazer?

Como agir?

O que pensar?

Suas emoções, desgastadas pelo estado depressivo, não a deixavam ter iniciativas nem sequer organizar os pensamentos.

Sentiu-se acabada, triste, derrotada.

Uma dor na alma apertava seu coração. Sentia no corpo o reflexo de sentimentos dolorosos. Aliás, todo o seu corpo doía de fato. Era nele que as emoções desaguavam.

Pensou por um instante em correr atrás de Felipe e pedir que a ouvisse, mas não teve força suficiente para isso.

Angustiada, procurou cuidar da volta para sua cidade.

ဆာ

Com o tempo...

Mesmo a distância, Vanessa manteve contato com Leda que a chamou para ser sua madrinha de casamento.

Ela e Diogo queriam que Felipe fosse o padrinho, mas não o encontraram na agência de viagem. Ele nem mesmo retornava os recados. Felipe passou a viajar e não parava muito tempo no mesmo lugar.

— Van, se você não for minha madrinha, não vou perdoar você nunca! — exigiu depois de longa conversa, pois estava sendo difícil de tirar Vanessa da fazenda.

— Tudo bem. Eu vou — falou sem muito ânimo.

— A cerimônia será bem simples, no próprio salão de festa. A festa será simples também. Teremos cerca de cem convidados.

— Eu irei. Pode deixar. — Depois perguntou: — E o bebê? Como está?

— Ótimo! Tudo está perfeitamente bem, mas ainda não dá pra ver o que é.

— Acho que é um menino.

— Às vezes também tenho esse palpite. Sabe... Cheguei a pensar uma coisa...

— O quê?

— Será que esse nenê não pode ser o primeiro filho do Diogo, o Raphael?

— Será?

— Não sei por que, mas... Sinto isso, Van.

— Então é uma alma muito querida para insistir ficar junto do pai e de você também. Certamente a conhece de outros carnavais — brincou. Em seguida, quis saber: — E vocês vão pra Alemanha logo após o casamento?

— Vamos sim. Na mesma semana. Já está tudo arranjado. Ah! Quase ia me esquecendo de contar. Vendi a farmácia.

— Que bom que vendeu logo.

— Ainda bem. — Um instante e perguntou: — Van, e o Felipe? Ele te procurou?

— Não. Só recebi um e-mail, semanas atrás, onde ele disse que não havia se esquecido da minha parte na sociedade e que, o quanto antes, entraria em contato com uma solução. Foi bem seco. Mas, também, não tiro a razão dele. Fora isso... Vem depositando, normalmente, valores na minha conta.

— Vocês precisam conversar, Van — opinou Leda. Só que ela sentia que a amiga ainda estava sem forças e muito triste. Depois contou: — Se, pelo menos, eu e o Diogo conseguíssemos falar com ele... mas o Felipe parece que fez questão de sumir mesmo.

— Foi o que ele aprendeu a fazer como mecanismo de defesa. Sumiu quando teve problemas com a Ceres, fugiu quando teve um relacionamento difícil com a Brenda... Fugiu quando entendeu tudo o que fiz com ele. Ele não está errado.

— Ele não retornou nenhuma das minhas ligações. Quem sabe se você telefonasse...

— Ainda não estou muito bem, Leda. Você sabe disso.

— Como estão as coisas aí na fazenda?

— Estão indo bem. Melhor do que antes. Quando estou trabalhando, não sinto tanto... mas ao parar... Quando deito para tentar dormir, tudo deságua na minha cabeça. Tem dia que acho que não vou ter forças, não vou conseguir, mesmo assim eu vou fazendo o que tenho de fazer, até melhorar. Voltei a dar evangelização infantil e contar histórias. Isso tem me animado, embora eu lembre imensamente do Rafael e... penso que o nenê que perdi poderia estar junto comigo também... — emocionou-se.

— Eles estão com você. Sabe disso. Estão em seu coração.

— Eu sei. — Um suspiro fundo e falou: — Então, tudo bem. A gente vai se falando até o casamento. Agora preciso desligar.

— Claro. Qualquer coisa... — disse Leda.

— Eu ligo ou mando um e-mail.

— Tchau, Van. Obrigada.

— Beijão. Obrigada, você.

Após desligar, Vanessa deu um profundo suspiro fechando e abrindo os olhos lentamente como querendo ganhar forças para prosseguir fosse com o que fosse.

Colocou o aparelho sem fio na base e caminhou pela sala, saindo para a varanda onde, apoiada no peitoril com as mãos espalmadas, podia contemplar a bela vista do lugar.

Sempre lembrava de Rafael e se imaginava com o outro filho ali.

Quantas vezes não se pegou à procura de Rafael como desejando ouvir seu riso, seus barulhos para saber ou adivinhar o que o filho estava fazendo.

Não raro, passava os olhos à volta querendo achá-lo.

Mas logo se lembrava de que não o encontraria mais ali, e sim em seu próprio coração.

Ela desceu os degraus da varanda e caminhou passos negligentes pela rua cascalhada. Saltou a cerquinha branca e andou sobre o gramado.

Um funcionário, puxando um cavalo pela rédea, tocou no chapéu e inclinou a cabeça para cumprimentá-la e seguiu.

Minha Imagem

Ao longe, viu seu avô dirigindo um tratorzinho que puxava uma carretinha cheia de feno.

Mais além, hóspedes passeavam em um pedalinho no lago, riam e brincavam satisfeitos. Era uma família composta de pai, mãe e dois filhos.

Bem que poderia ser Felipe, ela e os filhos. Pensou.

Nos últimos tempos, percebeu que estava resolvendo tudo mecanicamente por ali. Não tinha mais prazer nem ânimo. Muito menos ideias novas e novos projetos.

Atravessou o gramado e chegou à outra rua, onde andou sem pretensão de chegar a lugar algum.

Logo viu um carro se aproximando, vindo da direção da entrada da fazenda.

Pensou ser mais um hóspede.

Havia somente o condutor no veículo. Foi o que reparou ao vê-lo se aproximar. Talvez algum empresário que quisesse tirar uns dias de férias longe do estresse da cidade grande. Isso era comum por ali.

Ao se aproximar dela, o carro diminuiu ainda mais a velocidade até parar.

De certo, gostaria de alguma informação.

— O senhor precisa de ajuda? — perguntou com sorriso mecânico que, na verdade, forçava oferecer.

O homem colocou os óculos que pegou sobre o banco lateral e os colocou. Em seguida, pegou os papéis, que também estavam sobre o mesmo banco e disse após ler:

— Procuro por dona Vanessa Vasconcelos.

— Sou eu mesma — estranhou.

O senhor desligou o carro e desceu para se apresentar. Oferecendo-lhe a mão para cumprimento, anunciou:

— Sou o doutor Euclides Barreto, advogado, e represento o senhor Felipe Bierhoff. Ele é seu sócio na Empresa de Turismo e... Eu poderia conversar com a senhora em um lugar mais apropriado?

— Sim. Claro — sentiu-se gelar. — O senhor pode seguir em frente e estacionar ao lado da casa principal. Eu já o alcanço — orientou.

O homem, vermelho e suado, talvez pela longa viagem, voltou para o carro. Sorriu, acenou com a cabeça e fez o que ela pediu.

Não demorou e Vanessa, junto a ele, entrou na casa e falou:

— Por favor, sente-se e fique à vontade.

— Obrigado — disse, pegando uma pasta e colocando-a no sofá.

— O senhor deve estar cansado. Aceita uma água, um suco?...

— Um copo d'água, por favor.

Vanessa se aproximou da cozinha e, ao ver a ajudante de sua avó, pediu:

— Carmem, leve lá pra sala uma água bem fresca e depois você passa um café e nos leva também?

— Sim, senhora.

— Obrigada — e voltou à sala. Acomodada em uma poltrona frente ao advogado, solicitou: — O senhor veio aqui para...

— É que o senhor Felipe Bierhoff tem essa oferta para lhe fazer sobre a sua parte e... com essa forma de pagamento — estendeu-lhe uma folha com algumas anotações impressas. Ao vê-la pegar, continuou: — Vim aqui como seu representante legal para que a senhora aceite a proposta.

Ela ficou olhando o que dizia o documento e, por conta dos olhos nublados, nem mesmo enxergou o valor oferecido.

Disfarçou, tomou fôlego e demorou muito tempo refletindo.

Não esperava tamanha frieza de Felipe.

Como ele poderia fazer aquilo?

O homem começou a falar e não parava mais, mas ela não o escutava.

A empregada serviu o café, ele aceitou e a bebida pareceu servir de combustível para ele falar ainda mais.

De repente, tomada por um impulso e uma força que desconhecia ter, ela o interrompeu:

— Por que é que o próprio Felipe não veio aqui?

— Bem... é que... Ele está bem ocupado. A senhora deve entender e...

— Não.

— Como? — perguntou o homem sem entender.

— Não posso aceitar isso. O senhor pode levar de volta e dizer ao Felipe que... Nada feito! — foi firme.

O advogado falou mais ainda e tentou convencê-la. Mas Vanessa não disse mais nada e o homem ficou sem graça. Deu-se por vencido e se foi.

Após observá-lo sair, ela respirou fundo e o ar lhe entrou nos pulmões com vigor, parecendo dar-lhe forças e novo ânimo. Nesse instante, repleta de disposição e coragem, falou em voz alta para si mesma:

— Se o Felipe quiser, terá de vir pessoalmente até mim. Primeiro, para saber o que eu penso e sinto. Só depois, então, poderá se ver livre de mim definitivamente.

෨෬

O casamento de Leda e Diogo foi muito bonito e agradável.

Poucos parentes e amigos celebraram a união e os homenagearam com presença calorosa.

Vanessa, mais revigorada do que tempos atrás, estava bem bonita em um vestido de cor vinho-cintilante, cabelos presos na lateral, com cachos caídos sobre as costas.

Uma maquiagem leve destacava seus olhos doces e bonitos e sua boca bem feita de lábios grossos.

Mas, em seu sorriso, havia uma névoa. Algo opaco em sua luz.

Como madrinha, ficou ao lado, no altar improvisado, onde o juiz de paz realizou a união.

No fim, foi para uma mesa em que Henriette e o marido Dionísio já estavam.

Durante a festa, alguns comiam; outros dançavam e brincavam.

Seus avós decidiram dançar uma seleção de músicas lentas e ela ficou à mesa olhando-os.

Pensou em Felipe e o procurou com um olhar.

Lembrou-se de que no casamento de Cláudia ele estava lá, bem nos fundos, praticamente escondido.

Ao se virar e olhar para a porta, viu uma silhueta que poderia ser ele.

A luz forte dos flashes que surgiam conforme a música, não a deixava ver direito.

Vanessa se levantou, segurou levemente o vestido longo e foi à direção da saída.

Desviou-se de várias pessoas que inibiam sua rapidez e, chegando à porta, não havia mais ninguém, somente os seguranças da festa.

Então teve certeza. Era Felipe quem estava ali e, certamente, o segurança não o deteria. Pensaria que era Diogo que, naquela altura da festa, já tinha se trocado e se misturava aos convidados.

Minha Imagem

ಸಂಬ

Semanas seguiram...

Na fazenda, Vanessa acabava de orientar alguns funcionários perto do galpão do estábulo e ouviu:

— Vanessa!

Sentiu-se gelar ao reconhecer a voz.

Virou-se e murmurou:

— Felipe?

Alguns passos e, aproximando-se, ele perguntou olhando-a nos olhos:

— Como você está?

— Levando. E você?

Ele se curvou e a beijou no rosto enquanto seus corações batiam forte.

Com semblante sério e um tom suave na voz, ele respondeu:

— Bem. Estou bem. — Um instante, esperando a adrenalina abaixar, olhou em volta para espairecer e sentiu o olhar de Vanessa tocá-lo sem piscar. Em seguida, pediu com sua voz forte e tranquila: — Podemos conversar?

— Sim. Claro.

Ela dispensou os poucos funcionários que ainda estavam ali e seguiu, junto de Felipe.

De longe, Henriette e o marido os acompanhavam com o olhar.

A avó foi quem indicou onde ela estava e disse a Felipe o quanto a neta havia sofrido, principalmente por não tê-lo ao lado. Comentou sobre o estado depressivo que afetava Vanessa, que lutava contra os pensamentos tristes, se empenhando no trabalho por ali.

O rapaz ficou pensativo, agradeceu a orientação e seguiu para onde a senhora indicou.

Felipe e Vanessa se afastaram e caminharam pela estradinha em direção ao lago, até os avós dela, que ficaram torcendo em favor deles, perderem-nos de vista.

Permaneceram calados, quietos, lado a lado.

Saíram da estradinha e pegaram outra, depois uma trilha.

O sol brilhava lindamente e fazia um calor moderado, gostoso.

Em silêncio, lembraram de quando fizeram aquele caminho pela primeira vez. Mentalmente, sem nada dizer um ao outro, reviveram aquele momento.

Se a beleza do lugar era encantadora, agora mais ainda. Tudo estava bem-arrumado, tudo gramado. Bancos de ferro pintados de branco, caprichosamente, foram colocados à beira do caminho em locais estratégicos de contemplação da natureza.

Naquela época do ano, as árvores estavam floridas e os pássaros silvestres cantavam.

O farfalhar das folhas sob seus pés davam um toque especial na emoção de seus corações.

E, à medida que os ruídos das águas batendo nas pedras se aproximavam, outra emoção brotava forte ao recordarem a primeira vez que, juntos, estiveram ali.

Chegando à clareira, agora com extenso jardim ao redor da velha árvore florida, ele observou que o mato foi carpido e, embora árvores nativas fossem preservadas, dali dava para ver a linda queda d'água na cachoeira e o murmurinho da água havia aumentado, correndo ribeirão afora.

Foi ali que pararam, sob a árvore redonda e florida. Próximo dos bancos caiados de branco, ela perguntou:

— Podemos conversar aqui?

— Pode ser — ele concordou.

Uma sensação silenciosa os dominava e, devido à demora, Vanessa indagou:

— Sobre o que quer falar?

— Sobre a compra da sua parte... Aquilo é tudo o que eu posso oferecer e... Você entende de negócios e sabe, tanto quanto eu, que o valor é acima de...

— Espere, Felipe! — interrompeu-o. — Na verdade não é o valor daquela proposta que me importa. — Vanessa o fitava firme, mas não sabia por onde começar. Não conseguindo encará-lo mais, prosseguiu, torcendo as mãos e olhando para os lados: — Não tive como conversar com você e... — Ela se virou, procurando uma maneira de dizer o que precisava.

Estava sendo difícil lidar com as palavras e ele não aguentou esperar:

— Você me usou, Vanessa.

— Não! — defendeu-se e o encarou.

— Usou sim. — Prosseguiu em tom muito calmo na voz forte e firme, observando-a: — Eu te amei e confiei em você. Fiz tudo por você e pelo Rafael, e não me arrependo. Mas...

— Eu não te usei! — falou firme.

— Ficou grávida sem me consultar e quando...

Ela não o deixava terminar, interrompia-o, defendendo-se:

— Você foi o primeiro a propor que tivéssemos um filho para tentarmos dar uma chance pro Rafael.

— Eu sei. Mas você não tinha aceitado e, de repente... Não que eu tenha achado ruim. Não. Mas depois, quando eu estava tão amargurado, tão derrotado quanto você quando perdeu o nenê... Você não me quis. Implorei, pedi, te procurei e... E o que recebi? — silêncio. Até a natureza pareceu se calar. — Você decidiu se sentir magoada por causa da mentira da Brenda. Preferiu acreditar em uma completa estranha a crer em mim, que estava sempre ao seu lado.

— Me perdoa! — pediu num impulso e chorando, como se implorasse. — Me perdoa, Felipe! — Lágrimas correram em sua face. — Eu vinha de uma luta tão longa, você bem sabe. Me empenhei muito com o Rafael. Eram os médicos, os tratamentos, os exames, a procura de um doador... Dias e noites de preocupações, tentando manter o ânimo, a fé, a esperança... Pedindo a Deus um doador! Que luta! Mesmo tendo, a todo o momento, a sensação de ter a vida do meu filho por um fio, eu precisava mostrar para ele que aquela doença não ia atrapalhar os nossos momentos felizes. Então, eu tinha de estar sempre presente, pronta pra brincar, mesmo quando estava esgotada; sair para passear, apesar de não conseguir dar mais nenhum passo; assistir a um desenho ou levá-lo ao cinema, embora só quisesse fechar os olhos e dormir um pouco. Tinha de saber como falar para corrigi-lo sem magoá-lo, e você é testemunha de tudo isso. A cada melhora, após uma triste sessão de *quimio*, eu agia como se ganhássemos uma nova oportunidade para recomeçar e... ...e novamente convocar pessoas pelas redes sociais, pedir para amigos para ver se encontrava um possível doador... Era uma busca constante, uma tensão constante, porque, afinal, era a vida do meu filho! Hoje eu vejo que a vida dele não foi em vão. E vi que centenas de pessoas se tornaram candidatas à doação de medula óssea por causa do Rafael. Eu soube, pelos que me reportaram pela internet que, pelo menos, onze pessoas que se cadastraram por causa dele, foram chamadas para serem doadoras a necessitados como o Rafael, e esses doadores aceitaram salvar vidas... Em meio a tudo isso, eu tinha você. Meu único apoio. Meu único ombro amigo. O único que pareceu me entender. Eu não decidi ficar grávida, eu decidi parar de tomar o remédio e não me importar com a gravidez. Sabe por quê? — Sem esperar uma resposta, disse: — Porque eu queria ter um filho do homem que eu amava e, se Deus permitisse, pois eu estava ciente de que não bastava eu querer... se Deus permitisse, esse filho seria compatível totalmente com o irmão e poderia salvar sua vida. Eu ia te falar sobre a decisão, mas... Muitas coisas estavam acontecendo ao mesmo tempo e eu engravidei logo de cara. Fiquei muito feliz. Me senti a mulher mais feliz do mundo quando vi que você gostou, aprovou o que eu tinha feito e me entendeu. Você estava feliz porque eu ia ter um filho seu... Lamentei tanto quando ele se foi... Foi uma dor tão grande... — lágrimas rolaram na face de ambos.

Por um momento, Felipe virou-se para o lado e deu um suspiro, olhando para cima, para o céu azul, queria disfarçar o que sentia.

Vanessa secou o rosto com as mãos e seguiu falando:

— Então, de repente, você não falou em casamento e eu me senti insegura, sei lá... Daí que você ficou diferente e pensei um monte de coisas. Quando a Brenda surgiu e entendi que era casado, achei que me enganava... Lembrei muitos casos, muitas histórias de enganos e traições. Eu mesma fui vítima de uma... — Mais branda, continuou: — Quando perdi o nenê e vi minhas esperanças, minhas últimas esperanças irem embora, me derrotei. Senti que o Rafael tinha morrido junto... Era questão de tempo. A princípio fiquei tão confusa que comecei a culpar você. Foi por isso que não quis conversar... Depois o doutor Ângelo me explicou o que havia acontecido. Nesse momento, foi muita coisa pra mim, Felipe. A doença do Rafael se agravava a cada dia, a falta de doador... Eu não aguentava mais. Fiquei cansada, exaurida de forças ao extremo, desgastada... Fui idiota por ser orgulhosa e não te procurar para conversar, mas... À medida que o tempo passava e o Rafael piorava, eu não conseguia mais pensar em nós, mas eu te sentia do meu lado, como me prometeu, lá no começo, quando te conheci. Você me deu força e não me deixou sozinha. Foi isso o que me fez viver um pouco melhor e ter ânimo, nesse tempo todo, apesar de não ter te falado... — Breve pausa. — No dia em que foi ao hospital e me levou pra casa e deixamos minha avó e o Diogo lá com ele... No apartamento, à noite, quando eu me recostei em você e chorei um pouco, pensei em dizer tudo isso, mas... Não consegui. Dormi antes, pois estava exausta.

Felipe se lembrou de que ela começou a falar naquele assunto. Ainda disse que havia ficado grávida por amor, e que aquele filho que perdeu poderia estar ali, podendo até salvar a vida de Rafael. Foi ele quem pediu para que ela não pensasse em mais nada, para que descansasse.

Apesar de se recordar de tudo, nada disse e só a observou.

— De manhã, não pude pensar em mais nada quando o telefone tocou e era o Diogo... — ela chorou. — No dia seguinte, eu estava inconformada, afinal, tinha feito tanto, tinha me dedicado tanto e havia perdido a luta, perdido a batalha, perdido outro filho... — chorou. — Aí você foi lá e perguntou: como ficamos? Eu não conseguia pensar e só consegui responder: não sei, Felipe. Acho que foi isso o que eu respondi. Eu nem sabia o que estava falando. Mas, no minuto seguinte me arrependi, porém não tive forças para dizer mais nada. — Breve pausa. — Eu tinha acabado de perder o meu filho! Como é que eu poderia pensar em mim? Em nós? Depois, quando te chamei de novo para dizer que vinha para São Bento, pensei em te falar tudo o que estou falando agora, mas não tive tempo.

Minha Imagem

Naquele dia foi você quem não quis ouvir e estava decidido a me deixar — prosseguiu ela em tom brando. — Mais uma vez, eu quis correr atrás de você, mas estava sem forças, sem forças físicas e mentais. Me perdoa por isso também. Era um estado tão ruim, tão depressivo que nem sei explicar. Me perdoa. — Longa pausa e, sem encará-lo, disse: — Estou decidida a assinar o que você quiser para desfazer a sociedade. Não era o valor que me importava eu... Eu queria que você ouvisse tudo isso e soubesse o quanto eu...

Felipe a interrompeu ao segurar seus ombros e fazer com que se virasse para ele.

Olhou-a na alma por um segundo, segurou seu rosto com carinho e beijou seus lábios com amor.

Vanessa correspondeu e o abraçou.

Afastando-se, ele murmurou:

— Amo você. Fica comigo?

— Amo você também.

E respondeu com um beijo apaixonado, que ele correspondeu.

Fim.

SCHELLIDA

A certeza da *Vitória*

Psicografia de Eliana Machado Coelho
Romance do espírito Schellida

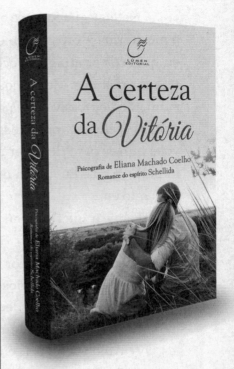

Romance | Formato: 16x23cm | Páginas: 528

E se a vida te levasse a se apaixonar pelo filho do homem que matou sua mãe?

Neste romance apaixonante e impressionante, A certeza da Vitória, o espírito Schellida, pela psicografia de Eliana Machado Coelho, mais uma vez, aborda ensinamentos maravilhosos e reflexões valiosíssimas em uma saga fascinante de amor e ódio, trazendo-nos esclarecimentos necessários para a nossa evolução.
Boa Leitura!

 www.boanova.net

 www.facebook.com/boanovaed

 www.instagram.com/boanovaed

 www.youtube.com/boanovaeditora

LÚMEN EDITORIAL

Entre em contato com nossos consultores e confira as condições
Catanduva-SP 17 3531.4444 | boanova@boanova.net | www.boanova.net

Eliana Machado Coelho & Schellida

...em romances que encantam, instruem, e emocionam... e que podem mudar sua vida!

A CONQUISTA DA PAZ
Eliana Machado Coelho/Schellida
Romance | 16x23 cm | 512 páginas

Bárbara é uma jovem esforçada e inteligente. Realizada profissionalmente, aos poucos perde todas as suas conquistas, ao se tornar alvo da perseguição de Perceval, implacável obsessor. Bárbara e sua família são envolvidas em tramas para que percam a fé, uma vez que a vida só lhes apresenta perdas. Como superar? Como criar novamente vontade e ânimo para viver? Como não ceder aos desejos do obsessor e preservar a própria vida? Deus nunca nos abandona. Mas é preciso buscá-Lo.

Entre em contato com nossos consultores e confira as condições
Catanduva-SP 17 3531.4444 | boanova@boanova.net | www.boanova.net

Eliana Machado Coelho & Schellida

...em romances que encantam, instruem, e emocionam... e que podem mudar sua vida!

LÚMEN EDITORIAL

Mais forte do que nunca
Eliana Machado Coelho/Schellida
Romance | 16x23 cm | 440 páginas

Abner, arquiteto bem resolvido, 35 anos, bonito e forte, decide assumir a sua homossexualidade e a sua relação com Davi, seu companheiro. Mas ele não esperava que fosse encontrar contrariedades dentro de sua própria casa, principalmente por parte deseu pai, senhor Salvador, que o agride verbal e fisicamente. Os problemas familiares não param por aí. As duas irmãs de Abner enfrentarão inúmeros desafios. Rúbia, a mais nova, engravida de um homem casado e é expulsa de casa. Simone, até então bem casada, descobre nos primeiros meses de gestação que seu bebê é portador de Síndrome de Patau: o marido Samuel, despreparado e fraco, se afasta e arruma uma amante. Em meio a tantos acontecimentos, surge Janaína, mãe de Davi e Cristiano, que sempre orientou seus filhos na Doutrina Espírita. As duas famílias passam a ter amizade, Janaína orienta Rúbia e Simone, enquanto Cristiano começa a fazer o senhor Salvador raciocinar e vencer seu preconceito contra a homossexualidade.

Entre em contato com nossos consultores e confira as condições
Catanduva-SP 17 3531.4444 | boanova@boanova.net | www.boanova.net

Eliana Machado Coelho & Schellida
SEM REGRAS PARA AMAR

Romance
16x23 cm | 528 páginas

Romances que encantam,
instruem, emocionam
e que podem mudar
sua vida!

LÚMEN EDITORIAL

Entre em contato com nossos consultores e confira as condições
Catanduva-SP 17 3531.4444 | boanova@boanova.net | www.boanova.net

um diário no tempo

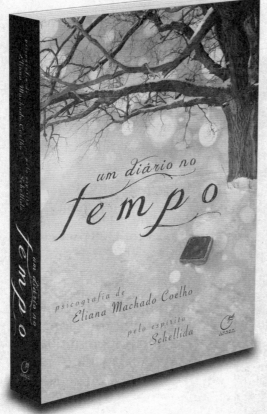

Eliana Machado Coelho/Schellida
Romance | 16x23 cm | 672 páginas

No cenário pós revolução de 1964, na história do Brasil, uma trama envolvente de personagens - inclusive com fuga para a Itália e posterior retorno ao Brasil. Neste romance, mais uma vez o espírito Schellida, pela psicografia de Eliana Machado Coelho, brinda-nos com um texto repleto de ensinamentos e emoções, mostrando-nos que realmente nossa vida é um grande diário no qual cada página é uma história registrada na eternidade do tempo.

Eliana Machado Coelho & Schellida
...em romances que encantam, instruem, e emocionam...
e que podem mudar sua vida!

LÚMEN EDITORIAL

Entre em contato com nossos consultores e confira as condições
Catanduva-SP 17 3531.4444 | boanova@boanova.net | www.boanova.net

O BRILHO DA VERDADE

Psicografia de **Eliana Machado Coelho**
Romance do espírito **Schellida**

Romance | Formato: 14x21cm | Páginas: 296

Samara viveu meio século no Umbral passando por experiências terríveis. Esgotada, consegue elevar o pensamento a Deus e ser recolhida por abnegados benfeitores, começando uma fase de novos aprendizados na espiritualidade. Depois de muito estudo, complanos de trabalho abençoado na caridade e em obras assistenciais, Samara acredita-se preparada para reencarnar. Ela retorna à Terra como Camila, uma jovem que opta por uma vida farta e confortável graças à religião que seu pai abraçou, usando o nome de Deus para fins lucrativos. Obstáculos tentadores se colocam no caminho de Camila e ela, ainda jovem, volta ao plano espiritual. Começa o seu drama até a chegada do auxílio amigo.

Eliana Machado Coelho & Schellida
...em romances que encantam, instruem, e emocionam...
e que podem mudar sua vida!

 www.boanova.net

 www.facebook.com/boanovaed

 www.instagram.com/boanovaed

 www.youtube.com/boanovaeditora

LÚMEN EDITORIAL

Entre em contato com nossos consultores e confira as condições
Catanduva-SP 17 3531.4444 | boanova@boanova.net | www.boanova.net

UM NOVO CAPÍTULO

Eliana Machado Coelho/Schellida
Romance | 16x23 cm | 848 páginas

Neste romance, vamos conhecer Isabel e Carmem que, desde tempos remotos se odeiam e a cada reencarnação uma provoca a morte da outra. Sempre adversários, Ruan e Diego recaem nas mesmas desavenças. Egoístas e orgulhosos, não vencem as más tendências nem suas diferenças. Lea, muito à frente do seu tempo, reivindica direitos iguais, liberdade, independência, mas não consegue viver seu grande amor com Iago por ser obrigada a honrar um casamento arranjado por seu pai. Na espiritualidade, esses e outros personagens se deparam com seus equívocos e harmonizações a fazer. Novo planejamento reencarnatório é feito. Em tempos atuais, por meio do livre-arbítrio, suas escolhas poderão mudar seus destinos?
Podem fazê-los adquirir mais débitos ou livrá-los deles?

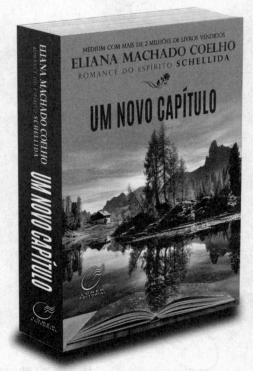

Eliana Machado Coelho & Schellida
...em romances que encantam, instruem, e emocionam...
e que podem mudar sua vida!

Entre em contato com nossos consultores e confira as condições
Catanduva-SP 17 3531.4444 | boanova@boanova.net | www.boanova.net

Eliana Machado Coelho & Schellida
...em romances que encantam, instruem, e emocionam... e que podem mudar sua vida!

Bernardo e Ágata possuem uma família bonita e harmoniosa no Rio de Janeiro. Os cinco filhos, já adultos, seguem suas vidas. Mas, apesar da proteção espiritual daquela família, a invigilância atrai problemas. Sofia, arquiteta, mora em seu apartamento com vista para o mar, como sempre sonhou. Porém, sofre duros golpes praticados por pessoas próximas. Sua irmã Valéria também passa por problemas depois que decidiu morar com o namorado. Humilhações e até agressões agora fazem parte do cotidiano da advogada. A família e amigos leais querem ajudar, e mediante os esforços deles, amigos espirituais mobilizarão energias para que espíritos obsessores não atinjam seus objetivos. A fé em Deus será primordial para a superação de momentos tão conturbados.

LÚMEN EDITORIAL

17 3531.4444
www.boanova.net

O RESGATE DE UMA VIDA
Eliana Machado Coelho/Schellida
Romance | 16x23 cm | 336 páginas

Av. Porto Ferreira, 1031 - Parque Iracema
CEP 15809-020 - Catanduva-SP
17 3531.4444

www.boanova.net | boanova@boanova.net
www.lumeneditorial.com.br | atendimento@lumeneditorial.com.br